黑龙江省一流线上线下混合式课程配套教材
黑龙江省高等学校课程思政建设示范课程配套教材
超星平台 MOOC(慕课)课程配套教材

现代企业管理学

(第2版)

主　编　苗雨君
副主编　李亚民　姜　琦
参　编　陈红梅　史宝玉　陈学千　赵英姝

中国财经出版传媒集团
中国财政经济出版社
· 北京 ·

图书在版编目（CIP）数据

现代企业管理学／苗雨君主编. -- 2 版. -- 北京：中国财政经济出版社，2025. 1. -- ISBN 978-7-5223-3243-7

Ⅰ. F272

中国国家版本馆 CIP 数据核字第 2024N3N479 号

责任编辑：田明晖　　责任校对：胡永立
封面设计：陈宇琰　　责任印制：史大鹏

现代企业管理学（第 2 版）
XIANDAI QIYE GUANLIXUE

中国财政经济出版社 出版
URL：http：//www. cfeph. cn
E-mail：cfeph@ cfeph. cn

社址：北京市海淀区阜成路甲 28 号　邮政编码：100142
营销中心电话：010-88191522　编辑部门电话：010-88190670
天猫网店：中国财政经济出版社旗舰店
网址：https：//zgczjjcbs. tmall. com
北京密兴印刷有限公司印刷　各地新华书店经销
成品尺寸：185mm×260mm　16 开　24. 5 印张　595 000 字
2025 年 1 月第 2 版　2025 年 1 月北京第 1 次印刷
定价：58. 00 元
ISBN 978-7-5223-3243-7
（图书出现印装问题，本社负责调换，电话：010-88190548）
本社质量投诉电话：010-88190744
打击盗版举报热线：010-88191661　QQ：2242791300

（第2版）前言

随着信息技术的不断发展，数字化教材越来越多的应用于教学中，数字化教材能够提供丰富的教学资源，使教材内容呈现方式多样化，提高学生的学习兴趣。编写数字化教材及超星平台 MOOC（慕课）课程教材，提升课程教育教学质量显得尤为重要。第 2 版教材的编写以习近平新时代中国特色社会主义思想为指导，落实立德树人根本要求，理论结合实际，进行一流课程建设、课程思政建设和 MOOC（慕课）建设，充分吸收国内外企业管理实际的有用经验和最新的研究成果，形成一部适合应用型教学的数字化新形态教材。

本书的编写围绕着一条主线展开，即“基础—教学—实训”，将党的二十大精神融入课程教学内容，把管理的基本原理、企业管理理论与实践的新发展融会贯通。全书分为三篇：基础篇、教学篇和实训篇，共 10 章。基础篇包括绪论一章；教学篇包括企业战略管理与组织管理、企业经营决策、人力资源管理、市场营销管理、生产运营管理、企业财务管理、企业信息化管理、企业形象管理，按照“章前导读—基本理论知识—教学案例选编—翻转课堂教学活动—课程思政设计与实践—经典管理故事”进行编写，并增加复习思考题和“现代企业管理学课程翻转课堂讨论记录表”等内容；实训篇包括管理案例实训教学一章，按照“实训项目—素质拓展—管理游戏”进行编写。

本书第 1 版获得了 2020 年度校级教材建设立项资助，是黑龙江省高等学校课程思政建设示范课程、齐齐哈尔大学优秀课程、超星平台《现代企业管理学》 MOOC（慕课）配套教材和“齐齐哈尔大学教材建设基金资助出版”教材，2021 年获评黑龙江省一流线上线下混合式课程。第 2 版教材结合一流线上线下混合式课程建设和课程思政示范课建设要求，进行了翻转课堂教学活动设计、课程思政设计与实践内容设计，将习近平新时代中国特色社会主义思想、党的二十大精神、课程建设最新成果融入教学内容进行编写。编写课程思政设计与实践内容，推进习近平新时代中国特色社会主义思想进教材进课堂进头脑，坚持不懈用习近平新时代中国特色社会主义思想铸魂育人，坚定中国特色社会主义道路自信、理论自信、制度自信、文化自信，培育和践行社会主义核心价值观，加强中华优秀传统文化教育，寓价值观引导于知识传授和能力培养之中，帮助学生塑造正确的世界观、人生观、价值观。本书从体例安排到内容设置，从知识点的归纳到教学方法的运用，都进行了大胆探索和尝试，具有一定的知识性、实践性和趣味性，是一部管理理论、管理实践与案例教学相结合的新著。适合作为高等学校经济管理类各专业的专业基础课教材，可作为研究生、大学本科等理工科及有关专业学生的拓展学习教材，也可以作为经济管理部门和企业管理工作者的培训和自学用书。教学使用的电子教案、教学配套课件请向作者（miaoyujun@163.com）索取。

本书由苗雨君担任主编，李亚民、姜琦担任副主编，陈红梅、史宝玉、陈学千、赵英姝参编。全书由苗雨君设计、总纂、统稿。具体分工：苗雨君（齐齐哈尔大学）编写了第一章、第二章、第十章以及前言和开篇语；李亚民（东北农业大学）编写了第五章；姜琦（齐齐哈尔大学）编写了第六章和第九章；陈红梅（齐齐哈尔大学）编写了第三章；史宝玉（齐齐哈尔大学）编写了第四章；陈学千（齐齐哈尔大学）编写了第七章；赵英姝（齐齐哈尔大学）编写了第八章。

编者引用了不少书籍和网上资料，在此向原作者表示感谢！本书的编写，得到了有关学校领导和学者、教授的大力支持，在此一并表示谢意。由于时间仓促和水平有限，疏漏和不足之处在所难免。希望广大读者不吝批评，多提宝贵意见，以便日后充实与完善。

编　者

2024 年 10 月

目录

第一篇

基 础 篇

开篇语

有人说，“管理”高深莫测。其实，“管理”并非深奥无比、难以理解，也并非只存在于领导或管理人员当中。一个人如果不具备基本的管理本领，他的事业注定一无所成，他的生活注定杂乱无章，何谈抱负、何谈理想，又有什么美好未来和幸福人生可言？英国大学者罗素曾说：“如果你不会管理，你的生命将是一团糟。”

美国著名管理学大师杜拉克指出，现在已经进入一个企业管理的新时代。在这个时代，知识越来越比资本、土地等其他东西值钱。在知识经济到来的年代里，在市场经济高度发达的今天，企业已成为市场经济的主体，企业发展的两翼一是企业管理，二是科学技术。

基础篇目的在于将学生引入本课程中来，通过课程基本理论的学习，使学生了解课程基本理论的现代企业、管理认知和管理思想及管理理论的基本知识，掌握管理基本原理与方法，让学生在思想上做好准备，以新的学习态度和方法来迎接新的课程的学习。基础篇主要是现代企业、管理认知、管理基本原理与方法。内容包括现代企业概念和类型、管理认知和管理职能、管理思想及管理理论、未来管理与中国特色管理学。

第一章

绪　　论

【章前导读】

授人以渔

从前，有一个老渔翁在河边钓鱼，旁边有个小孩看他钓鱼。老渔翁技术纯熟，一上午的时间就钓到满篓的鱼。老渔翁看小孩很可爱，要把整篓的鱼送给他，可小孩却摇摇头。老渔翁诧异地问："我送鱼给你，你为什么不要呢？"小孩说："我想要你手中的钓竿。"老渔翁问："你要钓竿干吗？"小孩说："一篓的鱼，我三天就吃完了，要是我有钓竿，就可以自己钓鱼，一辈子也吃不完。"老渔翁笑着说："光有钓竿也不行，还得学会钓鱼的技术。"最后，老渔翁为孩子的理想和诚恳所感动，不但赠予小孩钓竿，还将钓鱼的技术倾囊相授，小孩这才道谢而去。

管理启示：做人的道理也是这样。不能光靠人家的施舍，那样将会永远没有出息。有眼光的人不但吃鱼，更要学会钓鱼，学会自己把握自己的命运。理想和愿望固然美好，但成功更需要脚踏实地、坚韧不拔的实际行动。获得成功，除了要拥有过人的本事、过人的胆识、过人的谋略，还要成为过人的"渔夫"，才能成为时代的强者。这就是要渔而不只是要鱼的道理所在。不授鱼，而授予"渔"，说明只有掌握了管理理论和技巧，企业和管理者才会受用不尽。

有道无术，术尚可求也。有术无道，止于术。

——老子

第一节

现代企业

党的二十大报告指出：“完善中国特色现代企业制度，弘扬企业家精神，加快建设世界一流企业”。

现代企业是国民经济巨系统中的一个系统，它的投入与生产都离不开国民经济这个巨系统，它所需要的生产要素由国民经济各个部门向其投入，它所生产的产品又需要向其他部门输出。可见，国民经济巨系统乃是企业系统的外部环境，是企业不可控制的因素。企业内部条件是企业本身可以控制的因素。当企业外部环境发生变化时，企业可以通过改变内部条件来适应这种变化，以保证达到既定的经营目标。

一、企业的概念及基本要素

（一）企业的概念及特征

1. 企业的概念

企业一般是指以盈利为目的，运用各种生产要素（土地、劳动力、资本、技术和企业家才能等），向市场提供商品或服务，实行自主经营、自负盈亏、独立核算的法人或其他社会经济组织。

现代经济学理论认为，企业本质上是“一种资源配置的机制”，其能够实现整个社会经济资源的优化配置，降低整个社会的“交易成本”。

企业，是按投资者、国家和社会所赋予的受托责任，从事生产、流通或服务性等活动，为满足社会需要并获得盈利，进行自主经营，自负盈亏，独立核算，独立的享有民事权利和承担民事责任的团体法人。企业是在一定的财产关系基础上形成的，企业的行为倾向与企业产权结构之间有着某种对应关系，企业在市场上所进行的物品或服务的交换实质上也是产权的交易。

企业是指依法设立的、以盈利为目的的、从事生产、流通或服务等活动，为满足社会需要进行自主经营、自负盈亏、承担风险、实行独立核算的经济组织。

2. 企业的特征

（1）企业是从事生产经营活动的社会经济组织。企业是国民经济的基本经济单位和微观经济的基础，从事生产经营活动是企业的天然使命和社会职责，同时，企业又是一个自主经营的经济实体。

（2）企业是以盈利为目的经济组织，盈利是企业设立的出发点，是得以生存的条件，也是企业与其他社会组织最本质的区别。

（3）企业是实行独立核算、自负盈亏的社会经济组织，不实行独立核算的社会经济组织不能称其为企业。

（4）企业是依法设立，享有民事权利，承担民事义务的社会经济组织。企业通过依法设立，可以取得相应的法律地位，获得合法的身份，得到国家法律的认可和保护。

（二）企业基本要素

企业从事生产经营活动，创造社会财富，具备以下一些基本的要素：

（1）拥有一定数量的资金和一定技术水平的生产设备；

（2）具有开展一定生产规模和经营活动的场所；

（3）具有一定技能、一定数量的生产者和经营管理者；

（4）从事社会商品的生产、流通等经济活动；

（5）自主经营，独立核算；

（6）生产经营活动的目的是获取利润。

任何企业都应具有这些基本要素，其中最本质的要素是企业的生产经营活动要获取利润。企业要承担社会责任，为社会提供服务，否则就不可能长期生存和发展。追求利润不是企业的唯一目的，利润只是为社会提供服务的合理报酬，是服务的结果。因此，企业要把为社会提供服务作为自己的宗旨。

二、企业的类型

从不同的角度，按照不同的标准可将企业划分成不同的类型。

（一）按企业资产的所有制性质分类

按照企业资产的所有制性质可将企业分成如下几种类型：

1. 国有企业

也称全民所有制企业。它的全部生产资料和劳动成果归全体劳动者所有，或归代表全体劳动者利益的国家所有。

2. 集体所有制企业

简称集体企业。在集体企业里，企业的全部生产资料和劳动成果归一定范围内的劳动者共同所有。

3. 私营企业

这是指企业的全部资产属私人所有的企业。

4. 混合所有制企业

这是指具有两种或两种以上所有制经济成分的企业，如中外合资经营企业、中外合作经营企业、国内具有多种经济成分的股份制企业等。

（二）根据企业制度的形态构成分类

这是国际上对企业进行分类的一种常用方法。按此方法可将企业分成业主制企业、合伙制企业和公司制企业，业主制企业和合伙制企业统称为古典企业。

1. 业主制企业

它是由一个人出资设立的企业，又称个人企业。

2. 合伙企业

它是由两人或数人约定，共同出资或以技艺共集一处设立的企业。

3. 公司制企业

公司是指依公司法设立，具有资本联合属性的企业。对公司企业可进一步按照其股东的责任范围进行分类，将公司分为：

（1）无限公司：是由两个以上的股东出资设立，股东对公司债务负无限连带责任的公司。

（2）有限责任公司：是由一定数量的股东出资设立，各股东仅以出资额为限对公司债务负清偿责任的公司。

（3）两合公司：是由一名以上的无限责任股东和一名以上的有限责任股东共同出资设立，无限责任股东对公司债务负无限连带责任，而有限责任股东仅以出资额为限承担有限责任的公司。

（4）股份有限公司：是由一定数量以上的股东出资设立，全部资本分为均等股份，股东以其所持股份为限对公司债务承担责任的公司。

（三）按企业生产经营业务的性质分类

这种分类方法也是我国常用的企业分类方法。按这种分类方法分成的主要企业类型有：

1. 生产企业

生产企业就是生产物质商品的企业，他们从大自然中取得物质产品或将原材料加工为物质商品。生产企业是物质财富的创造者，是国民经济的基础部门。生产企业包括农业企业、工业企业和建筑业企业。

2. 流通企业

流通企业是指国民经济中的流通领域中的企业，包括商业企业、货物运输企业、邮政和电信企业。

3. 服务企业

服务企业就是为企业、政府、事业单位和居民提供各种服务的企业。服务企业包括银行、保险、租赁等金融企业，房地产开发企业，旅客运输企业，旅游企业，居民服务企业，娱乐企业，技术服务企业及其他服务企业。

三、企业的产生与发展

（一）企业的产生

企业是社会生产力发展到一定水平的结果，是商品生产与商品交换的产物。在资本主义社会之前，虽然也有一些手工作坊具有一定的生产规模和拥有一定量的劳动者，但是生产的目的不是为了进行商品交换，不发生经营活动，严格上讲不是企业。只是到了资本主义社会，随着社会生产力的提高和商品生产的发展，社会的生产者才发生根本的变化，才产生严格意义上的企业。

（二）企业的发展

企业的发展历史，大致经历了以下几个时期：

1. 手工业生产时期

手工业生产时期主要是指从封建社会的家庭手工业到资本主义初期的工场手工业时期。工场手工业比起家庭手工业有了进步，主要表现在以下方面：

（1）规模扩大，到17世纪，在英国有的工场手工业雇佣几百工人，成为大型工场；

（2）产业结构变化，在采矿、冶金、加工、制盐、造纸等行业，普遍建立起工业工场；

（3）采用机器生产，1736年英国一家大型呢绒工场拥有600台织布机；

（4）生产形成分工，按某一产品生产要求，分解成若干个作业阶段。

这时期的工场手工业实际上已具有企业的雏形。

2. 工厂生产时期

到工业革命时期，工场手工业逐步发展到建立工厂制度，作为真正意义上的企业这时才诞生。

19 世纪 30 至 40 年代，建立了工厂制度。到 19 世纪 50 至 60 年代，出现了工业化高潮，工厂大工业迅速发展，工厂制度在采掘、煤炭、机器制造、运输、冶金等行业相继建立。

工厂制度的建立，是工场手工业发展的质的飞跃，它标志着企业的诞生。这一时期工厂的特征主要有：

（1）工厂资本雄厚，小型生产者不易与之抗争；

（2）机械生产，节省人力，生产效率与效益显著提高；

（3）手工业者失业，或沦为雇工，形成了一批掌握生产技术和工艺的产业队伍；

（4）工厂内部劳动分工深化，生产走向社会化。

3. 企业生产时期

19 世纪末至 20 世纪初期，随着自由资本主义向垄断资本主义过渡，工厂生产与管理思想发生很大变化，企业发展十分迅猛。这一时期企业生产主要特征表现如下：

（1）生产规模空前扩大，产生了垄断企业组织，如“托拉斯”“辛迪加”“康采恩”等。形成了各领域的所谓“大王”，如汽车大王福特，石油大王洛克菲勒，钢铁大王摩根，同时如美国钢铁公司、福特汽车公司、杜邦火药公司、通用电气公司、美国电报电话公司等都已组成或形成一个个企业集团。

（2）采用新技术、新设备，不断地进行技术革新，使生产技术有了迅速发展。

（3）建立科学管理制度，形成一系列科学管理理论，特别是美国工程师泰勒的代表作《科学管理原理》一书的出版，标志着企业从传统经验型管理进入科学管理阶段。

（4）管理思想在企业中形成，企业里形成了一支专门的管理队伍。

（5）企业之间的竞争日益激烈，加速了企业之间的兼并，使生产进一步走向集中。同时，跨国公司开始出现，并且不断发展。

（6）企业的社会责任改变，不仅在整个社会经济生活中的作用越来越大，还渗透到政治、经济、军事、外交、文化等各个方面。

随着新技术革命的发展，科学技术成果应用到社会和经济发展的各个方面，产生出一系列全新的市场需求，开拓出一系列全新的经济领域，产生一大批现代新兴企业，这代表着现代企业发展的方向，显示出无穷的生命力。

四、企业的法律形式

在市场经济的条件下，企业是法律上和经济上独立自主的实体。即企业的组织形式或所有制形式或企业制度。

企业制度是指建立在一定财产关系基础上企业各方面的权、责、利关系的总称。

（一）企业的设立

1. 企业设立的条件

（1）投资人符合要求；

（2）有合法的企业名称；

（3）有投资人的出资；

（4）有固定的生产经营场所和必要的生产经营条件；

（5）有必要的从业人员；

（6）有合伙协议或公司章程；

（7）公司要有公司的组织机构；

（8）股份有限公司的股份发行符合法律规定。

2. 企业设立的基本程序

（1）个人独资和合伙企业设立的程序为：①向工商行政管理机关提出申请；②进行工商登记，领取营业执照。

（2）公司设立的程序为：①发起人订立发起协议；②制定公司章程；③向政府有关部门申请批准；④认购股份或缴纳出资；⑤成立股东会或召开公司创立大会；⑥建立公司组织机构，并确定董事长、董事、监事、经理人选；⑦向工商行政管理机关申请设立登记，领取营业执照；⑧有限责任公司向股东签发出资证明书，股份有限公司依法公告。

另外，企业设立后，还要进行税务登记。

（二）企业的法律形式

1. 业主制企业（或独资企业）

这种企业在法律上为自然人企业，不具备法人资格，是最古老最简单的企业形式。出现资不抵债或倒闭的情况，业主要用自己的全部家庭财产对企业承担连带责任。

其优势是：

（1）规模小，内部管理机构简单，建立和歇业简单易行；

（2）产权能较为自由地转让；

（3）经营者与所有者合一，经营方式灵活迅速，有较强自主性；

（4）利润归个人所有，保密性强；

（5）精打细算，勤俭节约。

其缺点是：

（1）受个人出资的限制，多数企业本身财力有限，由于受偿债能力的限制，取得贷款的能力较差，难以从事需要大量投资的大规模企业活动；

（2）企业的生命力弱，寿命有限，企业的存在完全取决于业主个人。

2. 合伙制企业

经营所得或亏损抵债，每个合伙人都要以自己出资以外的财产按入股比例承担责任。即承担无限连带赔偿责任。如果有的合伙人个人财产不够索赔标准，其他合伙人要代为清偿，即相互代理制度。

优点是：

（1）从众多合伙人处筹集资金，共同承担责任，使企业的资金来源和信用能力有所提高，可以提高竞争能力扩大经营领域，在一定程度上可以弥补个体企业在资金、知识、能力等方面的缺陷。

（2）全体合伙人对企业的债务负有无限连带责任和相互代理偿还责任，使合伙人对企业的盈亏都十分关心。

缺点是：

（1）合伙制企业是合伙人之间根据契约建立的，合伙人的增减都打破原有的合伙关系，会造成法律上的复杂性和企业的不稳定性，限制其增加资金的能力。

（2）所有合伙人都有权代理企业从事经济活动，且重大决策要所有合伙人一致同意，易造成决策上的延误和差错，管理协调难。

（3）全体合伙人对企业的债务负有无限连带责任和相互代理偿还责任，使那些不能控制企业的合伙人面临很大的债务风险。

3. 公司制企业

是按较为严格的法定程序成立的。由两个以上股东出资建立的、有独立的法人财产、独立法人地位、能够以法人财产为基础来享有民事权利、承担民事责任的经济组织。

国际上划分公司的标准有两个：一是按公司股东的债务责任；二是公司是否将资本平分为股份，将公司制企业分为无限责任公司、有限责任公司、股份有限公司和两合公司。

其特点是：①公司是法人。以盈利为目的社团法人。②公司法人财产具有整体性和延续性。股东一旦投资就不可抽回，只能转让。另外股东的个人生命已经不能影响公司的生命，股东的变动不会影响法人财产权的行使。③公司实行有限责任。对股东而言，他们以其出资额为限，对公司的债务承担有限责任，经营风险低。对公司法人而言，公司法人以其全部法人财产对其债务负责。④实现了股东所有权与法人财产权的分离，实行专家管理，冲破了家族的局限，不受出资者素质的影响，提高了效率。

公司制企业主要包括以下几个方面：①无限责任公司（人合公司）；②有限责任公司（资合公司）；③股份有限公司（资合公司）；④两合公司等。

五、现代化产业体系

党的二十大报告指出：“深化国资国企改革，加快国有经济布局优化和结构调整，推动国有资本和国有企业做强做优做大，提升企业核心竞争力。建设现代化产业体系。坚持把发展经济的着力点放在实体经济上，推进新型工业化，加快建设制造强国、质量强国、航天强国、交通强国、网络强国、数字中国。实施产业基础再造工程和重大技术装备攻关工程，支持专精特新企业发展，推动制造业高端化、智能化、绿色化发展。巩固优势产业领先地位，在关系安全发展的领域加快补齐短板，提升战略性资源供应保障能力。推动战略性新兴产业融合集群发展，构建新一代信息技术、人工智能、生物技术、新能源、新材料、高端装备、绿色环保等一批新的增长引擎。构建优质高效的服务业新体系，推动现代服务业同先进制造业、现代农业深度融合。加快发展物联网，建设高效顺畅的流通体系，降低物流成本。加快发展数字经济，促进数字经济和实体经济深度融合，打造具有国际竞争力的数字产业集群。优化基础设施布局、结构、功能和系统集成，构建现代化基础设施体系。”

第二节

管理认知与管理职能

管理是伴随着集体劳动产生的，而且随着社会分工和社会化大生产的发展，管理的重要性日益凸显。管理工作跟组织活动是密不可分的。也正是因为有了管理，才使得不同组织的绩效有着天壤之别。管理职能是管理者对管理对象发生作用和影响的手段，是在一定技术经济条件下，在管理活动中反复出现的带有共性的管理活动的理论概括。

一、企业管理的概念及性质

（一）管理及企业管理的概念

1. 管理的概念

管理活动自古即有，从字面上看，管是主其事，理是治其事，管理是管辖、治理、控制的意思。关于管理的定义，许多中外学者对管理作出了不同的解释，其中较有代表性的解释有：

（1）古希腊谚语认为管理是“胡萝卜加大棒”。“胡萝卜加大棒”是激励方式中的一种，这种暗喻是指管理的中心工作是运用奖励和惩罚两种手段以诱发人们所要求的行为。

（2）科学管理创始人，美国的费雷德里克·泰勒认为管理就是“确切地知道你要别人干些什么，并注意用最好最经济的方法去干”。

（3）现代经营管理之父，法国的亨利·法约尔认为管理就是实行计划、组织、指挥、协调和控制。

（4）决策理论学派的主要代表人物赫伯特·西蒙认为管理就是决策。决策贯穿管理的全过程，决策是管理的核心。

（5）美国著名管理学家哈罗德·孔茨把管理看作是一种“技术”，管理是一种在正式组织团体中通过别人并同别人一道完成工作任务的技能。

（6）美国著名管理学家彼得·德鲁克认为，“管理就是谋取剩余”，这主要是强调管理的作用。所谓“剩余”就是产出大于投入的部分。

（7）罗宾斯认为：管理是一个协调活动的过程，以便能够有效率和有效果的同别人一起或者通过别人实现组织的目标。

我国的一些学者也提出了自己的观点：

（1）徐国华等（1998）指出，管理是通过计划、组织、控制、激励和领导等环节来协调人力、物力和财力资源，以期更好地达成组织目标的过程。

（2）周三多教授认为：管理是社会组织中，为了实现预期目标，以人为中心进行的协调活动。

（3）杨文士教授认为：一定组织中的管理者，通过实施计划、组织、人员配备、指导与领导、控制等职能来协调他人的活动，使别人同自己一起实现既定目标的活动过程。

（4）芮明杰教授认为：管理是对组织的有限资源进行有效整合，以达成组织既定目标与责任的动态创造性活动。

（5）邢以群教授认为：管理是一个由计划、组织、领导、控制等职能组成的系统过程，是人们综合运用人力资源和其他资源以有效地实现目标的过程。

管理定义的多样化，既反映了人们研究立场、方法、角度的不同，也反映了管理科学的不成熟性。为了反映管理的本质，学者博采众长，形成了现代管理学中的管理概念，即管理是依据事物发展的客观规律，通过计划、组织、领导、控制和创新等职能，综合运用人力资源和其他资源，以有效地实现目标的过程。

2. 企业管理的概念

企业管理是根据企业特性及其生产经营规律，按照市场反映出来的社会需求，对企业的生产经营活动进行计划、组织、控制，充分利用各种资源，实现不同时期的经营目标，不断地适应市场变化、满足社会需求，同时求得企业自身的生存和发展的活动。这一定义包括以下几个要点：

（1）企业管理的对象。企业管理就是内外结合的生产经营活动。

（2）企业管理的主体。企业的厂长、经理以及由他们为中心组成的企业管理系统来进行，在这个系统中的人，就是企业管理的主体。

（3）企业管理的职能。企业管理是管理者通过计划、组织、控制等职能进行的。只有熟悉和灵活综合运用这些管理职能，才能顺利地完成管理的任务。

（4）企业管理的目的。企业的管理目的就是综合利用资源，实现企业目标，在满足社会需求中获取更多的利润。

（5）企业管理的依据。管理依据是企业的特性，及由此表现出来的生产经营规律。

（二）管理的分类

对管理进行分类，是为了从外延上了解管理，从不同角度有不同的类别。

1. 按管理的特征（方式）划分

（1）硬性指令型的开环管理。这是一定历史时期形成的管理类型，其特征是由上至下单方向、不容置否的命令，这种管理类型简称为开环管理（图 1－1）或 V 型管理（图 1－2）。

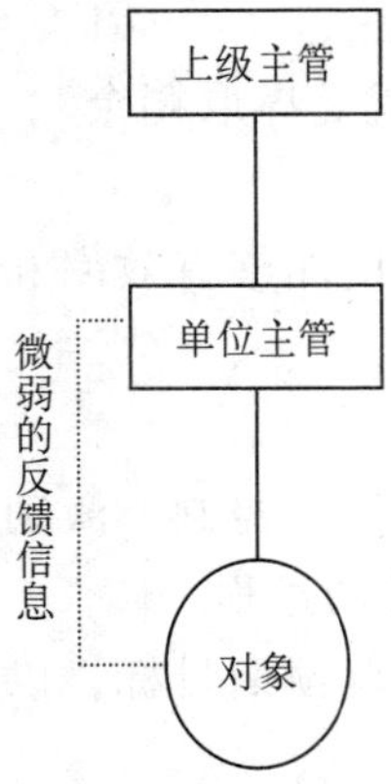

图 1－1　开环管理模式

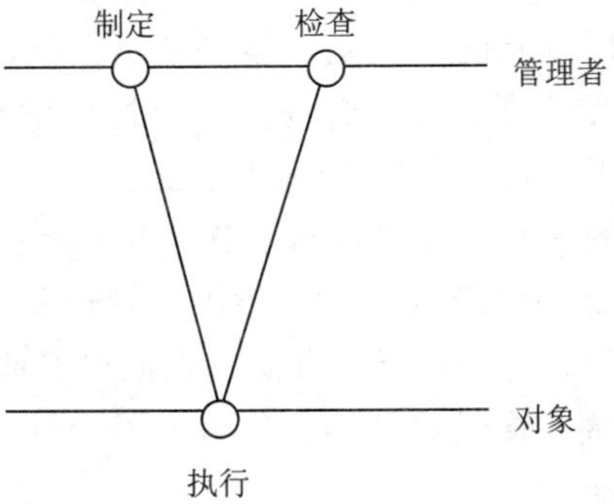

图 1－2　V 型管理模式

（2）反馈信息型的闭环管理。这是近代发展起来的新管理类型，强调管理者与管理对象都参与管理，其特征是由上至下，再由下至上构成一个封闭的信息回路，循环往复，重视管理对象的反馈信息，随时调整指令，简称闭环管理（图 1－3）或 M 型管理（图 1－4）。

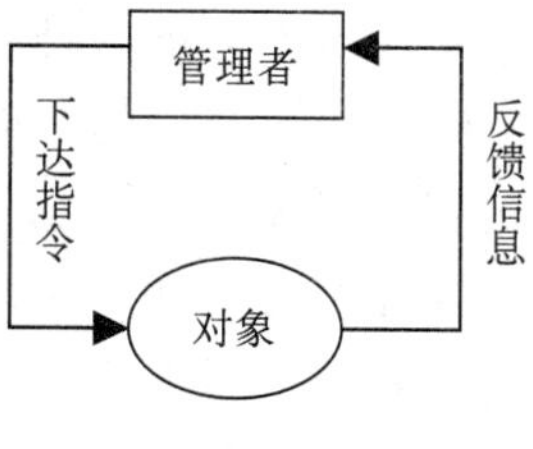

图1－3　闭环的管理模式

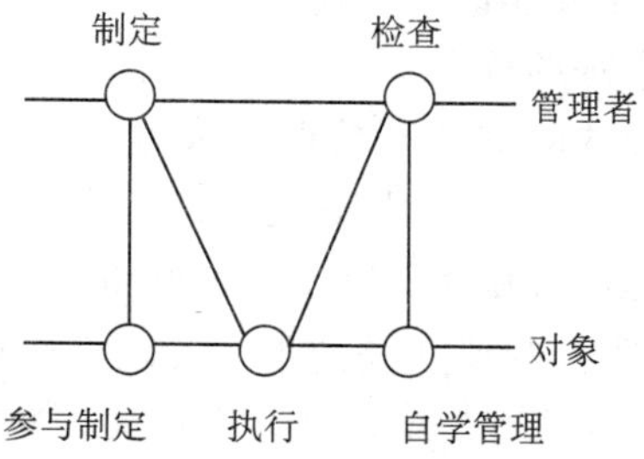

图 1－4　M 型管理模式

2. 按管理的职能划分

按管理的职能划分管理有计划、组织、指挥、协调、控制、领导、激励、沟通、创新等管理。对管理的职能，早期的管理理论一般认为，管理有计划、执行、控制三大基本职能。法国的法约尔认为，管理有五大职能：计划、组织、指挥、协调和控制。美国的古利克提出，管理有七项职能，即计划、组织、人事、指挥、协调、报告、预算。管理的基本职能包括计划、组织、领导、控制和创新。管理的基本职能如图 1－5 所示。

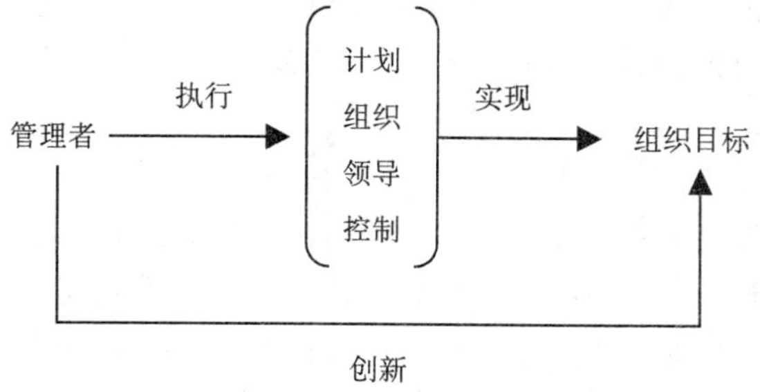

图 1－5　管理基本职能

3. 按管理的层次划分

按管理的层次划分管理有高层管理、中层管理和基层管理。不同管理人员在行使管理基本职能时的侧重点不同，如图 1－6 所示。一般而言，高层管理人员花在组织和控制工作上的时间要比基层管理人员多，而基层管理人员花在领导工作上的时间要比高层管理人员多。

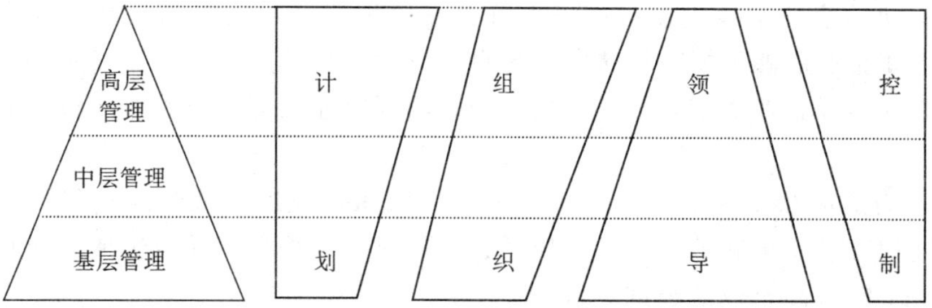

图 1－6　管理者的层次分类与管理职能

4. 按不同的历史阶段划分

按不同的历史阶段划分，分为：古代管理、传统管理、科学管理及现代管理。

（三）企业管理的性质及任务

1. 企业管理的性质

（1）管理的两重性。马克思认为，任何社会的管理都具有两重属性——自然属性和社会属性。“指挥劳动”是同生产力直接相联系的，是由共同劳动的社会化性质产生的，是进行社会化大生产的一般要求和组织劳动协作过程的必要条件，它体现了管理的自然属性。“监督劳动”是同生产关系直接相联系的，是由共同劳动所采取的社会结合方式的性质产生的，是维护社会生产关系和实现社会生产目的的重要手段，它体现了管理的社会属性。

管理的两重性是相互联系、相互制约的。一方面，管理的自然属性不可能孤立存在，它总是在一定的社会形式、社会生产关系条件下发挥作用；同时，管理的社会属性也不可能脱离管理的自然属性而存在，否则，管理的社会属性就会成为没有内容的形式。另一方面，管理的两重性又是相互制约的。管理的自然属性要求具有一定的“社会属性”的组织形式和生产关系与其相适应；同样，管理的社会属性也必然对管理的科学技术等方面发生影响或制约作用。

（2）管理的科学性与艺术性。管理的科学性是管理作为一个活动过程，其间存在着一系列基本客观规律。人们经过无数次的失败和成功，通过从实践中收集、归纳、检测数据，提出假设，验证假设、从中总结出一系列反映管理活动过程中客观规律的管理理论和一般方法。

管理的艺术性指在掌握一定理论和方法的基础上，灵活运用这些知识和技能的技巧和诀窍。管理的艺术性就是强调其实践性，没有实践则无所谓艺术。这就是说，仅凭停留在书本上的管理理论，是不能保证其成功的。主管人员必须在管理实践中发挥积极性、主动性和创造性，因地制宜地将管理知识与具体管理活动相结合。

2. 企业管理的任务

企业管理的任务主要有以下几个方面：

（1）运用出资者投资的全部财产，通过加强生产经营管理，合理地组织生产要素，依据社会需求，有效地提供产品或劳务，满足社会日益增长的物质和文化生活的需要。

（2）随着现代化企业制度的逐步建立，运用企业拥有的法人财产权，通过资本金制度和资产经营责任制的建立，盘活资产存量，开展面向市场的经营活动，加强资产价值形态的管理，提高综合经济效益，保证资产的保值增值。

（3）在进行企业制度创新过程中，着力抓好现代企业组织制度和现代企业管理制度的建设，使企业能够依据市场法则健全自主经营、自负盈亏、自我发展和自我约束的机制，不断地增强企业适应外部环境的能力，增强企业的活力，使企业成为真正的市场竞争主体。

（4）努力适应社会主义市场经济的需要，依靠科技进步和管理现代化，努力开发新产品，增加产品品种和数量，提高质量，降低成本，采用现代营销方式求得较高的市场占有率，不断提高企业的经济效益。

（5）不断对职工和管理进行文化、科学技术以及思想品德教育，将精神文明建设与企业文化建设有机地结合起来，培养一批思想过硬、技术较高和善于管理现代企业的职工队伍、技术队伍和管理队伍，以适应当今世界竞争日益激烈的形势。

二、管理角色与管理技能

（一）管理者的角色与职责

1. 管理者的角色

亨利·明茨伯格（Henry Mintzberg）研究发现管理者扮演着10种角色，这10种角色可被归为三大类：人际角色、信息角色和决策角色，如图1－7所示。

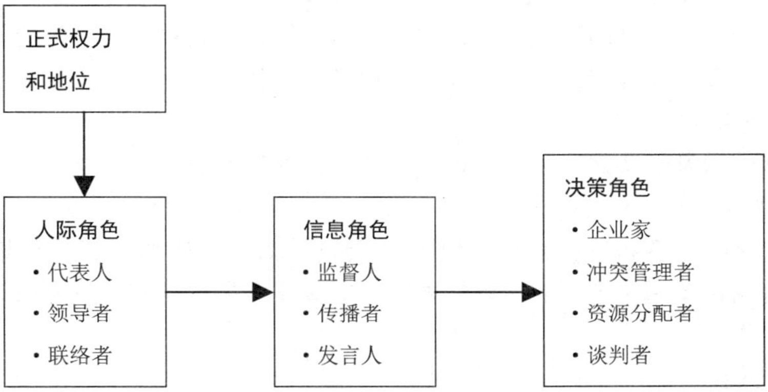

图1－7　管理者的角色

（1）人际角色。人际角色归因于管理者的正式权力。管理者所扮演的三种人际角色是代表人、领导者和联络者。

（2）信息角色。管理者必须扮演的一种信息角色是监督者角色，监督的目的是获取信息。管理者可通过各种方式获取一些有用的信息，如通过密切关注组织自身状况以及外部环境的变化，通过接触下属，利用个人关系网等方式来获取信息，管理者识别潜在的机会和威胁。作为传播者，管理者把监督获取的大量信息分配出去，传递给有关员工。管理者的发言人角色，要把信息传递给外界。

（3）决策角色。管理者所扮演的第一种决策角色是企业家角色。作为企业家，管理者对发现的机会进行投资，如开发新产品、提供新服务或发明新工艺等。管理者所扮演的第二种决策角色是冲突管理者。一个组织不管被管理得多么好，它在运行的过程中总会遇到冲突或问题，管理者必须善于处理冲突和解决问题。管理者所扮演的第三种决策角色是资源分配者。作为资源分配者，管理者决定组织资源用于哪些项目。管理者所扮演的最后一种决策角色是谈判者角色。管理者把大量的时间花在谈判上，谈判对象包括员工、供应商、客户和其他组织。

2. 管理者的职责

作为一个管理者，能将自己的思想行为和事业紧紧揉合在一起，在员工中产生巨大的凝聚力，使自己的事业取得成功，是一个管理者的重要职责。作为一个管理者，首先应该是抓大事，而不应“事必躬亲”。毛泽东同志曾说过，管理者的责任，归结起来，主要是“出主意、用干部”两件事。一切计划、决策、指示都属于出主意一类；一切选才、用人都属于用干部一类。概括地讲，作为一个管理者应抓好以下几项工作。

（1）目标规划和科学决策。“凡事预则立，不预则废”，可见计划、决策是工作成败的关键。科学决策，就是管理者运用科学的思维方法，对准备行动的若干方案进行选择，以期达到最优目标。当前，社会分工越来越细，每一个决策的失误，都会带来很大损失，作为一个管理者应该经常提醒自己决策是否具有科学性。

（2）制定规范和组织协调。现代管理者应靠制定各种规章制度，靠各种经济责任制的落实，靠科学的管理方法。只有这样，才能更好地调动每个员工的积极性。

（3）选才用人和放权。任何一个管理者的思想、意图都需要下属去贯彻执行，管理者不一定要处处比自己的下属高明，然而，其工作要想收到事半功倍的效果，必须善于选才用人。古今中外凡有远见者都很注重举贤、用贤。

（二）管理技能

美国管理学专家卡特兹认为，管理者应具有三种基本的管理技能。

1. 技术技能

技术技能是指熟悉和精通某种特定专业领域的知识，诸如工程、计算机科学、财务、会计或者制造等。对于基层管理者来说，这些技能是重要的，因为他们直接处理雇员所从事的工作。

2. 人际技能

人际技能是指成功地与别人打交道并与别人沟通的能力，这种技能对于各个层次的管理者都是必备的。

3. 概念技能

概念技能是指管理者对复杂情况进行抽象和概念化的技能。对于高层管理者来说，这种技能是非常重要的，因为他们要负责的计划、决策等都需要有对各事物间关系的理解能力。

处于较低层次的管理人员，主要需要的是技术技能与人际技能；处于较高层次的管理人员，更多地需要人际技能和概念技能，同时由于他们最接近现场作业，技术技能格外重要。如图 1－8 所示，为各种层次的管理人员所需要的管理技术比例。

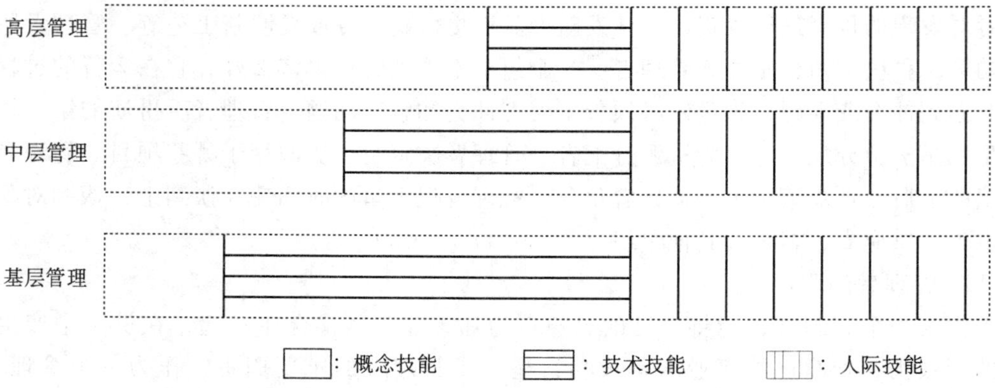

图 1－8 各种层次的管理人员所需要的管理技能比例

三、企业管理的职能

（一）管理的职能

1. 管理职能划分

在20世纪初，法国工业家法约尔（Fayol，1916）在其著作《工业管理与一般管理》中写道，所有管理者都行使着五种管理职能：计划、组织、指挥、协调和控制。到50年代中期，美国加州大学洛杉矶分校两位教授孔茨和奥唐奈（Koontz and O'Donnell，1955）在《管理学》教科书中，把管理的职能划分为以下5种：计划、组织、人员配备、指导和控制。大多数当今流行的教科书中，管理职能一般被压缩为4种：计划、组织、领导和控制。

2. 管理职能的相互关系

"决策与计划""组织""领导""控制"和"创新"这5种管理职能各有自己独特的表现形式：决策职能通过方案的产生和选择以及通过计划的制定表现出来；组织职能通过组织结构的设计和人员的配备表现出来；领导职能通过领导者和被领导者的关系表现出来；控制职能通过对偏差的识别和纠正表现出来；创新职能通过组织提供的服务或产品的更新和完善以及其他管理职能的变革和改进来表现其存在，对一个有活力的组织来说，创新无处不在、无时不在，是各项管理职能的灵魂和生命。

各种管理职能不是孤立的，它们的相互关系可以通过图1-9看出。

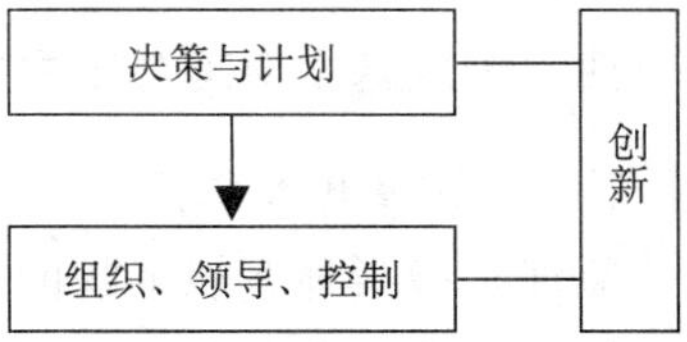

图1-9　各种管理职能的相互关系

它们的相互关系可作如下理解：①决策是计划的前提，计划是决策的逻辑延续。管理者在行使其他管理职能的过程中，总会面临决策和计划的问题，决策和计划是其他管理职能的依据；②组织、领导和控制旨在保证决策的顺利实施；③创新贯穿于各种管理职能和各个组织层次之中。

（二）企业管理的职能

管理是一个过程，这一过程中管理的职能一般可划分为计划、组织、领导、控制4个方面。

1. 计划职能

管理的计划职能是指为实现组织既定目标，对未来的行动进行规划和安排的活动。在具体内容上包括组织目标的选择和确立，实现组织目标的方法的确定，预测、决策、计划原则的确立，计划的编制以及计划的实施。

在管理科学中，研究的是计划的动态过程，也就是说，要研究计划是如何产生的这一过程，从而探索制定计划的一系列科学程序和方法，为管理提供科学的计划决策。

管理的计划职能就是要选择组织的整体目标和各部门的目标，决定实现这种目标的行动方案，从而为管理活动提供基本依据。因此，计划职能是管理的首要职能，是从现在通向未来的桥梁。

2. 组织职能

组织一词最直观的意思是机构或企业的代名词。从管理活动的实践的角度来看，组织作为管理的一项基本职能，它的含义应该是静态的人的集合组成的机构和动态的组织活动过程的统一。具体来看，动态的组织活动过程是通过分工与合作，设置相应的职位机构，使每一个职位的权力与责任相结合，以达到某种特定的目标。

因此，管理的组织职能实质上就是要设计和维持一整套职位系统，使人们在从事集体活动中合理分工合作，以达成共同目标。

3. 领导职能

领导是一种影响并感召人们和群体去追求某些目标的行为与过程。虽然管理者的任务不仅仅是领导，但有效的领导是管理成功的关键，人们愿意追随那些能满足他们需要和要求的人。因此，领导职能的内容是激励、指导、引导、促进和鼓励。

4. 控制职能

控制是促使组织的活动按照计划规定的要求展开的过程。控制职能是按照既定的目标、计划和标准，对组织活动各方面的实际情况进行检查和考察，发现差距，分析原因，采取措施，予以纠正，使工作能按原计划进行，或根据客观情况的变化，对计划作适当的调整，使其更符合于实际。

管理的上述4种职能是相互关联、不可分割的一个整体。通过计划职能，明确组织的目标与方向；通过组织职能，建立实现目标的手段；通过领导职能，把个人的工作与所要达到的集体目标协调一致；通过控制职能，检查计划的实施情况，保证计划的实现。管理的这4种职能的运用，归根结底是为了实现组织的目标。

四、管理基本原理与基本方法

（一）管理基本原理

原理是指某种客观事物的实质及其运动的基本规律。管理原理是对管理工作的实质内容进行科学分析总结而形成的基本真理，它是现实管理现象的抽象，是对各项管理制度和管理方法的高度综合与概括，因而对一切管理活动具有普遍的指导意义。

1. 系统原理

（1）系统与管理系统。系统是指由若干相互联系、相互作用的部分组成，在一定环境中具有特定功能的有机整体。就其本质来说，系统是“过程的复合体”。管理系统是指由管理者、管理对象等若干个相互联系，相互作用的要素和子系统，按照管理整体目标结合而成的有机整体。

对管理系统的概念，应从以下几个方面理解：第一，管理系统是整体的，发挥着整体功能，管理系统中，任何一个子系统都必须是为实现管理的整体功效和目标而服务的。第二，管理系统是由若干要素或子系统构成的，各个要素或子系统之间是相互联系、相互依存的。第三，管理系统在结构上是分层次，系统内可划分为若干个子系的统，而管理系统又从属于更大的社会系统。

管理系统一般由以下要素构成：①管理目标；②管理者；③管理对象；④管理环境；⑤管理方法。

（2）系统原理要点。

①整体性原理。整体性原理指系统要素之间相互关系及要素与系统之间的关系以整体为主进行协调，局部服从整体，使整体效果为最优。

②动态性原理。系统作为一个运动着的有机体，其稳定状态是相对的，运动状态则

是绝对的。系统内部的联系就是一种运动，系统与环境的相互作用也是一种运动。掌握系统动态原理、研究系统动态规律，可以使我们预测发展趋势，掌握主动，使系统向期望的目标顺利发展。

③开放性原理。对外开放是系统的生命，在管理工作中，试图把本系统封闭起来与外界隔绝的做法，都只会导致失败。明智的管理者应当从开放性原理出发，充分估计到外部对本系统的种种影响，努力从开放中扩大本系统从外部吸入的物质、能量和信息。

④综合性原理。一方面是系统目标的多样性与综合性。系统最优化目标的确定，是靠从各种复杂的甚至对立的因素中综合的结果。综合性原理的另一方面是系统实施方案选择的多样性与综合性，就是说同一问题可以有不同的处理方案，为了达到同样一个目标，有各种各样的途径与方法。

⑤环境适应性原理。如果系统与环境进行物质、能量和信息的交流，能够保持最佳适应状态，则说明这是一个有活力的理想系统。否则，一个不能适应环境的系统则是无生命力的。系统对环境的适应并不都是被动的，也有能动的，那就是改善环境。环境可以施加作用和影响于系统，系统也可施加作用和影响于环境。

（3）系统原理的具体应用——整分合原则。系统原理对管理活动的最基本要求，就是要从整体出发，制定管理系统的目标，根据科学的分解，明确各子系统的目标，进而在合理分工的基础上进行总体的组织综合，从而保证管理目标的顺利实现。这种对系统的整体把握、科学分解、组织综合的要求，就是整分合原则。

整分合原则在具体操作中，一般要经过三个阶段：第一阶段，把握整体目标，即在对系统本身的环境分析的基础上，从系统整体的角度设计和确定系统的总体目标；第二阶段，系统分解，即在整体目标指导下，对计划、任务分解，对系统内各部门及个人的职责与任务进行分配；第三阶段，综合协调，即在系统内按照系统内在的联系把各部门、各环节有效地结合起来，协调它们之间的关系，整合力量，促进系统整体目标的实现。

2. 人本原理

（1）人本原理及其特点。管理的人本性是指在管理过程中以人为中心，把调动人的积极性放在首位。现代管理思想把人的因素放在第一位，重视处理人与人的关系，强调人的自觉性和自我实现精神，主张以人及人的积极性、主动性、创造性为管理的核心和动力。

其具有下列几个特点：①以人为本的管理主要是指在企业管理过程中以人为出发点和中心的指导思想；②以人为本的管理活动围绕着激发和调动人的主动性、积极性和创造性来展开；③以人为本的管理致力于人与企业的共同发展。

（2）人本原理内含。管理的人本原理就是指管理者在管理活动中充分重视人的作用，尊重人、理解人，并通过满足人的需要来调动人的积极性、主动性和创造性。对这个原则的理解可以从以下几个角度入手：

第一，人本原理是对人的本质属性认识的深化。关于人性理论的探索和研究，为人本原理的形成奠定了坚实的基础。

第二，树立“以人为中心”的管理思想，是做好管理工作的根本保证。管理过程中的各种客观因素及各个环节，都需要由人来控制，管理职能活动的有效发挥，管理目标的最终实现，都要由人来完成。离开了人的活动，管理活动就无从谈起。

第三，充分发挥人的主观能动性的主要途径就是重视人的需要。这里所讲的“人的需要”指的是绝大多数成员的需要，是由管理系统中全体成员的基本和共同的利益所决定的。

第四，在管理工作中坚持人本原理的关键是充分发挥人的主观能动性。人的主观能动性是人类积极、主动地探索和改造客观世界的动力源泉，在管理系统的所有要素之中，只有人具有这种主观能动性，而其他要素都是被动的，由人来支配和操纵。

以人为本的管理要以人的全面发展为核心，人的发展是企业发展和社会发展的前提。以人为本管理的基本原则有：①重视人的需要；②激励员工为主；③培养员工；④组织设计以人为中心。

(3) 人本原理的具体应用——民主管理。人本原理强调“以人为中心”，它是一种充分尊重人的价值的管理，它要求管理者与被管理者之间的关系建立在平等信任的基础上。因此，在管理方式上往往表现为广泛的民主参与，这种方式能够使每一位组织成员树立起较强的主人翁意识，增强他们的责任感，这样就从根本上促进了他们的积极性、创造性和智慧的充分发挥。

3. 效益原理

(1) 效益的概念与分类。任何组织的管理都是为了取得更好的效益，效益的高低直接影响着组织的生存和发展，管理的永恒主题。

效益是指有效产出与投入之间的一种比例关系，是一种有益的效果，具体地说，它反映了人们的投入与所带来的利益之间的关系。

一般地，效益可以分为经济效益和社会效益。经济效益是指人们在社会经济活动中所取得的收益性成果，它是通过提高经济活动的效果而得到的实际经济利益。这也就是说，是以最小代价，创造出最大价值，获得最佳经济效果。所谓社会效益，是指劳动所产生的成果对社会产生的有用的和积极的影响程度和做出的贡献。

经济效益和社会效益之间既有联系，又有区别。经济效益是社会效益的基础，社会效益是促进经济效益提高的重要条件。现代管理工作在处理经济效益与社会效益的关系上，应该是统筹兼顾，最大限度地追求经济效益与社会效益的同步增长，既反对单纯追求经济效益而不顾社会效益的倾向，也反对片面讲求社会效益而不讲经济效益的做法。当经济效益与社会效益发生矛盾时，应当从全局出发协调两者的关系，但是基本的原则是要让经济效益服从社会效益。

(2) 效益影响因素与效益评价。管理的效益取决于以下因素：

①管理者。管理者是管理主体，在管理活动中居于主导地位，起核心作用。

②管理对象。管理的效益指标往往要通过管理对象才能实现，因此，管理对象也是影响管理效益的重要因素。现代管理的对象是由人、财、物、时间、空间、信息等要素组成一个有机体系，其中，人是最重要的。

③管理环境。效益是通过有效的管理活动来实现的，而管理活动又是在外部客观环境的影响下进行的，影响管理效益的环境因素有：政治环境、经济环境、科学技术环境和社会环境。

效益的评价可由不同主体（如首长、群众、专家、市场等）从多个不同角度去进行，因此没有一个绝对的标准。不同的评价标准和方法，得出的结论也会不同，甚至相反。有效的管理首先要求对效益的评价尽可能公正和客观，因为评价的结果直接影响组织对效益的追求和获得，结果越是公正和客观，组织对效益追求的积极性就越高，动力也越大，客观上产生的效益也就越多。

（3）效益原理的内容及要求。在管理中，重视效益，追求效益，以最小的消耗和代价获取最佳的经济效益和社会效益，追求管理的整体效益和长期效益，这就是管理的效益原则的基本要求。管理者必须把树立正确的效益观念作为管理工作的前提，这就要求管理者自觉地克服一切忽视效益的管理思想和方式，把追求效益作为管理活动的准则。

效益原理应用时应注意的问题：①要注意管理效益与组织经营战略的协调。②追求局部效益必须与追求全局效益协调一致。③在实际工作中，管理效益的直接形态是通过经济效益而得到表现的。④确立管理活动的效益观。⑤管理应追求长期稳定的效益。

（4）效益原理的应用——效率管理。效率管理是通过分析组织及组织的流程，对组织的效率进行规定、分析和评估，提高组织的效率，从而有效地实现组织目标的活动。它强调要以一切可行的效率标准来统一人们的思想，指导人们的行动，把效率作为管理活动的宗旨，放在工作的中心位置，这是效率管理的精髓所在。

效率管理的特点：

①效率管理的目的是追求高效益。效率管理正是通过追求效益来实现其管理目的的，设法用最短的时间完成最多的工作，用最小的投入获得最大收益。

②以组织效率为中心的全面管理。效率管理是以效率为中心。效率问题是管理活动的出发点和归宿，管理的核心问题就是要提高效率。组织效率的提高，要对组织进行全面管理。它包含以下3层意思：

第一，全过程效率管理，比如企业的产品设计、产品试制、原材料采购、产品储备、产品生产和销售等各个方面，都要进行管理。

第二，全员的管理，即组织中的所有人员都要参加效率管理，从组织的最高领导到管理部门，再到每个组织成员都要加入到效率管理之中。

第三，全要素的管理，即组织中的所有要素，包括物资、设备、仪器、材料、工资、折旧费、其他支出等都要加以管理。

③强调动态性。效率管理是过程管理，效率管理同时也是动态的管理，管理者时时监控管理的过程。一旦发现管理过程中任一环节出现偏差，就能及时发现偏差并迅速报告上级，以便上级能及时采取措施加以纠正，这样就需要在管理的过程中动态地解决管理问题，对企业和组织进行动态管理。这种管理由于重心前移，加强事先控制，因此有利于避免管理工作的重大失误。

效率的标准：

使用效率管理的方法，首先要在组织中建立正确的效率标准。设计效率的标准是效率管理的重要组成部分。标准可能有许多种类，可以用货币单位来表示，如销售额、成本、投资费用或利润等，也可以用非货币形式来说明，如产量、工时、速度或废品量等，还可用可考核的定性要求来表示。设计效率标准的方法一般有：

第一，可以用本组织或其他同类组织过去资料的分析为基础来确立现在的效率标准。

第二，可以凭借主观经验进行判断确立标准。

第三，用测量分析的方法。在对具体工作所作的客观测量基础上进行分析，设计出每个工作人员的工作量。对每个工作人员工作量的研究可以运用时间动作分析方法，

效率管理的步骤：

效率管理的管理过程一般都要经过：①调查分析组织状况，进行效率对比，确定效率标准；②拟定、评价并抉择方案；③组织实施方案；④考察方案执行情况，并修订方案；⑤组织实施新方案，监督并反馈。

管理者在进行某一步骤的工作时，必须以前一个步骤为基础，并为后一个步骤的进行创造条件，只有这样才能使整个管理活动有效地进行。

4. 能级原理

在现代管理活动中，根据不同的能级，建立层次分明的组织机构，安排与职位能级相适应的人去担负管理任务，给予不同的权力与责任，形成完整的、有层次的、尽责尽才的管理能级，从而保证管理最大能量的发挥，这就是管理的能级原理。

（1）能级与能级管理。“能级”是现代物理学中最重要的概念之一，能是做功的本领，能量有大有小，把能量按大小排列，犹如梯级，就叫“能级”，意指作功能量的级别。它给予管理学以深刻的启示：在一个管理系统中，机构、人员、制度、方法等都有能量，能量大小不同，在管理中发挥的功能和作用也不同。

能级管理在管理系统中主要分为组织能级和个人能级。即：高层、中层和基层。一般来讲，职权越大，对下级的控制面越广，所作决策和决定的影响力就越大，其管理层次与职位就越高；周围环境对其工作的限定性因素越少，所受监督越小，工作的自由度越大，要求独当一面的能力就越强，承担的责任就越大，其管理层次与职位就越高；工作内容越复杂，处理的非常规性问题越多，该业务要求的创造力、变革力就越强。

（2）能级原理应用时应注意的问题：①组织能级与人才能级在动态中相对应；②管理能级与权力、利益相对应；③能级的确定必须保证组织结构的稳定性。

5. 动态原理

（1）动态原理的概念及特征。管理的动态原理有两方面的含义：一是管理组织系统内部原有的结构、功能、运行状态，随着内部各要素及内部其他条件的变化而适时调整和变化的动态规律；二是管理组织作为更大系统的子系统，具有随着大系统的变化而变化的动态规律。因此，动态原理受到内外两方面条件的制约。

动态原理的基本特征：

①有序性。管理组织的动态性活动不是混乱无序，而是按照一定的规律有序地运行的。

②适应性。这是动态原理的主要特征。分析研究内外环境的变化，努力适应其变化的要求，是动态管理的核心。

（2）动态原理的体现——弹性原则。管理必须遵循弹性原则，必须留有余地，所谓弹性管理原则，是管理的原则性和灵活性的统一，即通过一定的管理手段，使管理对象在一定条件的约束下，具有一定的自我调整、自我选择、自我管理的余地和适应环境变化的余地，以实现动态管理的目标。

管理弹性一般分为局部弹性和整体弹性两类。第一，局部弹性就是任何管理必须在

一系列重要的关键管理环节中保持可以调节的弹性。第二，整体弹性是指整个管理系统具有适应环境变化的应变能力或适应性，即具有整体可塑性。

弹性管理在财务工作中的应用：

第一，弹性应用于财务管理的计划工作中。计划工作特别强调“留有余地”。弹性计划应具有两个特征：一是计划各要素特别是实施措施要具有一定的灵活性，以利于在执行计划时各要素能自行调整、补充、配合、完善；二是整个计划要具有应变能力。

第二，弹性原则应用于企业的投资决策，尤其是长期高风险决策。如果等到更多资讯和机会出现后，再做出投资决策，使投资决策具有弹性，就可以创造更有利的投资机会。

第三，弹性原则应用于财务管理的控制中。弹性工资、股票期权激励就为员工的努力工作提供了弹性空间，激励他们与企业目标一致。

第四，弹性原则应用于企业的资本结构中。保持资本结构弹性是财务运作的必要前提。现实中有的企业倾向于做大做强，其中一个重要原因就是大企业有强大的资产担保，投资、融资可选择方式多，这是资本结构的规模弹性；有的企业乐于发行可转换证券，因为可转换证券给企业提供了一条调整资本结构的渠道，这是资本结构的转换弹性。

（二）管理基本方法

管理方法是在管理活动中实现管理功能，顺利实现管理目标的基本保证。管理方法是管理理论的具体化和实际化，任何一种管理理论都会提出一套独特的管理方法。这里所讲的管理方法，是指最一般的、最基本的管理方法，是一切具体的管理方法中的共性因素。在具体的管理活动中，必须遵循这些基本方法。

1. 管理的行政方法

（1）行政方法的概念与实质。行政方法是指依靠行政组织的权威，运用命令、规定、指示条例等行政手段，按照行政系统和层次，以权威和服从为前提，直接指挥下属工作的管理方法。

（2）行政方法的特点与作用。行政方法实际上就是行使政治权威，它的主要特点是：

①权威性。行政方法所依托的基础是管理机关和管理者的权威。管理者必须努力以自己优良的品质、卓越的才能去增强管理权威，而不能仅仅依靠职位带来的权力来强化权威。

②强制性。行政权力机构和管理者所发出的命令、指示、规定等，对管理对象具有程度不同的强制性。行政方法就是通过这种强制性来达到指挥与控制管理活动过程的目的。

③垂直性。行政方法是通过行政系统、行政层次来实施管理活动的，因此基本上属于纵向垂直管理。行政指令一般都是自上而下，通过纵向直线下达的，切忌通过横向传达指令。

④具体性。行政指令的内容和对象是具体的，而且在实施过程中的具体方法上也因对象、目的和时间的变化而变化。任何行政指令往往是在某一特定的时间内对某一特定对象起作用，具有明确的指向性和一定的时效性。

⑤无偿性。运用行政方法进行管理，上级组织对下级组织的人、财、物等的调动和使用不讲等价交换的原则。一切根据行政管理的需要，不考虑价值补偿问题。

⑥稳定性。由于行政系统一般都具有严密的组织机构、统一的目标、统一的行动，以及强有力的调节和控制，对于外部因素的干扰具有较强的抵抗作用，运用行政方法进行管理可以使组织具有较高的稳定性。

由于行政方法具有以上特点，使用时就会产生一些独特的作用。

①行政方法的运用有利于组织内部统一目标，统一意志，统一行动，能够迅速有力地贯彻上级的方针和政策，对全局活动实行有效的控制。尤其是对于需要高度集中和适当保密的领域，更具有独特作用。

②行政方法是实施其他各种管理方法的必要手段。在管理活动中，经济方法、法律方法、教育方法、技术方法要发挥作用，必须经由行政系统的中介，才能具体地组织与贯彻实施。

③行政方法可以强化管理作用，便于发挥管理职能，使全局、各部门和各单位密切配合，前后衔接，并不断调整它们之间的进度和相互关系。

④行政方法便于处理特殊问题。行政方法时效性强，能及时针对具体问题发出命令和指示，可以快刀斩乱麻，较好地处理特殊问题和管理活动中出现的新情况。

（3）行政方法的正确运用。行政方法是实现管理功能的一个重要手段，但只有正确运用，不断克服其局限性，才能发挥它应有的作用。

①管理者必须充分认识行政方法的本质是服务。服务是行政的根本目的，这是由管理的实质、生产的社会化以及社会主义公有制所决定的。行政不以服务为目的，必然导致官僚主义、以权谋私、玩忽职守等行为。

②行政方法的管理效果为领导者水平所制约。管理效果基本上取决于领导者的指挥艺术和心理，取决于领导者和执行者的知识、能力。行政方法的运用对领导者各方面的素质提出了很高的要求。

③信息在运用行政方法过程中是至关重要的。首先，领导者必须及时获取组织内外部有用的信息，才能做出正确决策，避免指挥失误。其次，上级要把行政命令、规定或指示迅速而准确地下达，还要把收集到的各种反馈信息和预测信息发送给下级领导层，供下级决策时使用。

行政方法的运用由于借助了职位的权力，这种特点可能使上级在使用行政方法时忽视下属的经济利益要求，不利于充分调动各方面的积极性，从而可能导致动力不足。所以，不可单纯依靠行政方法，要在客观规律的基础上，把行政方法和管理的其他方法、特别是经济方法有机地结合起来。

2. 管理的经济方法

（1）经济方法的内容及特点。经济方法是根据客观经济规律，运用各种经济手段，调节各种不同经济利益之间的关系，以获取较高的经济效益与社会效益的管理方法。这里所说的各种经济手段，主要包括价格、税收、信贷、工资、利润、奖金、罚款以及经济合同等。不同的经济手段在不同的领域中，可发挥各自不同的作用。

①价格。价格的高、低、涨、落，会直接影响生产企业和消费者的经济利益，从而影响他们的生产和消费行为。

②税收。税收是国家取得经济收入的重要来源，也是国家管理社会经济生活的重要手段之一。国家根据宏观控制的需要，合理制定不同的税种和税率，来调节生产和流

通，调节一部分企业的利润水平，使社会经济的内部结构、发展趋势、活动规模等趋于合理。

③信贷。信贷是最为灵活、有效的经济杠杆。银行信用活动以吸收存款和储蓄形式，集中社会闲散资金；同时，按照社会经济发展的需要，以贷款形式发放给生产经营单位，满足其生产周转和扩大流通的需要，达到管理协调社会经济活动的目的。

④利润。国家通过一定的经济责任制形式，使企业的经济责任、经济权限和经济利益紧密结合。利润也是企业经济效益同职工的经济利益挂钩的一个重要指标，利用这种挂钩，可以促进企业劳动者从关心个人利益的角度更多地关心企业的经营及其成果。

⑤工资。根据按劳分配原则，应当按照职工每个时期实际劳动的数量和质量，联系企业的经济效益来支付职工的工资。由于不同企业的生产技术特点和劳动组织特点不同，反映职工劳动贡献的方法不同，所以各个企业应采用适合本企业特点和各类人员劳动特点的工资形式，如计时工资、计件工资、浮动工资、结构工资等。

⑥奖金与罚款。奖金是根据职工对企业所作额外贡献的大小，用货币形式付给职工的奖赏。奖金的项目和条件应能表达企业领导者对职工行为的期望，应能对职工的行动方向和努力目标具有引导作用。罚款是对职工违反规章制度，给企业群体造成危害的行为所进行的经济惩罚。鼓励与惩罚最重要的是严明，该奖即奖，当罚则罚。

管理的经济方法的实质是围绕着物质利益，运用各种经济手段正确处理好国家、集体与劳动者个人三者之间的经济关系，最大限度地调动各方面的积极性、主动性、创造性和责任感，促进经济的发展与社会的进步。与其他方法相比较，经济方法具有以下特点：①利益性；②关联性；③灵活性；④平等性。

（2）经济方法的正确应用。

①要注意将经济方法和教育等方法有机结合起来。在生产力迅速发展的背景下，人们更需要接受教育，以提高知识水平和思想修养。如果单纯运用经济方法，易导致讨价还价、“一切向钱看”的不良倾向，易助长本位主义、个人主义思想。

②要注意经济方法的综合运用和不断完善。在经济生活中有些产品具有特殊的性质（如农业用生产资料），国家既要鼓励生产，又要鼓励消费，以促进农业生产和技术进步。因而，仅凭单一的价格杠杆就难以奏效，必须综合运用一组杠杆。要不断完善各种经济手段和杠杆，使之趋于合理，以适应经济发展的需要。

3. 管理的法律方法

（1）法律方法的内容与实质。法律方法是指国家根据广大人民群众的根本利益，通过各种法律、法令、条例和司法、仲裁工作，调整社会经济的总体活动和各企业、单位在微观活动中所发生的各种关系，以保证和促进社会经济发展的管理方法。法律方法的内容，不仅包括建立和健全各种法规，而且包括相应的司法工作和仲裁工作。

司法工作是由国家的司法机关按照法律和法规解决各种纠纷和审理案件的执法活动。司法机构“以法律为准绳，以事实为依据”，通过司法制裁，强制执行法规，停止违法活动，恢复正常秩序，并给予当事人一定惩罚，达到维护法律尊严、教育人民的目的。

仲裁即公断，如果组织之间发生纠纷，经过协商仍不能达成协议，就可由仲裁人或仲裁机构居中作出判断和裁决。

法律方法的实质是反映广大人民的利益，反映社会发展的客观规律，调动和促进各个企业、单位和群众的积极性、创造性，使社会主义事业在改革开放中不断发展壮大。

（2）法律方法的特点与作用。法律方法主要有下列特点：

①严肃性。法律和法规的制定必须严格地按照法律规定的程序和规定进行。一旦制定和颁布出来后，就具有相对的稳定性。

②规范性。法律和法规是所有组织和个人行动的统一准则，对他们具有同等的约束力。法律与法规之间不允许互相冲突，法规应服从法律，法律应服从宪法。

③强制性。法律、法规一经制定就要强制执行，各个企业、单位以至每个公民都必须毫无例外地遵守。否则，要受到国家强制力量的惩处。

法律方法的运用，对于建立和健全科学的管理制度和管理方法，有着十分重要的作用。

①保证必要的管理秩序。管理系统内外部存在着各种社会经济关系，只有通过法律方法才能公正、合理、有效地加以调整，及时排除各种不利因素的影响；保证社会经济秩序的正常运行，为管理活动提供良好的外部环境。

②调节管理因素之间的关系。根据对象的不同特点和所给任务的不同性质，规定不同管理因素在整个管理活动中各自应尽的义务和应起的作用。这是管理的法律方法所具有的一定的自动调节功能。

③使管理活动纳入规范化、制度化轨道。法律方法的运用，有助于使符合客观规律、行之有效的管理制度和管理方法用法律的形式规范化、条文化、固定化，使人们有章可循。

（3）法律方法的正确运用，在管理活动中，各种法规要综合运用、相互配合，因为任何组织的关系都是复杂的、多方面的。就企业管理而言，法律方法不仅要求企业掌握和运用企业法以及与企业生产经营活动直接相关的经济法律，而且也要掌握和运用法律赋予的权力和义务。企业成为法人，一方面其权利地位受到法律保护；另一方面企业的义务和责任也严格化了。这样，就要求企业进行整顿和加强内部的经济责任，建立和健全各种条例和规章制度，克服瞎指挥、不负责任的现象。只有法律方法和管理的其他方法综合使用，才能达到最有效的管理目标。

4. 管理的教育方法

（1）教育方法的实质和任务。教育是按照一定的目的、要求对受教育者从德、智、体诸方面施加影响的一种有计划的活动。管理的人本原理认为，管理活动中人的因素第一，管理最重要的任务是提高人的素质，充分调动人的积极性、创造性。而人的素质是在社会实践和教育中逐步发展、成熟起来的，通过教育，不断提高人的政治思想素质、文化知识素质、专业水平素质，是管理工作的主要任务。

教育是管理的基本方法之一，社会主义教育的方法是劳动群众自我完善和发展的一种有计划的活动，是加强社会主义精神文明建设的客观需要。社会主义教育的方法，其根本任务是适应和满足社会主义建设事业的需要，培养有理想、有道德、有文化、有纪律的劳动者，提高人的思想道德素质和科学文化素质。

（2）教育的主要内容与方式。教育的主要内容：①人生观及道德教育；②爱国主义和集体主义教育；③民主、法制、纪律教育；④科学文化教育；⑤企业文化建设。

国内外许多企业创造了多种行之有效的教育方式，包括案例分析法、业务演习法、事件过程分析法、角色扮演法、敏感性训练等，都取得了较好的效果，可供各企业选择采用。

5. 管理的社会心理学方法

（1）社会心理学方法的含义与形式。社会心理学方法是一种运用社会心理学知识通过说服教育的方式把管理意志传达给被管理者，以求得到被管理者的响应和配合的管理方法。这种管理方法在运用中反映了管理者旨在提高人的素质的目的，在表现方式上，管理者极力通过对管理系统目标、政策、法令的宣传和理想、道德的教育，以及其他精神奖励，去提高人们的认识，改变人们的思想，使人们建立起与管理系统一致的价值观念，自觉地为实现管理系统的目标而努力。

在管理活动中，运用思想教育手段是最为灵活的工作方法，它需要针对不同的对象，根据不同的情况采取不同的形式。有些形式经常使用，比如，作报告、讨论、谈心、家访、典型示范、劳动竞赛，以及形象教育、感化教育、对比教育等。

（2）社会心理学方法的特征。这种方法的主要特征有：

①科学性。这种方法是以真理为依据的，管理者要尊重客观规律，从实际出发，切忌主观说教。

②启发性。这种方法是非强制性的，它主要靠启发人们的觉悟，促使人们自觉地采取符合组织目标的行动。

③艺术性。思想教育工作内容上的科学性必须与形式上的艺术性结合在一起，如果只有科学的内容，不重视形式上的艺术性，思想教育工作也不能达到预期效果。

④长期性。由于人们的观念、理想、愿望的形成需要较长的时间，同时又处于不断变化之中，因而需要在长期的管理过程中不断地进行激励、教育和引导。运用心理学方法是一个常抓不懈的工作。

（3）社会心理学方法的正确运用。对于管理者来说，灵活地运用该方法，需要从以下几个方面着手：①坚持思想教育，以理服人；②关心下属，以情感人；③不断研究和探索心理学。

第三节

管理思想及管理理论

自从人类开始有组织的活动，就产生了管理活动。在漫长的人类的经济活动中，人们不断地积累和总结经验，产生了管理思想。随着生产力的发展，科学的进步，在对管理思想的不断的思考、概括、升华，并在实践中反复验证，产生了早期管理思想和管理理论。

一、早期管理思想

（一）早期的管理活动和管理思想

1. 中国传统管理思想

（1）中国古代的管理思想。古代管理思想主要体现在先秦到汉代的诸子百家思想中，如儒家、道家、法家、兵家、商家等。许多古代经典著作，如《论语》《道德经》《孙子兵法》《九章算术》《红楼梦》等，充分反映了我国古代成功的管理思想和经验。《老子》主要体现了管理者的权变谋略和在管理过程中的境界、素质及管理原则的思想；《孙子兵法》主要体现了管理者在人事、决策、环境、组织等方面的战略思想；《韩非子》主要体现了管理者的统御谋略思想；《论语》《孟子》《荀子》主要体现了管理者如何处理人际关系的谋略思想；《红楼梦》主要体现了管理者以法治家的时效管理思想；而《九章算术》则是我国古代培训管理人员及供他们日常应用的手册，其中三分之二的题目可与财政或工程官员职能相对应，堪称两千年前世界管理数学之最。

中国古代政治管理思想主要有两个特点：一是宗法思想渗透一切，等级观念浓厚；二是实行“仁”“德”之治，重德轻刑，重义轻利。儒家极力倡导的“仁、义、礼、智、信”观念贯穿于政治管理思想中，主张“德主刑辅”和“重义轻利”，强调“德治”和“仁政”。

古代军事管理思想中最有代表性的，首推我国战国时期的军事著作《孙子兵法》。《孙子兵法》对战争规律和军事管理作了哲学概括，因而不仅对于军事管理具有经典性的指导意义，对于管理决策论的研究，也有重要意义。《孙子兵法》中“知彼知己，百战不殆”；“得道多助，失道寡助”；“不战而胜，是为上策”的战略思想；“避实而击虚”“因敌变化而取胜”的应变策略。在现代管理学中，至今仍被很多人奉为经典。

白圭是战国时期商业致富之术的鼓吹者，被后世商贾奉为商业的祖师。经营原则是“乐观时变”，即善于预测市场行情，并根据预测进行动态决策。“乐观时变”的主要内容即是后来的需求供给理论的简单雏形。

我国西周时期就提出了“量入以为出”的财政原则。荀子提出：“田野县鄙者，财之本也，垣窖仓廪者，财之末也；百姓时和、事业得叙者货之源也，等赋府库者，货之流也”。他强调富国必须从发展经济、增加生产着手。

（2）中国古代的管理实践。我国古代工程建设和管理的实践很多，其中最具代表性的，莫过于万里长城和都江堰水利工程，两者集中体现了我国古代人民在工程组织中的系统管理思想。据《春秋》记载，建造长城的计划十分细致，不仅计算了城墙的土石方量，连所需的人力、材料，以及从何处征集劳力，他们往返的路程、所需口粮，各地应担负的任务也都一一明确分配。

2. 中国近代管理思想和实践

近代的中国是一个半殖民地半封建社会，处于外国列强入侵、封建制度没落的内外交困之中。我国近代企业是在这种独特的环境下生存下来的。《南京条约》订立后不久，魏源受林则徐的嘱托编纂成了《海国图志》一书，在书的序言中提出“师以长技以制夷”的思想，引起了极大的回应，并产生了久远的影响，几乎成了整个近代工业兴起的理论基础。

（1）官办军用企业。这种管理体制和组织机构与以前历朝历代的官营手工业制度具有明显的沿袭性，除了传统管理工人的手段外，还加上了统帅军队的经验。

（2）“官督商办”和“官商合办”企业。从19世纪70年代起，一批有民间资本参加的企业出现了，这种经营方式有很大的弊端，如“所有盈亏，全归商人，与官无涉”，则是一句空话，官府坐收官利，入股商民在企业经营管理方面没有任何权力，商人很快就丧失了积极性。

（3）洋务派改变策略，以“官商合办”的管理体制取代“官督商办”形式，即由官方和商方通过合同规定各自的权利、义务及盈余分配办法，各按认股比例出资，各举代表参加企业工作。但在实际操作中，企业大权仍操纵于官方委派的人手中，此种形式越来越失去吸引力，人们开始谋求私营企业的发展。

（4）民族资本企业为了在竞争中取胜，力求创造名牌，在国内外市场上赢得声誉，打开销路。范旭东经营的天津永利碱厂生产的“红三角”牌纯碱，因质量优良获万国博览会金质奖章；吴蕴初经营的上海天厨味精厂生产的“天厨”牌味精，三友实业社的“铁锚”牌毛巾，这些都是畅销全国的名牌产品。汉阳的周恒顺机器厂积极倡导“精工明料”，在生产上建立了一套严格的质量管理制度。

近代企业大多制定并实施了严格的规章制度，其内容主要包括：要求职工听从指挥，服从调遣；要求职工不得玩忽职守；要求职工提高工作效率；要求职工改善服务态度等。这些制度既有剥削压迫工人的作用，又有加强企业经营和管理的作用。但就今天看来，不少制度仍是必不可少的。

（二）中世纪的西方管理实践与管理思想

1. “重商主义”思想

公元6世纪到18世纪，在欧洲大体上是奴隶社会末期直至资本主义萌芽时期，社会生产力、商品生产有一定的发展，并产生了所谓的“重商主义”。从管理来看，主要出现两种类型的社会经济活动的组织形式：一种是商业行会（Trade Union）和手工业行会（Craft Guild）；另一种是厂商组织（Firm organization）。为了筹措资金，有两种主要的形式：合伙（Partnership）和联合经营（Joint Venture），这两者都是公司的前身。

2. 威尼斯兵工厂管理实践

在中世纪，管理实践和管理思想都有很大发展。1436年，意大利的威尼斯建立了政府造船厂（即兵工厂），它的管理方法与今天的汽车制造厂惊人的相似，15世纪世界最大的几家工厂之一的威尼斯兵工厂（Aresenal of Venice），早在当时就采用了流水作业，建立了早期的成本会计制度，并进行了管理的分工，其工厂的管事、指挥、领班和技术顾问全权管理生产，而市议会通过一个委员会来干预工厂的计划、采购、财务事宜。威尼斯兵工厂的管理实践有：①组织机构和领导工作。在兵工厂的管理工作中，较好地体现了互相制约和平衡的原则。②部件储存。这有助于实行装配线作业和精确计算存货，节省时间和劳力，加快了安装船只的速度。③装配线生产。兵工厂在安装舰船时采用了类似于现代装配线生产的制度，生产效率很高。④部件标准化。⑤会计控制。兵工厂的会计制度使它能追踪并评价所有的费用，进行管理控制。⑥存货控制。由专人负责检查并由专人记录。⑦成本控制。兵工厂还利用成本控制和计量方法来帮助做出管理决策。⑧人事管理。兵工厂有严密的人事管理制度，严格规定上下工和工间休息的时间等。

3. 尼古拉·马基雅维利管理四原则

意大利佛罗伦萨的尼古拉·马基雅维利（Niccolo Machiavelli）16世纪著《君主论》一书中，对统治者怎样管理国家提出了4条原则：①群众认可；②内聚力；③领导能力；④“居安思危”的意识。

二、古典管理理论

（一）泰勒与“科学管理”理论

1. 泰勒及其贡献

弗雷德里克·温斯洛·泰勒（Frederick Winslow Taylor），1856年出生于美国费城一个富有的律师家庭，被后世称为“科学管理之父”。主要著作有：《计件工资制》（1895）、《车间管理》（1903）、《科学管理原理》（1912）。总结了几十年试验研究的成果，归纳了自己长期管理实践的经验，概括出一些管理原理和方法，经过系统化整理，形成了“科学管理”的理论。

2. “科学管理”理论的主要内容

（1）通过科学的观察、记录和分析。

（2）挑选和培训一流的工人。所谓一流的工人，是指适合某种工作并且愿意努力工作的工人。

（3）要使工人掌握标准化的操作方法，使用标准化的工具、机器和材料，在标准化的工作环境中操作。

（4）采用刺激性的工资报酬制度激励工人努力工作。这主要通过制定合理的工作定额，实行差别计件制：完成任务正常报酬，未达到标准低酬，超标准高酬，根据工作表现衡量等基本措施实现。

（5）工人和雇主两方面都应当来一次“精神革命”。双方合作，共同致力于提高劳动生产率，把“蛋糕”做大，即使不改变分配的比例也同时有利于双方。劳资双方应变对立为合作，共同为提高劳动生产率而努力。

（6）把计划职能和执行职能分开，以科学工作方法取代经验工作方法。

（7）实行职能工长制。一个工长负责一方面的职能管理工作，细化生产过程管理。

（8）管理控制中实行例外原则。即日常事务授权部下负责，管理人员只对例外事项或重大事项保留处置权。

（二）法约尔及其管理过程理论

亨利·法约尔（Henry Fayol），法国人，由一名工程技术人员逐渐成为专业管理者，他在实践中逐渐形成了自己的管理思想和管理理论，对管理学的形成和发展作出了巨大的贡献。后人称他为“经营管理之父”。

其著作《工业管理与一般管理》，是他一生管理经验和管理思想的总结。法约尔是第一个概括和阐述一般管理理论的管理学家。

1. 企业的基本活动

法约尔指出，任何企业都存在着6种基本的活动，而管理只是其中之一。这6种基本活动是：①技术活动（指生产、制造、加工等活动）；②商业活动（指购买、销售、交换等活动）；③财务活动（指资金的筹措和运用）；④安全活动（指设备维护和职工安全等活动）；⑤会计活动（指货物盘存、成本统计、核算等）；⑥管理活动（其中又包括计划、组织、指挥、协调和控制5项职能活动）。

2. 管理的五项职能

在企业6种基本活动中，管理活动处于核心地位，即企业本身需要管理，同样的，其他5项属于企业的活动也需要管理，如图1－10所示。

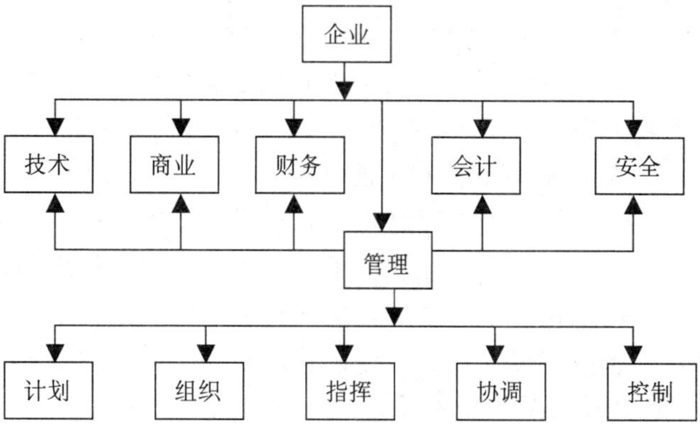

图1－10 法约尔提出的管理5项职能

3. 法约尔的14条管理原则

法约尔根据自己的工作经验，归纳出简明的14条管理原则。

（1）分工。他认为这不仅是经济学家研究有效地使用劳动力的问题，而且也是在各种机构、团体、组织中进行管理活动所必不可少的工作。

（2）职权与职责。他认为职权是发号施令的权力和要求服从的威望。职权与职责是相互联系的，在行使职权的同时，必须承担相应的责任，有权无责或有责无权都是组织上的缺陷。

（3）纪律。纪律是管理所必需的，组织内所有成员通过各方所达成的协议对自己在组织内的行为进行控制，它对企业发展极为重要，要尽可能做到严明、公正。

（4）统一指挥。指组织内每一个人只能服从一个上级并接受他的命令。

（5）统一领导。指一个组织，对于目标相同的活动，只能有一个领导，一个计划。

（6）个人利益服从整体利益。即个人和小集体的利益不能超越组织的利益。当二者不一致时，主管人员必须想办法使他们一致起来。

（7）个人报酬。报酬与支付的方式要公平，给雇员和雇主以最大可能的满足。

（8）集中化。这主要指权力的集中或分散的程度问题。要根据各种情况，包括组织的性质、人员的能力等，来决定“产生全面的最大收益”的那种集中程度。

（9）等级链。指管理机构中，最高一级到最低一级应该建立关系明确的职权等级系列，这既是执行权力的线路，也是信息传递的渠道。一般情况下不要轻易违反它。但在特殊情况下，为了克服由于统一指挥而产生的信息传递延误，法约尔设计出一种“跳板原则”，也叫“法约尔天桥”（Fayol bridge），图1－11中C－H就是一个法约尔天桥。

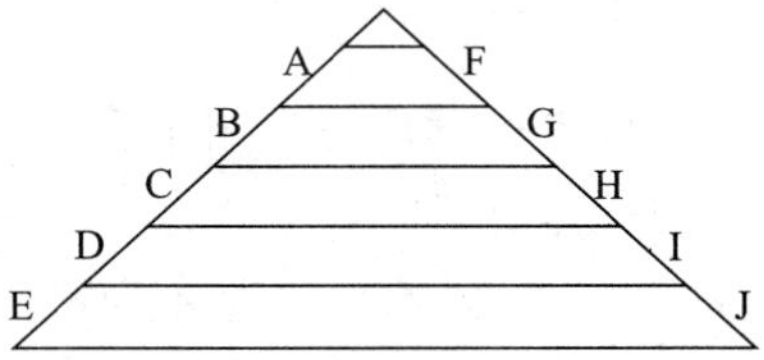

图1－11 法约尔天桥

（10）秩序。指组织中的每个成员应该规定其各自的岗位，“人皆有位，人称其职”。

（11）公正。主管人员对其下属仁慈、公平，就可能使其下属对上级表现出热心和忠诚。

（12）保持人员的稳定。如果人员不断变动，工作将得不到良好的效果。

（13）首创精神。这是提高组织内各级人员工作热情的主要源泉。

（14）团结精神。指必须注意保持和维护每一集体中团结、协作、融洽的关系，特别是人与人之间的相互关系。

4. 在学校进行管理教育的必要性和可能性

法约尔认为，人的管理能力可以通过教育来获得，也应该像技术能力一样，首先在学校里，然后在车间里得到。为此，他提出了一套比较全面的管理理论，首次指出管理理论具有普遍性，可以用于各个组织之中。他把管理视为一门科学，提出在学校设置这门课程，并在社会各个领域宣传、普及和传授管理知识。

（三）韦伯的理想的行政组织体系理论

马克斯·韦伯出生于德国，一生担任过教授、政府顾问、编辑等职务，是德国社会学家、经济学家和德国古典管理理学的代表人物。他的主要著作有《社会和经济组织的理论》《新教的理论和资本主义的精神》和《经济史》。在管理思想上的最主要贡献是提出了所谓理想行政组织体系理论，被后人称为“组织理论之父”。行政组织理论主要特点如下：

（1）明确分工。对每个职工上的组织成员的权力和责任都有明确的规定，并作为正式职责使之合法化。

（2）权利体系。官员们按职务的级别和权力等级进行安排，形成一个自上而下的等级严密的指挥系统，每个职务均有明确的职权范围。

（3）规范录用。人员的任用完全根据职务要求，通过正式的考评和教育、训练来实现。每个职位上的人员必须称职，同时，不能随意免职。

（4）管理职业化。管理人员有固定的薪金和明文规定的晋升制度，是一种职业管理人员，而不是组织的所有者。

（5）公私有别。管理人员在组织中的职务活动应当与私人事务区别开，公私事务之间应有明确的界限。管理人员没有组织财产的所有权，并且不能滥用职权。

（6）遵守规则和纪律。组织中包括管理人员在内的所有成员必须严格遵守组织的规则和纪律，以确保统一性。

三、行为科学理论

行为科学理论应用于管理学，主要是对工人在生产中的行为以及这些行为产生的原因进行分析研究。

（一）梅奥及其霍桑试验

1. 霍桑试验

乔治·埃尔顿·梅奥（George Elton Mayo），是原籍澳大利亚的美国行为科学家。1924—1932 年，美国国家研究委员会和西方电气公司合作，由梅奥负责进行了著名的霍桑试验（Hawthorne Experiment），即在西方电气公司所属的霍桑工厂，为测定各种有关因素对生产效率的影响程度而进行的一系列试验，由此产生了人际关系学说，试验分 4 个阶段。

第一阶段：工场照明试验（1924—1927 年）。该试验是选择一批工人分为两组，一组为“试验组”，先后改变工场照明强度，让工人在不同照明强度下工作；另一组为“控制组”，工人在照明度始终维持不变的条件下工作。试验者希望通过试验得出照明度对生产率的影响，但试验结果发现，照明度的变化对生产率几乎没有什么影响，得出了两条结论：①工场的照明只是影响工人生产效率的一项微不足道的因素；②由于牵涉因素太多，难以控制，且其中任何一个因素足以影响试验结果，故照明对产量的影响无法准确测量。

第二阶段：继电器装配室试验（1927 年 8 月—1928 年 4 月）。旨在试验各种工作条件的变动对小组生产率的影响，以便能够更有效地控制影响工作效果的因素。研究小组做了材料供应、工作方法、工作时间、劳动条件、工资、管理作风与方式等各个因素对工作效率影响的实验，比如增加工间休息，公司负责供应午餐和茶点，缩短工作时间，实施每周 5 天工作制，实行团体计件工资制，并允许女工在工作时间自由交谈。结果发现无论各个因素如何变化，产量都是增加的，由于督导方法的改变，工人工作态度也有所变化，因而产量增加。

第三阶段：大规模的访问与调查（1928—1931 年）。两年内他们在上述试验的基础上进一步开展了全公司范围的普查与访问，调查了 2 万多人次，发现所得结论与上述试验所得相同，即“任何一位员工的工作绩效，都受到其他人的影响”。于是研究进入第四阶段。

第四阶段：接线板接线工作室试验（1931—1932 年）。以集体计件工资制刺激，企图形成“快手”对“慢手”的压力以提高效率，历时 6 个月。公司当局给他们规定的产量标准是焊合 7312 个接点，但他们完成的只有 6000 多个接点。试验发现，工人既不会为超定额而充当“快手”，也不会因完不成定额而成“慢手”，当他们达到他们自认为是“过得去”的产量时就会自动松懈下来。根本原因则有三个：一是怕标准再度提高；二是怕失业；三是为保护速度慢的同伴。这一阶段的试验，还发现了“霍桑效应”，即对于新环境的好奇和兴趣，足以导致较佳的成绩，至少在初始阶段是如此。

2. 人际关系学说

根据霍桑试验的结果，梅奥于 1933 年出版了《工业文明的人类问题》一书，提出了与古典管理理论不同的观点，形成了人际关系学说，它的主要观点有以下几方面。

（1）工人是“社会人”，而不是单纯追求金钱收入的“经济人”。作为复杂的社会系统成员，金钱并非刺激积极性的推动力，他们还有社会、心理方面的需求，比如安全感、归属感等方面的需要，而后一方面所形成的动力，随着生产力的进步，对效率更有影响。

（2）企业中除了正式组织外，还存在非正式组织。非正式组织是企业成员在其共同的工作过程中，由于具有相同的社会感情而形成的非正式团体，如价值、爱好、行为观等，这种无形组织有它特殊的感情、规范和倾向，左右着成员的行为，非正式组织不仅存在而且同正式组织相互依存，对生产率的提高有很大影响，非正式组织对正式组织的作用也是非常明显的。

（3）新型的领导在于提高职工的“满足度”，以提高士气及劳动生产率。新型的领导在于通过对职工的“满足度”的增加来提高士气，生产率的升降主要取决于工人的士气，即工作的积极性、主动性与协作精神，而士气的高低则取决于人群关系对工人的满足程度，即他的工作是否被上级、同伴和社会承认，满足程度越高，士气也越高，生产效率也就越高。

（二）行为科学理论

行为科学应用在管理学上，主要是对工人在生产中的行为及这些行为产生的原因进行分析研究，包括人的本性和需要、行为的动机、人际关系等。

1. 突出人的因素和对人的研究

行为科学反映了人类社会发展的进步要求。行为科学贯彻了以人为本的思想，以人力资源为首要资源，高度重视对人力资源的开发和利用，提倡以人道主义的态度对待工人，通过改善劳动条件，提高劳动者工作生活的质量，培训劳动者的生产技能，调动人的积极性，进而提高劳动效率。

2. 吸收和借鉴相关学科成果形成了完善的学科体系

行为科学积极吸收了心理学、社会学、人类学等学科的科学知识，应用社会调查、观察测验、典型试验、案例研究等科学方法对人的行为、特别是职工在生产中的行为进行研究，提出了一些调动人的积极性的学说和方法，并在企业中实际应用，收到了相当的效果。许多管理学家、社会学家和心理学家从行为的特点、行为的环境、行为的过程以及行为的原因等多种角度开展对人的行为的研究，形成了一系列的理论，使行为科学成为现代西方管理理论的一个重要流派。

3. 提出了一系列具体要求以提高管理水平

行为科学理论解决的关键问题是号召人们掌握一种综合的管理技能，这些技能对处理人群问题至关重要。这些技能包括：①理解人类行为的诊断技能；②对工人进行咨询、激励、引导和信息交流的人际关系技能。梅奥等人创立的人际关系学说为行为科学的发展奠定了基础，他们提出的社会人、非正式组织等概念已为大多数行为科学家所接受。他们的成果使管理者在对待下属问题上发生了巨大的变化，对管理思想的发展作了巨大的贡献。

四、西方现代管理理论

（一）现代管理理论阶段的主要学派

西方现代管理理论不是一种管理理论，而是对各种不同管理学派理论的统称。1961年哈罗德·孔茨在美国《管理学杂志》上发表《管理理论丛林》一文，把各种管理理论学派划分为6个学派，1980年哈罗德·孔茨在美国《管理学杂志》上发表《再论管理理论丛林》一文，把各种管理理论学派划分为6个学派的基础上，又增加了5个学派，共划分为11个学派。

（二）现代管理理论主要内容

1. 管理科学学派

“管理科学”理论是指以现代自然科学和技术科学的最新成果（如先进的数学方法、电子计算机技术以及系统论、信息论、控制论等）为手段，运用数学模型，对管理领域中的人力、物力、财力进行系统的定量的分析，并作出最优规划和决策的理论。从历史渊源来看，“管理科学”是泰罗科学管理的继续和发展，因为它的主要目标也是探求最有效的工作方法或最优方案，以最短的时间、最少的支出，取得最大的效果。“管理科学”理论的主要内容包括以下3个方面。

（1）运筹学。运筹学是“管理科学”理论的基础，以杰出的物理学家布莱克特（P. M. S. Blackett）为首的一部分英国科学家为了解决雷达的合理布置问题而发展起来的数学分析和计算技术。是指为达到一定的目的，运用科学的方法（主要是数学的方法），进行数量分析，统筹兼顾研究对象的整个活动及所有各个环节之间的关系，为选择出最优方案提供数量上的依据，以便作出综合性的合理安排，最经济、最有效地使用人力、物力、财力，以达到最大的效果。

（2）系统分析。系统分析这一概念是由美国兰德公司1949年首先提出的。运用科学和数学的方法对系统中事件的研究和分析，就是系统分析。其特点就是解决管理问题时要从全局出发，进行分析和研究，制定出正确的决策。因此，系统分析一般有如下步骤：第一，弄清并确定这一系统的最终目的，同时明确每个特定阶段的阶段性目标和任务；第二，必须把研究对象看作是一个整体，是一个统一的系统，然后确定每个局部要解决的任务，研究它们之间以及它们与总体目标之间的相互关系和相互影响；第三，寻求达到总体目标及与其相联系的各个局部任务和可供选择的方案；第四，对可供选择的方案进行分析比较，选出最优方案；第五，组织各项工作的实施。

（3）决策科学化。这是指决策时要以充足的事实为依据，采取严密的逻辑思考方法。对大量的资料和数据按照事物的内在联系进行系统分析和计算，遵循科学程序，作出正确决策。

2. 社会合作系统学派

这个学派认为，人与人的相互关系就是一个社会系统，它是人们在意见、力量、愿望以及思想等方面的一种合作关系。从社会学的角度来分析各类组织。美国的切斯特·巴纳德是这一学派的创始人，其著作《经理的职能》对该学派有很大的影响。学派的理论有以下一些要点。

（1）组织是一个社会协作系统。这个系统能否继续生存，取决于：①协作的效果，即能否顺利完成协作目标；②协作的效率，即在达到目标的过程中，是否使协作的成员损失最小而心理满足较高；③协作目标能适应协作环境。

（2）指出正式组织存在的3个条件：①有一个统一的共同目标；②其中每一成员都能够自觉自愿地为组织目的实现作出贡献；③组织内部有一个能够彼此沟通的信息联系系统。此外，在正式组织内部还存在着非正式组织。

（3）对经理人员的职能提出三点要求：①建立和维持一个信息联系的系统；②善于使组织成员能够提供为实现组织目标所不可少的贡献；③规定组织目标。此外，美国的怀特·贝克（White Bake）从社会学角度提出“组织结合力”的概念，对管理理论也有很大意义。贝克指出，企业中的组织结合力包括：①职能规范系统，即由于协作而划分和安排工作岗位所产生的合作系统；②职位系统，即直线的职权层次；③沟通联络系统；④奖惩制度；⑤组织规程，即使企业具有特征和个性的构想与手段。

3. 经验或案例学派

这个学派主张通过分析经验（案例）来研究管理问题。最早提出这一见解的是美国的德鲁克、戴尔（E. Dale）、纽曼（W. Newman）、斯隆（A. P. Sloan）等人。他们认为应该从企业管理的实际出发，以大企业的管理经验为主要研究对象，通过研究各种各样成功和失败的管理案例，就可以了解怎样管理，这一学派的主要观点大致如下。

（1）作为企业主要领导的经理，其工作任务着重于两方面：①造成一个“生产的统一体”，有效调动企业各种资源，尤其是人力资源作用的发挥；②经理作出每一项决策或采取某一行动时，一定要把眼前利益与长远利益协调起来。

（2）对建立合理组织结构问题普遍重视。如德鲁克认为，当今世界上管理组织的新模式可以概括为以下5种：①集权的职能性结构；②分权联邦式结构；③矩阵结构；④模拟性分散管理结构；⑤系统结构。他还强调，各类组织要根据自己的工作性质、特殊条件以及管理人员的特点，来确定本组织的管理结构，切忌照搬别人的模式。

（3）对科学管理和行为科学理论重新评价。这一学派中的许多人提出，科学管理和行为科学理论都不能完全适应企业实际需要，只有经验学派将这二者结合起来，才真正实用。

（4）提倡实行目标管理。德鲁克首先提出目标管理的建议，其后又有许多学者共同参与了研究。总之，经验或案例学派并未形成完整的理论体系，其内容也比较庞杂，但其中的一些研究反映了当代社会化大生产的客观要求，是值得注意的。

4. 决策理论学派

该学派的主要代表人物是曾获诺贝尔经济学奖的赫伯特·西蒙（Herbert Simon）。这一学派是在社会系统学派的基础上发展起来的，其理论要点如下。

（1）决策贯穿于管理的全过程，管理就是决策。

（2）决策过程包括4个阶段：①搜集情况阶段，即搜集组织所处环境中有关经济、技术、社会各方面的信息以及组织内部的有关情况。②拟定计划阶段，即在确定目标的基础上，依据所搜集到的信息，编制可能采取的行动方案。③选定计划阶段，即从可供选用的方案中选定一个行动方案。④评价计划阶段，即在决策执行过程中，对过去所做的抉择进行评价。这四个阶段中的每一个阶段本身都是一个复杂的决策过程。

（3）在决策标准上，用“令人满意”的准则代替“最优化”准则。以往的管理学家往往把人看成是以“绝对的理性”为指导，按最优化准则行动的“理性人”。西蒙认为事实上这是做不到的，应该用“管理人”假设代替“理性人”假设。这种“管理人”不考虑一切可能的复杂情况，只考虑与问题有关的情况，采用“令人满意”的决策准则，从而可以作出令人满意的决策。

（4）一个组织的决策根据其活动是否反复出现可分为程序化决策和非程序决策。此外，根据决策条件，决策还可以分为肯定型决策、风险型决策和非肯定型决策，每一种决策所采用的方法和技术都是不同的。

（5）一个组织中集权和分权的问题是和决策过程联系在一起的，有关整个组织的决策必须是集权的，而由于组织内决策过程本身的性质及个人认识能力的有限，分权也是必需的。

5. 社会技术系统学派

创立这一学派的是英国的特里斯特（E. L. Trist）及其同事，其研究结果认为，要解决管理问题，只分析社会协作系统是不够的，还必须分析研究技术系统对社会的影响，以及对个人的心理影响。管理的绩效，以至组织的绩效，不仅取决于人们的行为态度及其相互影响，而且也取决于人们工作所处的技术环境。管理人员的主要任务之一就是确保社会协作系统与技术系统的相互协调。这个学派的大部分著作都集中于研究科学技术对个人、对群体行为方式，以及对组织方式和管理方式等的影响，因此，特别注重于工业工程、人—机工程等方面问题的研究。其代表著作有《长壁采煤法的某些社会学的和心理学的意义》《社会技术系统的特性》等。

6. 群体行为学派

这个学派同人际关系行为学派密切相关，它关心的主要是一定群体中人的行为，而不是一般的人际关系和个人行为；它以社会学、人类文化学、社会心理学为基础，而不是以个人心理学习为基础。这个学派着重研究各种群体的行为方式，从小群体的文化和行为方式到大群体的行为特点，均在研究之列。有人把这个学派的研究内容称为“组织行为”（organizational behavior）研究，其中“组织”一词被用来表示公司、企业、政府机关、医院以及任何一种事业中一组群体关系的体系和类型。这个学派的最早代表人物和研究活动就是梅奥和霍桑试验。20 世纪 50 年代，美国管理学家克里斯·阿吉里斯（Chris Argyris）提出所谓“不成熟—成熟交替循环的模式”，指出“如果一个组织不为人们提供使他们成熟起来的机会，或不提供把他们作为已经成熟的个人来对待的机会，那么人们就会变得忧虑、沮丧，甚至还会按违背组织目标的方式行事。”

7. 人际关系行为学派

这个学派的依据是，既然管理就是让别人或同别人一起去把事情办好，因此，就必须以人与人之间的关系为中心来研究管理问题。这个学派把社会科学方面已有的和新近提出的有关理论、方法和技术用来研究人与人之间以及个人的各种现象，从个人的个性特点到文化关系，范围广泛，无所不包。这个学派的学者大多数都受过心理学方面的训练，注重个人，注重人的行为的动因，把行为的动因看成为一种社会心理学现象。其中有些人强调处理人的关系是管理者应该而且能够理解和掌握的一种技巧；有些人把“管理者”笼统地看成是“领导者”，甚至认为管理就是领导，结果把所有的领导工作都当成为管理工作；还有不少人则着重研究人的行为与动机之间的关系，以及有关激励和领导问题。所有这些，都提出了对管理人员大有助益的一些见解。例如马斯洛的“需要层次理论”；赫兹伯格的“双因素理论”；布莱克和穆顿的“管理方格理论”。

8. 系统管理理论

系统管理理论是应用系统理论的范畴、原理，全面分析和研究企业和其他组织的管理活动和管理过程，重视对组织结构和模式的分析，并建立起系统模型以便于分析。这一理论是卡斯特（F. E. Kast）、罗森茨威克（J. E. Rosenzweig）和约翰逊（R. A. Johnson）等美国管理学家在一般系统论的基础上建立起来的，其理论要点主要以下几点：

（1）企业是由人、物资、机器和其他资源在一定的目标下组成的一体化系统，它的成长和发展同时受到这些组成要素的影响，在这些要素的相互关系中，人是主体，其他要素则是被动的。

（2）企业是一个由许多子系统组成的、开放的社会技术系统。企业是社会这个大系统中的一个子系统，它受到周围环境（顾客、竞争者、供货者、政府等）的影响，也同时影响环境。在企业内部又包含着若干子系统，它们是：①目标和准则子系统，包括遵照社会的要求和准则，确定战略目标；②技术子系统，包括为完成任务必需的机器、工具、程序、方法和专业知识；③社会心理子系统，包括个人行为和动机、地位和作用关系、组织成员的智力开发、领导方式，以及正式组织系统与非正式组织系统等；④组织结构子系统，包括对组织及其任务进行合理划分和分配、协调他们的活动，并由组织图表、工作流程设计、职位和职责规定、章程与案例来说明，还涉及权力类型、信息沟通方式等问题；⑤外界因素子系统，包括各种市场信息、人力与物力资源的获得，以及对外界环境的反映与影响等。此外，还有一些子系统，如经营子系统、生产子系统等。这些子系统还可以继续分为更小的子系统。

（3）运用系统观点来考察管理的基本职能，可以提高组织的整体效率，使管理人员不至于只重视某些与自己有关的特殊职能而忽视了大目标，也不至于忽视自己在组织中的地位与作用。

9. 权变管理理论

权变管理理论（contingency theory of management）是20世纪70年代在美国形成的一种管理理论。这一理论的核心就是力图研究组织的各子系统内部和各子系统之间的相互联系，以及组织和它所处的环境之间的联系，并确定各种变数的关系类型和结构类型。它强调在管理中要根据组织所处的内外部条件随机应变，针对不同的具体条件寻求不同的最合适的管理模式、方案或方法。美国尼布拉加斯大学教授卢桑斯（F. Luthans）在1976年出版的《管理导论：一种权变学》一书中系统地概括了权变管理理论，主要内容有以下几点：

（1）过去的管理理论可分为4种，即过程学说、计量学说、行为学说和系统学说，这些学说由于没有把管理和环境妥善地联系起来，其管理观念和技术在理论与实践上相脱节，所以都不能使管理有效地进行，而权变理论就是要把环境对管理的作用具体化，并使管理理论与管理实践紧密地联系起来。

（2）权变管理理论就是考虑到有关环境的变数同相应的管理观念和技术之间的关系，使采用的管理观念和技术能有效地达到目标。

（3）环境变量与管理变量之间的函数关系就是权变关系，这是权变管理理论的核心内容。环境可分为外部环境和内部环境。外部环境又可以分为两种：一种是由社会、技术、经济和政治、法律等所组成；另一种是由供应者、顾客、竞争者、雇员、股东等组成。内部环境基本上是正式组织系统，它的各个变量与外部环境各变量之间是相互关联的。

10. 沟通（信息）中心学派

这一学派同决策理论学派关系密切，它主张把管理人员看成为一个信息中心，并围绕这一概念来形成管理理论。这一学派强调计算机技术在管理活动和决策中的应用，强调计算机科学同管理思想和行为的结合。这个学派的代表人物有：美国的李维特（H. J. Leavitt），其代表作是《沟通联络类型对群体绩效的影响》；申农（Claude Shannou）和韦弗（Warren Weaver），其代表作是《沟通联络的数理统计理论》。

除上面介绍的几个学派外，还有一些学派，如管理过程学派以及近几年出现的还不太成熟的经理角色学派等，在管理理论丛林中也都是比较活跃和有代表性的。这里限于篇幅，就不一一介绍了。从理论上讲，经过一定阶段的发展是需要走向统一，走向更高级的新的管理理论方面去的；从实践上看，在现代化管理工作中，分散的、各抒己见的理论应用起来也会有很大局限性，因而也需要有一套系统的、全面的管理理论来指导。

第四节

未来管理与中国特色管理学

以信息技术为代表的新技术革命引发了一场人类社会诸多方面的深刻变革。它强力推动了创新时代的到来，使许多被认为行之有效的“真理”迅速地失去了往日的光泽，有的甚至已完全退出。如果说传统技术使人的体力得到了极大的延伸，那么这场新技术革命所带来的就是人脑力的极大延伸，生产方式的深刻变革使管理学面临前所未有的巨大挑战。

一、未来的管理

（一）传统管理理论面临的挑战

1.“十倍速”时代的时空观

我们今天生活在一个“十倍速”的时代，是一个无形胜有形的时代。随着信息与知识的骤增，以智慧为基础的无形物，如软件、专利、艺术创作等以数字的方式迅速复制与传播。

英特尔公司的创始人和前任总裁安迪·格鲁夫（Andrew Grove）说，所有的企业都在根据一套不成文的规则来经营，但这些规则有时却会变化，而变化有时甚至是翻天覆地的。这种变化被格鲁夫称为“十倍速因素”，意为该因素在短期内的能量将增至原来的十倍。面临十倍速变化的时代，部分传统管理手段不再奏效，管理者需要不断变革来应对挑战。

著名管理学大师盖瑞·汉默在他的畅销书《领导革命》中总结道：“21 世纪是一个革命的、不连续的世纪。”十倍速的变化将打破世界的连续性，使整个竞争规则发生改变，谁能够掌握竞争规则，把握住战略转折点，谁就会在革命性的变化当中赢得竞争力。在杰斐逊时代（1801—1809），信息从密西西比河传到华盛顿特区要六个星期。60 年后，林肯在白宫就职时，同样的信息用电报瞬间即可到达。而在当今时代，任何一个网络用户当他拥有一台终端时，地理因素的作用对信息沟通活动的限制更是大为缩小。信息技术形成了网络化的信息高速公路，从而打破了传统的时空观，把距离缩短到了“零”，网络连接全球用户，覆盖的范围特别广泛。“十倍速时代”对于企业经济模式和管理思想的主要影响因素，概括起来主要有以下 4 个方面：

（1）交易费用大大降低。在传统市场经济中生产者和消费者所处时间和空间都是不对称的，商品在这样的自然空间中要借助各种中介组织经过多次流通才能完成交易过程。由于流通过程的无序以及大量的中介层次的存在，导致原始网络中的交易费用很高。而因特网的时空压缩效应将大大减少流通的无序和中介层次，使经济活动中由于空间和时间隔离所造成的成本大幅度降低，从而促使交易费用的降低和经济活动效率的提高。

（2）“每周 7 天，一天 24 小时”的市场。1 周工作 5 天，每天工作 8 小时，这是世界上大多数国家通行的劳动制度。但在亚马逊网上书店，它是不分白天黑夜的。在全球的资本市场，虽然各地市场有开市和闭市时间，但是如果纽约、东京、中国香港、伦敦等市场连接在一起，将是24小时不断运行。因此在因特网环境下，市场是“每周7天，一天24小时制”。这种“全天候”市场给当代管理者提出了全新的课题。

（3）光速经济。信息在因特网上的传播速度迅速，这种信息的快速传播将带动整体经济运行速度加快。如果某种经济活动只依赖原始网络，其经济活动的速度就慢得多。如果经济活动同时依赖于原始网络和因特网，其速度也将介于二者之间。如果某种经济活动的平台是因特网，其经济活动的运行速度将极速加快。

（4）赢者通吃。社会学家在研究大众传媒时发现如下现象：处于金字塔顶端的少数明星吸引了大部分的观众资源，这种现象被称为“赢者通吃”。因特网的“时空压缩”效应，可以使消费者很容易接近名牌、名店，少数名牌厂商将拥有大部分的顾客资源，所以因特网将带来“赢者通吃”。“赢者通吃”在网络经济中的重要含义是优势厂商可以跨行业经营，即亚马逊书店也可以经营百货。在全球高度竞争的格局下，游戏规则很容易被打破和重新创立。

2. 个性的张扬

网络时代是个性张扬和魅力抒发的时代。企业或组织将面临着来自于内、外部两方面的压力。一方面是生产的高度发展，使供给相对过剩，再加上信息无边界的高速流动，给人们寻求多样化和个性化的产品提供了可能，这使企业的产品和竞争策略必须符合个性化时代的特性。另一方面，在企业内部，新时期的员工不再是守在旧式生产线边重复着简单劳动的工具，而是具有独立思维能力和创造性的人。他们不再简单地满足于得到劳动报酬，更要追求个性和才能的“张扬”和自身价值的实现。

3. 专业化与柔性化的统一

第二次世界大战以后，“福特主义”的生产方式在西方国家占据了主导地位。这种“福特主义”模式以“泰勒制”为基础，它强调劳动标准化和强化的技术分工，以高度专门化的机器大批量地生产标准化的产品。这种强化的分工能够把人脑和人手的劳动分离开来，从而可以在生产过程中投入大量的未经培训和初步培训的劳动力。实际上，“福特主义”逐渐演变成后来的“专业化”或“标准化”生产。这种专业化的分工协作一方面使劳动生产者越来越将其生产活动集中于较少的操作上，从而提高了生产的熟练程度，节约或减少因经常变换工作或变换生产活动中的不同操作而损失的时间，节约了生产的人力资源以及生产时所使用的物质生产资料；另一方面它降低企业管理工作的复杂程度，从而提高企业的管理效率。

（二）未来的管理

1. 未来的企业

随着现代企业经营环境和技术基础的巨大变化，新型的公司正在管理思想、管理体制、组织结构乃至经营战略上发生剧变。“创新”——以最快的速度最大限度将各种显在的、潜在的资源转变为适应人们不断增长和变化的新需求的经营优势，已成为企业乃至各种非营利性组织的灵魂。“创新”不仅仅在技术上，而且将更多地在组织的战略经营目标、组织结构的变革、组织文化的重构、组织资源的开发以及现场管理的柔性化过程中。

作为未来公司发展的一个方向——虚拟公司，目前已在高技术企业，及运用新技术的传统行业中出现了。这类公司以少数核心人物为中心，以提供创意、开发核心技术为主，其新产品或服务的具体实现则由其他企业承担。它是建立在现代信息技术基础之上的一种网络，它没有传统的公司所常见的复杂的组织结构、等级制度以及辅助人员等。但是，它能以极高的效率在最短的时间里集中巨大的能量，抓住商业机会，实现“快速创新”。

信息技术的高速发展，把社会带入“十倍速”的时代，打破传统的时空界限，“每周7天，一天24小时的市场”的出现，“永不休息”企业的出现，所有这些都使时间这种宝贵的资源被利用到了极致。同样是IT技术的应用，激发了新的制造模式的变更，使未来的企业能够实现专业化生产和柔性化生产的统一。信息技术打破了企业的边界，让其成为生态系统中的一个节点，“无边界企业”以及“企业群落”的出现，在基于更加开放性的平台上进行企业的运作，所有这些都带来了新的管理学研究课题。

2. 未来的员工

传统的组织靠员工“手”上的技能来使用设备和工具进行创造活动，以获得成功。而未来的组织将更多地依靠员工的头脑和软件来赢得优势。由于高技术的广泛使用，蓝领与白领的界线正在消失。未来的员工将越来越多地是那些具有更强的创新能力、知识应用能力、应变能力、整合能力、富有强烈的学习欲望的人，能够通过快速的学习获取知识和技能，迅速适应环境的变化。

3. 未来的管理者

未来的管理者将面临更为复杂的任务。面临的挑战将主要集中在以下几方面：

（1）管理者将同时面对智力、情感以及职业上的挑战；

（2）由于出现了具有更全面的知识体系、技术专长和自我控制等方面的要求，管理将更加职业化，管理者不仅需要经济和技术的综合技能，而且还需要良好的社会和政治才能；

（3）管理者对社会和环境因素将给予更多的了解和关注；

（4）管理者将容忍，甚至鼓励管理系统内部在价值观、文化习俗等方面的多样性；

（5）管理者更加关注民主和人性，普遍承认员工的自身能力和权利；

（6）管理者将更注意营造一种主动接受变革的学习氛围，在组织内部将更多地鼓励正式或非正式的交流和积极的人际关系，在解决问题时将更多地强调协作和团队精神；

（7）管理者将更多地注意主动式的计划变革和组织创新，更多地注意解决问题的过程；

（8）管理者将更多地把注意力放在对时间的管理和效率的控制上；

（9）管理者在决策时将不仅仅根据静态的目的或目标，而是更多地要对特定环境中产生的各种方案进行比较和调整，同时，由于现实情况的多变性，管理者的决策将更多的是“模糊决策”。

未来管理者所要面对的将是一个更加复杂的世界：竞争日益激烈，信息高速传递和穿梭，高知识型员工的桀骜不驯以及组织边界的模糊化。因此，彼得·德鲁克认为：“他们要学会如何在没有权力与权威、无法控制也没有具体指导的情境中进行有效的管理。”

二、发展具有中国特色的管理学

中国作为一个文明古国，自古就有自己的管理文化和思想。中国古代有许多成功的管理经验，也形成了丰富的、独具特色的管理思想。中华人民共和国成立以来，我国借鉴了不少苏联的成功管理经验，形成了一些有中国特色的管理理念，如“两参一改三结合”等。改革开放以后，我国又开始重视从西方发达国家引进管理制度和管理方法，重视进行管理理念、管理哲学、管理制度和管理技术的比较研究。这些都是发展有中国特色的管理学的有用来源。

（一）中国特色的管理学

具有中国特色的管理学，它的概念和基本内容，目前都尚无定论。但是构成中国式管理学，下述几点是应当加以认真考虑的。

1. 社会主义的特点

任何社会管理都是在一定社会形态下的社会管理。目前我国正处于社会主义初级阶段，因此，社会主义特点应当是当前我国管理学研究的出发点和归宿。从社会主义经济管理而言，无产阶级革命导师们提出了一系列重要指导思想。他们为社会主义经济管理提供了极为丰富的思想理论宝库，不但是我们长期以来开展社会主义经济管理工作的指导思想，也是我们建设具有社会主义特点的中国管理理论的指导思想。

2. 民族文化的特点

一个国家管理学的形成、发展受到本国民族文化传统的影响。我国是一个文明古国，各种管理思想、管理哲学源远流长。它们对建设我国现代管理学也都有极大的影响。

3. 反映现代管理的特点

企业管理是当今世界上最为成功、最受欢迎的一种社会管理。一方面，正是由于成功的企业管理为社会提供了各种物质资源，另一方面，企业管理又有较为明确的衡量尺度。还有，现代管理充分反映出现代人的社会价值观，诸如人们对生活、工作、社会乃至世界的价值观念等，所以它成为现代管理研究对象的主体。

4. 注重学习、借鉴国内外经验

毛泽东同志曾十分明确地指出：“外国资产阶级的一切腐败制度和思想作风，我们要坚决抵制和批判。但是，这并不妨碍我们去学习资本主义国家先进的科学技术和企业管理方法中合乎科学的方面。”工业发达国家的企业，用人少，效率高，会做生意，这些都应当有原则地好好学过来，以利于改进我们的工作。无产阶级革命导师们的上述论述，是我们正确对待西方国家管理学应有的正确态度，也是我们建设具有中国特色的管理学的指导思想。

党的二十大报告指出：“中华优秀传统文化源远流长、博大精深，是中华文明的智慧结晶，其中蕴含的天下为公、民为邦本、为政以德、革故鼎新、任人唯贤、天人合一、自强不息、厚德载物、讲信修睦、亲仁善邻等，是中国人民在长期生产生活中积累的宇宙观、天下观、社会观、道德观的重要体现，同科学社会主义价值观主张具有高度契合性。我们必须坚定历史自信、文化自信，坚持古为今用、推陈出新，把马克思主义思想精髓同中华优秀传统文化精华贯通起来、同人民群众日用而不觉的共同价值观念融通起来，不断赋予科学理论鲜明的中国特色，不断夯实马克思主义中国化时代化的历史基础和群众基础，让马克思主义在中国牢牢扎根。”

5. 注重国际化管理

当今世界的联系已日益紧密：从事跨国经营的企业越来越多。而我国在加入世界贸易组织（WTO）后，与其他国家的联系进一步加强。这给我国的企业带来了许多机遇，同时也给各行各业带来了新的挑战，要求我们的企业承担相应的义务。所以有中国特色的管理学从一开始就要注意与国际之间的联系，必须要具有全球观。我国的管理必须随时随地开展同其他国家和地区之间的不同程度、不同方式的比较，开拓思路，扩展视野，不断完善有中国特色的管理学，使自己在国际竞争中站稳脚跟。

（二）企业经营基本规律与模式

如何加强企业管理以应对国内外日益加剧的竞争局面，是企业求生存、谋发展的重要问题。过去，就加强管理而言，往往就事论事，缺乏从理论和经营管理的基本规律上探求搞好搞活企业的根本性问题。总结国内外企业的成功经验，通过大量实证研究和比较分析，企业经营管理的基本规律，即“战略制胜、全面创新、人企合一、自我积累”。

1. 优势战略制胜规律

战略制胜规律即以需求为导向，以核心能力为基础的经营规律。有计划的发展一直是我国国有企业经营管理活动中的一条基本规律，而在当前转型时期运用这一规律也遵循以下几个具体运作原则：①需求导向与遵循国家战略意图相结合；②战略先导，长短期计划相结合；③战略全球化；④能力培植优先，能力与任务需求相匹配；⑤企业家超前战略决策与全员参与管理相结合。

2. 全面创新规律

全面创新规律即以战略为导向，以技术创新为中心的经营规律。在运用这一规律时，特别是在转型期必须遵循和把握以下具体的运作原则：①战略导向：技术创新要以企业战略目标为导向；②组合创新原则：创新要积极利用组合创新的新范式；③能力优先积累原则；④完善技术创新机制和技术创新系统。

3. 人企合一规律

人企合一规律即凝聚以知识工作者为主体的全体员工，运用多种激励手段，充分发挥他们的创造性与积极性，融育人与用人为一体的经营规律。这一规律的运作原则有：①凝聚原则：从思想上、感情上和愿景上将员工融于企业生命体中；②激励原则：建立有效的激励分配制度，发挥多种激励的组合效应，充分调动人的积极性；③向组织资本转化的原则：以核心能力为重点，根据企业经营战略的需要加强人力资本投资，促进个体资本向组织资本的转换；④集权与分权相结合，增强集中领导为先，责权利相统一的原则；⑤员工与企业共同发展原则。

4. 自我积累规律

自我积累规律即以节约劳动为基础，重视资本增值的经营规律。这一普遍性规律可以从下面几个方面来理解：①劳动生产率增长率大于职工平均收入增长率的原则；②节约劳动原则：加强成本管理，寻求降低成本的新途径；③资本增值原则：加大资本运营力度，积极拓宽融资渠道，合理运用社会资本；④约束监督原则：加强企业财务监督，杜绝贪污浪费。

（三）中国式现代化

党的二十大报告提出中国式现代化，中国式现代化是中国共产党领导的社会主义现代化，既有各国现代化的共同特征，更有基于自己国情的中国特色。全面系统理解中国式现代化的丰富内涵：

1. 中国式现代化是人口规模巨大的现代化

我国十四亿多人口整体迈进现代化社会，规模超过现有发达国家人口的总和，艰巨性和复杂性前所未有，发展途径和推进方式也必然具有自己的特点。我们始终从国情出发想问题、作决策、办事情，既不好高骛远，也不因循守旧，保持历史耐心，坚持稳中求进、循序渐进、持续推进。

2. 中国式现代化是全体人民共同富裕的现代化

共同富裕是中国特色社会主义的本质要求，也是一个长期的历史过程。我们坚持把实现人民对美好生活的向往作为现代化建设的出发点和落脚点，着力维护和促进社会公平正义，着力促进全体人民共同富裕，坚决防止两极分化。

3. 中国式现代化是物质文明和精神文明相协调的现代化

物质富足、精神富有是社会主义现代化的根本要求。物质贫困不是社会主义，精神贫乏也不是社会主义。我们不断厚植现代化的物质基础，不断夯实人民幸福生活的物质条件，同时大力发展社会主义先进文化，加强理想信念教育，传承中华文明，促进物的全面丰富和人的全面发展。

4. 中国式现代化是人与自然和谐共生的现代化

人与自然是生命共同体，无止境地向自然索取甚至破坏自然必然会遭到大自然的报复。我们坚持可持续发展，坚持节约优先、保护优先、自然恢复为主的方针，像保护眼睛一样保护自然和生态环境，坚定不移走生产发展、生活富裕、生态良好的文明发展道路，实现中华民族永续发展。

5. 中国式现代化是走和平发展道路的现代化

我国不走一些国家通过战争、殖民、掠夺等方式实现现代化的老路，那种损人利己、充满血腥罪恶的老路给广大发展中国家人民带来深重苦难。我们坚定站在历史正确的一边、站在人类文明进步的一边，高举和平、发展、合作、共赢旗帜，在坚定维护世界和平与发展中谋求自身发展，又以自身发展更好维护世界和平与发展。

中国式现代化的本质要求是：坚持中国共产党领导，坚持中国特色社会主义，实现高质量发展，发展全过程人民民主，丰富人民精神世界，实现全体人民共同富裕，促进人与自然和谐共生，推动构建人类命运共同体，创造人类文明新形态。

复习思考题

第一章复习思考题

实践训练

实践训练1－1　访问某一个工商企业或一位管理者

［实训项目］

通过访问某一个企业或一位管理者，培养学生关注企业，了解企业和学习管理学的兴趣，提高参加社会实践活动的主动性、积极性和创造性。

［实训内容］

1. 要求学生了解该企业的某一基本业务职能，如计划管理、生产管理、技术管理、营销管理、物资设备管理、财务管理、行政管理、人事管理、后勤管理等。

2. 向管理者了解他的职位、工作职能、胜任该职务所必需的管理技能的情况，企业管理者应该具有哪些方面的素质和能力。

［实训组织］

1. 把全班同学分成两大组，第一组学生访问企业，第二组访问某位管理者。

2. 第一组学生以5～7人为一个小组，分别走访某一个工商企业。

3. 第二组学生以3～5人为一个小组，分别走访某一位管理者。

［实训考核］

1. 要求每位学生写出访问报告或小结。

2. 要求学生填写实训报告。其内容包括：①实训项目；②实训目的；③实训内容；④本人承担任务及完成情况；⑤实训小结。

3. 教师评阅后写出实训评语，实训小组或全班交流。

实践训练1－2　调查与访问——管理者的职责与技能

［实训项目］

访谈一位你认为成功的管理者，了解他（她）的职位、工作职责，特别是胜任该职务的知识基础、管理素质与技能，以及目前工作中所面临的严峻挑战。

［实训目标］

1. 使学生结合实际，加深对管理职能的感性认识与理解。

2. 初步培养认知与自觉养成现代管理者素质的能力。

3. 初步认识管理者所处的环境和面临的挑战。

［实训内容］

与同学一起参观本课程实训基地企业，学生自愿组成小组，每组5～7人。在调查访问之前，每组需根据课程所学知识，经过讨论制定调查访问的主题，并把具体步骤和主要问题计划好，具体可参考下列问题：

1. 企业中主要有哪些管理工作，属于哪种管理层次？

2. 这些管理工作的职责和权利分别是什么？

3. 做好这些管理工作多需要哪些知识基础和技能？如何培养？

［实训考核］

调查访问结束后，组织一次课堂讨论。讨论需澄清下列问题，教师根据各小组表现进行评估打分。

1. 所调查企业的管理工作分类表。

2. 所调查企业的管理者素质分析书面报告，1000字左右。

3. 所调查企业面临的管理挑战，如调查者是一名管理者应如何应对，课堂口头评述3分钟左右。

以上问题均以小组为单位进行，各小组在讨论的基础上，每个同学把自己调查访问所得重要的信息如照片、文字材料、影音资料等制作成宣传册展出，之后交老师存档。

实践训练1-3 查阅有关管理思想文献资料

[实训项目]

去图书馆、资料室查阅有关管理思想与实践方法的文献资料。

[实训目标]

1. 通过有关管理思想文献资料的查阅，掌握某种管理思想的主要观点及其发展趋向，初步培养学生分析管理思想与实践方法的能力。

[实训内容]

1. 上好文献检索课程，学习查阅文献资料的方法与步骤；

2. 要求学生了解有关管理思想的主要观点；

3. 分析有关管理思想的贡献和局限性，以及其对现今的指导意义。

[实训组织]

1. 将全班同学分成若干组，由教师带队，前往图书馆或资料室学习查阅文献资料；

2. 查明某种管理思想的主要观点，了解它的主要贡献及局限性；

3. 每组查阅一种管理思想，并掌握查阅资料的方法与步骤；

4. 每位同学写一份查阅资料小结，每组派一位代表在全班交流。

[实训考核]

要求每一位同学写一份小结，每组进行初评，最后由教师批阅。

实践训练1-4 管理原则分析

[实训项目]

管理原则分析。

[实训目标]

1. 增强对现代管理原则的感性认识；

2. 培养对组织管理思想的分析能力。

[实训内容]

1. 从网上或报刊中搜集一个简短的有关我国企业管理的案例或资料；

2. 运用本章所学的管理原则，分析案例中企业的管理思想。

[实训要求]

1. 每人写成简要书面分析报告；

2. 在班级组织一次交流与讨论；

3. 由教师根据分析报告与讨论表现评估打分，两项成绩共同构成学生的实训成绩。

教学案例选编

案例1－1　威尼斯造船厂（即兵工厂）的管理经验

翻转课堂教学活动

升任公司总裁后的思考

课程思政设计与实践

现代企业与管理认知
——融入爱岗敬业、社会责任、创新精神、厚德博学、经世致用

【思政育人目标】

1. 知识目标

①能够理解和掌握现代企业与管理基本知识和基本方法；②能够了解现代企业管理理论前沿和发展状况；③能够了解现代企业与管理认知、管理思想与管理理论和中国特色的企业管理、中国式现代化建设的现实情况。

2. 能力目标

①培养学生理论联系实际、分析和解决企业实际管理问题的初步能力；②培养学生根据企业案例素材进行案例分析报告的编写能力，培养学生的企业管理、沟通与协作能力；③“学而时习之”，能够帮助学生提高对企业管理专业知识系统再认知、再理解和再把控的能力。

3. 价值目标

①通过马克思主义的教育，培养学生良好的思维品质，激发学生遇到困难永不放弃的人生观。②树立学生爱岗敬业的意识和强烈的社会责任感，激发学生“敢为人先、与时俱进”的创新精神；③培养学生“以广厚之德，容载万物，成就事业；以刚毅坚卓，勇于实践，奋发图强”的精神。④通过课程思政教学，使学生在潜移默化中感受到我们伟大祖先的管理智慧和中华传统文化的博大精深，增强学生的爱国主义情怀，激发学生的创新精神、敬业精神和科学研究精神。⑤明确学生追求卓越的价值导向，明晰企业家

社会责任与社会尊重的价值导向，突出企业从创始、成长、优秀到卓越等突破性发展历程特征。

【思政设计与融入点】

1. 设计思路

从以下三个途径来展现本课程的思政要素：一是现代企业与管理思想及管理理论；二是中国革命红色文化的精神内涵及中国优秀传统文化所包含的管理思想；三是中国本土企业管理的成功实践中所体现出来的价值观和现代企业管理变革与创新思维。

2. 课程思政元素

现代企业与管理认知要求企业管理者不仅要具备现代企业与管理思维和管理理论，而且要有强烈使命感和责任担当精神。课程思政教学元素融入点设计如下：

（1）唯物辩证方法论。教师指导学生学习毛泽东主席的《矛盾论》和《实践论》两篇文献，从主要矛盾和矛盾的主要方面，开展企业诊断，把理论学习和诊断实践相结合，从理论到实践，再到经验总结，感受“从实践中来，到实践中去”的价值意义。

（2）爱岗敬业。经济管理类专业学生的出路有很多，适合各类企业、金融机构、政府部门等管理类岗位，亦可从事跨国公司的经营与管理工作。无论在哪个岗位，都需要爱岗敬业。“爱岗”是“敬业”的基石，“敬业”是“爱岗”的升华。爱岗敬业是一种忠于职守的事业精神，是职业道德的基础。只有热爱自己的工作岗位，热爱本职工作，用恭敬严肃的态度对待自己的工作，才能在工作岗位上做出应有的贡献。

（3）社会责任。不管是企业还是行政事业单位，都承载着厚重的社会责任，都要履行法律法规规定的各项义务，承担社会准则、规范和价值观、回报社会的道德责任。只有每一个个体都承载起该担当的责任，组织才能成为一个负责任的组织，社会才能成为一个负责任的社会。

（4）创新精神。在解决现代企业管理的实际战略与投资、人力资源和营销中的问题时，必须具备创新精神，打破传统的思维和做法，推陈出新，才能取得事半功倍的成效。尤其是现代企业管理中，一个别出心裁的企业管理方案带来的效益是不可估量的。

（5）厚德博学。“地势坤，君子以厚德载物；天行健，君子以自强不息。”只有德和行兼备才能成就更好的事业。通过对校训“养正毓德、精存自生”的解读和学院院训“厚德博学、经世善治”的剖析，让同学明白在现代企业、管理认知、管理理论学习，都需要知行合一、厚德博学，这样才能取得卓越的成就。

（6）经世致用。通过专业发展和学生出路的介绍希望学生能够明白所学必定有用，要时时关注社会现实，面对社会矛盾，探索利用所学解决社会问题，以求达到国治民安的实效，自觉肩负起时代的重托，坚守“天道酬勤”的信念，秉承“经世致用”的情怀，通过努力学习，成为各行业的栋梁之才。

【课程思政教学方法和融入手段】

1. 课程思政教学方法

采用“理论—案例—情景—实践—故事”相结合的“TCSPT”五维教学方法，激发学生兴趣，调动学生学习的主动性和创造性，注重思维训练和实际企业管理技能的培养。坚持以立德树人为根本，把培养学生的管理思想和管理理论与帮助学生树立积极的人生观价值观结合起来，把本课程所蕴含的思政元素有机融合到课程学习的每个重要环节。教学方法如下：

（1）理论教学法：传授现代企业管理基本理论知识，促进学生企业管理思维和现代企业管理技能的培养。通过超星平台 MOOC（慕课）学习，推进现代信息技术在课程思政教学中的应用，激发学生学习兴趣，引导学生深入思考。

（2）案例教学法：以解决现代企业管理发展过程中实际遇到的问题为目，在课程中引入真实企业管理案例，通过理论学习、阅读案例、个人分析、小组讨论、全班交流、总结归纳、消化提升和案例实践调研八个环节，加强师生互动，实践训练，实现教学相长，知行合一。

（3）情景教学法：从商业的实际情景出发，在课堂上和课外实践中创设生动有趣的情景，让学生在情景中受到感染，点燃他们的求知之火，从而使学生思维活跃，积极思考和理解现代企业管理发展过程相关的基本知识。

（4）实践教学法：引入“行动学习”的理念，通过组织学生以团队方式参与真实企业管理的调研和组织结构设计，提高学生对实际企业发展的切身体会和认识，培养学生的现代企业管理能力和创新能力。

（5）讲故事：通过组织学生以团队方式参与中国知名企业管理和中国革命红色文化的调研，撰写现代企业管理案例，讲中国现代企业管理故事，自觉弘扬中华优秀传统文化、革命文化、社会主义先进文化，增进对中国传统文化和红色文化的了解，提高学生对实际企业发展的切身体会和认识，教育引导学生传承中华文脉，富有中国心、饱含中国情、充满中国味。

2. 融入手段

翻转课堂教学，教师讲授，视频展示，案例分析，经典阅读，MOOC（慕课）学习，团队式学习。

【课程思政教学路径】

第一，讲解中国管理思想的历史演进；万里长城是世界七大奇迹之一，是宇航员在月球上能见到地球上的唯一人造工程。其历史可以追溯到公元前5世纪的战国时期，动用人力几十万，始建于秦始皇时期，全长六千七百公里，蜿蜒于崇山峻岭之中，气势雄伟。这样浩大的工程是靠严密的组织和完善管理才得以完成的。据《春秋》记载，当时的计划十分周到细致，不仅计算了城墙的土石方量，连所需的人力、材料，以及从何处征集劳力，他们往返的路程、所需口粮，各地应担负的任务也都一一明确分配。在工程上，明代是由镇城、路城、卫城、关城、堡城、城墙、放台、烟墩等不同等级、不同形式、不同用途的建筑，组合形成的一个完整的防御工程体系。在管理上，沿线设九个镇，每镇设总兵，上受兵部指挥，每镇之下又分别设“路”“关”及城堡、墩台。这种“金字塔式”的管理系统，使命令可以自上而下的传达，又能使敌情信息可以自下而上的层层反馈。长城的整个建造、使用、管理构思充分体现了系统工程和系统管理的思想。

第二，在古典管理理论部分，通过介绍泰勒成为“科学管理之父”的故事，同时，通过讲述泰勒进行的三个经典的管理试验以及梅奥等几位著名管理学家研究管理理论的方法和过程，并从我国的管理思想演变、西方管理思想的发展，提炼出马克思主义哲学思想，如发展观、联系观、矛盾规律等，提炼出马克思主义哲学的唯物史观。

第三，讲授权变思想，“变”包含着深刻的辩证法思想，孙子提出：“故将通于九变之利者，知用兵矣；将不通九变之利，虽知地形，不能得地之利矣。”“变”就是要“攻其无备，出其不意”，孙子说：“凡战者，以正合，以奇胜。故善出奇者，无穷如天地，不竭如江河。”其意指出奇制胜的手法无穷无尽，它是取胜的法宝。孙子还说：“先知迂直之计者胜。”“迂其途，而诱之以利，后人发，先人至，此知迂直之计者也。”用中国古代管理思想、中国本土案例提升学生企业管理能力和商业素质，使学生坚定“文化自信”，培养学生“企业家精神”特质和创新精神。

【课程思政实践活动】

1. 课前5分钟经典阅读活动，进行习近平新时代中国特色社会主义思想学习，阅读《习近平谈治国理政》第四卷；

2. 课中进行《升任公司总裁后的思考》案例分析研讨，以小组为单位开展翻转课堂教学活动；

3. 课后进行观看影视片《首席执行官》《冲出亚马逊》《公仆》《公司的力量》《铁人》等，观看《摩登时代》视频片，进行东亚公司《东亚精神》一书、《东亚声》期刊及格言式的《东亚铭》等经典阅读；超星平台《现代企业管理》MOOC（慕课）学习：https：//www. xueyinonline. com/detail/241026355；齐齐哈尔大学在线综合教育平台《管理综合案例》自主学习活动。

经典管理故事

蘑菇管理

蘑菇管理是许多组织对待初出茅庐者的一种管理方法，初学者被置于阴暗的角落（不受重视的部门，或打杂跑腿的工作），任其自生自灭（得不到必要的指导和提携）。相信很多人都有这样一段“蘑菇”的经历，但这不一定是什么坏事，尤其是当一切都刚刚开始的时候，当上几天“蘑菇”，能够消除我们很多不切实际的幻想，让我们更加接近现实，看问题也更加实际，而对一个组织而言，一般地新进的人员都是一视同仁，从起薪到工作都不会有大的差别。无论你是多么优秀的人才，在刚开始的时候都只能从最简单的事情做起，“蘑菇”的经历对于成长中的年轻人来说，就像蚕茧，是羽化前必须经历的一步。所以，如何高效率地走过这一段，从中尽可能吸取经验，成熟起来，是每个刚入社会的年轻人必须面对的课题。

第二篇

教 学 篇

开篇语

热烈的学习愿望、明确的学习目的，是学生学习活动时最重要的动因。培养这种愿望的工作，是跟学校的全部教学和教育工作的安排紧密联系的，并且首先是在课堂教学中实现的。

——【苏联】瓦·阿·苏霍姆林斯基

有效教学要促进学生基础知识和基本能力的提高，促进学生思考问题、解决问题能力的提高，同时也要促进学生情感、态度和价值观的发展。我们应该在新课程理念的正确指导下，科学、有效地进行课堂教学改革，使课堂教学过程真正成为教师与学生之间有机的互动过程，真正成为教师引导学生进行有效教学活动的过程，真正成为师生共同发展的过程。

——摘自百度百科

教学篇主要是基本理论知识和教学案例的选编。基本理论知识教学和教学案例的选编是按企业管理主要内容的企业战略管理与组织管理、企业经营决策、人力资源管理、市场营销管理、生产运营管理、企业财务管理、企业信息化管理、企业形象管理等内容设计 8 个章节内容，每个章节内容设有教学内容精要和基本理论知识、复习思考题、教学案例选编、翻转课堂教学活动、课程思政设计与实践、经典管理故事。

第二章

企业战略管理与组织管理

【章前导读】

魏征与盖茨的“十思疏”

中国是历史悠久的文明古国，文化思想博大精深。在源远流长的历史长河中，留下了极其丰富的管理思想精华。魏征的“十思疏”就是一个代表。

唐朝大臣魏征敢于犯颜直谏，提出“兼听则明，偏听则暗”，经常对唐太宗李世民在管理中存在的问题提出规劝和建议，为唐太宗器重并赏识。贞观十一年，魏征上书唐太宗指出君主应该考虑的一些主要问题，就是著名的“十思疏”。

微软公司创始人比尔·盖茨也有一个“十思疏”。比尔·盖茨在短短的20年间就创造了庞大的微软帝国，能够取得如此辉煌的成就在很大程度上归功于他在企业管理方面的天赋和他自己摸索出来的经营管理之道，他自己总结出如下十条：

（1）选择一个你自己由衷喜爱的领域去发展，这是成功的重要前提；

（2）精心挑选雇员，大胆解雇庸才；

（3）为你的雇员创造良好的工作环境；

（4）制定切合实际的目标，并让你的雇员感到你们在不断地迈向成功；

（5）善于与下属交流。这样，就能够及时地了解公司的运转情况、产品的销售情况以及客户的评价；

（6）要敢于让你的手下超过自己；

（7）营造高昂的士气。方法之一是让你的下属时刻感到他们的工作是有意义和不断取得进展的；

（8）身先士卒，以身作则；

（9）切忌朝令夕改；

(10) 明确下属的职责。如果你的下属不清楚自己应该做什么，为谁而做的话，那你的部门就可能陷入麻烦。

魏征的“十思疏”与比尔·盖茨的经营之道包含哪些管理思想？对今天的领导者有何借鉴意义？

“知彼知己，百战不殆”，“不战而屈人之兵，善之善者也”。

——《孙子兵法》

道千乘之国，敬事而信，节用而爱人，使民以时。

——《论语·学而篇》

【教学内容精要】

【课程性质】

作为研究战略管理活动规律性的一门新兴学科，企业战略管理研究对象是企业战略管理活动，其目的在于揭示这一活动过程的规律性，为企业搞好经营管理，提高企业的长期经济效益提供指导。作为工商管理专业的重要课程之一，企业战略管理着重研究企业成功与失败的原因和过程。

企业组织管理与组织结构设计是研究企业组织管理工作的历史沿革，组织战略和组织结构的关系，组织结构的形式，组织结构合理化、组织结构的功能优化，组织变革，组织文化建设等内容，系统地研究由人所组成的各种组织在个体、群体和组织层次上的行为，以达到组织所期望目标的科学。

【发展趋势】

企业面对激烈变化、严峻挑战的环境，为求得长期生存和不断发展而进行的总体性谋划和战略管理设计。企业战略管理从理论到实践都发生了改变，主要表现为：战略环境的发展、战略研究对象的变化、战略内容的发展、战略过程拓展及战略管理理论的基础研究等。

企业组织管理与组织结构设计研究的是千变万化的人、群体和组织的行为，因此不可能有通用的最佳模式，而是主张根据不同情景采取不同的理论和决策。从公司组织结构性维度和管理性维度学习和体会公司治理结构变化、组织结构变化、组织变革模式变化的理论和分析方法，掌握相应的技能。

【教学内容】

学习企业战略管理基本理论，有选择性地学习企业战略管理教学案例。紧密结合战略管理的内容——战略类型、战略制定、战略实施、战略评价等。

针对企业组织管理与组织结构设计的重点（组织战略和组织结构的关系、组织结构形式、组织结构、组织变革等）和难点（组织结构合理化、组织结构的功能优化、组织文化建设等），有选择性的就组织中人的行为、组织结构、组织行为、组织变革等知识内容编写了相应的教学案例，供广大师生选择使用。

【教学要求】

(1) 根据思考与讨论题，在学习企业战略管理基本理论、企业组织管理基本理论、阅读案例和查阅文献资料的基础上，认真完成思考与讨论题，撰写管理案例课堂讨论书面报告。

（2）设计课堂讨论主题发言和自由发言的内容，认真参与管理案例教学课堂讨论，填写现代企业管理学课程翻转课堂讨论记录表。

第一节

企业战略管理

企业战略管理是企业的生存之本，在市场经济条件下，企业战略决策是企业的行动指南，是各项资源得以合理调配和充分发挥作用的基本保证，它的成败直接影响到企业的兴衰，是企业的发展之本，它决定着企业的发展方向、走势和前进道路。

一、企业战略管理概念及构成

（一）企业战略管理概念及特征

1. 企业战略管理概念

美国学者斯坦纳1982年出版的《管理政策与战略》一书中认为，企业战略管理是确立企业使命，根据企业外部环境和内部经营要素确定企业目标，保证目标正确落实并使企业使命最终得以实现的一个动态过程。战略管理是一种动态的管理，是一种管理思想和管理方式。

企业战略管理是企业为实现战略目标，制定战略决策，实施战略方案，控制战略绩效的一个动态管理过程。企业战略管理是从全局和长远的观点研究企业在竞争环境下，生存与发展的重大问题，是现代企业高层领导人最主要的职能，在现代企业管理中处于核心地位，是决定企业经营成败的关键。

2. 企业战略管理特征

（1）全局性。企业战略管理是研究企业全局的指导纲领，它所反映的是有关企业全局性问题的重大决策。但是也要注意，全局是由局部构成的，当某些局部的成败对全局具有决定性影响时，这些局部问题就具有战略的性质。

（2）长期性。企业战略管理往往着眼于未来相当长的一段时间，而不只在短时期内起作用，因此，企业战略管理带有长期性的特征。研究企业战略要跳出眼前和局部的利益圈子，考虑长期的和全局的利益。

（3）竞争性。竞争是市场经济不可回避的现实，面对竞争，企业战略管理需要进行内外环境分析，明确自身的资源优势，通过设计适合的经营模式，形成特色经营，增强企业的对抗性和战斗力，推动企业长远、健康的发展。

（4）风险性。企业做出任何一项决策都存在风险，战略决策也不例外。仅凭个人主观判断市场，设立目标过于理想或对行业的发展趋势预测偏差，制定的战略就会产生管理误导，甚至给企业带来破产的风险。

（5）环境适应性。企业战略管理重视的是企业与其所处的外部环境的关系，其目的是使企业能够适应、利用环境的变化。企业是与社会不可分割的一个开放的组成部分，它的存在和发展在很大程度上受其外部环境因素的影响。

（二）战略管理构成要素

战略管理一般由 4 种要素构成，即产品与市场范围、增长向量、竞争优势和协同作用。安索夫认为这 4 种要素可以产生合力，成为企业共同经营的主线。

1. 产品与市场范围

产品与市场范围说明企业属于什么特定行业和领域，企业所处行业中产品与市场的地位是否占有优势。为了清楚地表达企业的共同经营主线，产品与市场的范围常常需要分行业来描述。因为大行业的定义往往过宽，其产品、使命和技术涉及很多方面，经营的内容过于广泛，用它来说明企业的产品与市场范围，企业的共同经营主线仍不明确。分行业是指大行业内具有相同特征的产品、市场、使命和技术的小行业。

2. 增长向量

增长向量又可称为成长方向，它说明企业从现有产品与市场结合向未来产品与市场组合移动的方向，即企业经营行动的方向，而不涉及企业目前产品与市场的态势。下面通过表 2－1 来说明增长向量。

表 2－1　　企业增长向量矩阵

产品 / 使命	现有产品	新产品
现有使命	市场渗透	产品开发
新使命	市场开发	多种经营

从表 2－1 可以看出，市场渗透是通过目前的产品与市场的市场份额增长达到企业成长的目的。市场开发是为企业产品寻找新的消费群，使产品承担新的使命，以此作为企业成长的方向。产品开发是创造新的产品，以逐步替代现有产品，从而保持企业成长的态势。多种经营则独具特色，对于企业来讲，它的产品与使命都是新的。增长向量指出了企业在一个行业里的方向，而且指出企业计划跨越行业界线的方向，以这种方式描述共同经营主线是对以产品与市场范围来描述主线的一种补充。

3. 竞争优势

竞争优势说明了企业所寻求的、表明企业某一产品与市场组合的特殊属性，凭借这种属性可以给企业带来强有力的竞争地位。图 2－1 列示了美国战略学家迈克尔·波特（Macheal Porter）的竞争优势模型。

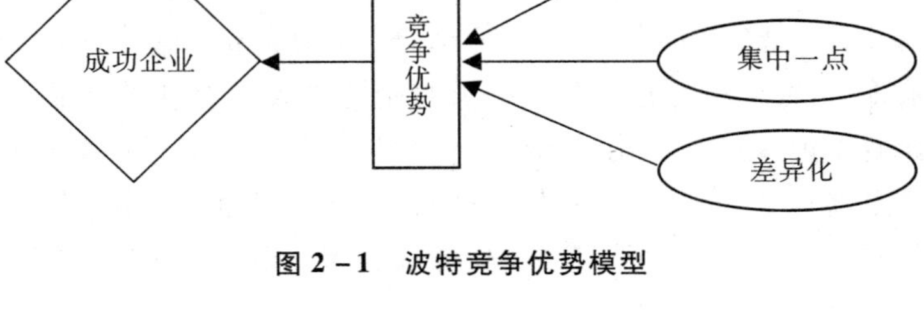

图 2－1　波特竞争优势模型

上述3种要素描述了企业在外部环境里的产品与市场道路，而第4种要素——协同作用则是从企业内部的协调考虑的。

4. 协同作用

协同作用指明了一种联合作用的效果，协同作用涉及企业与其新产品和市场项目相配合所需要的特征。在管理文献中，协同作用常常被描述为1+1>2的效果，这意味着企业内各经营单位联合起来所产生的效益要大于各个经营单位各自努力所创造的效益总和。

协同作用是衡量企业新产品与市场项目的一种变量。协同作用在选择多种经营战略上也是一个关键的变量，它可以使各种经营形成一种内在的凝聚力。

企业应考虑如何提高获利能力。产品与市场范围指出了提高获利能力的范围；增长向量指出这种范围扩展的方向；竞争优势指出企业最佳机会的特征；而协同作用则挖掘企业总体获利能力的潜力，提高企业获得成功的能力。这4个要素相辅相成、互不排斥，共同构成了企业战略管理的内核。

二、战略管理过程及其体系

（一）战略管理的基本过程

1. 战略管理过程三个阶段

战略管理是对一个企业的未来发展方向制定决策和实施这些决策的动态管理过程。一个规范性的、全面的战略管理过程可大体分解为3个阶段：战略分析阶段、战略选择及评价阶段、战略实施及控制阶段。在战略分析前，首先要确立企业或审视企业的使命，如图2-2所示。

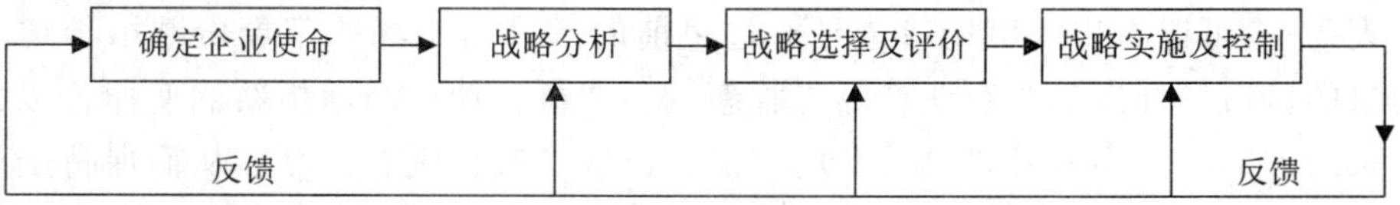

图2-2 战略管理过程

2. 战略管理的具体过程

战略管理是对一个企业的未来发展方向制定决策和实施这些决策的动态管理过程。一个规范的、全面的战略管理过程可大体分解为3个阶段，分别是战略分析阶段、战略选择及评价阶段、战略实施及控制阶段。但在进行战略分析之前，首先要确立或审视企业的使命。

（1）战略分析。战略分析指对企业的战略环境进行分析、评价，并预测这些环境未来发展的趋势，以及这些趋势可能对企业造成的影响及影响方向。战略分析包括企业外部环境分析和企业内部环境或条件分析两部分。企业外部环境分析的目的是为了适时地寻找和发现有利于企业发展的机会，以及对企业来说所存在的威胁，做到“知彼”，以便在制定和选择战略中能够利用外部条件所提供的机会而避开对企业的威胁因素。

企业的内部环境即是企业本身所具备的条件，也就是企业所具备的素质。企业内部条件分析的目的是为了发现企业所具备的优势或弱点，以便在制定和实施战略时能扬长避短、发挥优势，有效地利用企业自身的各种资源，发挥出企业的核心竞争力。

（2）战略选择。战略选择过程实质就是战略决策过程，即对战略进行探索、制定、评价以及选择。对于一个跨行业经营的企业来说，它的战略选择应当解决两个基本战略问题：一是企业的经营范围或战略经营领域，即规定企业从事生产经营活动的行业，明确企业的性质和所从事的事业，确定企业以什么样的产品或服务来满足哪一类顾客的需求；二是企业在某一特定经营领域的竞争优势。即要确定企业提供的产品或服务，要在什么基础上取得超越竞争对手的优势。

目前对战略的评价已有多种战略评价方法或战略管理工具，如波士顿咨询集团的市场增长率—相对市场占有率矩阵法、行业寿命周期法等。

（3）战略实施。一个企业的战略方案确定后，必须通过具体化的实际行动，才能实现战略及战略目标。一般来说可在三个方面来推进一个战略的实施：其一是确定企业资源的规划和配置方式，包括公司级和战略经营单位级的资源规划与配置；其二是对企业的组织机构进行构建，以使构造出的机构能够适应所采取的战略，为战略实施提供一个有利的环境；其三是要使领导者的素质及能力与所执行的战略相匹配，即挑选合适的企业高层管理者来贯彻既定的战略方案。

（二）战略管理层次体系

战略管理可以包括3个层次：公司层战略管理、业务层战略管理、职能层战略管理3个层次。图2－3列示了战略管理层次的关系。

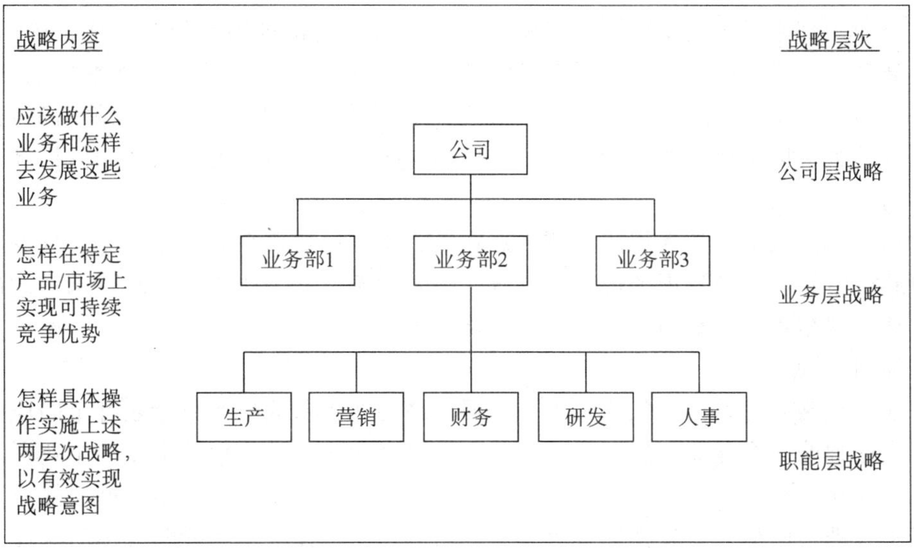

图2－3　战略管理层次

1．公司层战略

公司层战略的主要内容包括企业战略决策的一系列最基本的因素，是企业存在的基本逻辑关系或基本原因。概括来讲，公司层战略强调两个方面问题：

（1）我们应该做什么业务？即确定企业的性质和宗旨，确定企业活动的范围和重点。这些因素不仅决定着企业的经营状况，而且还能决定企业在外部市场环境中的地位，因而是企业生存和发展的根本问题。企业所服务的消费者群体的类型、消费者满足需要的程度、企业采用的技术类型、企业向市场提供的产品类型以及这些方面的发展趋势，结合起来就确定了企业活动范围和重点。这些因素也是反映企业的市场地位、利用市场机会和应对市场威胁的能力的检测器。

（2）我们怎样去发展这些业务？在企业各种不同的活动中，应当如何决定资源分配的先后次序？企业内部哪一项业务应当得到这些资源？各应得到多少？怎样最大限度地利用好这些资源？对于企业来说，合理地配置资源是至关重要的。因为一方面，资源投入于不同业务领域的效益不大相同，另一方面，企业内部各个部门往往都在相互争夺有限资源。企业高层管理者的一个重要任务就是以最有利于提高企业整体绩效为前提，根据企业内部资源的潜力可能性，权衡每一项业务活动对企业内部资源的需要，按照轻重缓急合理地配置资源。

2. 竞争层战略

竞争层战略是在总体性的公司战略指导下，经营管理某一个特定的战略经营单位的战略计划，是公司战略之下的子战略。

从企业外部来看，竞争层战略的目的是为了使企业在某一个特定的经营领域取得较好的成果—努力寻求建立什么样的竞争优势，应当关注如何有效地满足消费者群体需要，应当怎样使自己的产品区别于竞争者的产品，如何通过竞争和吸引顾客实现企业的市场定位，以及怎样使业务部的经营活动与本行业的发展趋势、社会变革和经济形势相适应。

从企业内部来看，为了对那些影响企业竞争成败的市场因素的变化作正确的反应，需要协调和统筹安排企业经营中的生产、财务、研究与开发、营销、人事等业务活动。业务层战略可以为这些经营活动的组织和实施提供直接的指导。从企业战略的角度看，企业内部的关键因素是应当明确从哪些方面提高企业的竞争能力，以及如何提高企业的竞争能力。

战略管理意义上的业务层战略侧重点在于：①如何贯彻企业使命；②业务发展的机会与威胁分析；③业务发展的内在条件分析；④业务发展的总体目标和要求；⑤确定业务层战略的战略重点、战略阶段和主要战略措施。

3. 职能层战略

职能层战略是为贯彻、实施和支持公司战略与业务层战略而在企业特定的职能管理领域制定的战略。企业职能层战略的重点是提高企业资源的利用效率，使企业资源的利用效率最大化。在企业既定的战略条件下，企业各层次职能部门根据职能层战略采取行动，集中各部门的潜能，支持和改进公司战略的实施，保证企业战略目标的实现。

职能层战略一般可分为营销战略、人事战略、财务战略、生产战略、研究与开发战略、公关战略等。从战略管理的角度而言，职能层战略的侧重点在于：①如何贯彻业务发展的总体目标。②职能目标的论证及其细分，如发展目标（规模、生产能力等）；主导产品和品种目标；质量目标；技术进步目标；市场目标（市场占有率及其增长率）；职工素质目标；管理现代化目标；效益目标（利润率及竞争能力综合指数）。③确定职能战略的战略重点、战略阶段和主要战略措施。④战略实施中的风险分析和应变能力分析。

表2－2列示了公司层战略、业务层战略和职能层战略三个战略层次的特点比较。

表2－2　　三个层次战略的比较

特点	战略层次		
	公司层	业务层	职能层
性质	观念型	中间	执行型
明确程度	抽象	中间	确切
可衡量程度	以判断评价为主	半定量化	通常可定量
频率	定期或不定期	定期或不定期	定期
时期	长期	中期	短期
所起作用	开创性	中等	改善增补性
对现状的差距	大	中	小
承担的风险	较大	中等	较小
盈利潜力	大	中	小
代价	较大	中等	较小
灵活性	大	中	小
资源	部分具备	部分具备	基本具备
协调要求	高	中等	低

制定公司层战略是企业高层管理者的主要职责，制定竞争层战略是企业业务部领导层的主要职责。这三个层次战略的制定与实施过程实际上是各级管理者充分协商、密切配合的结果。可见，公司层战略、业务层战略和职能层战略一起构成企业的战略体系。在一个企业内部，企业战略的各个层次之间相互联系、相互配合，每一个战略层次都构成了其他战略层次赖以发挥作用的环境，任何一个战略层次的失误都会导致企业战略无法达到预期目的。

如图2－4所示，当企业战略的各个部分与层次相互配合、密切协调时，就能增加企业的凝聚力，也就能最为有效地贯彻实施企业战略。职能层战略与竞争层战略的协调

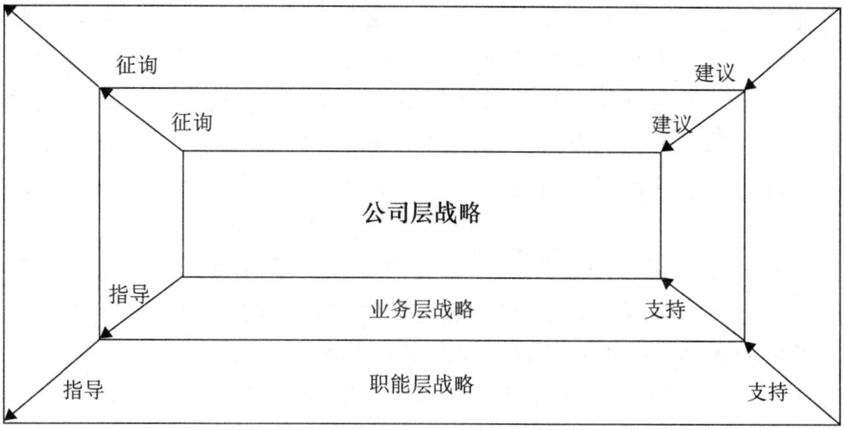

图2－4　战略管理层次互动过程

一致能够增强业务部战略的力量。同样，协同业务部战略的各个要素，集中各职能部门专家和员工的建设性意见，也能够极大地改善和强化公司层战略。因此将战略的不同部分和层次之间的关系看作是使战略有效地发挥的合力，对于有效地实施战略管理是十分有益的。

（三）战略管理层次体系

企业战略管理是一个层次化的体系，理论认为公司战略分为 3 个层次：公司战略、经营战略、职能战略，每个层次针对企业不同层次的战略制定、实施和评价、控制行为进行管理。

1. 按企业经营的层次，可分为总体战略、基本竞争战略和职能战略

（1）总体战略。总体战略又称公司战略，是企业战略中最高层次的战略。它需要根据企业的目标，选择企业可以竞争的经营领域，合理配置企业经营所必需的资源，使各项经营业务相互支持、相互协调。

（2）基本竞争战略。基本竞争战略又称业务层战略、竞争战略、经营单位竞争战略、竞争战略。是战略经营单位的战略。它是在企业总体战略的制约下，指导和管理具体战略经营单位的计划和行动，为企业的整体目标服务。

（3）职能战略。职能战略又称职能层战略，是企业内主要职能部门的短期战略计划，使职能部门的管理人员可以更加清楚地认识到本职能部门在实施企业总体战略中的责任和要求，有效地运用研究开发、营销、生产、财务、人力资源等方面的经营职能，保证实现企业目标。

2. 按企业经营的态势，可分为发展型战略、稳定型战略和紧缩型战略

（1）发展型战略。适用于企业有发展和壮大自己的机会的情况，其特点是：投入大量资源，扩大产销规模，提高竞争地位，提高现有产品的市场占有率或用新产品开辟新市场，这是一种进攻型的态势。企业发展型战略主要有：企业产品—市场战略，企业联合战略，企业竞争战略及国际化经营战略等等。

党的二十大报告指出："积极稳妥推进碳达峰碳中和。"

实现碳达峰碳中和是一场广泛而深刻的经济社会系统性变革。立足我国能源资源禀赋，坚持先立后破，有计划分步骤实施碳达峰行动。完善能源消耗总量和强度调控，重点控制化石能源消费，逐步转向碳排放总量和强度"双控"制度。推动能源清洁低碳高效利用，推进工业、建筑、交通等领域清洁低碳转型。深入推进能源革命，加强煤炭清洁高效利用，加大油气资源勘探开发和增储上产力度，加快规划建设新型能源体系，统筹水电开发和生态保护，积极安全有序发展核电，加强能源产供储销体系建设，确保能源安全。完善碳排放统计核算制度，健全碳排放权市场交易制度。提升生态系统碳汇能力。

（2）稳定型战略。强调的是投入少量或中等程度的资源，保持现有的产销规模和市场占有率，稳定和巩固现有的竞争地位。这种战略适用于效益已相当不错、而暂时又没有进一步发展的机会、其他企业进入屏障又较大的企业。

（3）紧缩型战略。适用于外部环境与内部条件都十分不利，企业只有采取撤退措施才能避免更大的损失的情况。企业紧缩型战略主要有缩小规模、转让归并及清理等措施。

发展和壮大企业，采取发展型战略。但是，如果环境不允许，主客观条件不具备，还不如采取稳定型战略，甚至紧缩型战略，以保存实力，等待机会。在激烈的市场竞争环境中，应以所有者的利益为重，不能轻易冒险。

三、企业战略管理环境分析工具

战略环境分析是战略管理过程的第一个环节，也是制定战略的开端。战略环境分析的目的是展望企业的未来，这是制定战略的基础，战略是根据环境制定的，是为了使企业的发展目标与环境变化和企业能力实现动态的平衡。

（一）PEST 分析

PEST 分析是指宏观环境的分析，P 是政治（Politics），E 是经济（Economy），S 是社会（Society），T 是技术（Technology）。在分析一个企业集团所处的背景的时候，通常是通过这四个因素来进行分析企业集团所面临的状况。

1. 政治与法律因素

政治与法律因素包括一个国家的社会制度，执政党的性质，政府的方针、政策、法令等。不同的国家有着不同的社会性质，不同的社会制度对组织有着不同程度的限制和要求。

2. 经济因素

经济因素包括宏观经济和微观经济两方面。宏观经济主要是指一个国家的人口数量及其增长趋势，国内收入、国内生产总值及其变化情况以及通过这些指标能够反映的国民经济发展水平和发展速度。微观经济环境主要指企业所在地区或所服务地区的消费者的收入水平、消费偏好、储蓄情况、就业程度等因素，这些因素直接决定企业目前及未来市场大小。

3. 社会文化因素

社会文化因素包括一个国家或地区的居民受教育程度和文化水平、宗教信仰、风俗习惯、审美观点、价值观念等。文化水平会影响居民的消费层次；宗教信仰和风俗习惯会禁止或抵制某些活动或行为；价值观念会影响居民对组织目标、组织活动以及组织存在本身的认可与否；审美观点会影响人们对组织活动内容、活动方式以及活动成果的态度。

4. 技术环境

技术环境不仅包括发明，而且还包括与企业市场有关的新技术、新工艺、新材料的出现和发展趋势以及应用背景。

（二）五力分析模型

行业分析是对企业经营活动有直接影响的外部环境之一。根据美国学者迈克尔·波特的研究，行业环境研究主要包括 5 个方面，如图 2－5 所示。

1. 行业内现有竞争对手研究

这点主要包括竞争对手的基本状况，以及发展动向等。

2. 潜在的进入者威胁研究

潜在的竞争对手进入行业，变成现实的竞争者。由于其新的业务能力和充裕的资金来源，将导致行业竞争更加激烈，其结果是产品价格可能被压低或从业者的经营成本上升，从而导致行业利润下降。

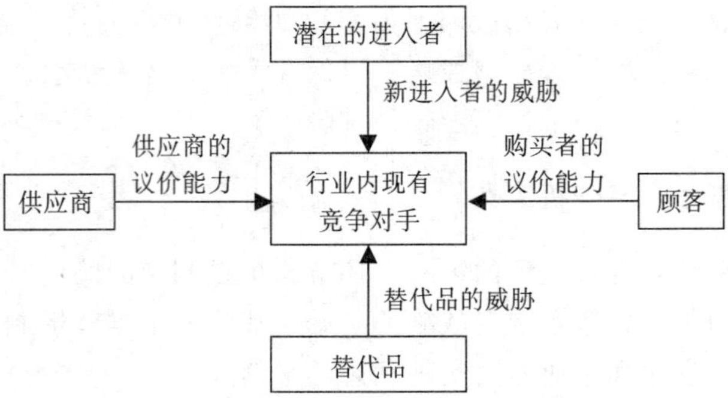

图 2-5 影响行业竞争性的五种力量

3. 替代品的威胁研究

产品的使用价值相同或相近，在使用过程中可以相互替代，生产这些产品的企业间就可能形成竞争。一旦替代品生产形成较大的规模那么本行业将受到威胁。

4. 买方的议价能力研究

影响买方的议价能力的因素主要有买方是否大批量购买？买方这一业务在其购买额中的比例大小如何？产品是否有价格合理的替代品？买方承担的购买转移成本大小如何？买方对信息掌握的程度如何？

5. 供应商的议价能力的研究

企业生产所需的很多生产要素是从外部获得的，提供这些生产要素的供应商也影响着企业经营。供应商在两个方面影响着行业内企业的经营。能否根据企业的需要及时、按质按量的提供所需；提供的生产要素的定价。

（三）**SWOT 分析**

也称 TOWS 分析法、道斯矩阵，包括分析企业的优势（Strengths）、劣势（Weaknesses）、机会（Opportunities）和威胁（Threats）。SWOT 分析是将对企业内外部条件各方面内容进行综合和概括，进而分析组织的优劣势、面临的机会和威胁的一种方法，如图 2-6 所示。

内部条件 / 外部环境	内部优势 · 内部优势 A · 内部优势 B · 内部优势 C	内部劣势 · 内部劣势 A · 内部劣势 B · 内部劣势 C
外部机会 · 外部机会 A · 外部机会 B · 外部机会 C	SO 战略 战略意图：利用优势，抓住机会	WO 战略 战略意图：利用机会，克服劣势
外部威胁 · 外部威胁 A · 外部威胁 B · 外部威胁 C	ST 战略 战略意图：利用优势，规避威胁	WT 战略 战略意图：最小化劣势并规避威胁

图 2-6 SWOT 矩阵的展开

SWOT 分析有四种不同类型的组合：优势—机会（SO）组合、弱势—机会（WO）组合、优势—威胁（ST）组合和弱势—威胁（WT）组合。

优势—机会（SO）战略是一种发展企业内部优势与利用外部机会的战略，是一种理想的战略模式。当企业具有特定方面的优势，而外部环境又为发挥这种优势提供有利机会时，可以采取该战略。

弱势—机会（WO）战略是利用外部机会来弥补内部弱点，使企业改劣势而获取优势的战略。存在外部机会，但由于企业存在一些内部弱点而妨碍其利用机会，可采取措施先克服这些弱点。通过克服这些弱点，企业可能进一步利用各种外部机会，降低成本，取得成本优势，最终赢得竞争优势。

优势—威胁（ST）战略是指企业利用自身优势，回避或减轻外部威胁所造成的影响。

弱势—威胁（WT）战略是一种旨在减少内部弱点，回避外部环境威胁的防御性技术。

通过环境研究，认识到外界在变化过程中可能对组织的存在造成什么样的威胁或提供什么样的发展机会，同时根据组织自身在资源拥有和利用能力上有何优势和劣势，依此两方面的结合点，就可以制定出指导企业生存和发展方向的战略方案，如图 2－7 所示。

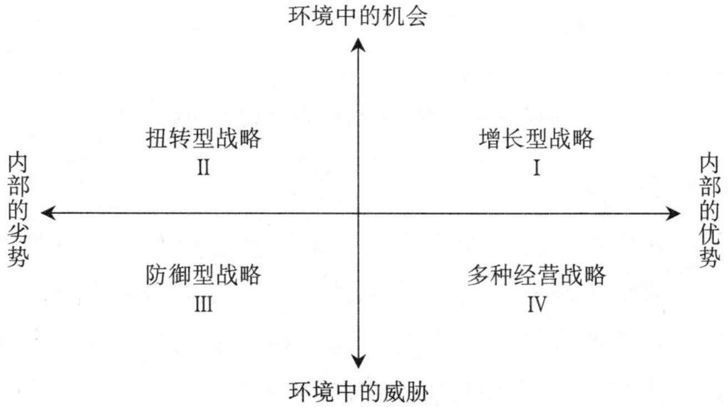

图 2－7　SWOT 分析图示例

第Ⅰ类型的企业具有良好的外部机会和有利的内部条件，可以采取增长型战略（如开发市场、增加产量等）来充分掌握环境提供的发展良机。

第Ⅱ类型企业，虽然面临良好的外部机会，但是受到内部劣势的限制，因此可采取扭转型战略，设法清除内部不利的条件，以便尽快形成利用环境机会的能力。

第Ⅲ类型企业，内部存在劣势，外部面临巨大威胁，可以采用防御型战略，设法避开威胁和消除劣势。

第Ⅳ类型企业，具有强大的内部实力，但外部环境存在威胁，宜采用多种经营战略，一方面使自己的优势得到更充分利用，另一方面也使经营的风险得以分散。

在完成 SWOT 分析、企业所具有或者面临的优势和劣势、机会和威胁都已确定后，管理人员就可以开始计划的工作过程，确定企业的目标，制定企业的战略与计划。

（四）价值链分析法

价值链分析法主要针对企业内部环境进行分析，这需要收集企业的管理、营销、财务、生产作业、人力资源、研发以及计算机信息系统运行等方面的信息，从中分析企业的优势和劣势。价值链分析法是根据企业活动的连续过程来分析企业的能力。

1. 价值链的含义

价值链又称增值链，是指企业创造价值的一系列经常活动所组成的链条。价值链分析是从企业内部条件出发，把企业经营活动的价值创造、成本构成同企业自身竞争能力相结合，与竞争对手经营活动相比较，从而发现企业目前及潜在优势与劣势的分析方法，是指导企业战略制定与实施活动的有力分析工具。图 2－8 说明了一个典型的制造企业的价值链过程。

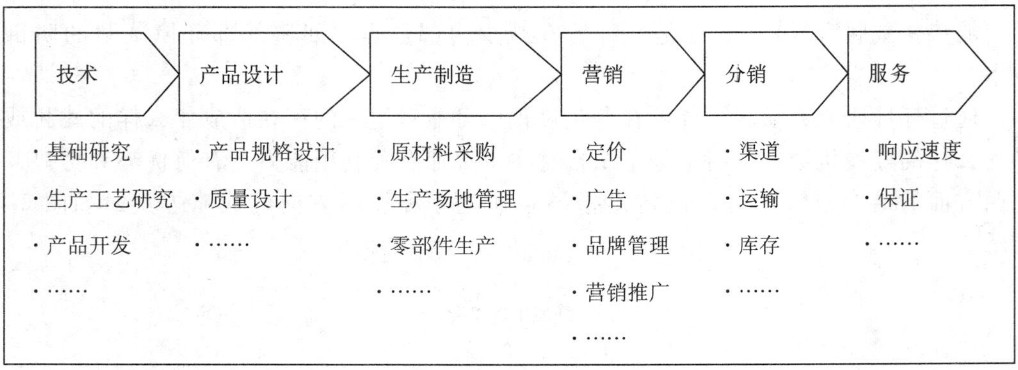

图 2－8　典型制造业企业的价值链

2. 价值活动的构成

价值链是由一系列生产经营活动构成的，主要包括两类：一类是基本活动，主要有采购、生产、储运、营销、服务等功能或活动。另一类是支援活动，主要有技术开发、人力资源管理、财务等功能或活动（含基本活动和支援活动）领域与环节。

主体活动（基本活动）是指生产经营的实质性活动，一般分成原料供应、生产加工、成品储运、市场营销和售后服务等 5 种活动。这些活动与商品实体的加工流转直接相关，是企业基本的价值增值活动，又称基本活动。每一种活动又可以根据具体的行业和企业的战略再进一步细分为若干项活动。

支援活动（辅助活动）是指以支持主体活动而且内部之间又相互支持的活动，包括企业投入的采购管理、技术开发、人力资源管理和企业基础结构。企业的基础职能活动支持整个价值链的运行，而不分别与每项主体活动发生直接的关系。

3. 价值链分析的基本原理

企业每项生产经营活动都是其为顾客创造价值的经济活动，那么，企业所有的互不相同但又有相互关联的价值创造活动叠加在一起，便构成了一个链条，创造的价值如果超过了成本，就能盈利；如果超过竞争对手所创造的价值，就会拥有更多的竞争优势。总之，企业是通过比竞争对手更廉价或更出色地开展价值创造活动来获得竞争优势的。

价值链分析是从企业内部条件出发，把企业经常性活动的价值创造、成本构成同企业自身的竞争能力相结合，与竞争对手经常性活动相比较，从而发现企业目前及潜在优势与劣势的分析方法，是指导企业战略计划制定与实施所用的有力分析工具。

对价值链进行分析时，既可以对每一项价值活动进行分析，也可以对各项价值活动之间的联系进行分析。为了诊断和分析竞争优势与劣势，企业有必要根据价值链的一般模型，构造具有企业自己特色的价值链。

在进行系统的价值链分析的基础上，发掘企业的竞争优势，就要采取正确的竞争战略，不断增强企业的竞争优势，构建企业竞争优势的战略主要有三个，成本领先战略、产品差异化战略和目标集聚战略。

波特认为企业每项生产经营活动都是其为顾客创造价值的经济活动，那么，企业所有的互不相同但又相互关联的价值创造活动叠加在一起，便构成了创造价值的一个动态过程，即价值链。企业所创造的价值如果超过其成本，就能盈利；如果超过竞争对手所创造的价值，就会拥有更多的竞争优势。企业是通过比竞争对手更廉价或更出色地开展价值创造活动来获得竞争优势的。

（五）生命周期法

生命周期法由亚瑟·利特尔咨询公司提出。该方法以两个参数来确定公司中各个经营单位所处的位置：行业成熟度、竞争地位（如图2－9所示）。以行业成熟度为横坐标，竞争地位为纵坐标。按照亚瑟·利特尔咨询公司的建议，有4种战略选择，即发展类、选择性发展类、抽资转向或恢复类、放弃类。

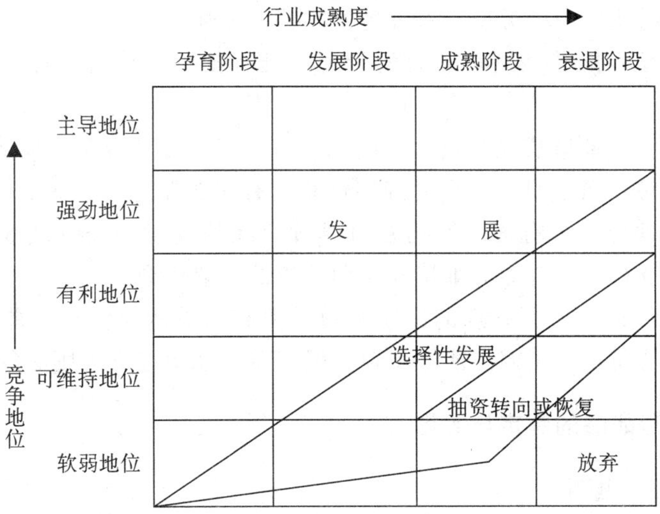

图2－9 生命周期矩阵

生命周期法认为，任何行业根据所表现的特征，可划分成下列4个阶段：孕育阶段、发展阶段、成熟阶段和衰退阶段。在划分行业成熟度时，一般考虑下列因素：增长率、增长潜力、产品线范围、竞争者数目、市场占有率分布状况、市场占有率的稳定性、顾客稳定性、进入行业的难易程度、技术等。每一阶段在上述因素所呈现的特点列于表2－3中，根据这些特征可对所在行业的成熟度做出判断。

表 2-3　行业成熟度各阶段的特点

因素	孕育阶段	发展阶段	成熟阶段	衰退阶段
1. 增长率	较国内生产总值增长更快	高于国内生产总值	等于或低于国内生产总值	增长为零或负增长
2. 增长潜力	消费者基本不满意或产品只相对不知晓	消费者部分满意或产品相对不知晓	消费者一般满意或产品被知晓	消费者满意或产品早已知晓
3. 产品范围	窄；很少品种	宽；多样化	宽；标准化	窄；如果行业分散的话则较少
4. 竞争者数目	竞争无统一规则；数量通常增加	最多，后开始减少	稳定或下降	最少
5. 市场占有率分布	无统一规律；通常很分散	逐渐地（或快速地）集中	稳定	集中化或很分散
6. 市场占有率稳定性	不稳定	逐渐地稳定	基本稳定	非常稳定
7. 顾客稳定性	不稳定	逐渐稳定	稳定	非常稳定
8. 进入行业的难易	容易	比较困难	非常困难	无吸引力
9. 技术	快速发展；已知技术很少	变化中	已知晓；容易获取	已知晓；容易获取

确定一个经营单位的战略竞争地位需要一定的定性判断，这种判断一般基于这样的多项指标：如产品线宽度、市场占有率、市场占有率的变动以及技术的改变等。应用生命周期法，一个经营单位的战略竞争地位可划分成：主导地位、强劲地位、有利地位、可维持地位和软弱地位5种类型。每种地位的特点分述如下：

（1）主导地位：能够控制竞争者的行为；具有较广的战略选择，且战略能独立于竞争者而做出。

（2）强劲地位：能够遵循自己的战略和政策，而不会危及到长期的地位。

（3）有利地位：可能具有一定的战略优势；有能够保持其长期地位的好机会。

（4）可维持地位：具有证明其运营可继续存在的满意的经营绩效；通常以忍耐来抵御最重要的竞争对手；有能够维持其长期地位的一般机会。

（5）软弱地位：令人不满意的经营绩效，但有改进的可能；可能具备较好地位的特点，但有主要的弱点；短期内能够生存，但想要长期生存下去则必须改进其地位。

四、企业经营战略的制定与实施

（一）基本竞争战略

1. 成本领先战略

成本领先战略的目标是想方设法建立一个单位成本比竞争对手更低的成本结构，通过以降低成本为主要目标的商业模式实现竞争优势和超过平均水平的利润率。规模效益（即单位产品成本随生产规模增大而下降）和经验效益（单位产品成本随累积产量增加而下降）是成本领先战略的理论基石，它要求企业的产品必须具有较高的市场占有率。成本领先战略有两项优势。首先，如果企业和它的竞争对手处于相同的价格区间或细分市场，则成本领先者可以实现更高的利润率。其次，成本领先者的价格比竞争对手低，从而实现竞争优势。

成本领先战略实施的条件有以下几个方面：

（1）很大的市场份额使企业可以通过规模生产达到较低的成本。

（2）采用了使成本得到极大降低的全新技术。

（3）良好的管理基础使企业在与同业相比时各项费用均较低。

实现成本领先的途径有以下几个方面：

（1）设计一系列便于制造和维修的相关产品，彼此分摊成本。同时，要使该产品能为所有主要的用户集团服务，增加产品数量。

（2）开发出全新的生产工艺技术，降低制造成本。

（3）建立起严格的、以数量目标为基础的成本控制系统。

（4）企业建立起具有结构化的、职责分明的组织机构，便于从上而下地实施最有效的控制。

通过成本领先战略获得成功的著名例子包括美国的福特汽车公司的T型车、西南航空公司、沃尔玛公司以及中国的格兰仕公司等。但成本领先战略的实施也会给企业带来巨大的风险，主要的风险包括以下几个方面：

（1）由于采用成本领先战略的企业过分关注成本降低，可能会使其忽略了顾客的需要，丧失了预见产品市场变化的能力以及其他竞争层面的重要性，这是成本领先战略的最危险之处。

（2）技术创新使得为实施成本领先战略而投入大量的专业设备变成无效用的资源，同时使经验曲线失去效用。

经营单位在选择成本领先的竞争战略时，必须正确地估计市场需求状况及特征，努力使成本领先战略的风险降低到最低限度。

2. 差异化战略

差异化战略是企业使自己的产品或服务区别于竞争对手的产品或服务，创造出与众不同的东西。一般说来，企业可在下列几个方面实行差异化战略：产品设计或商标形象的差异化；产品技术的差异化；顾客服务上的差异化；销售分配渠道上的差异化等，最理想的情况是公司使自己在几个方面都标新立异。应当强调的是，产品或服务差异化战略并不是说企业可忽视成本因素，只不过这时主要战略目标不是低成本而已。

建立差异化的活动总会导致成本增加，而实现产品差异化往往与争取占领更大的市场份额相矛盾。企业要奉行差异化战略，企业及产品需要具有以下特点：

（1）企业或产品品牌具有较高的客户忠诚度。

（2）企业产品被客户认为与竞争对手不同能带来附加价值，使客户对价格的敏感性下降。

因此，实施差异化战略的企业往往具有以下条件：

（1）企业在这一行业具有悠久的历史。

（2）企业具有以其产品质量或技术等领先的独特声望。

（3）企业具有很强的市场营销能力。

（4）企业具有很强的洞察市场变化的能力并具有与之相适应的跟随或引领变化的研究开发能力。

实施差异化战略的企业选择高水平的产品差异化，即创造一处顾客认为有差别的或独特的产品来获得竞争优势。产品差异化可以通过3种主要的方式来实现（引自希尔·琼斯的《战略管理》）：

（1）品质。在高档消费品中往往实施显著的差异化战略，如宝马轿车的客户体会到其独特的运动型驾驶感和身份感认为值得为其多付很多钱，奔驰车、劳力士手表比同类产品更贵的理由是顾客购买时相信它们拥有更多特性和带来更高的社会地位。

（2）创新。创新通常是技术复杂性产品差异化的源泉，许多人愿意付出高价购买创新的产品。

（3）客户响应。如海尔公司实现差异化即是通过24小时的客服来实现的。

企业通过差异化战略可建立起稳固的竞争地位，从而使得企业获得高于行业平均水平的收益。但实施差异化战略也有一定的风险，主要表现在下列几方面：

（1）实行差异化战略的企业，其生产成本可能很高。因为它要增加设计和研究费用，选用高档原材料等。如果采取差异化战略的产品成本与追求成本领先战略的竞争者的产品成本差距过大，可能会使得购买者宁愿牺牲差异化产品的性能、质量、服务和形象而去追求降低采购成本。

（2）购买者变得更加精明起来，他们降低了对产品或服务差异化的要求。

（3）随着企业所处行业的发展进入成熟期，差异产品的优点很可能为竞争对手所模仿，削弱产品的优势。而这时如果企业不能推出新的差异化，那么由于价格较高处于劣势，产品差异化优势又不明显，企业就要处于非常困难的境地。

3. 集中战略

集中战略的目标是满足具体的或特定的细分或利基市场的需求。集中战略将企业定位为在特定的细分市场上争夺顾客，可以是按地域划分的市场、按顾客类型划分的市场或按产品线划分的市场。例如，地域利基市场可以按行政区甚至地点来划分，顾客利基市场可以选择服务于最富有、最年轻或最具活力的群体；专注产品线上的某一细分市场指的是集中于素食食品或设计师品牌太阳镜或服装。从严格意义上讲，集中战略并非独立的一种战略，而是在细分市场选定后，企业进一步定位于差异化或低成本战略。

集中战略有两种形式：集中低成本和集中差异化，但其前提是在实行集中战略时，企业必须实现某种形式的专业化。

集中战略能在本行业中获得高于一般水平的收益。主要表现在：第一，集中化战略便于集中使用整个企业的力量和资源，更好地服务于某一特定的目标。第二，战略目标集中明确，经济成果易于评价，战略管理过程也容易控制，从而带来管理上的便捷。根据中、小型企业在规模、资源等方面所固有的一些特点以及集中化战略的特性，可以说，集中化战略对中、小型企业来说可能是最适宜的战略。

集中差异化战略也有相当大的风险，主要表现在：第一，由于企业全部力量和资源都投入到了一种产品、服务或一个特定的市场，当顾客偏好发生变化、技术出现创新或有新的替代品出现时，就会发现这部分市场对产品或服务的需求下降，企业就会受到很大的冲击。第二，竞争者打入了企业选定的部分市场，并且采取了优于企业的更集中化的战略。第三，产品销量可能变少，产品要求不断更新，造成生产费用的增加，使得采取集中化战略企业的成本优势得以削弱。

从理论上来说，不能同时追求成本领先战略和差异化战略，这两种不同的战略要求的条件是相互矛盾冲突的，因此，同时追求这两个目标的企业往往在竞争中失败。但是在实践中，也有在两个方面都取得了成功的企业。

（二）专业化战略及应用

1. 专业化战略方式

企业在发展过程中力求将这一产品做大做强，基本不拓展新的领域，以达到快于过去的增长速度，来增长销售额、利润额或市场占有率的目的。

专业化战略主要通过市场渗透和市场开发来实现生产规模的扩大和利益的增长，具体应用方式有以下几种：

（1）充实现有生产线，如为现有生产线提供新尺寸新花样新颜色的产品。

（2）在现有产品线内开发新产品。

（3）是扩大实体分配及销售范围，向国内外新地域扩张。

（4）在一个地域内扩张分配及销售网点。

（5）在现有的销售网点内扩充货架，改善地点，改善产品的陈列方式。

（6）通过广告促销和特殊的定价方法来鼓励使用者使用本企业的产品。

（7）通过定价策略、产品差别化和广告手段向竞争对手的市场渗透。

2. 规模经济的实现

专业化经营的核心要求是将企业的资源集中投放到某一产业或产品领域，获得低成本优势，这样就有利于企业在产品质量、性能服务上狠下功夫，形成自己的特色，获得差别化优势，从而增强竞争实力，实现规模经济效益。

3. 专业化战略风险

（1）完全被产业兴衰所左右，抵抗风险能力较弱，专业化企业生产产品的类型单一，容易形成对某一产业市场的高度的依赖。

（2）市场容量问题，市场容量的限制对实施专业化战略的企业造成一定的束缚。

（3）顾客偏好的不稳定性在增加。

（4）竞争的激烈程度和复杂性在增强。

（5）技术变革的速度。

（6）政府政策的改变。

（三）多元化战略及应用

1. 多元化战略及类型

多元化战略是通过开发新产品或开展新业务来扩大企业品种或服务门类，以增加企业的生产量和销售量扩张规模，提高盈利水平。多元化战略的类型有相关多元化和不相关多元化。

（1）相关多元化。是指企业进入与现有的业务，在价值链上拥有战略匹配关系的新业务，相关多元化战略的特点是立足中心的基础业务，充分发挥资源共享的优势，产品系列相近，工艺相通，渠道共享，具体体现在技术、制造、渠道、管理的匹配上。而非相关多元化是指公司增加的业务与现有的产品，服务或者技术或者市场都没有直接或间接的联系，特别是产品不相关，渠道不相通，市场不相关，战略不匹配，所增加的产品是全新的产品，服务领域也是全新的市场。相关多元化是指虽然企业发展的业务具有新的特征，但它与企业的现有业务具有战略上的适应性，它们在技术、工艺、销售渠道、市场营销、产品等方面具有共同的或是相近的特点。

①同心多元化。即企业利用原有的技术、特长、经验等发展新产品，增加产品种类，从同一圆心向外扩大业务经营范围。

②水平多元化。即企业利用现有市场，采用不同的技术来发展新产品，增加产品种类。

（2）不相关多元化。不相关多元化也称为集团多元化，即企业通过收购、兼并其他行业的业务，或者在其他行业投资，把业务领域拓展到其他行业中去，新产品、新业务与企业的现有业务、技术、市场毫无关系。

2. 多元化的战略利益与战略成本

多元化的战略利益：①实现范围经济；②分散经营风险；④增强竞争力量。

多元化的战略成本：①分散企业资源；②加大管理难度；③提高运作费用；④加剧人才缺口。

3. 多元化战略应注意的问题

（1）客观评估企业多元化经营的必要性与能力。

（2）坚持把主业做好之后再考虑多元化。

（3）新业务领域与现有业务领域之间应具有一定的战略关联。

（4）建立横向组织协调不同业务单元的关系。

第二节

企业组织管理

企业组织管理是对企业管理中建立健全管理机构，合理配备人员，制定各项规章制度等工作的总称。具体地说就是为了有效地配置企业内部的有限资源，为了实现一定的共同目标而按照一定的规则和程序构成的一种责权结构安排和人事安排，其目的在于确保以最高的效率，实现组织目标。

一、组织管理与组织结构

（一）组织管理概念与内容

1. 组织的含义

我们说有静态的组织和动态的组织，这两层含义，所谓静态的组织，就是我们通常说的这个组织、那个组织、正式组织、非正式组织，只是个名词。而我们说的动态的组织，指的是组织往往有自己明确的目标、有既定的分工、一个既定的秩序，或者我们把它叫作规则，也就是说组织的特征是有目标有分工有规则的，这是组织的一个重要的特征，这个重要的特征是由现代管理理论之父切斯特巴纳德在早年总结出来的，是一个非常经典的组织方面的定义，就是既定的目标也就是组织成员应该有一个一致努力以求达成的共同目标，并且组织成员呢，应该通过分工而形成的专门从事某项职能的工作，同时应该按照既定规则形成的成员之间各种各样的关系，这是我们说的动态的组织。

2. 组织管理的内涵

哈罗德·孔茨认为，为了使人们能为实现目标而有效地工作，必须按任务或职位制定一套合适的职位结构，这套职位结构的设置就是组织。组织的管理功能就是要设计和维持一套良好的职位系统，以使人们能很好地分工协作。

组织管理，应该使人们明确组织中有些什么工作，谁去做什么，工作者承担什么责任，具有什么权力，与组织结构中上下左右的关系如何。只有这样，才能避免由于职责不清造成的执行中的障碍，保证组织目标的实现。

企业组织管理，具体地说就是为了有效地配置企业内部的有限资源，为了实现一定的共同目标而按照一定的规则和程序构成的一种责权结构安排和人事安排，其目的在于确保以最高的效率，实现组织目标。

3. 组织管理的内容

组织管理的具体内容是设计、建立并保持一种组织结构。企业组织管理的具体内容包括以下三个方面：

（1）确定领导体制，设立管理组织机构。解决领导权的权力结构问题，它包括权力划分、职责分工及其他们之间的相互关系。

（2）对组织中的全体人员指定职位、明确职责及相互划分。使组织中的每一个人明白自己在组织中处于什么样的位置，需要干什么工作。

（3）设计有效的工作程序，包括工作流程及要求。

（二）组织结构

1. 组织结构概念

组织结构是一个变量。组织结构是指组织中各部分之间相对稳定关系的一种模式。组织结构不存在一成不变和所谓最好的模式。

组织结构是组织的全体成员为实现组织目标，在管理工作中进行分工协作，在职务范围、责任、权利方面所形成的结构体系。组织结构的本质是成员间的分工协作关系，组织结构的内涵是人们的职、责、权关系，因此，组织结构又可称之为权责结构。

2. 组织结构的内容

（1）职能结构。即完成组织目标所需的各项业务工作及其比例和关系。如一个企业有生产、技术、销售、人事、财务等不同的业务职能，各项工作任务都为实现企业的总体目标服务，但各部分的权责关系却不同。

（2）层次结构。即管理层次的构成及管理者所管理的人数（纵向结构）。管理层次是指一个组织设立的行政等级数目。一个组织集中着众多的员工，作为组织主管，不可能对每一个员工直接进行指挥和管理，这就需要设置管理层次，逐级地进行指挥和管理。一个组织中，其管理层次的多少，一般是根据组织工作量的大小和组织规模的大小来确定的。工作量较大且组织规模较大的组织，其管理层次可多些，反之，管理层次就比较少。一般来说，管理层次可分为高层、中层和基层三个层次。

（3）部门结构。即各管理部门的构成（横向结构）。如组织按职能、产品及地区等标准划分的各个部门。部门结构既要体现出组织应该设置哪些部门，还要体现出这些部门之间的整体性关系。

（4）职权结构。即各层次、各部门在权力和责任方面的分工及相互关系。包括职权的纵向结构和职权的横向结构。如董事会负责决策，经理负责执行与指挥，各层次各部门之间的协作关系等。

（5）管理规范结构。即指导组织中人们的活动和关系的经过计划的正式的政策、程序和控制方法（行政管理系统）。

二、组织结构设计

（一）常见的组织结构形式

1. 直线制

（1）直线制组织结构图。直线制，又称“军队式组织”，是人类社会各种组织存在的最基本形式，也是一种最早的和最简单的组织结构形式，这种组织结构没有管理职能部门，从最高层到最低层实现直线垂直领导，如图2－10所示。

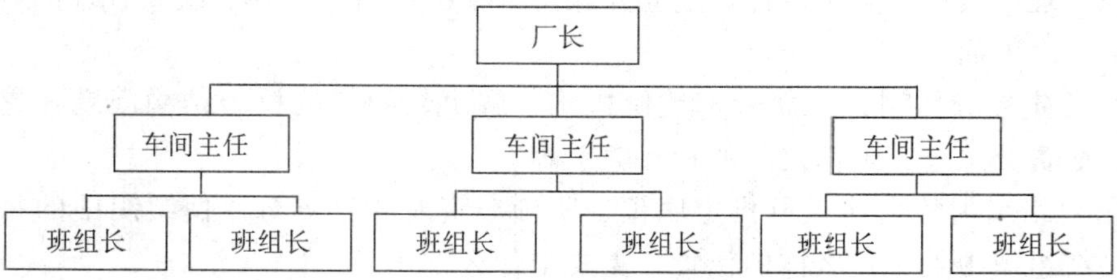

图2－10　直线制组织结构示意图

（2）直线制的特点是：①一个下属人员只接受一个上级领导人员的指令；②所有管理职能都由一个领导者承担。其优点是：①机构简单；②指挥管理统一，责任和权限比较明确。

（3）直线制缺点是：①要求行政负责人通晓各种专业管理知识，亲自处理许多业务，需全面领导者；②领导者忙于日常业务，不能有效决策。在组织规模比较大、业务比较复杂的情况下，把所有管理职能都集中到最高主管一个人身上，显然是难以胜任的。

直线制只适用于规模较小、生产技术比较简单的企业，对生产技术和经营管理比较复杂的企业并不适宜。

2. 职能制组织结构

（1）职能制组织结构图。职能制是指设立若干职能机构或人员，各职能机构或人员在自己的业务范围内都有权向下级下达命令和指示，即各级负责人除了要服从上级直接领导的指挥以外，还要受上级各职能部门或人员的领导，如图2－11所示。

（2）职能制的优点是：能适应现代化工业企业生产技术比较复杂、管理工作比较精细的特点；能充分发挥职能机构的专业管理作用，减轻直线领导人员的工作负担。

（3）职能制的缺点是：它妨碍了必要的集中领导和统一指挥，形成了多头领导；不利于建立和健全各级行政负责人和职能科室的责任制，在中间管理层往往会出现有功大家抢、有过大家推的现象；另外，在上级行政领导和职能机构的指导和命令发生矛盾时，下级就无所适从，由于这种组织结构形式的明显的缺陷，现代企业一般都不采用职能制。

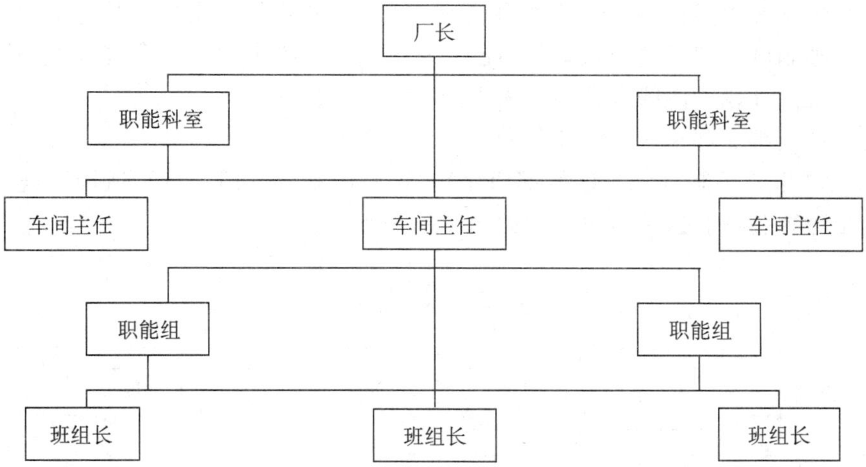

图 2－11　职能制组织结构示意图

3. 直线—职能制组织结构

（1）直线—职能制组织结构图。直线—职能制，或者称为直线参谋制，它是在直线制和职能制的基础上，取长补短，吸取这两种形式的优点而建立起来的。目前，我们绝大多数企业都采用这种组织结构形式。直线—职能制组织结构如图 2－12 所示。

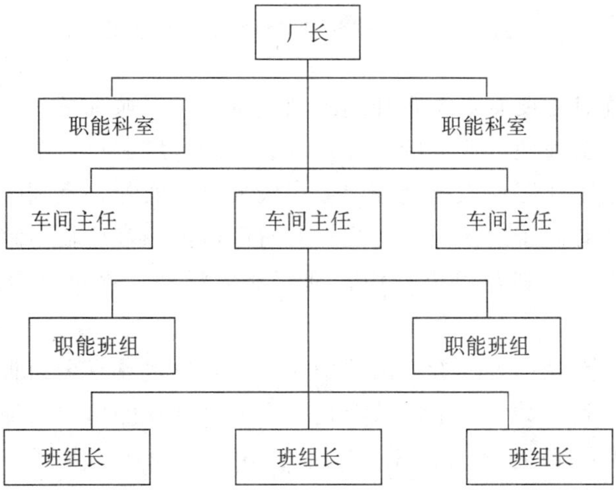

图 2－12　直线—职能制组织结构示意图

（2）直线—职能制组织结构的优点是：命令统一，职责明确，专业化管理程度较高，组织稳定。它既保证了管理体系的集中统一，又可以在各级行政负责人的领导下，充分发挥各专业管理机构的作用。

（3）直线—职能制缺点是：职能部门之间缺乏交流、协作和配合，职能部门与行政负责人之间容易产生摩擦，组织系统的灵敏度较低，下级的许多工作要直接向上层领导报告请示才能处理，常常造成企业运作效率低下。

4. 事业部制

事业部制是欧美、日本大型企业所采用的典型的组织形式，因为它是一种分权制的组织形式。最早是由美国通用汽车公司总裁斯隆于 1924 年提出的，故有“斯隆模型”之称，是一种高度集权下的分权管理体制。它适用于规模庞大、品种繁多、技术复杂的大型企业，是国外较大的联合公司所采用的一种组织形式。

这里就产品事业部和区域事业部做些简单的介绍。

（1）区域事业部制（又称区域部门化）。按地区划分部门，特别适用于规模大的公司，尤其是跨国公司。这种组织结构如图 2－13 所示。

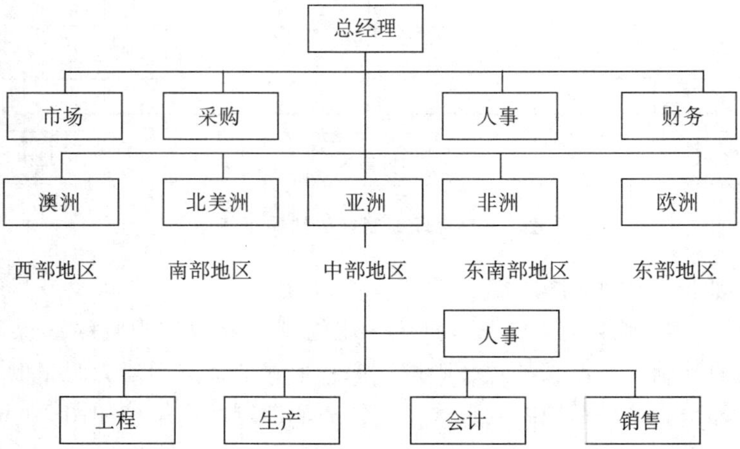

图 2－13　区域部门化组织结构示意图

区域部门化的优点主要有：①责任到区域，每一个区域都是一个利润中心，每一区域部门的主管都要负责该地区业务的盈亏；②放权到区域，每一个区域有其特殊的市场需求与问题，总部放手让区域人员处理，会比较妥善、实际，有利于企业高层管理者关注更重要的问题；③有利于地区内部协调；④对区域内顾客比较了解，有利于服务与沟通；⑤每一个区域主管，都要担负一切管理职能的活动，这对培养通才管理人员大有好处。

区域部门化的缺点是：①随着地区的增加，需要更多具有全面管理能力的人员，而这类人员往往不易得到；②每一个区域都是一个相对独立的单位，加上时间，空间上的限制，往往是“天高皇帝远”，总部难以控制；③由于总部与各区域分部相距较远，难以维持集中的经济服务工作。

（2）产品事业部（又称产品部门化）。产品部门化主要是以企业所生产的产品为基础，将生产某一产品有关的活动，完全置于同一产品事业部内，再在产品事业部内细分职能部门，进行该产品的生产、销售等工作。这种结构形态的组织结构如图 2－14 所示。

产品部门化的优点主要有：①有利于采用专业化设备，并能使个人的技术和专业化知识得到最大限度的发挥；②每一个产品部都是一个利润中心，部门经理承担利润责任，这有利于总经理评价各部门的政绩；③在同一产品部门内有关的职能活动协调比较容易，比完全采用职能部门管理更有弹性；④容易适应企业的业务扩展与业务多元化要求。

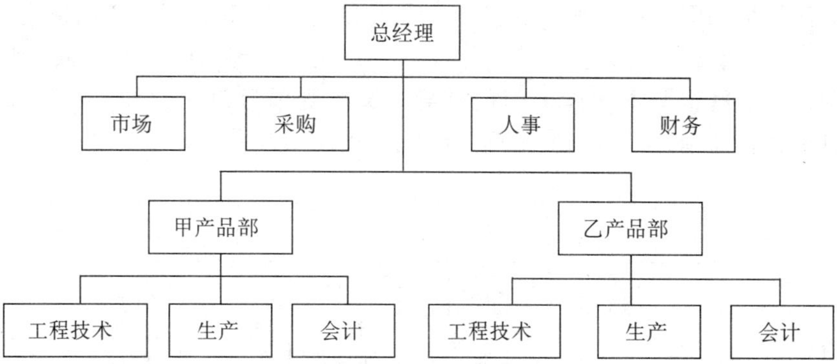

图 2－14　产品部门化组织结构示意图

产品部门化的缺点主要是：①需要更多具有全面管理才能的人才，而这类人才往往不易得到；②每一个产品分部都有一定的独立权力，高层管理人员有时会难以控制；③对总部的各职能部门，例如人事、财务等，产品分部往往不会善加利用。

事业部制和执行部制只有在组织规模很大且业务范围广或市场区域大时才比较适宜。

5. 模拟分权制

（1）模拟分权制结构图。这是一种介于直线职能制和事业部制之间的结构形式，其结构如图 2－15 所示。

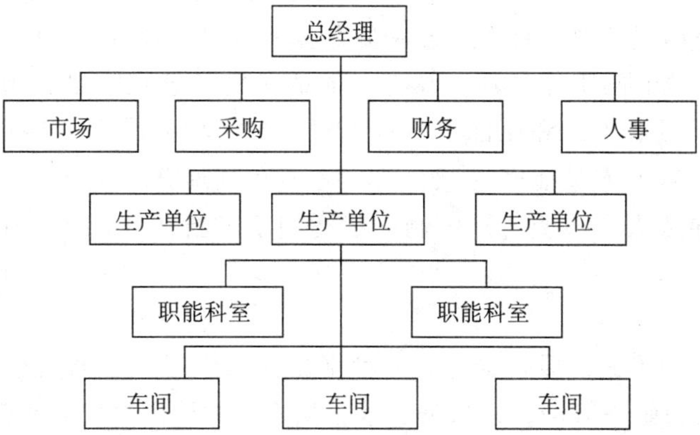

图 2－15　模拟分权制结构示意图

（2）模拟分权制优缺点。模拟分权制的优点除了调动各生产单位的积极性外，就是解决企业规模过大不易管理的问题。高层管理人员将部分权力分给生产单位，减少了自己的行政事务，从而把精力集中到战略问题上来。其缺点是：不易为模拟的生产单位明确任务，造成评估上的困难；各生产单位负责人不易了解企业的整体情况，在信息沟通和决策权力方面也存在着明显的缺陷。

6. 矩阵制

（1）矩阵制组织结构图。矩阵制是为了适应在一个组织内同时有几个项目需要完成，每一个项目又需要具有不同专长的人在一起工作才能完成这一特殊需求而形成的。

矩阵制的具体结构如图 2－16 所示，其特点是，既有按管理职能设置的纵向组织系统，又有按产品、项目、任务等划分的横向组织系统。横向系统的项目组所需的人员从各职能部门抽调，他们既接受本职能部门的领导，又接受项目组的领导，一旦某一项目完成，该项目组即行撤销，人员回原部门工作。

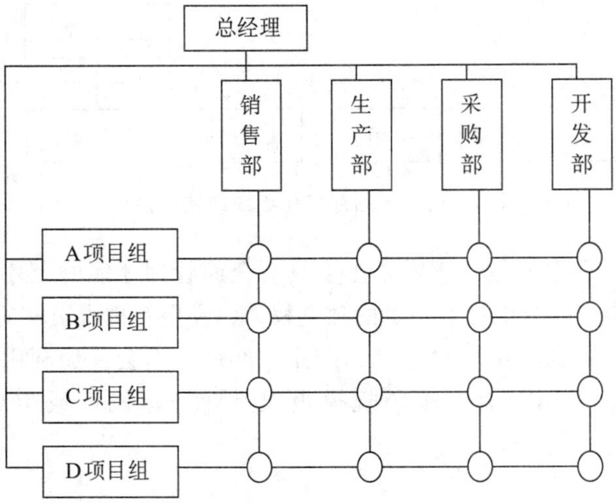

图 2－16　矩阵制组织结构示意图

（2）矩阵制组织结构优缺点。矩阵制的优点是：上下左右、集权分权实现了有效的结合。这种组织形式的缺点是由于各成员隶属于不同的部门，仅仅是临时参加某项目组，项目负责人对他们的工作好坏，没有足够的奖励与惩罚手段，项目负责人的责任大于权力，由于项目负责人和原部门负责人对于参加项目的人员都有指挥权，因此这种结构只有当双方管理人员能密切配合时，才能顺利地开展工作；这种组织具有一定的临时性，容易导致人心不稳。矩阵制一般适用于创新任务较多、生产经营复杂多变的组织。

7. 委员会

（1）委员会组织形式。委员会也是一种常见的组织形式。委员会由一群人所组成，其中各个委员的权力是平等的，并依据少数服从多数的原则决定问题。它的特点是集体决策、集体行动。

（2）委员会优缺点。委员会的优点是：可以充分发挥集体的智慧，避免个别领导人的判断失误；少数服从多数，可防止个人滥用权力；地位平等，有利于从多个层次、多种角度考虑问题，并反映各方面人员的利益，有助于沟通和协调；可在一定程度上满足下属的参与感，有助于激发组织成员的积极性和主动性。委员会的缺点是：作出决定往往需要较长时间；集体负责、个人责任不清；有委曲求全、折中调和的危险，富有新意的主张易被封杀；有可能为某一特殊成员所把持，形同虚设。

8. 网络型组织结构

（1）网络型组织结构图。网络型组织结构是利用现代信息技术建立和发展起来的一种新型组织结构，如图 2－17 所示。

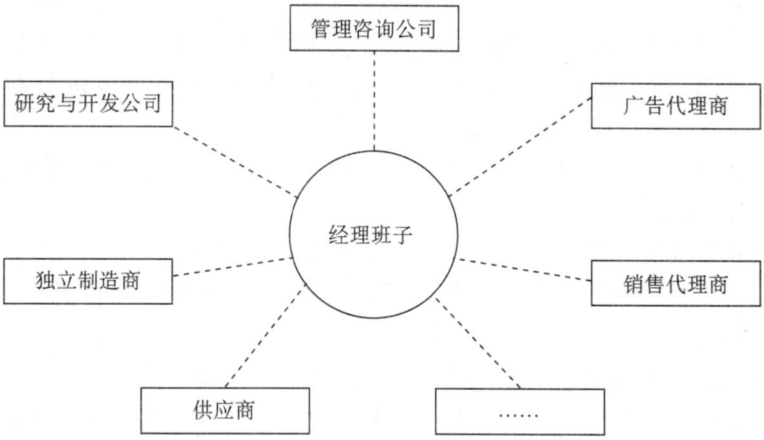

图 2－17　网络型组织结构

（2）网络型组织结构优缺点。网络型组织结构的优点是：网络型组织结构极大地促进了企业经济效益实现质的飞跃，降低管理成本，提高管理效益；实现了企业供应链与销售环节的整合；简化了机构和管理层次，实现了企业充分授权式的管理，组织结构具有更大的灵活性和柔性。网络型组织结构的缺点是：可控性差。组织开展的有效活动是通过与独立的供应商广泛而密切的合作来实现的，因而存在着道德风险和逆向选择性，一旦组织所依存的外部资源出现问题。

网络型组织结构并不是对所有的企业都适用的。它比较适合于玩具和服装制造等企业以及那些需要低廉劳动力的制造公司。

（二）组织结构设计基本过程及发展趋势

1. 组织结构设计基本过程

组织结构的设计一般包括以下几个步骤：

（1）岗位设计：工作的专门化。组织结构设计的第一步是将实现组织目标必须进行的活动划分成最小的有机相联的部分，以形成相应的工作岗位。活动划分的基本要点是工作的专门化，即按工作性质的不同进行划分。通过工作的专门化，每一个组织成员或若干个成员能执行有限的一组工作。

（2）部门化：工作的归类。一旦将组织的任务分解成了具体的可执行的工作，第二步就是将这些工作按某种逻辑合并成一些组织单元，如任务组、部门、处室等，这就是部门化过程。一个组织的各项工作可按各种原则进行归并，常见的有职能部门化、产品部门化、地区部门化、顾客部门化和综合部门化方法。

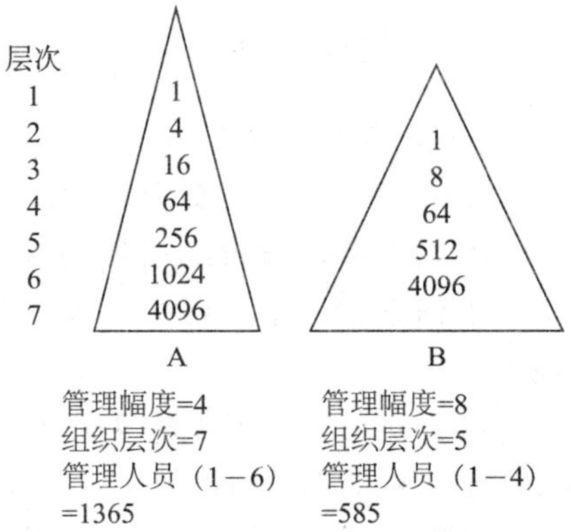

图 2－18　组织层次与管理幅度

（3）确定组织层次。组织层次问题，即要确定组织中每一个部门的职位等级数，如图 2－18 所示。管理幅度的大小，在很大程度上制约了组织层次的多少。管理幅度主要取决于以下几个因素：

一般地，人们把管理幅度较大、组织层次较少的组织称为扁平型结构，把管理幅度较小，组织层次较多的组织称为馒形结构。在管理幅度确定的情况下，就可以根据操作人员数的多少和各管理者管理幅度的大小，计算出所需的管理人员数和相应的组织层次。

（4）人员配备：人员结构。一个部门中人员的合理配置，一是要考虑到能级问题，二是要考虑互补问题。

能级理论和管理实践证明，稳定的能级结构应是正立三角形，即较少的高级人员、较多的中级人员、更多的低级人员。即一个组织中人员能级的分布应是正立三角形，否则就会显得不稳定。

能级问题是从纵向考虑人员配置的，要求形成一个合理的等级。而互补问题是从横向考虑人员的配置的，认为同一层次的人员相互之间应是能力互补的。若成员相互之间能力互补，各有所长，但又有共同语言，就能较好地进行分工协作。

2. 组织结构设计发展趋势

（1）扁平化。组织结构的扁平化，就是通过减少管理层次、裁减冗余人员来建立一种紧凑的扁平组织结构，使组织变得灵活、敏捷，提高组织效率和效能。

（2）网络化。网络组织最本质的特征在于强调通过全方位的交流与合作实现创新和双赢，组织结构网络化主要表现为企业内部结构网络化和企业间结构网络化。企业间结构网络化包括纵向网络和横向网络。

（3）无边界化。无边界化是指企业各部门间的界限模糊化，目的在于使各种边界更易于渗透，打破部门之间的沟通障碍，有利于信息的传送。

（4）多元化。企业不再被认为只有一种合适的组织结构，企业内部不同部门、不同地域的组织结构不再是统一的模式，而是根据具体环境及组织目标来构建不同的组织结构。

（5）柔性化。组织结构的柔性化是指在组织结构上，根据环境的变化，调整组织结构，建立临时的以任务为导向的团队式组织。

（6）虚拟化。组织结构的虚拟化是指用技术把人、资金、知识或构想网络在一个无形（相比实物形态统一的办公大厦、固定资产和固定的人员等）的组织内，以实现一定的组织目标的过程。

三、组织变革与创新

（一）组织变革

1. 组织变革及其动因

组织变革是指组织根据内外环境变化，及时对组织中的要素（如组织的管理理念、工作方式、组织结构、人员配备、组织文化及技术等）进行调整、改进和革新的过程。

企业的发展离不开组织变革，内外部环境的变化，企业资源的不断整合与变动，都给企业带来了机遇与挑战，这就要求企业关注组织变革。

组织必须根据周围所发生的变化，及时变革，才有可能在激烈的竞争中拥有自己的位置，如图2－19所示，有很多环境因素会驱使组织作出变革。

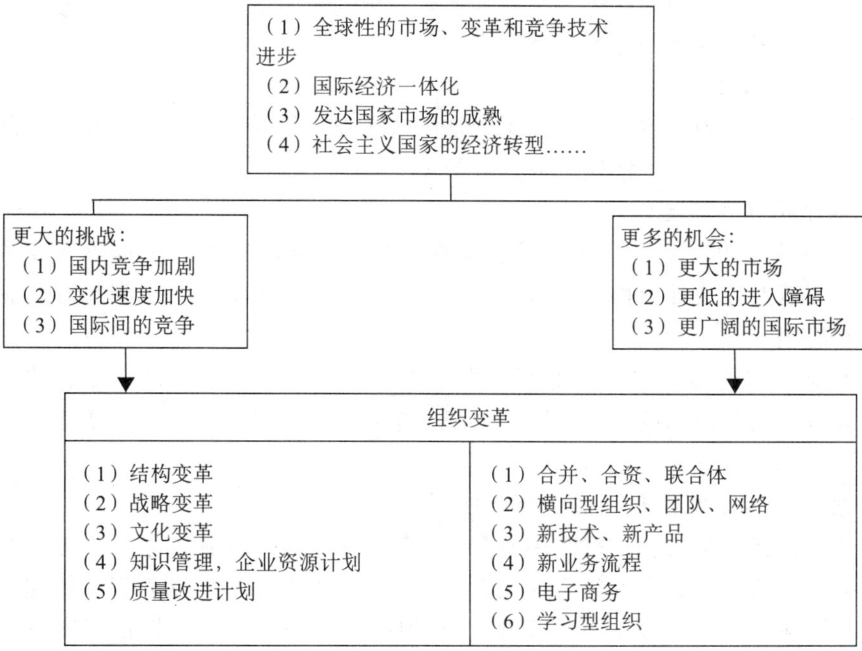

图 2－19 组织变革的影响因素

资料来源：［美］理查德·L. 达英特．组织理论与设计．第七版．北京：清华大学出版社，2003，405

2. 组织变革过程

组织变革模型中最具影响的也许是 Lewin 变革模型。Lewin（1951）提出一个包含解冻、变革、再冻结等三个步骤的有计划组织变革模型，用以解释和指导如何发动、管理和稳定变革过程。组织变革程序可以分为以下几个步骤：

（1）通过组织诊断，发现变革征兆。组织变革的第一步就是要对现有的组织进行全面的诊断。这种诊断要有针对性，通过搜集资料的方式，对组织的职能系统、工作流程系统、决策系统以及内在关系等进行全面的诊断。组织除了要从外部信息中发现对自己有利或不利的因素之外，更主要的是能够从各种内在征兆中找出导致组织或部门绩效差的具体原因，并确立需要进行整改的具体部门和人员。

（2）分析变革因素，制定改革方案。组织诊断任务完成之后，就要对组织变革的具体因素进行分析，如职能设置是否合理、决策中的分权程度如何、员工参与改革的积极性怎样、流程中的业务衔接是否紧密、各管理层级间或职能机构间的关系是否易于协调等。在此基础上制定几个可行改革方案，以供选择。

（3）选择正确方案，实施变革计划。制定改革方案的任务完成之后，组织需要选择正确的实施方案，然后制定具体的改革计划并贯彻实施。推进改革的方式有多种，组织在选择具体方案时要充分考虑到改革的深度和难度、改革的影响程度、变革速度以及员工的可接受程度和参与程度等，做到有计划、有步骤、有控制地进行。当改革出现某些偏差时，要有备用的纠偏措施及时纠正。

（4）评价变革效果，及时进行反馈。组织变革是一个包括众多复杂变量的转换过程，再好的改革计划也不能保证完全取得理想的效果。因此，变革结束之后，管理者必须对改革的结果进行总结和评价，及时反馈新的信息。对于没有取得理想效果的改革措施，应当给予必要的分析和评价，然后再做取舍。

（二）组织创新的主要内容

组织创新的主要内容就是要全面系统地解决企业组织结构与运行以及企业间组织联系方面所存在的问题，使之适应企业发展的需要。

1. 职能结构的变革与创新

（1）走专业化的道路，分离由辅助作业生产与生活服务附属机构等构成的企业非生产主体，发展专业化社会协作体系，精干企业生产经营体系，集中资源强化企业核心业务与核心能力。

（2）加强生产过程之前的市场研究技术开发产品开发和生产过程之后的市场营销用户服务等过去长期薄弱的环节，同时加强对信息人力资源资金与资本等重要生产要素的管理。

2. 管理体制（组织体制）的变革与创新

管理体制是指以集权和分权为中心全面处理企业纵向各层次特别是企业与二级单位之间权责利关系的体系，亦称为企业组织体制。其变革与创新要注意以下问题：

（1）在企业的不同层次，正确设置不同的经济责任中心，包括投资责任中心、利润责任中心、成本责任中心等，消除因经济责任中心设置不当而造成的管理过死或管理失控的问题。

（2）突出生产经营部门（俗称一线）的地位和作用，管理职能部门（二线）要面向一线，对一线既管理又服务，根本改变管理部门高高在上，对下管理指挥监督多而服务少的传统结构。

（3）作业层（基层）实行管理中心下移。作业层承担着作业管理的任务。这一层次在较大的企业中，还可分为分厂车间工段班组等若干层次。可以借鉴国外企业的先进经验，调整基层的责权结构，将管理重心下移到工段或班组，推行作业长制，使生产现场发生的问题，由最了解现场的人员在现场迅速解决，从组织上保证管理质量和效率的提高。

3. 机构设置的变革与创新

考虑横向上每个层次应设置哪些部门，部门内部应设置哪些职务和岗位，怎样处理好他们之部门对其管理的物流或业务流，能够做到从头到尾连续一贯的管理，达到物流畅通管理过程连续。具体做法就是把相关性强的职能部门归并到一起，做到一个基本职能设置一个部门，一个完整流程设置一个部门；推行领导单职制，即企业高层领导尽量少设副职，中层和基层基本不设副职。

4. 横向协调的变革与创新

（1）自我协调工序服从制度。实行相关工序之间的指挥和服从；

（2）主动协作工作渗透的专业搭接制度。在设计各职能部门的责任制时，对专业管理的接合部和边界处，有意识地安排一些必要的重叠和交叉，有关科室分别享有决定确认协助协商等不同责权，以保证同一业务流程中的各个部门能够彼此衔接和协作；

（3）对大量常规性管理业务，在总结先进经验的基础上制定制度标准，大力推行规范化管理制度。这些标准包括管理过程标准管理成果标准和管理技能标准。

5. 运行机制的变革与创新

建立企业内部的“价值链”，上下工序之间服务与被服务的环节之间，用一定的价值形式联结起来，相互制约，力求降低成本节约费用，最终提高企业整体效益。改革原有自上而下进行考核的旧制度，按照“价值链”的联系，实行上道工序由下道工序考核辅助部门由主体部门评价的新体系。

6. 跨企业组织联系的变革与创新

前面几项组织创新内容，都是属于企业内部组织结构及其运行方面的内容，除此之外，还要考虑企业外部相互之间的组织联系问题，重新整合企业之间的优势资源，推进企业间组织联系的网络化。

（三）组织创新模式

组织创新可划分为三种模式：战略先导型组织创新模式、技术诱导型组织创新模式、市场压力型组织创新模式。

1. 战略先导型组织创新模式

战略先导型组织创新的本质在于，由企业战略创新启动，文化创新结构创新同步进行，从而实现企业战略创新文化创新和结构创新的动态匹配。正是这三类创新的协同匹配，使战略先导型组织创新表现出带有企业内源性根本组织创新的特点。战略先导型组织创新模式的实现除了要求企业家具有战略眼光和超前决策能力外，还要求企业必须在快速发展的产业环境中，具有充分的成长空间，并能够有效利用各种信息源，尤其善于创造性学习借鉴外部组织创新的经验，以尽量减少创新成本。

2. 技术诱导型组织创新模式

技术诱导型组织创新的最大特点是源自企业内部产品结构的变化，并由此引起的结构和文化调整也是逐渐进行的，一般不至于导致企业组织在短期内的整体变化，因而，技术诱导型组织创新属于企业内源性的渐进组织创新。技术诱导型组织创新是企业中常见的组织创新类型，尤其是对于那些正由单一品种生产向多元经营转化的企业来说，适应新产品生产经营的需要，就要进行相应地组织创新。这种类型的创新应该首先从开发生产和销售的技术条件和管理条件的角度，考察新产品与企业原有产品之间的关系，以避免机构重叠和资源浪费；其次，结构创新和文化创新应该保持连贯性和循序渐进性，以避免打破企业原有的平衡；最后，一旦结构创新和文化创新得以实现，应适时进行战略调整，使企业战略真正转换到多品种生产经营上来。

3. 市场压力型组织创新模式

市场压力型组织创新属于企业外源性创新，但它既可能是渐进的，又可能是根本性的，这要视企业具体的内部和外部环境而定。由于我国大多数企业的战略结构和文化都急需重组，因而，对于国有企业来说，市场压力型组织创新多表现为从文化创新开始的企业根本性创新。而这种转轨或过渡一旦完成，市场压力型组织创新将主要表现为渐进性创新，而且将成为企业日常占主导地位的创新类型。

一般来说，表现为企业根本性创新的市场压力型组织创新，要求企业首先要有转变观念的内在需要，最高管理层和基层员工都要意识到竞争的压力；其次，要有进行根本性战略创新的勇气，适应市场的需要重新配置企业资源；最后，要熟悉市场变化明确竞争来源及时准确地把握各种内外部创新源的变化，尤其要善于学习外部组织成功创新的经验，以尽量降低创新成本。

（四）“学习型组织”理论

1. “学习型组织”理论由来

“学习型组织”理论是美国麻省理工学院教授彼得·圣吉在其著作《第五项修炼》中提出来的。彼得·圣吉提出，“学习型组织”的形成必须建立组织成员五项修炼的基础上。这五项修炼是：第一，强调组织成员应能不断认识自己，认识外界的变化，不断给予自己新的奋斗目标，超越自我；第二，要求组织成员改变传统的认识问题的方式和方法，要用新的眼光看世界；第三，建立共同愿景目标，共同愿景是指一个组织所形成的共有目标、共同价值观和使命感；第四，倡导其成员要经常运用“会淡”和“讨论”两种不同的团体交流方式进行团队学习；第五，锻炼系统思考能力。

2. 学习型组织的特点

（1）共同的愿景。组织的共同愿景，来源于员工个人的愿景而又高于个人的愿景。它能使不同个性的人凝聚在一起，朝着组织共同的目标前进。

（2）创造性的个体。企业的发展是创造性的工作。

（3）不断学习。组织中的成员均应养成终身学习的习惯，这样才能形成组织良好的学习气氛，促使其成员在工作中不断学习。学习型组织通过保持学习的能力，及时铲除发展道路上的障碍，不断突破组织成长的极限，从而保持持续发展的态势。

（4）兼学别样。组织中的成员不仅要掌握本岗位上的工作技能，而且要学习了解其他岗位工作能力。做到相互协作和高效。

（5）扁平式结构。学习型组织结构是扁平的，尽最大可能将决策权向组织结构的下层移动，让最下层单位拥有充分的自主权，并对产生的结果负责。

（6）无边界行为。无边界原理认为，企业组织就像生物有机体一样，存在各种隔膜使之具有外形或界定，但信息、资源，构想及能量也应该能够快捷便利地穿过企业的“隔膜”，似没有边界一样。虽然企业各部分的职能和界定仍旧存在，仍旧有权高任重的领导，有特殊职能技术的员工，有承上启下的中层管理者，但组织作为一个整体的功能，却可能已远远超过各个组成部分的功能。无边界原理其实是以有边界为基础，并非对所有边界的否定，其目标在于讨论让各种边界更易于渗透扩散，更利于各项工作在组织中顺利开展和完成。

（7）自主管理。通过自主管理，可由组织成员自己发现工作中的问题，自己选择伙伴组成团队，自己选定改革进取的目标，自己进行现状调查，自己分析原因。团队成员在“自主管理”的过程中，能形成共同愿景，能以开放求实的心态互相切磋，不断学习新知识，不断进行创新，从而增加组织快速应变、创造未来的能量。但实行自主管理，必须拥有高素质的员工，这就需要学习。

（8）员工家庭与事业平衡。学习型组织努力使员工丰富的家庭生活与充实的工作生活相得益彰。学习型组织对员工承诺支持每位员工充分的自我发展，而员工也以承诺对组织的发展尽心作为回报。

学习型组织有着它不同凡响的作用和意义。它的真谛在于：学习一方面是为了保证企业的生存，使企业组织具备不断改进的能力，提高企业组织的竞争力；另一方面学习更是为了实现个人与工作的真正融合。

复习思考题

第二章复习思考题

教学案例选编

案例 2－1　福特公司企业战略管理

案例 2－2　宝洁公司组织结构

翻转课堂教学活动

腾讯公司发展战略研究

课程思政设计与实践

企业战略管理

——融入战略思维、使命担当、文化自信、创新精神、社会责任、知行合一

【思政育人目标】

1. 知识目标

①了解企业战略的内涵和战略管理分析的基本范式；②掌握战略管理外部环境和内部实力的分析框架和评价；③掌握公司层战略和业务层战略的性质、类型和制定过程；④掌握战略管理实施的支撑体系。

2. 能力目标

①树立企业经营的全局观和系统观，培养企业战略性思维；②学会并能够结合企业经营现状，进行战略分析和决策的能力；③有独立编制企业战略报告的能力。

3. 价值目标

①树立科学的战略思维观和人生价值观；②培养学生的前瞻意识、创新精神和系统思考能力；③培养学生的远大抱负、自强不息、追求卓越的奋斗精神；④增进学生对中国国情和本土优秀企业的认识，树立文化自信和爱国情怀。

【思政设计与融入点】

1. 设计思路

从以下三个途径来展现本课程的思政要素：一是中国现代化发展战略与中国革命红色文化的精神内涵；二是中国优秀传统文化所包含的战略思想；三是中国本土企业的成功实践中所体现出来的价值观和战略思维。

2. 课程思政元素

企业战略管理要求企业经营者不仅要具备战略思维和创新精神，而且要有强烈使命感和责任担当精神，以及战略思维转化为有效战略实施的能力。课程思政教学课程思政元素融入点设计如下：

（1）战略思维。战略思维是从全局视角和长远眼光观察、思考和处理问题的科学思维方式。企业战略管理课程教学的最核心目标就是培养学生的战略思维。讲授习近平总书记提出的六大思维方法；将现代企业战略思想与中国优秀传统文化、中国革命红色文化中所蕴含的战略思想进行比较和融合，培养学生的战略意识，帮助学生掌握企业战略思维的方法。

（2）使命担当。企业的使命体现企业从事经营活动的目的和价值承诺。企业战略制定只有在使命的指引下，才能获得成功和可持续发展。结合学生的人生发展，引导学生运用战略思维来认识自己，确立自身的人生使命和价值观，思考如何构建和发挥自身的优势，以此来指导人生和大学期间的学习和生活。通过本课程学习，帮助学生树立积极的使命担当意识，树立自己的远大理想和抱负。

（3）文化自信。中国优秀的传统文化和中国革命红色文化中包含着许多丰富的战略思想。《孙子兵法》是一部伟大的军事著作，包含着很多高明的战略思想，比如道、天、地、将、法等五种决定战争胜负的因素，即“五事”的战略整体观，“不战而屈人之兵”体现了一种高明的竞争战略思想。中国革命红色文化，例如《中国革命战争的战略问题》《论持久战》《矛盾论》《实践论》等毛泽东主席思想名篇，对于中国本土企业发展具有重要的战略借鉴和指导意义。中国优秀传统文化和红色文化中包含的战略思想精髓，与现代企业战略思想高度吻合，让学生在学习优秀的战略思想时，增进对中国传统文化和红色文化的了解，增强民族自豪感和文化自信。

（4）创新精神。企业战略要确保企业适应动态变化的环境，让企业获得持续成长。本课程从两个方面来强化学生的创新意识和精神。一是数字化时代的到来，对传统的企业战略思想和方法提出了新的挑战，增加企业数字化战略的新理念、发展动态和实践做法等方面的教学内容；二是中国特色社会主义的制度环境和优势，增加基于制度情景相关的战略理论思想和中国本土企业战略的成功经验方面的教学，引导学生在学习企业战略过程中，必须因地制宜，立足实际，勇于探索，创造性地走出一条适应中国特色的发展道路。

（5）社会责任。将社会责任和商业伦理意识有机融入学生对企业市场拓展、商业机会挖掘、商业模式设计、战略目标制定、战略绩效评估等战略管理过程重要环节的学习中，强调企业（或组织）在谋求长远发展、追求经济价值的同时，还需要承担社会责任，为更多主体谋福祉，为社会可持续发展贡献更多的力量。

（6）知行合一。通过案例教学、情境教学、行动教学等多种方式的组合运用，实现传授战略管理知识和训练学生战略实践能力的“知行合一”目的。教学过程中，让学生置身于实际的决策情境，用课堂所学战略管理理论知识和工具分析企业面临的主要问题，提出可能的战略方案。引入“行动学习”的教学理念，让学生分组，每组选择一家真实的企业为分析对象，进行战略分析和设计的实战训练，锻炼学生的战略实践能力，体现知行合一。

【课程思政教学方法和融入手段】

1. 课程思政教学方法

采用“理论—案例—情景—实践”相结合的TCSP教学方法，激发学生兴趣，调动学生学习的主动性和创造性，注重思维训练和实际战略分析技能的培养。坚持以立德树人为根本，把培养学生的战略思维与帮助学生树立积极的人生观价值观结合起来，把本课程所蕴含的思政元素有机融合到课程学习的每个重要环节。教学方法如下：

（1）理论教学法：传授基本理论知识，促进学生战略思维和分析技能的培养。

（2）案例教学法：以解决企业战略发展过程中实际遇到的问题为目，在课程中引入真实商业案例，通过理论学习、阅读案例、个人分析、小组讨论、全班交流、总结归纳、消化提升和案例实践调研八个环节，加强师生互动，实现教学相长。

（3）情景教学法：从商业的实际情景出发，在课堂上和课外实践中创设生动有趣的情景，让学生在情景中受到感染，点燃他们的求知之火，从而使学生思维活跃，积极思考和理解企业战略发展过程相关的基本知识。

（4）实践教学法：引入“行动学习”的理念，通过组织学生以团队方式参与真实企业的调研和战略设计，提高学生对实际企业发展的切身体会和认识，培养学生的战略决策能力和创新能力。

2. 融入手段

翻转课堂教学，教师讲授，视频展示，案例分析，经典阅读，MOOC（慕课）学习，团队式学习。

【课程思政教学路径】

第一，学习习近平总书记提出的六大思维方法；习近平总书记在不同阶段对我国GDP的论述，“既要GDP，又要绿色GDP”“绿水青山就是金山银山”等发展理念。

第二，观看影片《南征北战》，以生动的艺术形象、丰富的战斗生活内容，表现了人民解放军在敌强我弱的形势下，正确运用毛泽东运动战的战略思想，消灭敌人取得胜利的过程。讲授中国革命红色文化，例如《中国革命战争的战略问题》《论持久战》《矛盾论》《实践论》等毛泽东主席思想名篇，对于中国本土企业发展具有重要的战略借鉴和指导意义。

第三，引用中国古代诸葛亮的战略规划思想，突出讲主动求变精神与诸葛亮的战略规划求变特色，学习诸葛亮应变的智慧，讲述《孙子兵法》战略分析思想，知兵慎战，上兵伐谋，不战而屈人之兵；不打无准备之仗，知彼知己，百战不殆；师出必有名，顺应天意民心，天时不如地利，地利不如人和等战略决策思想。

第四，典型思政案例：向同学们展示《大国崛起》《厉害了，我的国》纪录片，理解大国的兴起和衰落、经济发展周期以及中国经济要长期增长所需的动力。深化对社会主义核心价值观中的“富强”“文明”“和谐”等的认知。

第五，用中国企业管理经典故事、全新中国本土案例提升管理能力和商业素质，使学生坚定“文化自信”，树立社会主义管理伦理观和职业道德观，培养学生“企业家精神”特质和诚信精神。

【课程思政实践活动】

1. 课前5分钟经典阅读活动，进行党的二十大精神学习，阅读党的二十大报告，阅读《习近平谈治国理政》第四卷；

2. 课中进行《腾讯公司发展战略研究》案例分析研讨，以小组为单位开展翻转课堂教学活动；课间播放纪录片《长江之歌》，描述国家生态战略；

3. 课后进行《孙子兵法》经典阅读，阅读《中国革命战争的战略问题》《论持久战》《矛盾论》《实践论》等毛泽东主席的思想名篇，观看《大国崛起》专题片及“学习强国”中的相关视频，超星平台《现代企业管理》MOOC（慕课）学习：https://www.xueyinonline.com/detail/241026355；齐齐哈尔大学在线综合教育平台《管理综合案例》自主学习活动。

经典管理故事

有两个相互竞争的企业老板希望通过野炊休闲的方式来讨论两家公司是否合并的问题，在讨论过程中，双方各不相让，都坚信能战胜对手。

突然森林中跑出来一只大黑熊，此时一个老板急忙打开旅行包，拿出一双运动鞋穿上；另一位老板迷惑不解地问：“难道你穿上运动鞋就能跑得过大黑熊吗?”

这位老板回答说：“我不用跑过大黑熊，我只要跑过你就可以了。”

第三章

企业经营决策

【章前导读】

“拍脑袋”决策应杜绝

《梦溪笔谈》记载：海州知府孙冕很有经济头脑，他听说发运司准备在海州设置三个盐场，便坚决反对，并提出了许多理由。后来发运使亲自来海州谈盐场设置之事，还是被孙冕顶了回去。当地百姓拦住孙冕的轿子，向他诉说设置盐场的好处，孙冕解释道：“你们不懂得作长远打算。官家买盐虽然能获得眼前的利益，但如果盐太多卖不出去，30 年后就会自食恶果了。”然而，孙冕的警告并没有引起人们的重视。他离任后，海州很快就建起了三个盐场，几十年后，当地刑事案件上升，流寇盗贼、徭役赋税等都比过去大大增多。由于运输、销售不通畅，囤积的盐日益增加，盐场亏损负债很多，许多人都破了产。这时，百姓才开始明白，在这里建盐场确实是个祸患。

启示：（1）一时的利益显而易见，人们往往趋利而不考虑后果。这种现象，古今皆有。看到什么行当赚钱，就一窝蜂而上，捷足先登者也许能获利，步人后尘者往往自食恶果。这样的例子数不胜数。作为一个企业的经营者，在制定一个经营决策的时候，一定要综合考虑各方面的因素，而不能被一时的利益蒙蔽。（2）一个团队的领导一定要学会发挥集体的力量，特别是做事关企业命运决策的时候，万万不可因头脑一时发热，拍拍脑袋就制定个错误决策而毁掉经营成果。

凡事预则立，不预则废。言前定，则不跲；事前定，则不困；行前定，则不疚；道前定，则不穷。

——《礼记·中庸》

【教学内容精要】

【课程性质】

企业经营战略决策是企业经营的起点，企业经营战略决策是企业对其总体经营活动的决策，是企业通过对企业经营环境的分析，制定、评价、选择企业总体经营活动的经营方向、经营目标、经营方针及其经营方案的过程或职能。

【发展趋势】

如果说20世纪是管理的世纪，那么21世纪则是经营的世纪。而经营的成败首先取决于能否作出正确的决策。企业经营也是如此，现代企业经营更是如此。企业经营特别是现代企业经营能否成功首先取决于企业经营者能否因应企业经营环境的变化及时地作出正确的经营决策。所以，没有正确的企业经营决策，企业经营管理也就不会取得成功，企业经营必然归于失败。

【教学内容】

本篇包括企业经营决策基本理论和真实企业的案例，只有通过经营决策，才能确定企业经营的方向、目标、方针及方案，而企业经营管理则是实施企业经营方案或是执行企业经营决策的职能。案例均直接针对该课程的知识点，利于学生分析问题、解决问题能力的提高，利于学生创造性地解决企业经营决策过程中的新问题。

【教学要求】

（1）掌握企业经营决策的分析，制定、评价、选择企业总体经营决策活动的方案，了解企业经营决策的类型及经营决策的程序，学会正确的经营决策，掌握经营决策的方法与技术，学会根据企业经营环境的变化及时地作出正确的经营决策。

（2）根据思考与讨论题，在阅读案例和查阅文献资料的基础上，撰写管理案例课堂讨论书面报告；设计课堂讨论主题发言和自由发言的内容，认真参与管理案例教学课堂讨论，填写现代企业管理学课程翻转课堂讨论记录表。

第一节

企业经营决策概述

管理的重心在于经营，经营的重点在于决策。搞好企业经营决策，对于企业的生存和发展有着重要的作用。正确的经营决策是企业发展的重要保证，是调动企业各部门和职工积极性的有效手段，是提高企业经济效益、实现国家战略规划目标的重要途径。

一、企业经营决策及其类型

（一）决策与企业经营决策

1. 决策的含义及特点

“决策”一词通常有名词和动词两种含义。从名词角度来理解，所谓决策，就是指人们作出的决定、选择或抉择。在管理学研究中，决策是作为“决策制定过程”来理解的，而不仅仅指选择方案即作出决定、抉择的那一时刻的行为。科学决策，是指为实现某一目标，从若干个准备行动的方案中，选择一个满意的合理的方案而进行分析判断的活动过程，简单说，决策就是选择决定行动目标和行动方案的活动。

（1）决策的前提：要有明确的目的。任何决策都是为了实现一定的目标，或是解决某一个问题，没有目标就无从决策，没有问题就无需决策。如果决策的目标是模糊不清的，那就无法以目标为标准评价方案，也就无从选择方案，因此也就谈不上决策。

（2）决策的条件：有若干个可行方案可供选择。决策是从若干备选的方案中进行选择，如果只有一个方案，就无法比较其优劣。因此，决策要求必须提供可以相互替代的多种方案，而且各方案必须都是可行的。

（3）决策的重点：方案的分析和比较，列出各方案的优缺点，确定每一个方案对目标实现的程度以及可能存在的问题，通过优劣比较，为方案选择奠定基础。

（4）决策的结果：追求最优方案既不经济也不现实，选择一个满意的方案，如果各方案都不能让决策者满意，也可以不选择。

（5）决策的实质：主观判断过程。不同的人对同一个问题进行决策，会做出不同的选择，这是正常现象。决策会受决策者个人的能力、素质、性格以及知识经验积累等因素影响，在各种因素共同作用下，决策者通过个人的主观判断，做出相应的选择。

一项决策是好是坏、效果如何，必须得到及时准确的评价，以便于改进决策工作。有时，一项决策的质量确实很高，但花费了很长时间才制定出来，而且不易得到实施，或者实施的成本过高，这样的决策并不会给组织带来好的效果。

2. 企业经营决策的概念

企业的经营决策，是在国家宏观产业政策与宏观规划的指导下，并以市场调查和市场预测结论为基本依据，为实现企业的经营目标，从两个以上的可行方案中选择一个最佳方案的分析判断过程。

（二）经营决策的类型

经营决策的种类很多，并且有许多的划分方法，常见的划分方法有以下几种。

1. 按照决策问题的重要程度，可以把决策划分为战略性决策、管理性决策和业务性决策

（1）战略性决策。影响管理全局，对营销活动整个系统在较长时期内起实质性作用的一些有关企业全局性，长期性的管理方向和方针等方面的重大问题的决策。例如，管理目标，产品开发，技术更新改造等。

（2）管理性决策。实现战略性决策过程中的具体战术性决策，即实现战略性决策的比较短期的具体的决策。重点解决如何组织企业内部力量提高管理效能的问题，如设备更新的选择，新产品定价等。

（3）业务性决策。日常管理业务中，为实现某一局部目标而作出的决策，又称作业决策，是企业为了提高管理效率和生产效率，更好地执行管理性决策，在日常活动中对日常业务活动进行的安排。如作业计划的制定，库存控制定额的制定等。

2. 按决策者在企业中的地位，可以分为高层决策、中层决策和基层决策

高层决策是指企业领导者所做的决策，它所解决的问题通常是全局性的以及与外界环境有密切联系的重大问题。一般来说，中层决策多是管理性决策。基层决策是指企业

基层管理人员所做的决策，这类决策多是指业务性决策，主要是解决作业中的问题。

3. 按决策问题是否重复出现，可分为程序化决策和非程序化决策

（1）程序化决策是指对生产经营活动中经常重复出现的问题所做的决策。如订货，制定生产作业计划等。由于这类决策把决策过程标准化，因而被称为程序化决策。

（2）非程序化决策是指对生产经营管理中不经常发生的问题所做的决策。如新产品开发、企业转产、多种经营等。这类决策一般都非常重要，但又没有一套常规处理办法和程序，又称为非常规决策。

4. 按决策问题所处的条件不同，可以分为确定型决策、风险型决策和不确定型决策

（1）确定型决策是指各种可行方案所需要的条件已经完全确定情况下的决策。这种决策比较容易做，只要比较各个方案所能达到的结果，从中择优选取即可。

（2）风险型决策是各种可行方案所需要的条件大部分是已知的，但每一方案的执行都会面临几种不同的状态，各种状态的出现都有一定的概率是可以预测到的，决策时存在着风险，因而称为风险型决策。

（3）不确定型决策是指各种可行方案出现哪种环境状态是未知的，并且其出现概率也是不可预测的或只能靠主观概率判断做决策。

确定型、风险型、不确定型决策的比较，见表3－1。

表3－1　　确定型、风险型、不确定型决策的比较

决策类型（按可靠程度分）	各方案未来的自然状态	各自然状态的结果	各自然状态出现的概率
确定型决策	只有一种	已知	确定（100%）
风险型决策	有多种	可预测	已知
非确定型决策	有多种	可预测	未知

5. 按决策主体不同，决策可以分为个体决策与群体决策

个体决策的决策者是单个人，所以也称为个人决策。群体决策的决策者可以是几个人，一群人甚至扩大到整个组织的所有成员。从广义上说，当决策全过程的活动涉及两个或两个以上的人时，不论这人是一般性地参与决策，还是真正在作出决策，这时的决策就是一种群体决策。在现代组织中，由于经营环境的日益复杂多变和组织成员素质的普遍提高，群体决策方式较之个体决策方式已越来越受到重视，但群体决策方式是否能广泛推广和应用并取得预期的效果，实际上与组织文化特征有密切的关系。

6. 根据决策者是基于经验还是基于科学分析作出决策，可以将决策方法分为经验决策和科学决策

（1）经验决策，是指决策者主要根据其个人或群体的阅历、知识、智慧、洞察力和直觉判断等人的素质因素而作出决策。古往今来，纵然有许多成功事例是借助于一般经验决策取得的，但这种决策方法的主要缺陷表现为：决策优劣过于依赖决策者的个人因素，组织兴衰成败都与少数决策者紧密相联。在决策问题越来越复杂、越来越不确定，决策影响越来越深远和广大的今天，单纯凭个人经验办事已经很不适用，于是科学决策法便应运而生。

（2）科学决策，是指以科学预测、科学思考和科学计算为根据来作出决策。科学决策离不开定量分析方法的开发和应用，但过分追求决策问题的数学化、模型化、计算机化这些“硬”的决策技术，将使科学决策走向“死胡同”。在决策问题存在不确定性的条件下，依靠“软”专家的直觉判断和定性分析，可能比定量方法更有助于形成正确的决策。

7. 按决策解决问题的性质，可以将决策分成初始决策与追踪决策

初始决策是指组织对从事某种活动或从事该种活动的方案所进行的初次选择；追踪决策则是在初始决策的基础上对组织活动方向、内容或方式的重新调整。如果说初始决策是在对组织内外环境的某种认识基础上作出的，追踪决策则是由于这种环境条件发生了变化，或者是由于组织对环境特点的认识发生了变化而引起的。组织中的大部分决策都属于追踪决策。

二、经营决策的标准与程序

（一）决策的原则和标准

1. 决策的满意原则

企业要想合理地进行决策，必须遵循一定的原则。决策遵循的是满意原则，而不是最优原则。对决策者来说，要想使决策达到最优，必须具备以下条件，缺一不可：①容易获得与决策有关的全部信息；②真实了解全部信息的价值所在，并据此拟定出所有可能的方案；③准确预测每个方案在未来的执行结果。

但现实中，上述这些条件往往得不到满足。具体来说原因有以下几个：①组织内外的很多因素都会对组织的运行产生不同程度的影响，但决策者很难收集到反映这些因素的一切信息；②对于收集到的有限信息，决策者的利用能力也是有限的，从而决策者只能拟定数量有限的方案；③任何方案都要在未来实施，而未来是不确定的。人们对未来的认识和影响十分有限，从而决策时所预测的未来状况可能与实际的未来状况不一致。

现实中的上述状况决定了决策者难以做出最优决策，只能做出相对满意的决策。

2. 决策的依据和标准

（1）泰勒的“最优”标准。在19世纪50年代以前，决策处于弗雷德里克·泰勒的科学管理时代。基于“经济人”的假设，从经济的角度来看待决策问题，决策的目的在于为组织获取最大的经济利益，决策者是完全理性的，从而形成了决策的“最优”标准。“最优”标准下理性决策必须具备的条件有：①决策者能够得到所需要的全部详细的决策信息；②决策者能够了解所有人的社会价值取向；③决策者能够找到所有的决策方案；④决策者能够准确地预测各种备选方案可能产生的后果；⑤决策者能够正确地选择最有效的决策方案；⑥决策者进行决策的目的始终都是使本组织获取最大的经济利益。

（2）西蒙的“满意”标准。1978年诺贝尔经济学奖获得者，美国卡内基梅隆大学计算机科学与心理学教授赫伯特·西蒙提出有限理性决策模式，对经济组织内的决策程序进行了开创性的研究。西蒙的“满意”标准模型又称有限性模型、西蒙最满意模型。基于“有限理性”的假设，西蒙提出了决策的满意原则，以代替最佳决策，是一个比

较现实的决策模型。

西蒙的“满意”标准主要内容有：①人的理性是完全理性和完全非理性之间的一种有限理性。在高度不确定和极其复杂的现实决策环境中，人的知识、想象力和计算力是有限的。②决策者在识别和发现问题中，容易把问题的部分信息当作认知对象，而在对未来的情况做出判断时，直觉的运用往往多于逻辑分析方法的运用。③由于受决策时间和可利用资源的限制，决策者即使充分了解和掌握有关决策环境的信息，也只能做到尽量了解各种备选方案，而不可能做到全部了解，决策者选择的理性是相对的。④在风险型决策中，与经济利益的考虑相比，决策者对待风险的态度对决策起着更为重要的作用。一般而言，决策者往往厌恶风险，倾向于接受风险比较小的方案。⑤决策者在决策中往往只求满意的结果，而不愿费力寻求最佳方案，主要因为决策者的个人能力有限，往往满足于已知的备择方案而缺乏继续研究的积极性以及寻求最佳方案的时间，且经济成本太大。

（3）孔茨的“合理性”标准。美国著名管理学家哈罗德·孔茨教授提出了决策的“合理性”标准。在管理工作中有效地制定决策一定要合理，以合理的方式做事或选择的决策者力图实现只有通过行动才能达到的某种目标。实际上通过分析组织自身的条件与复杂多变的环境之间的关系，决策者必须清楚地了解备选的方案，在现有的环境和限制条件下能够达到目标。决策者还必须根据既定目标，具备分析和评估备选方案的信息和能力。最后，决策者必须有通过选出最有效地满足实现目标的方案，达到最佳解决问题的愿望。

（4）效率标准。效益是组织管理的根本目的，而效率是实现效益的有效途径。企业生存与发展的必要条件就是能够利用有限的资源生产出更多的产品或服务，而在竞争激烈的环境中时间作为一种特殊的资源也是稀缺的，因而效率是体现一个组织竞争能力的重要指标之一。企业必须在最短的时间里高效率地向社会提供优质产品或服务才能获得更多的利润、取得竞争优势。组织决策必须追求高效率，这是组织管理对决策的基本要求。

（二）企业经营决策的影响因素

1. 环境因素

（1）环境的稳定性：在比较稳定环境下，组织针对同类问题作出的决策具有较高的参考价值，这类决策一般由中低层管理者作出；在环境剧烈变化的情况下，企业所作出的决策通常比较紧迫，此类决策一般由高层管理者进行。

（2）市场结构：垄断程度高的市场，决策重点更多关注生产条件、生产规模和生产成本，易形成以生产为导向的经营思想；竞争程度比较高的市场，更多关注竞争对手，关注产品，如何针对竞争对手的行为作出快速应对和反应，不断完善营销网络等，易形成以市场为导向的经营思想。

（3）买卖双方的市场地位：在卖方市场下，卖方占据主动地位，决策的出发点是组织自身的生存条件和能力，生产什么就卖什么；在买方市场条件下，卖方处于被支配地位，决策的出发点是市场需求状况，根据消费者的需求进行生产。

2. 组织自身因素

（1）组织文化：组织文化是在组织内部所形成的一种氛围，影响人们的思想和行为，组织文化的性质和类型不同，人们的行为特点会呈现不同的特点。保守型组织文化影响下的人们倾向于维持现状，害怕变化，害怕失败，对重大变化容易产生抵触心理，甚至采取激烈的手段予以对抗；进取型文化下的人们喜欢变化，勇于创新，宽容失败，能够给组织带来变化的方案受到欢迎。

（2）组织的信息化程度：信息化程度主要影响决策的效率，信息化程度高的组织，往往掌握先进的信息技术和决策手段，获取和处理信息的速度快，信息质量有保障，决策者基于高质量的信息，运用先进的决策手段做出高质量的决策，因此，企业应加强信息化建设。

（3）组织对环境的应变模式：组织对环境应变模式是有规律可循的，是在过去的发展过程中逐渐形成并趋于稳定，类似于人在价值观的指导下形成的做事方法和规律。

（三）经营决策的过程

决策是个“全过程”，决策过程包括以下阶段的工作：

1. 研究环境，发现问题

决策是为了解决一定的问题而制定的，没有发现组织运行中存在的问题，就没有必要制定新的决策来使组织活动作出调整和改变。因此，决策者首先要研究组织的现状，发现存在的问题。

所谓问题，是应有状况与实际状况之间的差距。有差距，就表明组织存在某种问题，需要作出决策来予以解决。研究组织活动中存在的不平衡，要着重思考以下方面的问题：①组织在何时何地已经或将要发生何种不平衡？这种不平衡会对组织产生何种影响？②不平衡的原因是什么？其主要根源是什么？③针对不平衡的性质，组织是否有必要改变或调整其活动的方向与内容？分析组织活动中的问题，确定不平衡的性质，把不平衡作为决策的起点，是组织各层次管理者的共同职责。这不仅由于管理者要对其所管理组织或单位的活动效果负责，而且由于他们的素质训练和概念技能促使他们能比较敏感地发现组织中的问题或不平衡的关键所在。

2. 确定决策目标

分析了改变组织活动的必要性以后，还要研究针对所存在的问题而将要采取的措施需要符合哪些要求，必须达到何种效果。这也就是说，决策者要明确决策的目标。明确决策目标，要注意以下几方面要求：

（1）提出目标的最低和理想水平。即明确组织改变活动方向和内容至少应该达到的状况和水平，以及希望实现的理想目标水平。

（2）明确多元目标间的关系。任何组织在任何时候都不可能只有一种目标，而更多地具有多元或多重目标。

（3）限定目标的正负面效果。限定目标的正负面效果，就是要把目标执行的有利结果和不利结果加以界定和权衡，规定不利结果在何种水平范围内是允许的，一旦超过这个水平组织就应当停止原目标活动的执行，以控制决策的不利影响。

（4）保持目标的可操作性。必须符合3个特征：①可以计量或衡量；②规定有时间期限；③可确定责任者。只有符合这些基本特征，所制定的目标才可以作为决策和行动的依据。

3. 拟定各种行动方案

决策需要进行正确的选择，这就必须提供多种备选方案。备选或替代方案产生的过程，可大致分为以下步骤：首先，在研究环境和发现不平衡的基础上，根据组织的宗旨、使命、任务和消除不平衡的目标，提出改变的初步设想；其次，对提出的各种改进设想加以集中、整理和归类，形成内容比较具体的若干个可以考虑的初步方案；最后，再对这些初步方案进行筛选。修改和补充以后，对留下的可行方案做进一步完善处理，并预计其执行的各种结果，如此便形成了有一定数量的可替代的决策方案。在拟定备选方案阶段，组织要广泛发动群众，充分利用组织内外的专家，发动他们献计献策，以产生尽可能多的改变设想和形成尽可能多的备选方案。

4. 比较和选择方案

对不同方案进行评价和比较。比较评价的主要内容有以下几个方面：①方案实施所需的条件是否已经具备，建立和利用这些条件需要组织付出何种成本；②方案实施能给组织带来何种长期和短期的利益；③方案实施中可能遇到的风险及活动失败的可能性。根据上述方面的比较，就可辨别出各方案的差异和相对优劣。

在方案比较和选择过程中，决策者以及决策的组织者要注意处理好下述几个方面的问题：①要统筹兼顾；②要注意反对意见；③要有决断的魄力。

5. 执行方案

决策方案执行过程应做好以下工作：①制定相应的具体措施，保证方案的正确执行；②确保有关决策方案的各项内容为参与实施的人充分接受和彻底了解；③运用目标管理方法，把决策目标层层分解，落实到每一个执行单位和个人；④建立重要工作的报告制度，以便随时了解方案进展情况，及时调整行动。

6. 检查处理

决策者跟踪决策实施情况，取得各种反馈信息的目的，一方面是为了及时地采取措施，纠正行动与既定目标的偏离，以保证既定目标的实现；另一方面，对客观条件发生重大变化而导致原决策目标确实难以实现的，则要进一步寻找问题，确定新的决策目标，重新制定可行的决策方案并进行评估和选择。

以上步骤表明，决策是一个有一定顺序的、条理化的过程，而不是在瞬间选定某一方案的单纯的决断。决策者需要先做大量的调查、研究和分析预测工作，然后确定目标，找出各种可行的方案，并进行方案的评价、权衡和选择，最后将选定的方案付诸执行。这些步骤结合起来便组成了一个完整的决策过程。

第二节

企业经营决策方法与技术

为了保证组织制定出来的各项决策尽可能正确、有效，必须运用科学的决策方法。按经营决策的内容将企业经营决策的方法区分为两类：一类是选择组织活动方向和内容的决策方法；另一类是选择在既定方向下从事一定活动的不同行动方案的决策方法。

一、企业经营决策的内容及决策方法

（一）企业经营决策的内容

人们在行动之前要对未来作系统化的计划和安排，组织也不例外。下面就以企业这一经济组织的活动作为计划工作的对象，来具体考察企业经营决策的内容和过程。如图3－1所示，企业经营决策的内容主要涉及组织宗旨、远景目标和战略方案以及支持这些的具体目标和战术方案等内容。

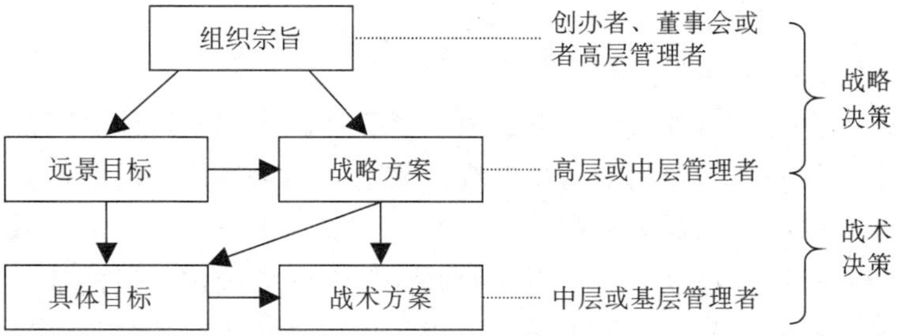

图3－1　企业经营战略和战术决策的内容

1. 组织的宗旨

任何组织都有其特定的宗旨。宗旨规定了组织生存的目的和使命，这种目的和使命反映社会对该组织的基本要求。对于旨在为社会提供有经济价值的产品或服务而开展经营活动的企业组织来说，有关宗旨的决策主要包括两方面：

（1）经营理念。经营理念亦称经营哲学，它为企业的经营活动规定了价值观、信念和指导原则。比如，企业在经营过程中是应该“利润至上”，还是要兼顾社会责任；“义”与“利”的关系应该遵循什么样的原则来处理等。企业经营哲学的确定，一方面取决于企业创办者的意图，另一方面也与整个社会的商业伦理有关。

（2）使命或经营范围。即规定这家企业究竟从事的是什么事业，经营业务的范围多大。一般而言，在企业创设之初，或者在内外条件变化使企业有必要改变或拓宽经营领域时，合理界定企业使命具有重要的意义。

2. 组织的远景目标和战略方案

远景目标指明企业的经营方向，是企业活动要实现或达到的目的地。远景目标应该描述一个企业及其经营活动的主要方面在未来一段较长期间（通常为5年或更长时间）内所要达到的状态。好的远景目标至少能经受住两种检验：一是适用性检验，二是可行性检验。适用性是指所提出的目标能满足企业的主要支持者，包括顾客、股东、员工及其他利益相关者的需要。可行性则指所提出的目标是该企业有能力实现的，或者说在合理的战略方案下能够实现的。

3. 组织的具体目标和战术方案

具体目标是对组织目标的更精确的甚至量化的描述。具体目标需要根据组织的总目标和战略方案来制定，这样企业就形成了由多层次目标构成的目标网络或目标体系。为了实现这样的目标，制定了各部门相应采取的行动，支持具体目标实现的行动方案，就是通常所说的“战术”。企业经营决策的基本过程如图3－2所示。

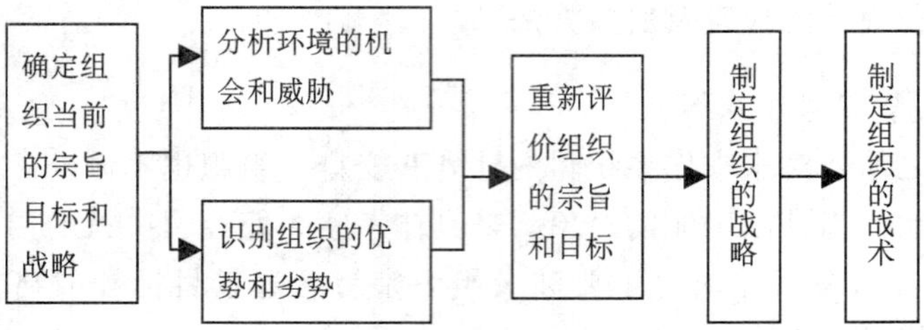

图3－2　企业经营决策的基本过程

战术应该是对战略方案的支持和体现，因此，战术的制定必须服从和服务于战略实施的需要。战术方案的工具性或手段性，决定了任何战术都不可能脱离战略来制定。更明确地说，战术往往是从既定的战略中演绎出来的。如果说战略的制定是一个分析归纳过程，此间需要广泛收集企业内外的各方面情况，提出企业生存发展的基本问题，并根据对问题的理解而对可选择的方案进行检验和完善，然后确定合适的战略；那么，依据战略来制定战术则更多地是一个推理演绎过程，也就是从所需达到的结果出发，确定必要的步骤、日程安排和涉及的费用。战术制定过程的这种演绎性，实际上与战术作为落实战略和目标的工具的特有性质相联系。

确定活动方向和内容的决策方法旨在帮助决策者根据企业自身和外部环境的特点，为整个企业或企业中的某个部门确定其经营活动的基本方向和内容。常用的方法是经营业务组合分析法。

（二）经营业务组合分析法

1. 经营业务组合分析法简介

经营业务组合分析法是由美国波士顿咨询公司为大企业确定和平衡其各项经营业务发展方向和资源分配而提出的战略决策方法。在确定各经营业务发展方向的时候，企业应综合考虑到该项经营业务的市场增长情况以及企业在该市场上的相对竞争地位。相对竞争地位是通过企业在该项业务经营中所拥有的市场占有率与该市场上最大的竞争对手的市场占有率的比值（即相对市场份额）来表示的，它决定了企业在该项业务经营中获得现金回笼的能力及速度，较高的市场占有率可以带来较大的销售量和销售利润额，从而能使企业得到较多的现金流量。而该项业务的市场增长情况则反映该项业务所属市场的吸引力，它主要用该市场领域最近两年平均的销售增长率来表示，并且将平均市场销售增长率在10%以上的划定为高增长业务，10%以下的则为低增长业务。

根据市场增长率和企业相对竞争地位这两项标准，可以把企业所有的经营业务区分为4种类型，如图3－3所示。

（1）“现金牛”业务。该类经营业务的特点是：企业拥有较高的市场占有率，相对竞争地位强，能从经营中获得高额利润和高额现金回笼，但该项业务的市场增长率低，前景并不好，因而不宜投入很多资金盲目追求发展，而应该将其当前市场份额的维护和增加作为经营的主要方向，其目的是使“现金牛”类业务成为企业发展其他业务的重要资金来源。对于已衰退的“现金牛”业务，采取收缩的策略。

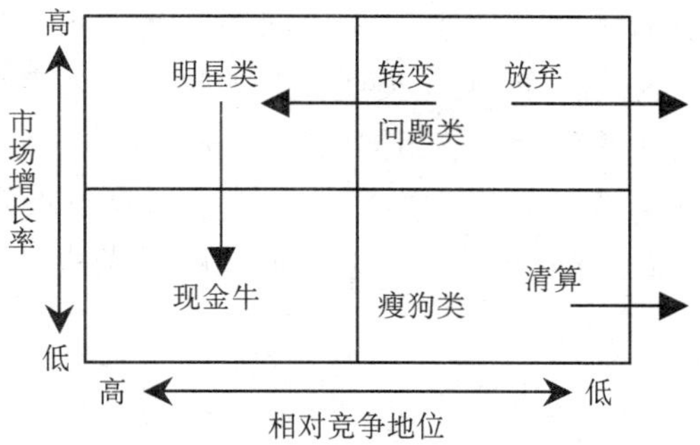

图3－3　波士顿矩阵——经营业务组合分析图

（2）“明星”业务。这类经营业务的市场增长率和企业相对竞争地位都较高，将来能给企业带来较高的利润，但同时也需企业增加投资，以便跟上总体市场的增长速度，巩固和提高其市场占有率。因而，“明星”业务的基本特点是，无论其所回笼的现金，还是所需要的现金投入，数量都非常大，两者相抵后的现金流可能出现零或者负值状态。

（3）“问题”业务。这类经营业务的市场增长率较高，但企业目前拥有的市场占有率相对较低，其原因很可能是企业刚进入该项相当有前途的经营领域。由于高增长速度要求大量的资金投入，但是较低的市场占有率又只能带来很少量的现金回笼。因此，企业需要将由其他渠道获得的大量现金投入到该项“问题”业务中，使其尽快扩大生产经营规模，提高市场份额。采取这种策略的目的，就是使“问题”业务尽快转变成“明星”业务。但是，如果决策者认为某些刚开发的业务并不可能转成为“明星”业务，应及时采取放弃策略，因为这类业务如果勉强维持下去，企业可能要投入相当的资金，其投资量甚至还会超过这些业务所带来的现金量，这样，企业就很容易出现现金的短缺。

（4）“瘦狗”业务。这是指市场销售增长率比较低，而企业在该市场上也不拥有相对有利的竞争地位的经营业务。由于销售前景和市场份额都比较小，经营这类业务只能给企业带来极微小甚至负值的利润。对这种不景气的“瘦狗”类经营业务，企业应及时采取缩小规模或者清算、放弃的策略。

2. 经营业务组合分析法应用

经营业务组合分析法可以判断企业经营中存在的主要问题及未来的发展方向和发展战略。比较理想的经营业务组合情况应该是：企业有较多的“明星”类和“现金牛”类业务，同时有一定数量的“问题”类业务和极少量的“瘦狗”类业务，这样企业在当前和未来都可以取得比较好的现金流量平衡。不然的话，如果产生现金的业务少，而需要投资的业务过多，企业发展就易陷入现金不足的状况中；或者相反，企业目前并不拥有需要重点投入资金予以发展的前景业务，则企业就面临发展潜力不足的战略性问题。

根据企业现有所经营业务各自的特性和总体组合的情况，决策者可根据以下两条来确定经营和发展的战略：把“现金牛”类业务作为企业近期利润和资金的主要来源来加以保护，但不作为重点投资的对象；本着有选择和集中地运用企业有限资源的原则，将资金重点投放到将来有希望的“明星”或“问题”类业务上，并根据情况有选择地抛弃“瘦狗”类业务和无望的“问题”类业务。如果企业对经营的业务不加区分，采取一刀切的办法，规定同样的目标，按相同的比例分配资金，结果往往是对“现金牛”和“瘦狗”类业务投入了过多的资金，而对企业未来生存发展真正依靠的“明星”和“问题”类业务则投资不足。这样的决策，是没有战略眼光的。

二、集体决策方法

（一）头脑风暴法

头脑风暴法是比较常用的集体决策方法，便于发表创造性意见，因此主要用于收集新设想。通常是邀请一些业内人士和专家学者，在完全不受约束的条件下，畅所欲言地发表自己的看法，通过相互启发、集思广益，使各人的看法趋向一致，作出决策。

头脑风暴法的创始人奥斯本为该决策方法的实施提出了四项原则：

（1）对别人的意见不做任何评价，将相互讨论限制在最低限度之内；

（2）建议越多越好，在这个阶段，参与者不要考虑自己建议的质量，想到什么就应该说出来；

（3）鼓励每个人独立思考，广开思路，想法越新颖、奇异越好；

（4）可以补充和完善已有的建议，使某种意见更具说服力。

头脑风暴法的目的在于创造一种畅所欲言、自由思考的环境，诱发创造性思维的共振和连锁反应，产生更多的创造性思维。

（二）名义小组法

在集体决策中，如对问题的性质不完全了解且意见分歧严重，则可采用名义小组法。通常管理者先召集一些对要解决的问题有研究，或有经验的工作人员作为小组成员，把要解决的问题的关键内容告诉他们，并请他们独立思考，要求每个人尽可能地把自己的备选方案和意见写下来。然后再按次序让他们一个接一个地陈述自己的方案和意见。在此基础上，由小组成员对提出的全部备选方案进行投票，根据投票结果，赞成人数最多的方案即为所要的方案。当然，管理者最后仍有权决定是接受还是拒绝这一方案。

在这种方法下，小组的成员互不通气，也不在一起讨论、协商，从而小组只是名义的。这种名义上的小组可以有效地激发个人的创造力和想象力。

三、有关行动方案选择的分析评价方法

确定了企业经营活动的方向和内容后，决策者还必须对组织在既定方向下从事一定活动的不同行动方案作出选择。根据这种确定性程度的差异，人们开发出了评价具有不同确定性程度的行动方案的具体决策方法。一般来讲，分析、评价和选择决策方案的方法主要有确定型、风险型和非确定型三类。

（一）确定型决策

确定型决策是指决策者对决策的各种条件和因素完全掌握的决策。确定型决策要具备4个条件：①具有决策者希望达到的目标；②客观条件相对稳定；③有两个以上可供选择的方案；④各方案执行的结果是明确的。

1. 盈亏平衡分析

（1）盈亏平衡分析概念及图示。量本利分析法，也叫保本分析或盈亏平衡分析，是通过分析产品成本、销售量和销售利润这三个变量之间的关系，掌握盈亏变化的临界点（即保本点），从而定出能产生最大利润的经营方案。

企业利润是销售收入扣除成本以后的剩余额，其中，销售收入是产品销售数量与销售单价的乘积，产品成本（指包括工厂成本和销售费用在内的总生产成本）包括固定成本和变动成本两部分。所谓变动成本，是指随着产量的增加或减少而相应提高或降低的费用；固定成本则指在一定时期、一定范围内不随产量增减而变化的费用。图 3-4 描述了特定时期企业利润、销售收入、生产成本和产品销售量间的线性变化关系。

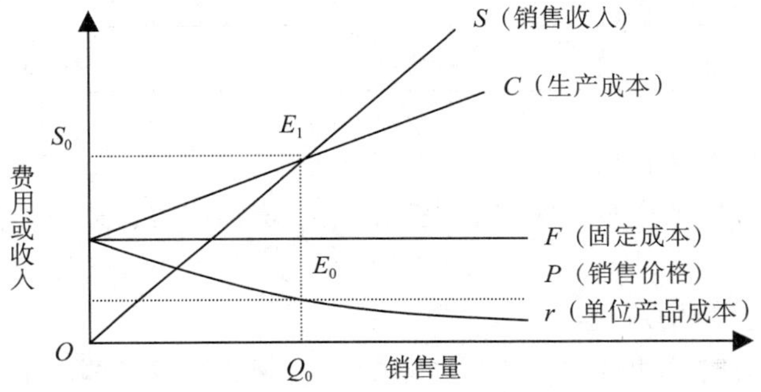

图 3-4　量本利分析法

（2）盈亏平衡点的确定。根据前面分析的量、本、利变量间的关系，我们有以下公式：

销售收入 = 产量 × 单位

生产成本 = 固定费用 + 变动费用

= 固定费用 + 产量 × 单位产品变动费用

据此，我们可以求出用相应的符号表示的盈亏平衡点，计算公式如下：

$$Q_0 \times P = F + Q_0 \times C_V \tag{3-1}$$

其中：C_V 是单位产品变动费用。

整理式（3-1），可得：

$$Q_0 = \frac{F}{P - C_V} \tag{3-2}$$

式（3-2）为计算保本产量的基本公式。

由于保本收入等于保本产量与销售价格的乘积，因此，式（3-2）的两边同乘以 P，即可得到计算保本收入的基本公式如下：

$$Q_0 \times P = \frac{F}{P - C_V} \times P \tag{3-3}$$

整理上式，可得：

$$S_0 = \frac{F}{1 - \frac{C_V}{P}} \tag{3-4}$$

式（3-2）中的 $P-C_V$ 表示企业每生产单位产品所得到的销售收入在扣除变动费用后的剩余，称作边际贡献；式（3-4）中的 $1-C_V/P$ 表示单位销售收入可以帮助企业补偿固定费用或实现企业利润的系数，称作边际贡献率。如果边际贡献或边际贡献率大于零，则表示企业生产这种产品除了可以收回变动费用外，还有一部分收入可用以补偿已支付的固定费用。因此，产品单价即使可能低于成本，但只要大于变动费用，企业生产该产品仍是有好处的。

经营安全率是反映企业经营状况的一个重要指标，经营安全率越高，说明该企业经营状态越佳，一般可根据表3-2中的数值判定经营安全状态。

表3-2　　经营安全率数值

经营安全率	40%	30%～40%	20%～30%	10%～20%	10%以下
经营安全检查状态	安全	较安全	不太好	要注意	危险

提高经营安全率有三种措施：

第一，畅销时可增加产量；第二，提高价格，增加收益；第三，降低变动成本，减少固定成本。

（3）盈亏平衡分析的应用。

①企业不亏不盈时的业务量即为保本业务量。企业获得利润的前提是生产过程中的各种消耗均能够得到补偿，为此，必须确定企业的保本业务量：当价格、固定费用和变动费用已定的条件下，企业至少应生产销售多少数量的产品才能使总收入与总成本相等。

在式（3-1）中，当 $Z=0$ 时，企业不盈不亏，此时有：$Q\cdot(P-C_V)=F$

将此时的 Q 记为 Q_0，有：

$$Q_0=\frac{F}{P-C_V} \tag{3-5}$$

保本销售额可用下式表示：

$$S_0=P\cdot Q_0=\frac{F}{1-\frac{C_V}{P}} \tag{3-6}$$

式中，S_0：保本销售额；$1-\frac{C_V}{P}$：边际贡献率。

【例3-1】 某生产甲产品，其售价为100元/件，单位变动费用为40元，每月固定为24万元。问该企业的甲产品每月产量要达到多少才能保本？保本销售额是多少？

根据已知条件：

$$Q_0=\frac{F}{P-C_V}=\frac{240000}{100-40}=4000\ (\text{件})$$

$$S_0=\frac{F}{1-\frac{C_V}{P}}=\frac{240000}{1-\frac{40}{100}}=400000\ (\text{元})$$

②预测一定业务量下的企业利润水平。

【例3－2】某企业根据市场预测，计划本季度生产销售6000台，预计全季度固定费用为108000元，单位变动费用为30元，单位售价为54元，问该企业本季度可获得多少利润？

根据式（3－1）：

$$Z = Q \cdot (p - C_V) - F$$
$$= 6000 \times (54 - 30) - 108000 = 36000\text{（元）}$$

③确定实现目标利润的业务量。沿用上例数据，若该企业希望本季度获得84000元利润，问A产品的销售量达到多少？

根据式（3－1），可推出实现目标利润的销售量公式 $Q = \dfrac{F + Z}{P - C_V}$

将数据代入该式，得 $Q = \dfrac{108000 + 84000}{54 - 30} = 8000$（台）

④确定实现经营目标的措施。

【例3－3】某企业销售甲产品，上年销售量为1万件，每件售价为19元，单位变动费用15元，全年固定费用5000元。企业计划本年利润比上年利润提高10%，可采取哪些措施？

分析计算如下：

上年度实际已得利润为：$10000 \times (19 - 15) - 5000 = 35000$（元）：本年计划实现利润为：$35000 \times (1 + 10\%) = 38500$（元）；为实现38500元的目标利润，可以从以下几个方面采取措施（假定采取某项措施时，其他条件不变）：

第一，降低单位变动费用（X_1）

$38500 = 10000 \times [19 - (15 - X_1)] - 5000$

$X_1 = 0.35$（元）

第二，减少固定费用（X_2）

$38500 = 10000 \times (19 - 15) - (5000 - X_2)$

$X_2 = 3500$（元）

第三，扩大销量（X_3）

$38500 = (10000 + X_3) \times (19 - 15) - 5000$

$X_3 = 875$（件）

第四，提高售价（X_4）

$38500 = 10000 \times [(19 + X_4) - 15] - 5000$

$X_4 = 0.35$（元）

（二）风险型决策

风险型决策也叫随机性决策和概率型决策。常用的方法有：期望值法；决策树法；灵敏度分析。

1. 风险型决策方法的假设

风险型决策是指方案实施可能会出现几种不同的情况（自然状态），每种情况下的后果（即效益）是可以确定的，但不可确定的是最终将出现哪一种情况。在风险型决策下，人们计算出的各方案在未来的经济效果只能是考虑到各自然状态出现的概率的期望收益，该数值与这一方案在未来的实际收益情况并不会相等。因此，据此选定决策方案就不免伴随着一定的风险。

风险型决策方法必须具备以下条件：①具有决策者期望达到的明确目标；②存在决策者可以选择的两个以上的可行备选方案；③存在着决策者无法控制的两种以上的自然状态（如气候变化、市场行情、经济发展动向等）；④不同行动方案在不同自然状态下的收益值或损失值（简称损益值）可以计算出来；⑤决策者能估计出不同的自然状态发生概率。

2. 决策树法

（1）决策树法简介。决策树法是指将决策的问题以树状图形来表达，并通过对树状图形的计算分析来选择决策行动方案的方法。这里的树状图形就称为“决策树”。

决策树一般由方块结点、圆形结点、方案枝、概率枝等组成，方块结点称为决策结点，由结点引出若干条细支，每条细支代表一个方案，称为方案枝；圆形结点称为状态结点，由状态结点引出若干条细支，表示不同的自然状态，称为概率枝。每条概率枝代表一种自然状态。在每条细枝上标明客观状态的内容和其出现概率，在概率枝的最末梢标明该方案在该自然状态下所达到的结果（收益值或损失值）。这样树形图由左向右，由简到繁展开，组成一个树状网络图。这是一种以树形图来辅助进行各方案期望收益的计算和比较的决策方法，其基本形状如图 3－5 所示。

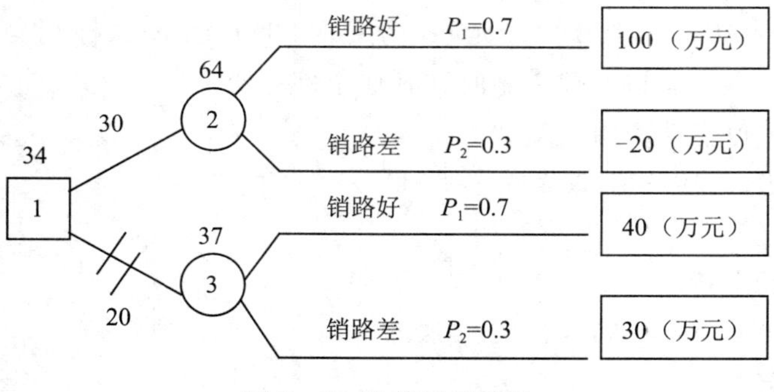

图 3－5　决策树示意图

举个简单的例子（这里不考虑货币的时间价值），某公司为满足市场对某种新产品的需求，拟规划建设新厂。预计市场对这种新产品的需求量比较大，但也存在销路差的可能性。公司有两种可行的扩大生产规模方案：一个是新建一个大厂，预计需投资 30 万元，销路好时可获利 100 万元，销路不好时亏损 20 万元；另一个是新建一个小厂，需投资 20 万元，销路好时可获利 40 万元，销路不好仍可获利 30 万元。假设市场预测结果显示，此种新产品销路好的概率为 0.7，销路不好的概率为 0.3。根据这些情况，下面用决策树法说明如何选择最佳的方案。

图 3－5 中，方框表示决策点，由决策点引出的若干条一级树枝叫做方案枝，它表示该项决策中可供选择的几种备选方案，分别以带有编号的圆形结点②、③等来表示；由各圆形结点进一步向右边引出的枝条称为方案的状态枝，每一状态出现的概率可标在每条直线的上方，直线的右端可标出该状态下方案执行所带来的损益值。

（2）应用决策树的具体步骤。

①画出决策树。画决策树图的过程就是拟订各种方案的过程，也是进行状态分析和估算方案条件结果的过程。按决策树图的结构规范由左向右来推画出决策树图。

②计算期望值。将各自然状态的收益值或损失值分别与概率枝上的概率相乘，并将这些值相加，求出状态结点和决策结点的收益期望值或损失期望值。一般把计算结果标示在相应的状态节点的上方。

③剪枝选定方案。根据不同方案期望值的大小，从右向左（逆推法）进行剪枝优选。舍去期望收益值小的方案，留下期望收益值最大的方案。

【例 3－4】某企业在下年度有甲、乙两种产品方案可供选择，每种方案都面临滞销、一般和畅销三种市场状态，各种状态的概率和损益值见表 3－3：

表 3－3

状态 概率 / 方案 损益值	滞销	一般	畅销
	0.2	0.3	0.5
甲方案	20	70	100
乙方案	10	50	160

试用决策树法选择最佳方案。

依据已知条件，绘制决策树（略）。

甲方案的期望值 $=20\times0.2+70\times0.3+100\times0.5=75$

乙方案的期望值 $=10\times0.2+50\times0.3+160\times0.5=97$

乙方案的期望值大于甲方案的期望值，所以选择乙方案。

决策树法既可用于单级决策，也可用于多级复杂决策。

【例 3－5】某企业生产一种产品，据市场预测，该产品 10 年内的销售情况如下，前 3 年销路好的概率 0.7，销售不好 0.3，后 7 年依前 3 年而定，前 3 年销路好则后 7 年销路好的概率 0.8，销路不好 0.2，前 3 年销路不好则后 7 年销路好的概率 0.1，销路不好0.9，为此提出两个方案：①建大厂投资 1800 万元，②建小厂投资 800 万元。若前 3 年销路好可考虑小厂扩建问题，若扩建需追加投资 600 万元，年盈利（万元）见表 3－4。

表 3－4　　年盈利表

自然状态 / 方案 损益值	对产品的需求	
	销路好	销路不好
建大厂	500	－100
建小厂	200	50
扩建后	500	－100

现有设备 10 年后折旧完毕，用决策树法进行方案决策。

（1）画出决策树，如图 3－6 所示：

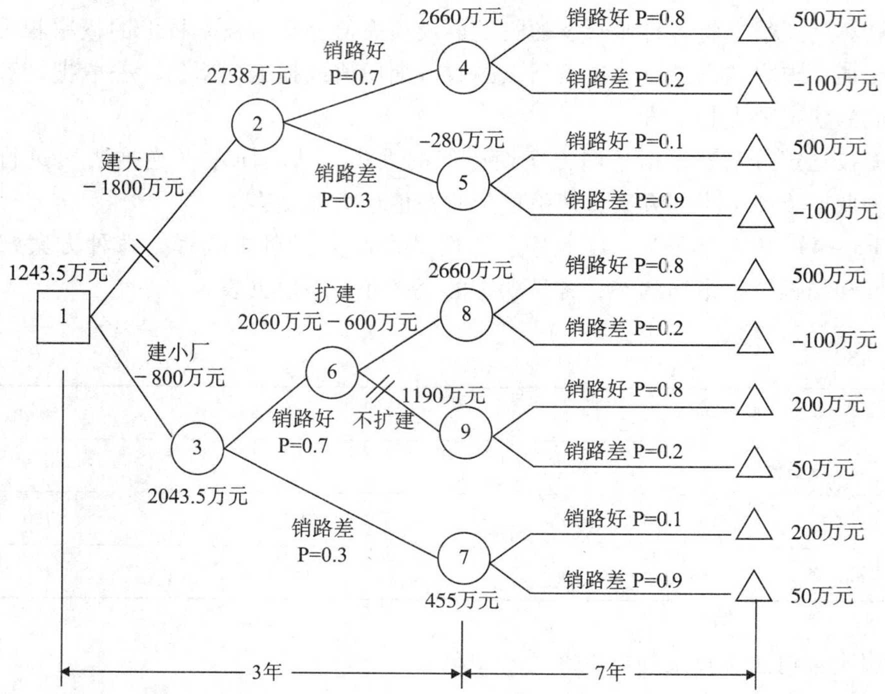

图 3－6　决策树型图

（2）计算损益值。

结点④的期望值为：$[0.8\times500+0.2\times(-100)]\times7=2660$（万元）

结点⑤的期望值为：$[0.1\times500+0.9\times(-100)]\times7=-280$（万元）

结点⑧的期望值为：$[0.8\times500+0.2\times(-100)]\times7=2660$（万元）

结点⑨的期望值为：$(0.8\times200+0.2\times50)\times7=1190$（万元）

结点⑦的期望值为：$(0.1\times200+0.9\times50)\times7=455$（万元）

3 年后销路好扩建方案损益值：$2660-600=2060$（万元），不扩建方案损益值：1190（万元），决策扩建。

结点②的期望值为：$[500\times0.7+(-100)\times0.3]\times3+2660\times0.7+(-280)\times0.3=2738$（万元）

结点③的期望值为：$(0.7\times200+0.3\times50)\times3+2060\times0.7+455\times0.3=2043.5$（万元）

建大厂损益值 $=2738-1800=938$（万元）

建小厂损益值 $=2043.5-800=1243.5$（万元）

（3）剪枝。采取建小厂方案，3 年后销路好扩建。

（三）不确定型决策

不确定型决策，就是指决策者所要解决的问题有若干个决策方案，同时决策问题所遇到的各种自然状态发生的概率无法预测。按决策标准可分为5种：乐观准则、悲观准则、乐观系数法、最小后悔值法和等可能性法。

1. 乐观准则（赫威斯决策准则）

乐观准则，也称大中取大法，就是决策者对客观自然状态抱乐观的态度，它的决策程序是：首先从各方案中把最大的效益值挑选出来，然后在这些最大效益值中再挑选一个最大的效益值作为决策的最优方案。

2. 悲观准则（瓦尔德决策准则）

悲观准则，也称小中取大法，就是决策者从最坏的自然状态出发，首先从各方案中把最小的收益值挑选出来，然后在这些最小的效益值中再挑选出一个较大效益值作为最优方案。

3. 乐观系数法（折中决策法）

乐观系数法，是介于上述两个准则之间的一个准则，把自然状态出现的概率变成人为地估计一种可能性，即乐观系数。乐观系数法，就是决策者对自然状态的估计既不那么乐观，也不那么悲观，在乐观和悲观这两个极端之间用一个系数来折中求得平衡，这样就可算出每一方案折中的期望效益值，然后在这些折中的期望效益值中再挑选出一个最大期望效益值作为决策最优方案。乐观系数法，首先是决策者根据历史数据的分析和经验判断的办法确定一个乐观系数，用 α 表示，α 的取值介于0和1之间，即 $0 \leqslant \alpha \leqslant 1$，当决策者对未来自然状态的估计比较乐观时，可取 $\alpha > 0.5$，当决策者对未来的估计比较悲观时，可取 $\alpha < 0.5$。各方案折中期望值可用下式计算：折中期望值 $= \alpha$(最大效益值) $+ 1(1-\alpha)$ 最小效益值，这种方法的特点是：首先采用一个折中标准（即乐观系数），计算各方案的现实估计值，然后从中选择一个最大值，作为最优方案。

4. 最小后悔值法（萨凡奇决策准则）

最小后悔值法，也称最大最小后悔值法或最小遗憾决策法，这一方法就是首先找出各个方案的最大后悔值，然后在这些最大后悔值中再挑选出最小的后悔值作为决策的最优方案。决策失误，造成损失的价值，称为后悔值。所谓后悔值，就是指在某一自然状态条件下，最大效益值与其他方案效益值之差。它的决策程序是：一是计算出不同自然状态下的最大收益值；二是计算出不同自然状态下的各种方案后悔值；三是挑选出不同方案的最大后悔值；四是从最大后悔值中挑选最小后悔值，并把最小后悔值对应的方案，作为最优方案。

5. 等可能性法（拉普拉斯法）

等可能性法，又称机会均等准则，就是决策者在决策过程中没有充分的根据肯定哪一种自然状态会有较大机会出现或不出现，就假定各种自然状态发生的概率相等，然后计算各个方案的损益期望值，再以最大收益期望值或最小损失期望值为决策标准进行决策。

【例3－6】 假设某贸易公司有3个进货方案：大量进货、中量进货或小量进货。市场需求可能有4种情况：一是好销，二是稍好销，三是不好销，四是滞销。其收益值见表3－5。

表 3－5　　**收益值表**

方案　损益值　自然状态	对产品的需求			
	好销	稍好销	不好销	滞销
大量进货	800	400	－300	－700
中量进货	550	330	－150	－400
小量进货	310	310	90	－10

试问：按照乐观准则、悲观准则、乐观系数法（$a=0.7$）、后悔值法各取哪个方案？

解：（1）乐观准则。

方案	最大损益值	决策
大量进货	800	
中量进货	550	大量进货
小量进货	310	

（2）悲观准则。

方案	最小损益值	决策
大量进货	－700	
中量进货	－400	小量进货
小量进货	－10	

（3）乐观系数法。

①大量进货折衷期望值 $=800\times0.7+(-700)\times(1-0.7)=350$

②中量进货折衷期望值 $=550\times0.7+(-400)\times(1-0.7)=265$

③小量进货折衷期望值 $=310\times0.7+(-10)\times(1-0.7)=214$

决策：大量进货。

（4）后悔值法见表 3－6。

表 3－6　　**后悔值计算表**

方案　后悔值　自然状态	对产品的需求				最大后悔值	决策
	好销	稍好销	不好销	滞销		
大量进货	0	0	390	690	690	
中量进货	250	70	240	390	390	中量进货
小量进货	490	90	0	0	490	

复习思考题

第三章复习思考题

教学案例选编

案例3-1 中大集团“4+X”决策模式

翻转课堂教学活动

绍兴自行车总厂决策成功的案例

课程思政设计与实践

企业经营决策
——融入科学决策思维、总体布局、尊重自然、科学精神、求真务实和创新精神

【思政育人目标】

1. 知识目标

①掌握企业经营决策的内涵和企业经营决策的类型；②掌握企业经营决策基本过程及决策标准；③掌握企业经营决策的方法与技术；④了解程序化决策与非程序化决策；⑤掌握确定型决策、风险型决策和不确定型决策。

2. 能力目标

①树立企业经营决策的全局观和系统观，培养企业经营决策思维；②学会并能够结合企业经营决策现状，进行科学的企业经营决策和科学决策程序的设计，决策技术在管理中的应用；③掌握工程管理原理与经济决策方法，培养学生企业经营决策的方法与技术的能力；④通过学习，培养学生的总体布局、尊重自然、科学精神、求真务实和创新精神等品质和理念。

3. 价值目标

①树立科学的企业经营决策思维观和人生价值观；②培养学生的前瞻意识、创新精神和企业经营决策方法与技术能力；③运用所学知识去揭示生活中的奥秘，在实践中深化认识，拓宽视野，传播正能量，达到学以致用，培养学生的远大抱负、自强不息、追求卓越的奋斗精神；④通过科学决策案例学习让学生在了解历史与国情的同时，能够体会到任何事情的成功都离不开科学的计划，提炼出尊重科学规律做事的思维品质和爱国主义思想，增进学生对中国国情和本土优秀企业科学决策的认识，树立文化自信和家国情怀。

【思政设计与融入点】

1. 设计思路

从以下三个途径来展现本课程的思政要素：一是习近平总书记关于科学决策重要论述；二是中国革命红色文化的精神内涵及中国优秀传统文化所包含的科学决策方法与技术；三是中国本土企业科学决策的成功实践中所体现出来的价值观和科学决策思维；四是结合数字经济快速发展的新形势，本课程注重学生对大数据分析、决策最优化和信息化管理知识的掌握，注重对数据驱动决策优化实际案例分析能力的培养，培养良好的心理素质和克服困难的毅力，树立严谨治学、力求上进的学习态度，增加学生的社会责任感和就业竞争力。

2. 课程思政元素

企业经营决策要求企业经营决策者不仅要具备科学决策思想和创新精神，而且要有强烈使命感和责任担当精神。课程思政教学元素融入点设计如下：

（1）科学决策思维。科学决策思维是从全局视角和长远眼光观察、思考和处理组织管理问题的科学思维方式。讲授习近平总书记关于科学决策的重要论述，习近平总书记强调，“要做到科学决策，首先要有战略眼光，看得远、想得深”；“作决策一定要开展可行性研究，多方听取意见，综合评判，科学取舍”。讲授中国革命红色文化，如毛泽东同志《中国革命战争的战略问题》中的决策思想。

（2）总体布局。通过最优化方法案例的介绍与分析，传递“总体布局”的设计理念，让学生在案例中体现大局观的必要性，让各部分资源合理优化配置，使得利益最大化。最优化理论与方法这门课程的基本理念在于：在有限种或无限种可行方案中挑选最优方案，本课程积极探索实际应用中通过总体布局来设计最优方案。

（3）文化自信。中国优秀的传统文化和中国革命红色文化中包含着许多丰富的战略思想。《韩非子·扬权》指出：“事在四方，要在中央，圣人执要，四方来效”。其区分了决策层与执行层两个组织层次：中央政府决策，地方政府执行。白圭是战国时期商业致富之术的鼓吹者，被后世商贾奉为商业的祖师。其经营原则是“乐观时变”，即善于预测市场行情，并根据预测进行动态决策。“乐观时变”的主要内容即是后来的需求供给理论的简单雏形。经商要注意把握“人弃我取，人取我与”的原则，不要盲从；同时，在看准了时机之后，决策要及时、果断。学生在学习优秀的科学决策思想时，应自觉弘扬中华优秀传统文化，增进对中国传统文化的了解，增强民族自豪感、理论自信和文化自信。

（4）科学精神。通过介绍最优化方法相关学者的经历，引导学生深刻认识“自强不息”的科学精神对于国家发展、社会变革的巨大作用。结合专业知识，将此种精神植入学生的学习与训练过程当中，为未来社会发展培养专业化人才奠定基础。

（5）求真务实。通过介绍大数据的价值及应用，培养学生的数据价值观，学会如何正确使用数据以及如何避免数据带来的陷阱，树立“求真务实”和“精益求精”的探索精神。

【课程思政教学方法和手段】

1. 课程思政教学方法

采用“理论—案例—情景—实践—故事”相结合的“TCSPT”五维教学方法，激发学生兴趣，调动学生学习的主动性和创造性，注重思维训练和实际科学决策技能的培养。坚持以立德树人为根本任务，把培养学生的科学决策思维与帮助学生树立积极的人生观价值观结合起来，把本课程所蕴含的思政元素有机融合到课程学习的每个重要环节。教学方法如下：

（1）理论教学法：传授基本理论知识，促进学生科学决策思维和企业经营决策方法与技术分析技能的培养。通过超星平台 MOOC（慕课）学习，推进现代信息技术在课程思政教学中的应用，激发学生学习兴趣，引导学生深入思考。

（2）案例教学法：以解决企业经营决策实际遇到的问题为题目，在课程中引入真实企业经营决策案例，通过理论知识学习、阅读案例、个人分析、小组讨论、全班交流、总结归纳、消化提升和案例实践调研 8 个环节，加强师生互动，实践训练，实现教学相长，知行合一。

（3）情景教学法：从现代企业的实际情景出发，在课堂上和课外实践中创设生动有趣的情景，让学生在情景中受到感染，点燃他们的求知之火，从而使学生思维活跃，积极思考和理解企业经营决策程序和科学决策方法与技术相关的基本知识。

（4）实践教学法：引入“行动学习”的理念，通过组织学生以团队方式参与真实企业经营决策的过程和科学决策，提高学生对实际企业发展的切身体会和认识，培养学生的科学决策能力和创新能力。

（5）讲故事：通过组织学生以团队方式参与中国知名企业经营决策和中国革命红色文化的调研，撰写企业经营决策案例，讲中国企业科学决策故事，自觉弘扬中华优秀传统文化、社会主义先进文化，增进对中国传统文化和红色文化的了解，教育引导学生传承中华文脉，富有中国心、饱含中国情、充满中国味。

2. 融入手段

翻转课堂教学，教师讲授，视频展示，案例分析，经典阅读，MOOC（慕课）学习，团队式学习。

【课程思政教学路径】

第一，讲授习近平总书记关于科学决策的重要论述：①习近平总书记强调，“要做到科学决策，首先要有战略眼光，看得远、想得深”。②习近平总书记强调，“要深入研究、综合分析，看事情是否值得做、是否符合实际等，全面权衡，科学决断”。③习近平总书记强调，“作决策一定要开展可行性研究，多方听取意见，综合评判，科学取舍”。

第二，列举我国“五年计划”及各类发展战略及规划的例子；讲授中国革命红色文化，毛泽东同志在《中国革命战争的战略问题》中的决策思想，对于中国本土企业发展具有重要的战略借鉴和指导意义。

第三，讲授中国古代决策思想：①《韩非子·扬权》指出：“事在四方，要在中央，圣人执要，四方来效”，其区分了决策层与执行层两个组织层次：中央政府政策，地方政府执行，这其中最高决策者十分关键，应该是“圣人”来进行决策，然后地方竟相效法、执行。②白圭是战国时期商业致富之术的鼓吹者，被后世商贾奉为商业的祖师，经营原则是“乐观时变”，即善于预测市场行情，并根据预测进行动态决策；“乐观时变”的主要内容即是后来的需求供给理论的简单雏形。③经商要注意把握“人弃我取，人取我与”的原则，不要盲从；同时，在看准了时机之后，决策要及时、果断，做到“趋时若猛兽鸷鸟之发”。

第四，学习《中国红色经典案例：科学决策与战略思维》所展现的中国共产党人的决策能力与战略睿智，用中国企业科学决策经典故事、全新中国本土案例提升企业科学决策能力和商业素质，使学生坚定“文化自信”，培养学生“企业家精神”特质和科学决策方法与技术。

【课程思政实践活动】

1. 课前5分钟经典阅读活动，进行习近平新时代中国特色社会主义思想和科学决策重要论述学习，阅读《习近平谈治国理政》第四卷；

2. 课中进行万里长城和都江堰水利工程案例分析，进行《绍兴自行车总厂决策成功的案例》分析研讨，以小组为单位开展翻转课堂教学活动；

3. 课后进行《韩非子·扬权》《孙子兵法》经典阅读，观看影片《大决战》，观看纪录片《大三峡》《科学启示录》第五集决策，观看《决策的真相》（双语字幕）视频片，进行《中国红色经典案例：科学决策与战略思维》（山西教育出版社出版）等案例分析、经典阅读；超星平台《现代企业管理》MOOC（慕课）学习：https：//www. xueyinonline. com/detail/241026355；齐齐哈尔大学在线综合教育平台《管理综合案例》自主学习活动。

经典管理故事

猿猴与蜈蚣的故事

热带雨林中，虎啸猿啼，草木丛生，各种动物在树枝上、草丛间玩耍，上蹿下跳，十分活跃，一切都显得生机盎然。但天有不测风云，暴雨来袭，不久洪水就淹没了森林的大部分，大小动物拼命向最高处奔去。待大家聚到高处，洪水还在暴涨，于是大家推选最聪明的猿猴主持召开会议，大家为如何脱险议论纷纷，一时不知所措。

猿猴说：谁能游泳？很快推选出青蛙、水蛇。猿猴灵机一动说：“不行！只会游泳，跑得不快，不能迅速报信求救。”大家一致赞成，但谁是水陆都行的能手呢？猿猴脑子快，一眼看到了蜈蚣。它会水，腿又多，一定跑得快。猿猴自鸣得意地断然做出决定：马上让蜈蚣出发。当天黑散会时，大家发现蜈蚣还没有走，因为脚太多，穿鞋成了最费时间的事。大家对猿猴的错误决策十分愤慨。

第四章

人力资源管理

【章前导读】

七人分粥

有七个人曾经住在一起，每天分一大桶粥，但是粥每天都是不够的。

一开始，他们抓阄决定谁来分粥，每天轮一个。于是每周下来，他们只有一天是饱的，就是自己分粥的那一天。

后来他们开始推选出一个道德高尚的人出来分粥。于是大家开始挖空心思去讨好他。

然后大家开始组成三人的分粥委员会及四人的评选委员会，互相攻击扯皮下来，粥吃到嘴里全是凉的。

最后想出来一个方法：轮流分粥，但分粥的人要等其他人都挑完后拿剩下的最后一碗。为了不让自己吃到最少的，每人都尽量分得平均，就算不平，也只能认了。大家快快乐乐，和和气气，日子越过越好。

同样是七个人，不同的分配制度，就会有不同的风气。所以一个单位如果有不好的工作风气，一定是机制问题，一定是没有完全公平公正公开，没有严格的奖勤罚懒。如何制定制度，是每个领导需要考虑的问题。

夫聪察强毅之谓才，正直中和之谓德。才者，德之资也；德者，才之帅也。

——司马光《资治通鉴·周纪一》

【教学内容精要】

【课程性质】

人力资源管理是一门管理学科，其在企业中处于一种对下管理为上服务的职能。人力资源管理工作内容主要包括以下几个方面：人力资源规划、招聘与录用、培训与开发、员工档案管理、薪酬福利管理、绩效管理和劳动关系等内容。人力资源管理是一门研究组织选人、用人、育人、留人的科学，是一门实用性很强的学科。

【发展趋势】

人力资源管理课程主要包括人力资源管理基本理论，人力资源规划，工作分析与评价、人员招聘与甄选、人力资源培训与开发、人员测评与激励、薪资管理和劳动关系等内容。由于人力资源的差异性，人力资源管理应本着实用性的角度，针对具体的工作与人员的个体差异性角度来进行研究。

【教学内容】

本单元包含人力资源管理，内容涉及人力资源配置，工作分析绩效、招聘与甄选、人力资源培训与开发，薪酬与绩效考核以及劳动关系管理等内容。

【教学要求】

（1）选编了教学案例，根据思考与讨论题，在阅读案例和查阅文献资料的基础上，认真完成思考与讨论题，撰写管理案例课堂讨论书面报告。

（2）设计课堂讨论主题发言和自由发言的内容，认真参与管理案例教学课堂讨论，填写现代企业管理学课程翻转课堂讨论记录表。

第一节

人力资源管理概述

党的二十大报告指出：“深入实施人才强国战略。培养造就大批德才兼备的高素质人才，是国家和民族长远发展大计。功以才成，业由才广。坚持党管人才原则，坚持尊重劳动、尊重知识、尊重人才、尊重创造，实施更加积极、更加开放、更加有效的人才政策，引导广大人才爱党报国、敬业奉献、服务人民。”

本节主要研究人力资源管理的基本过程及其相关理论与方法。

一、人力资源管理概念及内容

（一）人力资源管理的概念及特点

1. 人力资源管理的概念

人力资源管理（Human Resource Management，HRM）是指运用管理学方法，对人力资源进行合理的规划、开发、培训、配置，且通过人力资源的整合，实现对人的思想、意识的调整与控制，在人的智力、体力协调的基础上，充分发挥人的能动性和创新力，以达到组织的既定目标。

人力资源质的管理是对人力资源心理和行为的管理。就个体而言，积极性和创造性是体现人力资源质的重要指标，主观能动性是积极性和创造性的基础，而人的思想、心理活动和行为则是人的主观能动性的表现。就人群体而言，群体会有内耗问题，因而只有群体中每个个体在思想观念上一致，在感情上融洽，在行动上协作，才能使群体出现 1 +1 >1 的群体整合效应。

现代人力资源管理主要就是进行质的管理，进行心理和行为的管理，即采用现代的科学方法，对人的思想、心理、行为，进行有效的管理，包括对个体和群体的思想、心理、行为的协调、控制和管理，以充分发挥人的主观能动性，实现企业目标。量的管理指根据人力与物力变化，对人力进行恰当的培训、组织和协调，使人力与物力保持动态最佳比例和有机结合，使人与物都充分发挥最佳效应，做到事得其人，人尽其才，有效使用。

2. 人力资源的特点

人力资源是进行社会生产最基本最重要的资源，与其他资源相比较，它具有能动性、双重性、再生性、时效性、社会性和增值性。

（1）能动性：这是人力资源区别于其他资源的最根本的区别。指人不同于其他资源处于被动使用的地位，它是唯一能起到创造作用的因素，能积极主动地、有意识地、有目的地认识世界和利用其他资源去改造世界，推动社会和经济的发展，因而在社会发展和经济建设中起着积极和主导的作用。

（2）时效性：人力资源与一般资源如矿产资源不同，矿产资源一般可以长期储存，不采不用，品质不会降低。人力资源则不然，储而不用，才能就会被荒废、退化。随着时间推移，科技不断发展，使人的知识和技能相对老化而导致劳动能力相对降低。人力资源的这一特点要求在人力资源的开发与管理中要注重终身教育，加强后期培训与开发，不断提高其德才水平。

（3）连续性：人力资源开发的连续性（持续性）是指，人力资源是可以不断开发的资源，不仅人力资源的使用过程是开发的过程，培训、积累、创造过程也是开发的过程。

（4）再生性：人力资源的有形磨损是指人自身的疲劳和衰老，这是一种不可避免、无法抗拒的损耗；人力资源的无形磨损是指个人的知识和技能由于科学技术的发展而出现的相对老化。后者的磨损不同于物质资源，物资资源在形成产品使用后一般就不能再开发了，而人力资源则有无限开发的潜能和价值，是可以通过人的不断学习、更新知识、提高技能而可以持续开发。人力资源是可再生资源，通过人口总体内各个个体的不断替换更新和劳动力的“消耗—生产—再消耗—再生产”的过程实现其再生。人力资源的再生性除受生物规律支配外，还受到人类自身意识、意志的支配，人类文明发展活动的影响，新技术革命的制约。

（二）人力资源管理内容

人力资源管理主要有以下主要内容：

（1）人力资源规划：人力资源管理工作的航标兼导航仪。

（2）招聘与配置：包括员工招聘和人员整合，即：“引”和“用”的结合艺术。

（3）培训与开发：包括员工培训与职业生涯设计，帮助员工胜任工作并发掘员工的最大潜能。

（4）薪酬与福利：包括薪酬管理、福利管理和激励计划，员工激励的最有效手段之一。

（5）绩效考核管理：不同的视角，不同的结局，包括员工绩效考核与素质评估，实现公平动态的管理。

（6）员工和劳动关系：实现组织和员工的共赢。

二、人力资源管理阶段与过程

（一）人力资源管理阶段

人力资源管理阶段又可分为人力资源管理的提出和人力资源管理的发展两个阶段。

1. 人力资源管理的提出

“人力资源”这一概念早在1954年就由现代管理学之父彼得·德鲁克在其著作《管理实践》提出并加以明确界定。20世纪80年代以来，人力资源管理理论不断成熟，并在实践中得到进一步发展，为企业所广泛接受，并逐渐取代人事管理。

2. 人力资源管理的发展

进入20世纪90年代，人力资源管理理论不断发展，也不断成熟。人们更多的探讨人力资源管理如何为企业的战略服务，人力资源部门的角色如何向企业管理的战略合作伙伴关系转变。战略人力资源管理理论的提出和发展，标志着现代人力资源管理的新阶段。

（二）人力资源管理过程

1. 人力资源管理过程内容

企业要追求卓越，各阶层的管理者就必须具备有关“人”的功夫，主要包括5个方面：①知人。知己知彼，知己识人。②选人。适任、适群、适己。③育人。自我培育，培育下属。④用人。知人善任。⑤安人。安于工作，勤于工作，乐于工作。

2. 人力资源管理工作步骤

人力资源管理过程5个方面体现在人力资源管理的过程中，如图4－1所示。

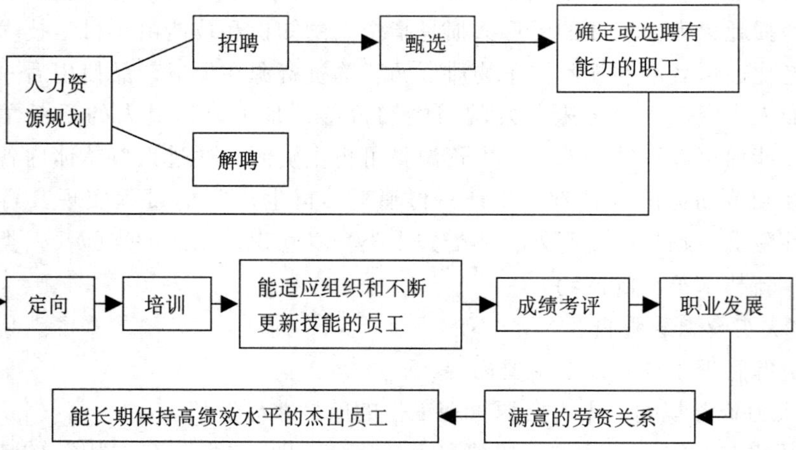

图4－1 人力资源管理过程

一旦你选聘了能胜任的员工，你还要帮助他们适应组织并确保他们的知识和技能不断得到更新，这些需要通过定向和培训来达到。上岗以后还要进行业绩考评，以此作为职业发展的依据。

第二节

人力资源管理工作

党的二十大报告指出：“完善人才战略布局，坚持各方面人才一起抓，建设规模宏大、结构合理、素质优良的人才队伍。加快建设世界重要人才中心和创新高地，促进人才区域合理布局和协调发展，着力形成人才国际竞争的比较优势。加快建设国家战略人才力量，努力培养造就更多大师、战略科学家、一流科技领军人才和创新团队、青年科技人才、卓越工程师、大国工匠、高技能人才。”

人力资源管理分人力资源规划、招聘与甄选、培训与开发、绩效考核、薪酬管理、劳动关系管理等六大模块，诠释人力资源管理六大模块核心思想所在，帮助企业主掌握员工管理及人力资源管理的本质。

一、人力资源规划

（一）工作分析

1. 工作分析定义

是对组织中特定工作职位的目的、任务或职责、权力、隶属关系、工作条件、任职资格等相关信息进行收集与分析，以便对职位的工作做出明确的规定，并确定完成该工作所需要的行为、条件、人员的过程。

2. 工作分析的作用

（1）选拔和任用合格人员。

（2）制定有效的人事计划。

（3）设计积极的人员培训和开发方案。

（4）提供考核、升职和作业标准。

（5）提高工作和生产效率。

（6）建立先进、合理的工作定额和报酬制度。

（7）改善工作设计和环境。

（8）加强职业咨询和职业指导。

3. 工作分析的实施步骤

组织进行工作分析时必须确定搜集什么信息，如何搜集信息，怎样整理和分析所搜集的信息，最后将信息做成文件。实施步骤如下：

（1）成立工作分析小组。组织成立由外聘专家、部门主管、工作人员参加的工作小组。小组成员必须对组织情况有较全面的认识，并有一定的分析能力和责任心。首先进行小组成员培训、制定工作计划、明确工作分析范围和任务；其次，工作小组确定目标和设计职位调查方案。

（2）搜集与工作相关的前期资料。工作分析应取得的前期资料包括：组织机构图、管理流程图、岗位工作准则、岗位责任制度等。搜集的资料用于了解各部门岗位及岗位人员数量、工作职责。

（3）收集工作分析的信息。职位调查的目的是搜集与工作相关的，为正确编写职位说明书提供依据。为了更好地搜集资料，可以采取访谈法、调查问卷法、实地考察法、工作日记法等方法取得有关职位工作的各种数据与资料。

（4）整理和分析所得到的工作信息。收集资料的基础上，要对各职位特征和要求做出全面说明，分析发展岗位的关键环节，进而归纳总结出工作分析的必需材料与信息资料。

（5）编写职位说明书。职位说明书是对组织中职位的工作说明和工作规范。工作说明是对工作任务、工作职责、工作条件、工作环境等工作自身特性信息提供的文本说明。工作规范是包含一项工作所需要的从业人员必备的品质、特点、技能及工作背景或者经历等方面要求的书面文件。

（二）人力资源规划的概念与内容

1. 人力资源规划的概念

人力资源规划，是指根据企业战略目标，预测企业在未来环境变化中人力资源需求情况，并通过相应的计划制订和实施使供求关系协调平衡的过程。

2. 企业人力资源规划的内容

人力资源规划包括 5 个方面：

（1）战略规划。是根据企业总体发展战略的目标，对企业人力资源开发和利用的方针、政策和策略的规定，是各种人力资源具体计划的核心，是事关全局的关键性计划。

（2）组织规划。组织规划是对企业整体框架的设计，主要包括组织信息的采集、处理和应用，组织结构图的绘制，组织调查、诊断和评价，组织设计与调整，以及组织机构的设置等。

（3）制度规划。制度规划是人力资源总规划目标实现的重要保证，包括人力资源管理制度体系建设的程序，制度化管理等内容。

（4）人员规划。人员规划是对企业人员总量构成，流动的整体规划，包括人力资源现状分析、企业定员、人员需求和供给预测、人员供需平衡等。

（5）费用规划。费用规划是对企业人工成本，人力资源管理费用的整体规划，包括人力资源费用的预算、核算、结算以及人力资源费用控制。

（三）人力资源规划步骤

人力资源规划的程序即人力资源规划的过程，一般可分为以下 5 个步骤：收集有关信息资料、人力资源需求预测和供给预测及确定人力资源净需求、编制人力资源规划、实施人力资源规划、人力资源规划评估与反馈修正。

1. 收集有关信息资料进行环境分析

人力资源规划的信息包括内部信息和外部环境信息。内部信息包括：战略计划、战术计划、行动方案、各部门的计划、人力资源现状等。外部环境信息包括：宏观经济形势和行业经济形势、技术的发展情况、行业的竞争性、劳动力市场、人口和社会发展趋势、政府政策等。

2. 人力资源供需求预测

人力资源供给和需求预测包括：短期和长期需求预测、总量需求预测、各岗位需求预测；内部供给预测和外部供给预测，最终确定人力资源净需求。

在对员工未来的需求与供给预测数据的基础上，将人力资源需求的预测数与可供给的人力资源预测数进行对比分析，可测算出各类人员的净需求数。

3. 根据规划目标编制人力资源规划

根据规划的员工总量、结构数量等进行确认，并确定组织不同人员能力素质的目标。进而结合组织目标及员工的净需求量，编制人力资源规划，包括总体规划和各项业务计划。同时要注意总体规划与各项业务计划，及各项业务计划之间的衔接和平衡，提出调整供给和需求的具体政策和措施。

4. 实施人力资源规划

是指人力资源规划的实际操作过程。需要注意4点：

（1）要有专人负责方案的实施，并保证负责人具有保证方案实现的权利和资源。

（2）要确保严格按照规划执行。

（3）在实施前要做好充分准备，在实施过程中要全力以赴。

（4）要有关于实施进展状况的定期报告，以确保规划能够与环境、组织的目标保持一致。

5. 人力资源规划评估

在实施人力资源规划的同时，要进行定期与不定期的评估。标准是：是否执行了本规划；人力资源规划本身是否合理；将实施的结果与人力资源规划进行比较，通过发现规划与现实之间的差距来指导以后的人力资源规划活动。对人力资源规划实施后的反馈与修正是人力资源规划过程中不可缺少的步骤。评估结果出来后，应进行及时的反馈，进而对原规划的内容进行适时的修正，使其更符合实际，更好地促进组织目标的实现。

二、招聘与甄选

组织开展员工招聘与选拔为了获取更适合组织发展的人力资源。因此，需要依据相应的员工招聘标准、员工招聘原则与要求，通过一定的员工招聘方式与途径，进行员工的测试、选拔与录用，来达到组织选聘人才的目的。

（一）招聘

1. 招聘及其原则。

招聘是企业整个人力资源管理活动的基础，有效的招聘工作能为以后的培训、考评、工资福利、劳动关系等管理活动打好基础。因此，员工招聘是人力资源管理的基础性工作。员工招聘，是指组织根据人力资源管理规划和工作分析的要求，从组织内部和外部吸收人力资源的过程。员工招聘包括员工招募、甄选和聘用等内容。

（1）员工招聘的原则。

①计划性原则。组织对人力资源的需求要按照事先制定的年度人力资源规划来执

行，即根据规划的各阶段细化组织对人力资源的需求的数量和质量。

②因岗择人原则。因岗择人，是指员工的选聘应以实际工作的需要和岗位的空缺情况为出发点，根据岗位对任职者的资格要求选用人员。防止在员工招聘中出现因人设岗等违背人力资源管理原则的事情。

③公开、公平、公正原则。公开就是要组织要把招聘的信息，如：种类、数量、条件、考试方法等内容公示，使得组织招聘工作能够在公开监督之下，防止以权谋私、假公济私的不正之风现象的出现，给予人才公开、平等的机会。

④竞争择优原则。竞争择优原则是指在员工招聘中引入竞争机制，在对应聘者的思想素质、道德品质、业务能力等方面进行全面考察的基础上，按照考查的成绩择优选拔录用员工。

⑤效率优先与兼顾全面原则。效率优先原则就是用尽可能低的招聘成本录用到适合组织工作的员工。兼顾全面是保证员工在录用前在知识、能力、品德等方面都得到全面测试。因此，本原则是要求组织开展员工招聘，既要保证所招人员经过严格的全面考核，还要保证能够用较低的成本得到组织所需要的人才的综合原则。

（2）招聘渠道类型及优缺点。管理者通常有几种渠道来招聘潜在的候选人，表4－1为招聘渠道类型及优缺点。使用哪一种方式招聘，通常根据当地劳动力市场、所配置的职务类型、层级及组织的规模来确定。

表4－1　　招聘渠道类型及优缺点

来源渠道	优　点	缺　点
组织内部搜寻	花费少，有利于提高士气；候选人了解组织情况	供应范围有限
广告应征	辐射广，可以有目标地针对某一特定群体	有许多不合格的应聘者，增加了招聘的工作量
员工推荐	可通过现有员工提供对组织的认识；基于推荐者的认真推举可能产生高素质的候选人	范围比较窄，可能不会增加员工的多样性和结构
公共就业机构	正常费用或免费	提供非熟练或受过很少训练的候选人
私人就业机构	广泛接触，仔细甄别，通常给予短期的担保	花费大
学校分配	大量集中的候选人	仅限于初入者级别的职位

①职位的类型或级别对招聘的影响。某职位所要求的技能越高或在其组织层级中的地位越高，那么招聘过程就越需要扩展到地区或全国的范围来进行搜寻。

②组织规模的影响。一般而言，组织规模越大，越容易被人注意到。由于有更多的晋升机会并提供更大职权，通常具有较高的知名度，因此更容易吸引到工作的应聘者，而且大组织内部有更多的候选人储备，可以从中挑选合适的人员补充空缺职位。

③劳动力市场规模的影响。通常在大规模劳动力市场上招聘要比小规模市场来得容易，比如在北京、上海、广州等大型的劳动力市场，一般有更充足的劳动力供应。

研究证明，员工推荐被证明是最好的一种。首先，现职员工推荐的候选人已事先经过这些员工的筛选，因为推荐者对于职务和所推荐的人选都较为了解，他们自然倾向于推荐更合适该项职务的候选人；其次，现职员工通常会觉得他们在组织中的声望和所作的推荐质量不无关系，因此只有当他们自信该项推荐不会影响自己的名声时才会主动推荐其他人。

2. 招聘的方式与途径

（1）招聘的方式。

①报纸与电视等媒体传播方式。报纸和电视是传统的媒体，不仅涉及面广，还成为求职者主要的信息来源，宣传效果非常好，但是覆盖面广，会使组织面对大量的求职者，需要组织相当的人力和物力耐心去逐个检验、面试，最后即使招聘到适合组织发展需要的人才，也将付出相当大的代价，违背了效率优先与兼顾全面的原则。

②供需见面会。目前，社会上最普遍的招聘方式是供需见面会，因这种办法既能保持较低成本，又可以实现比较专业的选拔人才的招聘方式。各地方政府及专业协会都会设有专业的人才市场，并组织定期的供需见面会，应该说这种形式的好处是针对性强，而且可以让求职者与招聘者见面，保证第一道筛选的检验质量，提高了效率。

③中介推荐。作为一种最古老的猎头手段，也是最行之有效的捷径，朋友等中介的推荐依然是很多组织招聘人才的主要方式。因为，这种方式不需要一般招聘所经历的初始阶段，直接通过对应聘者的考查，而实现一步到位的目的。但这需要组织对应聘者的真实能力与未来发展潜力有一个更准确的判断，防止由于情感因素影响到组织对人才的客观判断，造成组织未来的损失。

（2）招聘的途径。员工招聘包括员工的选拔与聘用，是人力资源管理的重要内容，员工招聘的方法是否得当直接影响到组织的人力资源管理及整个组织发展。根据招聘方式的不同，员工招聘的途径主要有内部招聘与外部招聘两种。

组织内部招聘可以通过内部晋升提拔、工作轮岗、内部调用方式来进行。而组织外部招聘主要是通过中介推荐、广告媒体、人才机构与高校的供需见面会等方式。在招聘实施中，组织采取哪种方式招聘取决于组织的传统特点及未来发展方向，其原则是采用的招聘方式保证能够获取组织所需的人才。

3. 招聘的测试、选拔与录用

测试也叫测评，是在面试基础上进一步对应聘者进行了解的一种手段，包括智能测试与心理测试，智能测试是对应聘者现有能力的测试，心理测试则是对应聘者潜在能力的测试。为了将人的能力与适当的职业相匹配，首先需要了解一个人的能力倾向。通过测试，可以检测应聘者的能力与潜力，消除面试中主考官的主观因素对面试的干扰，增加招聘者的公平竞争机会，还可以剔除应聘者资料和面试中的一些伪信息，提高录用决策的正确性。

为了保证员工招聘与选拔工作的有效性与可行性，必须要对员工进行严格的测试、选拔与录用。

（1）制定与发布员工招聘计划。确定组织对员工的需求是员工选拔的前提。按照组织的人力资源需求，通过工作分析，确定组织各部门的工作条件、规程、要求及所需的各种资料。计划确定后，发表选聘信息，对内可以利用布告栏、内部期刊等，对外利用电视、广播、报纸杂志、网络等。

（2）笔试与面试及心理等测试。测试是员工招聘最重要的环节，通过测试可以对应聘者的能力、性格、特长等加以考核，以全面客观的对员工加以鉴定，管理者可以通过申请表分析、笔试、面试、调查等手段。

（3）选定录用员工。需要利用加权的方法，算出每个候选人知识、智力和能力的综合得分，并根据待聘职务的要求确定人员，做出是否录用的决定。

（4）评价和反馈招聘效果。招聘录用后，要对整个迁出工作的程序进行全面的检查和评价，并且要对录用的员工进行追踪分析，通过对全程的评价来检查原有招聘工作的成效，总结招聘过程中的成功与过失，及时反馈到招聘部门，以便改进和修正。

4. 筛选

（1）员工招聘面试的主要方式。从面试的组织形式来看，可分为结构性面试、非结构性面试、压力面试。

①结构性面试指在面试前，已设立面试内容的固定框架或问题清单，主考官按照这个框架对每个应聘者分别作相同的提问，并控制整个面试的进行。结构性面试由于对所有应聘者均按同一标准进行，因而能减少面试的主观性；但由于结构性面试过于僵化，难以随机应变，因而所收集信息的范围受到限制。

②非结构性面试前无需作面试问题的准备，主考官只需掌握组织、职位基本情况，因而非结构性面试灵活自由，问题可因人、因情境而异，可得到更有用的信息；但由于此方法缺乏统一标准，因而易带来偏差，同时对主考官要求较高，要求主考官具备丰富的经验与很高的素质。

③压力面试在面试一开始就向应聘者提问攻击性问题，用于了解应聘者承受压力、情绪调整，及应变能力。

（2）能力测试。关于能力倾向（性向），很多心理学家作出了不同的解释。但他们都强调同一点，这就是能力倾向是一个人的潜在能力，此种潜能予以训练后，容易使个人获得某种知识和技能。每个人对自己的能力倾向总有一定的了解。每个父母、老师、职业咨询工作者对自己的子女、学生和来访者的能力倾向，经过一定时间的接触和观察，都会有一定的了解。但是，这种了解带有很大的主观性。由于种种性格因素和环境因素而不能正确评价自己的现象很普遍。有的人对自己的某一方面自视过高，有的人又对自己的某一方面妄自菲薄。更重要的是，这种主观评价往往缺乏一个比较客观的参照系，没有广泛的比较就无法准确地鉴别。为了更准确的分析和判断，就需要借助职业能力倾向测验了。

（3）人格测试。自陈式人格测试是目前最流行的人格测量技术，通常由一组精心设计的结构式问卷组成，题干是对个人行为表现和心理感受的描述，选项则是对题干内容的回答与判断，有单选也有多选，这类测试的基本假设是最了解自己心理特点和行为表现的人是被测试本人，如果被试者认真作答、积极配合，根据答题情况，可准确的测定出被试的人格特质。常用的方法有，艾森克的自陈式量表法和卡特尔16种人格法。

5. 解聘

管理者在了解了他们现有的人事情况后（是人员不足还是超员），就可以着手对此做些事情。如果是组织中存在一个或多个职位空缺，就可以根据职务分析得到的信息来指导招聘，包括安置、确定和吸收有能力的申请者的活动过程；如果是在人力资源规划中指明存在超员，管理者就要减少组织中的劳动力供应，这种变动称作解聘。

对于任何一个执行裁员的管理人员来说，解聘绝不是一件令人愉快的事情，但是当市场需求发生重大变化或有更好的替代产品出现时，企业面临着巨大的生存压力，因而不得不压缩其规模时，解聘就成为人力资源管理的一个重要内容，就像我们企业现在为了适应市场，建立现代企业制度，必然有一批职工下岗一样。表 4－2 所示为解聘方案及说明。

表 4－2　　解聘方案及说明

方　案	说　明
解雇	永久性、非自愿地终止合同
暂时解雇	临时性、非自愿地终止合同，可能持续若干天时间，也可能延续到几年
自然减员	对自愿辞职或正常退休腾出的职位空缺不予填补
调换岗位	横向或向下调换员工岗位，通常不会降低成本，但可减缓组织内的劳动力供求不平衡
缩短工作周	让员工少工作一些时间
提前退休	为年龄大、资历深的员工提供激励，使其在正常退休期限提早退离岗位
学习培训（中国特色）	进入专业学校学习以缓解单位编制压力，等学习期满，单位亦有一批退休或调离的员工，正好可以重回单位工作

（二）甄选

人员甄选过程的实质，即人力资源规划确定了组织人员的短缺，并且开发了一批申请者以后，管理者需要采取一些方法进行甄别，以确保最合适的候选人得到这一职位，这过程称为甄选过程。

1. 甄选的手段

甄选是一种预测行为，它设法预见聘用哪一位申请者会确保工作的成功，因为在这之前，这个候选人还没有到这个单位工作。甄选过程将会产生 4 种可能的结果，见表 4－3。其中，两种结果说明决策正确，另外两种结果说明决策失误。

表 4－3　　人员甄选决策

	业绩类型	接受	拒绝
后来工作成绩表现	成功	1. 正确的决策	2. 错误的决策
	不成功	3. 错误的决策	4. 正确的决策

第 1 种和第 4 种情况反映了当选中的申请人被预测到会取得成功并在日后的工作中被证实取得了成功，或者预测到申请者不会成功且雇用后会有这样的表现时，所对应的决策就是正确的。在前一种情况下，管理者成功地接受了这个申请人，在后一种情况下，管理者成功地拒绝了这位申请者。但是如果错误地拒绝了一位将在未来工作中有杰出表现的候选人或错误地接受了后来表现极差的候选人，那么甄选过程就出现了问题，因此甄选活动的主要着眼点是减少作出错误拒绝和错误接受的可能性，提高作出正确决策的概率。管理者可以采用几种甄选手段，主要体现在以下几个方面：

（1）申请表分析。几乎所有的组织都要求应聘者填写一份申请表，这可能是一份应聘者填上姓名、地址、电话号码的简表，也可能是一份综合性的个人履历表，要求仔细填写个人的活动、技能和成就。

（2）笔试。典型的笔试包括智商、悟性、能力和兴趣等方面的内容，比如国家公务员考试。现在有许多公司在招聘人才时都进行笔试，测试应聘者专业技术、心理承受能力等方面。

（3）绩效模拟测试用的是使应聘者实际做一些工作之前就发现他是否具备相应的能力，这种方式通常有两种有效方法。

①工作抽样法。这是指给申请者提供一项职务的缩样复制物，让他完成该项职务的一种或多种核心任务。申请者通过实际执行这些任务，将展示他是否拥有必要的技能。这种方法一般适用于招聘常规的职务，比如公司招聘一位文字秘书，就可以利用工作抽样法来考核。让应聘者写一份会议通知，并完成计算机打印稿，来考察他的文字能力、计算机操作能力和录入速度。

②测评中心法。这是指由公司直线主管人员、监督人员及受过训练的心理专家组成一个测评中心，模拟性地设计出实际工作中可能面对的一些现实问题，让应聘者经受2～4天的测试练习，从中评价其管理能力。这种方法适用于挑选从事管理职位的候选人，比如让申请者制定一项生产计划或制定一项营销计划。

（4）面谈。面谈与申请表分析一样，是普遍使用的一种人员甄选手段。但是如果事先没有进行设计并按标准化的方式进行，面谈可能潜伏着各种潜在的偏见和障碍。

管理者如何设计才能使面试这种方式更有效呢？经过大量的实务研究，管理学家提出了以下一些建议：①对所有应聘者设计一些固定的面试问题；②根据职务说明书和职务规范文件取得应聘者应聘岗位的相关详细信息；③尽量减少对应聘者履历、经验、兴趣、其他测试成绩等先前认识；④多提问一些要求应聘者对实际做法给予详尽描述的行为问题；⑤采用标准的评价格式；⑥面试中考官要做笔记；⑦避免通过短时间面试就形成合适与否的决策。

（5）履历调查。该方法已被证明是获取人员甄选有关信息的一个有价值的渠道。管理研究证实，对应聘者在申请表中填写的"事实"进行核实是有益的，有相当大比例职务的应聘者对他们的就业日期、职务头衔、过去薪金或离开原工作岗位的原因夸大其词或不真实陈述，因此，将这些申请表上的硬性资料与其原来的雇主逐一核对，就是一种有意义的行为，可以获得更真实和准确的人力资源信息。

（6）体格检查。几乎在所有的情况下，体格检查都是为健康保险而作的，因为管理者要设法减少组织对雇员受雇前伤害的保险开支。

2. 何种甄选手段最有效

以上介绍了人员甄选的几种常用的手段，那么存不存在一种最有效的甄选手段呢？我们首先解决一下如何判断一个手段的有效性。判断甄选手段的有效性方面，一般有两种考核指标，它们是：

（1）效度（Validity）。指甄选手段和有关的工作标准之间确实存在着相关关系。就是说，如果管理者所用的是有效度的手段，那么通过该手段测试后的得分与后来的工作绩效呈正相关关系。

（2）信度（Reliability）。指一种手段是否能对同一事物作出持续一致的测量。以上介绍的几种甄选手段，因甄选不同职位的候选人，其效度和信度是不一样的，因而在实际利用中，管理者只能选用那些对特定职务具有良好效果的某些手段。具体到这些手段的效度如何，经过测试，得出了相关结论，见表4－4。

表4－4　甄选手段在不同单位的有效性

手段＼类型/有效性	高层管理岗位	中低层管理岗位	复杂的非管理岗位	常规的作业岗位
申请表	2	2	2	2
笔试	1	1	1	1
工作抽样	—	—	4	4
测评中心	5	5	—	—
面试	4	3	2	2
申请资料核实	3	3	3	3
体格检查	1	1	1	2

注：效度在这里按1～5的尺度衡量，5最高，1最低，其余处于中间

三、员工培训与开发

（一）员工培训的含义及内容

1. 员工培训与开发的含义

员工培训是指一定组织为开展业务及培育人才的需要，采用各种方式对员工进行有目的、有计划的培养和训练的管理活动，其目标是使员工不断地更新知识，开拓技能，改进员工的动机、态度和行为，使其适应新的要求，更加完美地胜任现职工作或担负更高级别的职务，从而促进组织效率的提高和组织目标的实现。

2. 员工培训的内容

人员培训的内容包括思想政治教育、基础文化知识教育、技术业务培训、管理知识培训、人际关系能力培训、解决问题能力培训、法律政策及制度培训等方面。

（1）思想政治教育。包括政治观教育，如爱祖国、爱企业的教育、形势政策教育等；人生观教育，如共产主义理想教育、职业道德教育、文化传统教育等。

（2）基础文化知识教育。包括各类文化课程和基础知识课程教育、学历教育等。

（3）技术业务培训。包括有关专业知识方面的培训、有关工艺规程和技术技能方面的培训、各类岗位及技术等级的相关知识等。

（4）管理知识培训。包括有关管理原理、管理思想、管理方法、管理手段和管理技巧方面的培训。

（5）法律政策及制度培训。包括社会主义法治教育、企业规章制度和纪律教育、安全思想、安全制度及安全技术等方面的培训。

（6）人际关系能力培训。就是通过培训提高人际之间的合作交往能力。几乎所有职工都是某个工作群体的一员，每个人的工作绩效多多少少都依赖同事的通力合作，这就需要学会理解，学会人际之间的沟通，减少彼此间的冲突。

（7）解决问题能力培训。就是通过培训，提高发现和解决工作中出现的实际问题的能力。培训计划可包括加强逻辑推理能力，找出问题，探讨因果关系，以及挑选最佳

解决问题的办法等技能的培训。能力的培训对于管理人员来说尤为重要，是其能力培养的核心。

（二）员工培训的目的与原则

1. 员工培训的目的

（1）降低员工流失率，增强组织的稳定程度。

（2）让员工适应工作，以便减少错误、节省时间。

（3）展现清晰的职位及组织对个人的期望。

（4）帮助新员工更快地胜任本职工作。

（5）减少员工的抱怨。组织好培训，会减少员工的焦虑和抱怨，能让其专心干工作。

（6）让员工能够融入组织的文化。

2. 员工培训的原则

为了保证培训与开发的方向不偏离组织预定的目标，必须制定基本原则，并以此为指导。具体包括以下几个方面：

（1）战略原则。组织必须将员工的培训与开发放在战略的高度来认识。员工培训有的能立竿见影，很快会反映到员工工作绩效上；有的可能在若干年后才能收到明显的效果，尤其是对管理人员的培训。因此，组织必须树立战略观念，根据组织发展目标及战略制定培训规划，使培训、开发与组织的长远发展紧密结合。

（2）理论联系实际、学以致用原则。员工培训应当有明确的针对性，从实际工作的需要出发，与职位特点紧密结合，与培训对象的年龄、知识结构、能力结构、思想状况紧密结合，目的在于通过培训让员工掌握必要的技能以完成规定的工作，最终为提高组织的经济效益服务。只有这样培训才能收到实效，才能提高工作效率。

（3）知识技能培训与组织文化培训兼顾的原则。培训与开发的内容，除了文化知识、专业知识、专业技能的培训内容外，还应包括理想、信念、价值观、道德观等方面的培训内容。而后者又要与组织目标、组织文化、组织制度、组织优良传统等结合起来，使员工在各方面都能够符合组织的要求。

（4）全员培训与重点提高相结合的原则。全员培训就是有计划、有步骤地对在职的所有员工进行培训，这是提高全体员工素质的必经之路。为了提高培训投入的回报率，培训必须有重点，即对组织兴衰有着重大影响的管理和技术骨干，特别是中高层管理人员、再者就是有培养前途的梯队人员，更应该有计划地进行培训与开发。

（5）培训效果的反馈与强化原则。培训效果的反馈与强化是不可缺少的重要环节。培训效果的反馈指的是在培训后对员工进行检验，其作用在于巩固员工学习的技能、及时纠正错误和偏差，反馈的信息越及时、准确，培训的效果就越好。强化则是指由于反馈而对接受培训人员进行的奖励或惩罚。其目的一方面是奖励接受培训并取得绩效的人员，另一方面是加强其他员工的培训意识，使培训效果得到进一步强化。

（三）员工培训的程序与方法

1. 员工培训的程序

员工培训对组织的绩效具有十分重要的意义，同时培训还要求收益最大化，因此精心组织培训过程在人力资源管理过程中作用尤显重要。员工培训包括几个环节：培训需求的分析与确定、培训规划的制定、培训方案的实施和培训效果的评估，整个培训过程可看作一项系统工程，其系统模型如图 4－2 所示。

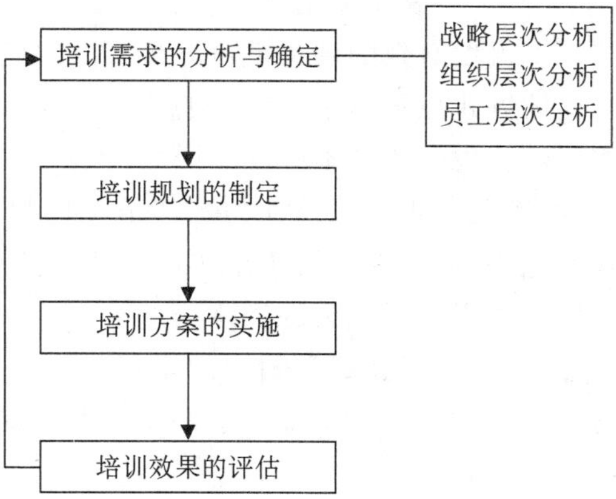

图 4－2　培训过程系统模型图

2. 员工培训方式

一般分为两种，一种是在职培训，另一种是脱产培训。在培训中采用何种方式，由培训计划事先规定。

（1）在职培训。常见的在职培训方法包括职务轮换和预备实习。职务轮换是通过横向的交换，使员工从事另一岗位的工作。它使员工在逐步学会多种工作技能的同时，也增强其对工作间相互依存关系的认识，并产生对组织活动的更广泛的视角。预备实习：主要针对新员工。通过跟随经验丰富的老师傅学会如何工作。这在作业活动领域通常叫师徒关系，在白领工作领域称为教练或导师关系。

（2）脱产培训。指离开工作岗位，放下手中的工作参加培训。常见的包括课堂讲授、电视录像、模拟练习等。课堂讲授特别适用于传播具体的信息，因此可以用来有效地发展员工的技术技能和解决问题的技能。电视录像可以用来清晰展示技术方面的技能，而这些技能不易采取其他方法得到充分地说明。模拟练习，比如案例分析、实验演习、角色扮演和小组会议等方式，可以很好地全程训练人际关系技能和解决问题的技能。

3. 员工培训方法

（1）讲授法。属于传统的培训方式，优点是运用起来方便，便于培训者控制整个过程。缺点是单向信息传递，反馈效果差。常被用于一些理念知识的培训。

（2）视听技术法。通过现代视听技术，对员工进行培训。优点是可以运用视觉与听觉的感知方式，直观鲜明。但学员的反馈与实践较差，且制作和购买的成本比较高，内容却容易过时。视听技术法多用于企业概况、传授技能等培训内容，也可用于概念知识的培训。

（3）讨论法。讨论法是比较复杂的培训方式。按照费用与工作的复杂程序可以分成一般小组讨论与研讨会两种方式。研讨会主要以专题演讲为主，中途或会后允许学员与演讲者进行交流沟通。信息可以多向传递，与讲授法相比反馈效果较好，但费用较高。如果采用小组讨论法在信息交流时为多向传递，学员的参与度高，费用较低。多用于巩固知识，训练学员分析、解决问题的能力与人际交往的能力，但是对培训老师的要求较高。

（4）案例研讨法。通过案例来培训，让员工寻找合适的解决方法。这一方式使用费用较低，反馈效果比较好，可以有效的训练学员分析解决问题的能力。另外，近年的培训研究表明，案例、讨论的方式也可用于知识类的培训，且效果更佳。但是案例毕竟有限，如果一直使用案例研讨法也是非常不好的。因为这会让员工厌烦。

（5）角色扮演法。受训者在培训教师设计的工作情况中扮演其中角色，其他学员与培训教师在学员表演后作适当的点评。这种培训方式信息传递多向化，反馈效果好、实践强、费用低，因而多用于人际关系能力的训练。

（6）自学法。自学法比较适合一般理念知识的学习，由于学习具有偏重经验与理解的特色，让具有一定学习能力与自觉的学员自学是既经济又实用的方法，但此方法也存在监督差的缺陷。

（7）互动小组法。互动小组法也称敏感训练法。这种方法比较适用于管理人员的人际关系与沟通训练。让员工在培训活动中亲身体验，提高他们处理人际关系的能力。其优点是可明显提高人际关系与沟通的能力，但其效果在很大程度上依赖于培训教师的水平。

（8）网络培训法。网络培训法是一种新型的计算机网络信息培训方法，这种方法投入较大。但使用灵活，符合分散式学习的新趋势，节省学员集中员工培训的时间与费用。这种方式信息量大，新知识、新观念传递优势明显，更适合学习。因此，特别为实力雄厚的企业所青睐，也是培训发展的一个必然趋势。

4. 员工培训形式

员工培训教育的形式很多，大致可作如下划分：

（1）按培训对象的范围划分，可有全员培训、工人操作技术培训、专业技术人员培训、管理人员培训、领导干部培训等。

（2）按培训时间的阶段划分，可有职前培训（即就业培训）、在职培训、职外培训等。

（3）按培训时间的长短划分，有脱产、半脱产、业余等。

（4）按培训单位的不同划分，有企业自己培训、委托大专院校或社会办学机构培训、企业同大专院校等联合办学培训等。

（5）按教学手段不同划分，可有面授、函授、广播电视授课、远程教学等。

此外，还有许多有效的培训形式，如岗位练兵、技术操作比赛、现场教学等。

企业或组织应根据培训对象的不同层次，实施培训的不同时间、地点以及培训的不同内容和性质，从实际出发，形成一个主体的培训模式，为制定有效的人员培训计划提供参考。

（四）员工培训效果评价

1. 评价中心技术

（1）评价中心技术概述。评价中心技术是应用现代心理学、管理学、计算机科学等相关学科的研究成果，通过心理测验、能力、个性和情境测试对人员进行评价，并根据工作岗位要求及企业组织特性进行评价，从而实现对人个性、动机和能力等较为准确的把握，做到人职匹配，确保人员达到最佳工作绩效。

（2）评价中心技术特点。一是情境模拟性。评价中心技术可以根据需要，模拟与拟任工作职位相关的工作情境，编制在真实工作中需要解决的问题，通过观察、分析测评对象在现场操作中的行为表现，考察其全面素质。

二是针对性。评价中心技术可以针对具体工作岗位的要求和标准，设计一种特定的与真实工作环境高度一致的模拟情境，将测评对象纳入该情境系统中，要求其完成相关选择或行为，有针对性地对测评对象进行评价。另外，还可以根据需要，将各种零散的场景和工作任务编辑到一起，需要观察哪方面的行为，就设计哪方面的场景，有针对性地评价测评对象的某项能力。

三是标准化。评价中心技术是标准化的测评技术。测评的内容是确定的，对所有测评对象的刺激和反应条件是相同的，各个运行阶段的操作程序及其细节都有严格的规定，而且主持测评的工作人员都要接受统一的培训，确保每个测评对象在同样的条件下有同样的机会展现自己的能力，得到同样的评价。

四是预测性。评价中心技术具有“识人于未显之时”的功能，所模拟的情境一般是特定的具有更高层次的工作环境，这为尚未进入这一层次的人员提供了发挥其才能和潜力的机会。评价中心技术的这一特点对于每个测评对象的能力和素质具有很强的预测作用，可以为选拔和使用人才提供重要的参考依据。

（3）应用评价中心技术的关键环节。第一，明确目标岗位的素质要求。第二，精心设计测试方案。第三，测评师培训。第四，测试评估。

（4）评价中心技术测评方式。文件框测试被认为是评价中心中应用最广且最有效的一种测评方式，文件框测试也叫公文处理，是将实际工作中管理人员掌握和分析资料，处理各种信息以及做出决策的工作活动的一种抽象和集中，该情景模拟一个组织所发生的实际业务管理环境，提供给被测试人员的信息，包括财务人事备忘录，市场信息，政府的法定公文，客户关系等十几份甚至更多的资料，要求受测人员以管理者的身份模拟真实情境的想法和行为习惯，在规定的条件下，对各类公文材料进行处理，形成处理报告。

无领导小组讨论是指将数名被评价者集中起来组成小组，要求他们就某一问题开展不指定角色的自由讨论，评价者通过对被评价者在讨论中的言语及非言语行为的观察来对他们作出评价的一种测评形式。所谓“无领导”就是说参加讨论的这一组被评价者，他们在讨论问题的情境中的地位是平等的，其中并没有哪一个人被指定充当小组的领导者。主要考察被评价者的语言表达能力、组织协调能力、决策能力、沟通能力、应变能力等多方面的能力特质。将被评价者按一定人数编成小组（一般6～8人），要求小组能在规定的时间内达成解决问题的一致性意见。背景材料一般是与工作情境相关的，用于讨论的主题应该保证讨论空间和时间，不指定发言的先后，只是强调指出要求被测试者以小组为单位进行讨论，通过讨论来解决问题。在这个过程中，评价人员按照事先拟定的测评因素及其评分标准对被试的行为表现进行观察评价。

2. 培训效果评估

目前国内外运用得最为广泛的培训评估方法仍然是美国学者柯克帕特里克在1959年提出的培训效果评估模型，柯克帕特里克从评估的深度和难度将培训效果分为4个递进的层次——反应层、学习层、行为层、效果层。

（1）反应层评估是指受训人员对培训项目的印象如何，包括对培训科目、教师、设施、方法、内容、自己收获的大小等方面的看法，反应层评估的主要方法是问卷调查；

（2）学习层评估是测量受训人员对原理、技能、态度等培训内容的理解和掌握程度，学习层评估可以采用笔试、实地操作和工作模拟等方法来考查；

（3）行为层的评估指受训人员培训后在实际岗位工作中行为的变化，以判断所学知识、技能对实际工作的影响，可以说，这是考查培训效果的最重要的指标；

（4）效果层的评估上升到组织的高度，即判断培训是否对企业经营成果具有具体而直接的贡献，这可以通过一些指标来衡量，如事故率、生产率、员工流动率、质量、员工士气以及企业对客户的服务等。

四、绩效考核

（一）绩效考核内涵及种类

1. 绩效考核内涵

绩效考核又称为成果测评、业绩考核或“考核”，是现代组织不可或缺的管理工具，是组织人事管理的重要内容。同时绩效考核是一种周期性检讨与评估员工工作表现的管理系统，是主管或相关人员对员工的工作做系统的评价。有效的绩效考核，不仅能确定每位员工对组织的贡献或不足，更可在整体上对人力资源的管理提供决定性的评估资料，从而可以改善组织的反馈机能，提高员工的工作绩效，更可激励士气，也可作为公平合理地酬赏员工的依据。

国内外学者对绩效考核的含义有多种界定：

（1）绩效考核，是指考核主体对照工作目标或绩效标准，采用科学的考核方法，评定员工的工作任务完成情况，员工的工作职责履行程度和员工的发展情况，并且将评定结果反馈给员工的过程。

（2）绩效考核的定义为：组织在既定的战略目标下，运用特定的标准和指标，对员工过去的工作行为及取得的工作业绩进行评估，并运用评估的结果对员工将来的工作行为和工作业绩产生正面引导的过程和方法。

（3）绩效考核是针对组织中每个职工所承担的工作，应用各种科学的定性和定量的方法，对职工行为的实际效果及其对组织的贡献或价值进行考核和评价。绩效考核的目的是通过考核提高每个个体的效率，最终实现组织的目标。

2. 绩效考核种类

（1）按考核时间分类。日常考核，指对被考核者的出勤情况、产量和质量实绩、平时的工作行为所作的经常性考核；定期考核，指按照一定的固定周期所进行的考核，如年度考核、季度考核等。

（2）按考核主体分类。主管考核，指上级主管对下属员工的考核。自我考核，指被考核者本人对自己的工作实绩和行为表现所作的评价。同事考核，指同事间互相考核。下属考核，指下属员工对他们的直接主管领导的考核。顾客考核，许多组织把顾客也纳入员工绩效考核体系中。

（3）按表现形式分类。定性考核，其结果表现为对某人工作评价的文字描述，或对员工之间评价高低的相对次序以优、良、中、及格、差等形式表示；定量考核，其结果则以分值或系数等数量形式表示。

（4）按考核内容分类。特征导向型，考核的重点是员工的个人特质，如诚实度、合作性、沟通能力等，即考量员工是一个怎样的人。行为导向型，考核的重点是员工的工作方式和工作行为，如服务员的微笑和态度，待人接物的方法等，即对工作过程的考量。结果导向型，考核的重点是工作内容和工作质量，如产品的产量和质量、劳动效率等，侧重点是员工完成的工作任务和生产的产品。

（5）按主、客观分类。客观考核方法，客观考核方法是对可以直接量化的指标体系所进行的考核，如生产指标和个人工作指标。主观考核方法，主观考核方法是由考核者根据一定的标准设计的考核指标体系对被考核者进行主观评价，如工作行为和工作结果。

（二）绩效考核原则与步骤

1. 绩效考核原则

（1）公平原则。公平是确立和推行员工绩效考核制度的前提。不公平，就不能发挥绩效考核应有的作用。

（2）严格原则。绩效考核必须严格执行。否则，不仅不能全面地反映工作人员的真实情况，而且还会产生消极的后果。绩效考核的严格原则包括：要有明确的考核标准；要有严肃认真的考核态度；要有严格的考核制度与科学而严格的程序及方法等。

（3）单头考核的原则。对员工的绩效考核，必须由员工的“直接管理部门”进行。直接管理部门是最了解员工的实际工作表现（成绩、能力、适应性），也最有可能反映真实情况。单头考核明确了考核责任所在，并且使考核系统与组织指挥系统取得一致，更有利于加强经营组织的指挥机能。

（4）结果公开原则。考核的结论应对本人公开，这是保证绩效考核民主的重要手段。第一，使被考核者了解自己的优缺点，从而使绩效考核好的员工持续保持主观能动性，积极工作；也可以使绩效考核相对较差的员工找到差距，认清目标，努力工作。第二，有助于防止绩效考核中可能出现的偏见以及种种误差，以保证考核的公平与合理。

（5）结合奖惩原则。依据考核的结果，应根据工作业绩的优劣，赏罚分明，升降有理，且赏罚、升降既与精神激励相联系，还必须与工资、奖金等物质利益相联系，才能达到考核的真正目的。

（6）客观考核的原则。人事考核应当根据明确规定的考核标准，针对客观考核资料进行评价，尽量避免掺入主观性和感情色彩。

（7）反馈的原则。考核的结果（评语）一定要反馈给被考核者本人，否则就起不到考核的教育作用。在反馈考核结果的同时，应当向被考核者就评语进行说明解释，肯定成绩和进步，说明不足之处，提供今后努力的参考意见等。

（8）差别的原则。考核的等级之间应当有鲜明的差别界限，针对不同的考核评语在工资、晋升、使用等方面应体现明显差别，使考核带有刺激性，鼓励职工的上进心。

2. 绩效考核的步骤

组织的绩效考核，要依据考核组织部门确定的步骤严格实施，在考核前要精心组织操作培训和专项辅导，有必要还需要进行模拟演练。

（1）确定绩效考核目标。在考核员工时，首先要有针对性的选择并确定绩效考核目标，然后根据不同岗位的工作性质，设计与选择合理的考核制度。

（2）确定考核责任人。绩效考核一般被认为是组织中人力资源部门的工作任务。但人力资源部门的主要职责是组织、协调、执行员工考核方案，而要员工考核方案实施还需要职能部门（用人单位）的管理者直接参考评定员工的能力与业绩的考核中。

（3）确定考核周期。结合组织管理的实际情况，确定合适的考核周期，工作考核一般以月度为考核周期。

（4）编制考核计划。按照考核周期，作为考核对象的职能部门、业务机构和工作责任人，预先编制所在部门或岗位的考核计划，对纳入考核的重点工作内容进行简要描述。考核计划应按照时间要求编制完成，并报送考核责任人确认，然后付诸实施。

（5）校正量化与效果指标。绩效考核强调重点工作的开展和完成必须设置量化与效果指标，量化指标是数据指标，效果指标是成效指标。考核责任人应会同考核对象，对重点工作的量化与效果指标进行认真校正并最终确定，保障重点工作的完成质量。

（6）考核成效的检验。在预期的考核时间内，考核责任人依据预置或调整的考核计划，对考核对象的重点工作完成情况，进行效果验收。

（7）考核结果运用。如何运用考核结果，直接影响考核的激励效果。要切实结合组织人力资源管理的实际情况，充分考虑组织文化的负载能力，选择与确定考核结果的运用方法。

3. 绩效评估的作用

绩效考评是企业为了实现生产经营目的，运用特定的标准和指标，采取科学的方法，对承担生产经营过程及结果的各级管理人员完成指定任务的工作实绩和由此带来的诸多效果做出价值判断的过程。

绩效评估是对员工的工作绩效进行评价，以便形成正确的人事决策的过程。绩效评估在人力资源管理的作用主要表现在表 4－5 中。

表 4－5　　业绩考评的作用类型

使用目的	比例（%）
报酬	85.6
绩效反馈	65.1
培训	64.3
提升	45.3
人事规划	43.1
留住或解聘	30.3
人事研究	17.2

注：以上是基于对 600 个组织的调查结果。

（四）绩效评估的方法

1. 书面描述法

书面描述法就是写一份记叙性材料，描述一个员工的所长和所短，过去的绩效和潜能的发挥等，然后提出予以改进和提高的建议。它的优点是：不需要采取某种复杂的格式，也不需要经过多少培训就能完成。它的缺点是：一种“好的”或“坏的”的评价，可能不仅取决于员工的实际绩效水平，也与评估者的写作技能和评估者对员工的个人好恶有很大关系。表 4 – 6 为新进员工试用表。

表 4 – 6　　　　新进员工试用表

姓名		工号		职务	
试用单位		试用起始日		期满日期	
试用结果 □表现特佳，正式录用，建议调薪 □表现普遍，正式录用 □表现欠佳，终止试用				评语	
附注：1. 试用期：一等位 2 个月，二等位以上 3 个月 2. 试用期满日前，用人部门须将本表送交人事部					

2. 关键事件法

评估者记下一些细小但能说明所做的特别有效果的事件，这里的要点是只描述具体行为，而不笼统地评价一个人的能力和素质，为某一个人记下一长串关键事件，就可以提供丰富的评估依据，并给员工指明上级有哪些期望或不期望的行为。比如针对某一工作岗位，根据这一岗位的职能要求，客观记录完成这一工作职能所做的一系列工作事件，标出哪些事件做得非常有效，哪些事件效果很差，哪些事件效果一般，这样就可以对某一员工作出一个客观的评价。

3. 评价表法

这是一种最古老的也是最常用的绩效评估方法。它列出一系列绩效因素，如工作的数量与质量、职务知识、协作与出勤、对事业的忠诚和首创精神，然后评估者逐一对表中的每一项给出评分，评分一般采用 5 分制或百分制。对候选人的评价，分别从分析判断能力、组织实施能力、应变能力、人际协调能力、自我认知能力等 5 个方面逐一对每一考生给出评价，因为这 5 项绩效因素基本上决定了员工是否能胜任工作岗位和做好工作的最主要方面。然后逐一对照标准进行评价。最后得出一个总分。这个总分就是评价结果，见表 4 – 7。

4. 行为定位评分法

行为定位评分法是近年来日益得到重视的一种绩效评估方法。这种方法综合了关键事件法和评分表法的主要要素。例如，对销售经理的评价就可以用这种方法，销售经理行为定位评分表见表 4 – 8。

行为定位评分法侧重于具体的可衡量的工作行为，它将职务的关键要素分解为若干绩效因素，然后为每一绩效因素确定有效果或无效果行为的一些具体示例。

表4-7　某公司员工月度考核表

姓名	职称	工号	考核项目/配分						总分
			专业力 17分	计划力 17分	组织力 16分	协调力 16分	改善力 17分	责任感 17分	

表4-8　销售经理行为定位评分表

关键事件 绩效因素	客户投诉率	客户回访率	销售创意	渠道建设
工作数量				
工作质量				
业务知识				
创新程度				
忠诚度				

5. 多人比较法

这是将一个员工的工作绩效与一个或多个员工作比较，是一种相对的而不是一种绝对的衡量方法。这种方法又有3种最常用的形式：分组排序法、个体排序法和配对比较法。①分组排序法是评估者按特定的分组方法将员工编入相应的组中。②个体排序法要求评估者将员工根据一定的评估标准从高到低的顺序加以排列。因此，只有一人可以是最优的。③配对比较法指每一个员工都与比较组中的其他员工结对进行比较，评出其中的优者和劣者。在所有的结对比较完成后，将每位员工得到的“优者”数累计起来，就可以排列出一个总的顺序。这种方法确保每一位员工都与其他所有人作对比。这种方法的缺点是当要评估的人数相当多时，配对比较法就显得很不经济且不容易进行。表4-9为配对比较考核表。

表4-9　配对比较考核表

	A	B	C	D
A				
B				
C				
D				

6. 印象评判法

就是一些小公司对属下的工作都较熟悉的，对下属的绩效怎么样十分清楚，这种情况下，我们采用印象评判法。对员工排个序或打一个等，这个一般操作简便些。

7. 相对比较评判法

它完全是比较。前面的印象评判是对一个印象的观察，或通过一个月的观察，了解一个总的分数。但当被考评人比较多的情况下，印象可能有偏差，这时用相对比较法。相对比较法细分，又可有几种：

（1）代表人物比较法。我们可以从整体上找代表，比如说一个班里面有20个员工，在员工里面，找一个你认为干得好的，找一个干得一般，找一个干得较差的，然后剩下的17个人对照这3个人进行比较。他接近于好的，我们就把他评为好的，接近于差的就把他评为差的，接近于中的就把他评为中的。

（2）两级排序考评法。也是说首先把好的找出来，把差的找出来。假如还是以20个员工为例，把好的找出来，把差的找出来，在剩下18个里面又把好的找出来，把差的找出来，剩下16个，依此类推，把所有的排完。

五、员工薪酬管理

（一）薪酬管理概述

1. 薪酬管理的含义

薪酬的概念要比狭窄的工资有更深的含义，它指企业所付出的人力成本，即企业因使用员工劳动，为员工给企业所做的贡献而付出的经济性报酬。薪酬包括直接薪酬，如基本工资、资金、津贴补贴和股权；间接薪酬，如福利。薪酬管理，是在组织发展战略指导下，对员工薪酬支付原则、薪酬策略、薪酬水平、薪酬结构、薪酬构成进行确定、分配和调整的动态管理过程。

2. 基本工资制度

基本工资制度，也称工资等级制度，员工按工资标准领取的工资构成了全部工资收入的基本部分。

目前企业中流行的主要基本工资制度包括：

（1）岗位工资制度。它是根据员工目前所在职位来决定员工报酬的一种工资制度。特点是员工只能根据目前的职位取得报酬。职位变化，报酬随之变化。

（2）技能工资制。它是根据员工所拥有的与工作相关的技能与知识水平来决定员工报酬的一种工资制度。这是上述岗位工资制的替代方案。它的特点是员工的基本报酬是基于技术而不是资历来支付。工资增长，先要证明其精通要求掌握的技术。

（3）绩效工资制。它是根据员工的表现或绩效来决定员工报酬的一种工资制。这种工资制最能体现收入与贡献挂钩的经济利益原则。

（4）结构工资制。这是我国现在比较普及的工资制度。在结构工资中，既有职位工资部分，也有资历工资、技能工资的成分，还有随工作表现浮动的部分。此外，还有对企业董事长、总经理等高管层实行的经营者年薪制。它是以年度为单位确定经营者的基本收入，并视经营成果分档浮动发放风险收入的工资制度。

3. 员工福利

福利是指组织为员工提供的除工资与奖金之外的一切物质待遇。员工福利的内容可以分为两大部分：法定福利和企业福利。法定福利是指按照国家法律法规和政策规定必须发生的福利项目，其特点是只要企业建立并存在，就有义务、有责任必须按照国家统一规定的福利项目和标准支付，不受企业所有制性质、经济效益和支付能力的影响。法定福利包括：社会保险和法定带薪假日，我国社会保险项目主要有：养老保险、医疗保险、工伤保险、失业保险、生育保险等。企业福利是企业在没有政府立法要求的前提下主动提供的。这些福利项目的多少和标准的高低，在很大程度上取决企业经济效益的支付能力及高层管理者的经营理念的影响。常见的有：工作午餐、交通补贴、通信补贴、房租补助、旅游等。

（二）薪酬制度的设计

1. 薪酬制度设计的原则

在企业薪酬制度设计的过程中应遵循以下几点原则：

（1）公平原则。公平是决定薪酬制度的最重要的因素，这里的公平包括外部公平，就是与其他企业工资水平相比，本企业的工资水平是优厚的，否则无法吸引和留住合格的员工；内部公平，就是同企业内其他人相比，员工认为他们的工资是公平的。

（2）竞争原则。企业的薪酬标准应制定的比较有吸引力和竞争力，对关键的管理人员和核心技术人员的薪酬水平要高于同类企业，正所谓千军易得，一将难求。对一般员工的薪酬标准也可以略高于市场行情。

（3）激励原则。企业内部各类、各级职位之间的薪酬标准适当拉开距离，避免平均化，利用薪酬的激励功能，提高员工的工作积极性。

（4）经济原则。在许多企业，薪酬可以占到销售收入或总成本的1/3左右，因此，企业在设计薪酬制度时必须考虑自身的经济实力，薪酬过高，则成本上升，影响企业竞争力；薪酬过低，难以配置合适的人力资源。设计时需要寻找最佳的平衡点。

2. 薪酬制度设计的程序和方法

（1）薪酬调查。所谓薪酬调查，就是了解本地区、本行业的薪酬状况，尤其是主要竞争对手薪酬状况。薪酬调查是薪酬设计中的重要组成部分。它解决的是薪酬的对外竞争力和对内公平问题，是整个薪酬设计的基础，只有实事求是的薪酬调查，才能使薪酬设计做到有的放矢，解决企业的薪酬激励的根本问题，做到薪酬个性化和有针对性的设计。

薪酬调查主要包括企业薪酬现状调查、薪酬水平调查、薪酬影响因素调查三个方面：①企业薪酬现状调查是通过科学的问卷设计，从薪酬水平的三个公正（内部公平、外部公平、自我公平）的角度了解造成现有薪酬体系中的主要问题以及造成问题的原因。②薪酬水平调查。主要收集行业和地区的薪资增长状况、不同薪酬结构对比、不同职位和不同级别的职位薪酬数据、奖金和福利状况、长期激励措施以及未来薪酬走势分析等信息。③薪酬影响因素调查。综合考虑薪酬的外部影响因素如国家的宏观经济、通货膨胀、行业特点和行业竞争、人才供应状况和企业的内部影响因素，如：盈利能力和支付能力、人员的素质要求及企业发展阶段、人才稀缺度、招聘难度。

薪酬调查途径有：①国家和地区统计部门、劳动部门公开发布的统计资料；②管理咨询机构发布的薪酬调查资料；③从相关企业的招聘信息中了解；④向新招聘的员工和应聘的员工了解。

（2）薪酬总额的计算。薪酬总额的计算通常要考虑市场行情、企业的支付能力和员工的基本生活费用。

（3）选择合适的薪酬体系。如前面所介绍的几种基本工资制度。

（4）选择合适的薪酬结构。目前的薪酬主要由基本工资、津贴、奖金和各种福利等项目构成。企业应根据自身的特点和实际情况决定这几部分的比例。

（5）设计出本企业的薪酬制度。确定本企业薪酬的基本管理办法，将这些办法规范化、制度化、最终形成一个文件，就是薪酬制度。

六、劳动关系管理

（一）劳动关系与劳动合同

1. 劳动关系定义

劳动者和用人单位（包括各类企业、个体工商户、事业单位等）在劳动过程中建立的社会经济关系。

2. 劳动合同

劳动合同是劳动者与用人单位确立劳动关系、明确双方权利和义务的协议。

（1）劳动合同订立的原则：平等自愿，协商一致。

（2）无效劳动合同：违反法律、行政法规的劳动合同以及采取欺诈、威胁等手段订立的劳动合同属无效的劳动合同。

（3）试用期是指用人单位和劳动者为互相了解、选择而约定的不超过6个月的考察期。

（4）劳动合同具备的条款：劳动合同期限，工作内容，劳动保护和劳动条件，劳动报酬，劳动纪律，劳动合同终止的条件，违反劳动合同的责任。

（5）劳动合同期限的分类：有固定期限、无固定期限、以完成一定的工作为期限。

（6）劳动合同的变更：履行劳动合同的过程中由于情况发生变化，经双方当事人协商一致，可以对劳动合同部分条款进行修改、补充。未变更部分继续有效。

（7）劳动合同的终止的定义：劳动合同期满或劳动合同的终止条件出现，劳动合同即终止。

（8）劳动合同的续订：劳动合同期限届满，经双方协商一致，可以续订劳动合同。

（9）劳动合同的解除：是指劳动订立后尚未全部履行前，由于某种原因导致劳动合同一方或双方当事人提前中断劳动关系的法律行为。

3. 集体合同

集体合同是工会（或职工代表）代表职工与企业就劳动报酬，工作条件等问题，经协商谈判订立的书面协议。

（1）集体合同的内容：劳动条件标准规范部分，过渡性规定，集体合同文本本身的规定。

（2）集体合同生效：劳动行政部门自收到劳动合同文本15日内未提出异议的，集体合同即生效。

（3）集体合同争议：因集体协商签订集体合同发生争议，双方当事人不能自行协商解决的，当事人可以向劳动行政部门的劳动争议协调处理机构书面提出协商处理申请；未提出申请的，劳动行政部门认为必要时可视情况进行协调处理。

（二）劳动争议含义及内容

1. 劳动争议含义

劳动争议是指劳动关系双方当事人因实行劳动权利和履行劳动义务而发生的纠纷。

2. 劳动争议内容

（1）劳动争议的范围：因开除、除名、辞退职工和职工辞职、自动离职发生的争议；因执行国家有关工资、社会保险和福利、培训、劳动保护的规定而发生的争议；因履行劳动合同发生的争议；国家机关、事业单位、社会团体与本单位建立劳动合同关系的职工之间、个体工商户与员工之间发生的争议；法律法规规定的应依照《中华人民共和国劳动法》处理的其他劳动争议。

（2）劳动争议处理机构有：企业劳动争议调解委员会；劳动仲裁委员会；人民法院。

（3）劳动争议调解委员会：是用人单位根据《中华人民共和国劳动法》的规定在本单位内部设立的机构，是专门处理与本单位劳动者之间的劳动争议的群众性组织。

（4）劳动争议调解委员会的组成：职工代表；用人单位代表；用人单位工会代表。

（5）劳动争议仲裁委员会：是处理劳动争议的专门机构。

（6）人民法院：是国家审判机关，也担负着处理劳动争议的任务。

党的二十大报告指出：“深化人才发展体制机制改革，真心爱才、悉心育才、倾心引才、精心用才，求贤若渴，不拘一格，把各方面优秀人才集聚到党和人民事业中来。”

21 世纪是全球化、市场化、信息化的世纪，是知识主宰的世纪。在新经济条件下，形成新型的人力资源管理模式。

复习思考题

第四章复习思考题

教学案例选编

案例 4－1 微软公司的用人韬略

翻转课堂教学活动

联想集团的人力资源管理

课程思政设计与实践

人力资源管理
——融入理想信念、爱国主义、热爱劳动、敬业爱岗、诚信守法、文化自信和家国情怀

【思政育人目标】

1. 知识目标

①了解工作分析的步骤与方法、工作说明书和工作规范的编写；②掌握人力资源规划的任务、人力资源规划的内容及程序；③掌握人力资源开发的基本途径；④掌握人员的测试、选拔与录用绩效考核的实施，薪酬体系的设计。

2. 能力目标

①具备人力资源规划、招聘流程设计、培训组织实施、绩效考核指标体系设计、薪酬福利方案设计和团队组建与协同等综合能力；②具备对HRM（人力资源经理）实践活动的质疑和辨析能力；③具备良好的沟通能力、人际关系处理能力；④能够进行人员的测试、选拔与录用，绩效考核的实施，薪酬体系的设计，能进行绩效考核的方法，绩效考核的实施。

3. 价值目标

①培养学生具有积极向上、敬业爱岗、乐于奉献、诚信守法的价值取向，良好的人文社科素养，较强的社会责任感和良好的职业道德；②文明、平等、公正、法治、敬业、诚信的基本价值选择和塑造，培养学生的前瞻意识、创新精神和系统设计能力；③汲取中国古代社会实践中优秀的人事管理思想，坚定文化自信，培养学生的远大抱负、自强不息、追求卓越的奋斗精神；④增进学生对中国国情和本土优秀企业人力资源管理的认识，树立文化自信和家国情怀；⑤将正确的人生观、价值观、人才观渗透到课堂教学全过程，树立正确的人才观，引人、育人、留人、用人观，树立正确的劳动价值观和就业观，具备良好的职业道德。

【思政设计与融入点】

1. 设计思路

从以下三个途径来展现本课程的思政要素：一是中国古代社会实践中优秀的人事管理思想；二是中国优秀传统文化所包含的人力资源管理思想；三是中国本土企业人力资源管理的成功实践中所体现出来的价值观和思维，学习“改革先锋”精神，培养大学生树立振兴民族工业的使命感和责任担当。

2. 课程思政元素

人力资源管理课程立足于学校高素质应用型人才培养办学定位，结合学生已掌握基本管理理论、初步具备自学能力的学情，依据专业对于构建 HRM 知识体系、具备解决人力资本提升问题高阶能力和树立正确人生观、价值观、人才观、劳动就业观的培养要求，形成教学目标体系。课程思政教学元素融入点设计如下：

（1）理想信念。从人力资源管理战略意义出发，理解理想信念对个人的作用，号召学生确立理想信念，自信自强，了解人力资源管理知识、技能和态度的转化过程，克服畏难情绪，自信自强，相信自己。通过介绍中国相关劳动法规，了解就业环境持续改善过程，激发学生爱国主义情感。

（2）文化自信。中国优秀的传统文化和中国革命红色文化中包含着许多丰富的战略思想。用人思想，唐朝魏征提出了“六观法”：贵则观其所举，富则观其所养，居则观其所好，习则观其所言，穷则观其所不受，贱则观其所不为。《管子·形势解》指出：“明主之官物也，任其所长，不任其所短。故事无不成，而功无不立。乱主不知物之各有所长所短也。而责必备”。《晏子·春秋内篇问上》指出：“任人之长，不强其短；任人之工，不强其拙。此任人之大略也”。宋代政治家欧阳修指出：“任人之道，要在不疑。宁可限于择人，不可轻任而不信”。《管子》中有一句名言：“成器不课不用，不试不藏。”考核的办法是“听其言而观其行”，“循名实而定是非，因参验而审言辞”。增进学生对中国传统文化了解，增强民族自豪感和文化自信。

（3）社会责任。通过人力资源规划知识，使学生理解“职场 30 年”，激发学生珍惜青春、奋力拼搏的情感。

（4）诚信守法。通过职位分析，理解岗位职责和任职条件的内涵，培养严格履行岗位职责、遵守规章制度的意识。

（5）职业道德。理解绩效考核对组织和个人的双赢意义，培养学生学习良好职业习惯，养成良好职业道德；积极心态，理解压力、困难和挫折的普遍性，培养学生正确面对挫折和压力，鼓励学生以积极、正向的阳光心态面对生活。

（6）热爱劳动。理解薪酬对个人和组织的作用和构成，结合需要理论，通过薪酬体系设计满足劳动者的五重需要。

【课程思政教学方法和手段】

1. 课程思政教学方法

采用“理论—案例—情景—实践—故事”相结合的“TCSPT”五维教学方法，激发学生兴趣，调动学生学习的主动性和创造性，注重人力资源管理技能的培养。坚持以立德树人为根本，把培养学生的人力资源管理能力与帮助学生树立积极的人生观价值观结合起来，把本课程所蕴含的思政元素有机融合到课程学习的每个重要环节。教学方法如下：

（1）理论教学法：传授基本理论知识，促进学生人力资源管理思维和人力资源规划技能的培养。通过超星平台 MOOC（慕课）学习，推进现代信息技术在课程思政教学中的应用，激发学生学习兴趣，引导学生深入思考。

（2）案例教学法：以解决人力资源管理发展过程中实际遇到的问题为题目，在课程中引入真实企业人力资源管理案例，通过理论知识学习、阅读案例、个人分析、小组讨论、全班交流、总结归纳、消化提升和案例实践调研八个环节，加强师生互动，实践训练，实现教学相长，知行合一。

（3）情景教学法：从人力资源管理的实际情况出发，在课堂上和课外实践中创设生动有趣的情景，让学生在情景中受到感染，点燃他们的求知之火，从而使学生思维活跃，积极思考和理解企业人力资源管理的基本知识。

（4）实践教学法：引入“行动学习”的理念，通过组织学生以团队方式参与真实企业人力资源管理，提高学生对实际企业发展的切身体会和认识，培养学生的人力资源管理能力和创新能力。

（5）讲故事：通过组织学生以团队方式参与中国知名企业人力资源管理和中国革命红色文化的调研，撰写企业人力资源管理案例，讲中国企业人力资源管理故事，自觉弘扬中华优秀传统文化，增进对中国传统文化和红色文化的了解，提高学生对实际企业发展的切身体会和认识，培养学生的人力资源管理能力和创新能力，教育引导学生传承中华文脉。

2. 融入手段

翻转课堂教学，教师讲授，视频展示，案例分析，经典阅读，MOOC（慕课）学习，团队式学习。

【课程思政教学路径】

第一，讲授习近平总书记强调的：“发展是第一要务，人才是第一资源，创新是第一动力。”“聚天下英才而用之”。

第二，中国优秀的传统文化中用人管理思想：①识别人才。唐朝魏征提出了《六观法》：“贵则观其所举，富则观其所养，居则观其所好，习则观其所言，穷则观其所不受，贱则观其所不为。”乃是在人们地位、处境变化中，观察人的举止、言谈、兴趣、修养和追求，来识别人的本质。②用人所长避其所短。《管子·形势解》指出：“明主之官物也，任其所长，不任其所短。故事无不成，而功无不立。乱主不知物之各有所长所短也。而责必备”。另外，《晏子·春秋内篇问上》说：“任人之长，不强其短；任人之工，不强其拙。此任人之大略也”。③用人不疑。宋代政治家欧阳修指出：“任人之道，要在不疑。宁可艰于择人，不可轻任而不信”。意为宁可择人时多费一些精力，看准了再用，但不可轻易任用却不信任，不敢放手让其施展才干。④考核用人。《管子》中有一句名言：“成器不课不用，不试不藏。”即对于人才，不经过考核不加任用，不经过试用，不作为人才储备。考核的办法是“听其言而观其行”“循名实而定是非，因参验而审言辞”。

第三，以电视剧《士兵突击》为例，阐述了人力资源管理中的三个重要原则，即善待“绩效较差”员工、不断地解决问题和树立团队精神，用中国企业人力资源管理经典故事、全新中国本土案例提升企业人力资源管理能力和商业素质，使学生坚定“文化自信”，培养学生“企业家精神”特质和创新精神。

第四，讲授民族企业家范旭东的创业故事，他的成功是与其对科学和人才的重视密不可分的，还在永利制碱公司筹备之时，范旭东就已理解了事业的真正基础是人才，他委托陈调甫去美国物色人才，自己则在国内寻找具有真才实学的实干家，为了获得技术熟练的职工，范旭东还成立了艺徒班。

【课程思政实践活动】

1. 课前5分钟经典阅读活动，学习习近平新时代中国特色社会主义思想和习近平总书记关于人才的重要论述，阅读《习近平谈治国理政》第一卷；

2. 课中进行《联想集团的人力资源管理》案例分析研讨，以小组为单位开展翻转课堂教学活动；

3. 课后进行《孙子兵法》经典阅读，观看《摩登时代》经典的人力资源管理影片，观看电视剧《国家干部》《在云端》等影视片，学习关于人力资源管理当中员工关系，阅读《卓有成效的管理者》《韩非子·五蠹》《便宜十六策常罚第十》《管子·形势解》《晏子·春秋内篇问上》经典作品；超星平台《现代企业管理》MOOC（慕课）学习：https：//www. xueyinonline. com/detail/241026355；齐齐哈尔大学在线综合教育平台《管理综合案例》自主学习活动。

经典管理故事

用人之道

去过庙宇的人都知道，一进庙门，首先是弥勒佛，笑脸迎客，而在他的北面，则是黑口黑脸的韦陀。但相传在很久以前，他们并不在同一个庙里，而是分别掌管不同的庙。弥勒佛热情快乐，所以来的人非常多，但他什么都不在乎，没有好好地管理账务，所以入不敷出。而韦陀虽然管账是一把好手，但成天阴着个脸，太过严肃，来得人越来越少，最后香火断绝。

佛祖在查香火的时候发现了这个问题，就将他们俩放在同一个庙里，由弥勒佛负责公关，笑迎八方客，于是香火大旺。而韦陀铁面无私，锱珠必较，则让他负责财务，严格把关。在两人的分工合作中，庙里一派欣欣向荣景象。

其实在用人大师的眼里，没有无用之人，关键看如何运用。

第五章

市场营销管理

【章前导读】

向和尚推销梳子

有一天，经理向四位营销员布置任务，要他们到庙里找和尚推销梳子，“给和尚推销梳子?”营销员都以为自己听错了，并说自己年纪大了，谁完成得好谁就来接替他的职位。于是四个营销员就出发了。

第一个营销员空手而回，说到了庙里，和尚说没有头发不需要梳子，所以一把都没有销掉。

第二个营销员回来了，销了十多把。他介绍经验说，我告诉和尚，头皮要经常梳，不仅止痒，头不痒也要梳，可以活络血脉，有益健康。念经念累了，梳梳头，头脑清醒。

第三个营销员回来了，销了百十把。他说，我到庙里去，跟老和尚讲，您看这些香客多虔诚啊，在那里烧香磕头，磕了几个头起来头发就乱了，香灰也落在他们头上。您在每个庙堂的前面放一些梳子，他们磕完头烧完香可以梳梳头，会感到这个庙关心香客，下次还会再来。

第四个营销员说他推销掉好几千把，而且还有订货。大家不相信，他解释说，我到庙里跟老和尚说，庙里经常接受人家捐赠，得有回报给人家，买梳子送给他们是便宜的礼品。您在梳子上写上庙的名字，再写上三个字“积善梳”，说可以保佑对方，这样就可以作为礼品储备在那里，谁来了就送，保证庙里的香火更旺。这一下，销路就打开了。

于是，第四个营销员当了营销部经理。

天为先天之智，经商之本；地为后天修为，靠诚信立身；人为仁义，懂取舍，讲究“君子爱才，取之有道”。

——陶朱公的商训

【教学内容精要】

【课程性质】

市场营销是一门实践性很强的学科，它与营销实践密切相关。作为边缘交叉性综合学科，市场营销与市场调研学有着深厚的基础理论和广阔的应用前景。

【发展趋势】

围绕着市场营销课程的重点和难点，有选择性地就市场营销战略、市场竞争战略、营销组合策略、市场定位、市场信息、市场细分服务营销等一些知识内容编写了1个教学案例，以帮助工商管理专业及相关专业的广大师生更深刻地理解和掌握本学科的知识。

【教学内容】

市场营销的重点包括：环境因素分析、制定市场营销战略、确定目标市场、对市场进行细分、市场营销组合策略的制定、网络营销等，难点在于捕捉市场机遇，准确的市场定位、分析消费者的购买行为进行市场调研与预测、制定市场营销组合策略等。依据本课程的重点和难点内容，选择了1个教学案例。

【教学要求】

（1）编写了市场营销教学案例，根据思考与讨论题，在学习市场营销基本理论、阅读案例和查阅文献资料的基础上，认真完成思考与讨论题，撰写管理案例课堂讨论书面报告。

（2）设计课堂讨论主题发言和自由发言的内容，认真参与管理案例教学课堂讨论，填写现代企业管理学课程翻转课堂讨论记录表。

第一节

市场营销与市场营销环境

市场营销是市场经济高度发展的产物，是一种经济活动。市场营销活动是指企业以满足顾客各种需要与欲望为目的，运用一定的方法和手段，使企业的产品或服务有效地转移到买方手中的各种活动的总和。

一、市场营销的含义和功能

（一）市场营销的含义

1985年美国市场营销协会提出的市场营销定义：“市场营销是对产品、思想和服务进行构思、定价、促销和分销的计划和实施的过程，从而产生能满足个人和组织目标的交换。”

营销大师菲利普·科特勒对市场营销的定义是：“市场营销是个人和集体通过创造，提供出售，并同别人交换产品和价值，以获得其所需要之物的一种社会和管理过程。”

市场营销就是在不断变化的市场环境中，为适应和满足消费者的需求，企业通过有计划地组织整体销售，实现企业的目标市场、产品开发、产品定价、渠道选择、促销、提供服务等一系列与市场有关的企业业务经营活动。

（二）市场营销的功能与意义

1. 市场营销的功能

（1）交换功能。菲利普·科特勒曾说："市场营销是这种社会过程：个人和团体通过创造以及与别人交换产品和价值来满足其需要和欲望。"市场营销的交换功能包括购买和销售两个方面。除了两者都要实现产品所有权的转移外，购买的功能还包括购买什么、向谁购买、购买多少、何时购买的决策；销售的功能还包括寻找市场、销售促进、售后服务等决策。购买和销售都离不开价格，定价也就成了交换功能的应含之义。

（2）物流功能。市场营销中的物流功能也称实体分配功能，包括货物的运输与储存等。运输是为了实现产品在空间位置上的转移；储存是为了保存产品的使用价值，并调节产品的供求矛盾。物流功能的发挥是实现交换功能的必要条件。

（3）便利功能。便利功能是指便利交换、便利物流的功能，包括资金融通、风险承担、信息沟通、产品标准化和分级等。借助资金融通和商业信用，可以控制或改变产品的流向和流量，在一定条件下能够给买卖双方带来交易上的方便和利益。风险承担是指在产品交易和产品运输中，必然要承担的某些财产损失，如因产品积压而不得不削价处理，产品损坏、短少、腐烂而造成的经济损失等。市场信息的收集、加工与传递，对于生产者、中间商、消费者或用户都是重要的，没有信息的沟通，交换功能、物流功能都难以实现。产品的标准化和分等分级，可以大大简化和加快交换过程，不但方便储存与运输，也方便顾客购买。

2. 市场营销的意义

（1）研究市场营销有利于发现和了解消费者的需求。现代市场营销观念强调市场营销应以消费者为中心，企业也只有通过满足消费者的需求，才可能实现企业的目标，因此，发现和了解消费者的需求是市场营销的首要功能。

（2）研究市场营销有利于指导企业经营决策。企业决策正确与否是企业成败的关键，企业要谋得生存和发展，很重要的是做好经营决策。

（3）有利于企业开拓新市场。企业市场营销活动的另一个功能就是通过对消费者现在需求和潜在需求的调查、了解与分析，充分把握和捕捉市场机会，积极开发新产品，建立更多的分销渠道及采用更多的促销形式，开拓新市场，增加销售量。

（4）有利于满足消费者的需要。满足消费者的需求与欲望是企业市场营销的出发点和中心，也是市场营销的基本功能。

二、市场营销的观念的演变

（一）传统营销观念

1. 生产观念

生产观念是指导企业经营活动的最古老的观念之一。盛行于19世纪下半期至20世纪初期。企业经营管理的中心任务是：合理组织企业内部的各种资源，实现较高的生产效率，提高产量，降低成本，把产品分销到广泛的地区，以满足消费者的急切需求。

2. 产品观念

产品观念是指导企业经营活动的另一种古老的观念，是从生产观念派生出来的又一种陈旧的经营观念，产品观念仍然是建立在以企业为中心的基础之上的。以产品观念为指导思想的企业，其经营管理的中心任务是：集中一切力量改进产品质量，制造优质产品。

3. 推销观念

推销观念又称销售观念，认为企业如果不采取一定的推销措施，消费者一般不会较多地购买本企业的产品，必须通过推销的外部刺激和引导，促使消费者购买本企业的产品。

（二）现代营销观念

1. 市场营销观念

市场营销观念认定，实现企业经营目标的关键在于切实掌握目标市场消费者的需求和愿望，并以市场需求为中心组织企业的全盘生产经营活动，采用比竞争者更有效的手段，把能够满足消费者需求和欲望的产品送到他们手中。这是现代企业经营的一种指导思想。

2. 社会营销观念

在20世纪70年代，一些有识之士针对环境污染、资源短缺、人口暴涨、世界性通货膨胀和忽视社会服务等情况，提出对市场营销观念应作某些修正和补充，从而引出了一种新的观念，即社会营销观念。它认为，企业的中心任务是确定目标市场消费者的需要，并在保护和增进消费者与社会长远、整体利益的前提下，以比竞争者更有效的方式，将能满足消费者需求的产品和服务提供给他们，从而达到企业的经营目标。

3. 绿色营销观念

所谓绿色营销观念，就是指企业必须把消费者的需求、企业的利益和环保利益三者有机地结合起来，必须充分估计资源环保问题，从产品设计、生产、销售到使用的整个营销过程都要考虑到资源的节约利用和环保利益，做到安全、卫生、无公害的一种营销观念。观念是行动的先导，难以想象抱着传统营销观念的企业会去进行绿色营销。企业应强化对内部员工的绿色宣传和教育，为全体员工灌输绿色意识，培养企业绿色文化。

绿色营销观念，是一种从产品设计及、生产、销售到使用的整个营销过程都要考虑到资源的节约利用和环保利益，做到安全、卫生、无公害的一种营销观念。

4. 大市场营销观念

美国著名市场营销大师菲利普·科特勒，提出了“大市场营销”观念。科特勒指出，企业为了进入特定的市场，并在那里从事业务经营，在策略上应协调地运用经济的、心理的、政治的、公共关系等手段，以博得外国或地方各方面的合作与支持，从而达到预期的目的。

大市场营销战略在4P的基础上加上2P，即权力（Power）和公共关系（Publication），从而把营销理论进一步扩展。

(1) 权力。大市场营销者为了进入某一市场并开展经营活动，必须能经常得到具有影响力的企业高级职员、立法部门和政府部门的支持。比如，一个制药公司欲把一种新的药品打入某国，就必须获得该国卫生部门的批准。因此，大市场营销须采取政治上的技能和策略。

(2) 公共关系。如果权力是一个“推”的策略，那么公共关系则是一个“拉”的策略。舆论需要较长时间的努力才能起作用，然而，一旦舆论的力量增强了，它就能帮助公司去占领市场。

5. 网络时代深度营销观念

深度营销，就是建立在互联网基础上，以企业和顾客之间的深度沟通、认同为目标，从关心人的显性需求转向关心人的隐性需求的一种新型的、互动的、更加人性化的营销新模式、新观念。它要求让顾客参与企业的营销管理，给顾客提供无限的关怀，与顾客建立长期的合作性伙伴关系，通过大量的人性化的沟通工作，使自己的产品品牌产生润物细无声的效果，保持顾客长久的品牌忠诚。它强调将人文关怀的色彩体现到从产品设计到产品销售的整个过程之中，乃至产品生命周期的各个阶段。

三、市场营销环境

（一）市场营销环境概述

1. 市场营销环境的概念

所谓市场营销环境，是指与企业营销活动相关的外部因素和条件的总称，是指企业在进行市场营销活动过程中，所联系并受其影响的各种因素的作用范围和影响力。

2. 市场营销环境的内容和特点

影响和制约企业营销活动的内、外部环境因素很多，而且十分复杂，不同的因素对营销活动各个方面的影响也不尽相同，同样的环境因素对不同的企业所产生的影响也不同。通常将企业市场营销环境分为微观环境和宏观环境两部分，如图 5－1 所示。

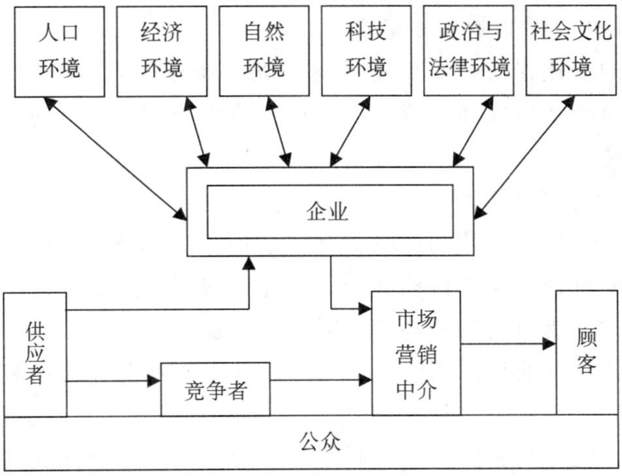

图 5－1　企业市场营销环境因素

宏观环境是指直接影响企业市场营销活动的各种社会约束力量，包括人口环境、经济环境、自然环境、科学技术环境、政治法律环境和社会文化环境等。微观环境是指企业内部各部门之间以及与企业营销活动有协作、竞争、服务等关系企业相互之间的关系。它包括企业内部因素和企业外部的供应商、顾客、竞争者和公众等因素。

所有的微观环境因素都要受宏观环境的影响和制约，宏观环境多以微观环境为媒介对企业的市场营销活动发生间接影响，有时也直接影响企业的市场营销活动。

3. 研究市场营销环境的作用

（1）市场营销环境的研究可为企业的经营决策提供可靠的依据。

第一，市场营销环境的研究是企业决策的客观基础。企业营销活动处于营销环境的制约中，企业要生存，要发展，只有通过对市场营销环境的研究，熟悉环境，了解环境的变化，才能对企业全部营销活动做出正确的预测，制订和选择符合实际的、切实可行的最优化商品经营决策方案。

第二，市场营销环境研究可保证企业决策的科学性。为保证营销决策的科学性，企业只有把营销决策放到千变万化的营销环境中去检验，并及时反馈信息，依据营销环境的变化，对原决策灵敏地做出相应的修改和调整，及时纠正营销决策执行过程中的偏差和失误，使之趋于合理化和科学化。

（2）市场营销环境的研究可促使企业更好满足社会的需求并指导社会消费。

第一，在满足社会对商品需求方面的作用。企业只有不断推出适销对路的产品，才能满足消费者日益增长的对商品的需求。企业生产的产品是否适销对路，唯有在市场上才能见分晓。市场的检验，促进和引导企业按照消费者创造的生产、经营意向和需要的方向发展。

第二，在指导消费方面的作用。消费者消费需求的形成受多方面因素的影响，他们对商品的多方面需求，除受生产和购买力的限制外，还要受到环境方面因素的影响。因此，营销环境对消费者有一定程度的指导作用，它可以引导消费需求转向，可诱发新需求及促使消费方式、消费习惯的转变。

（二）市场营销环境对市场营销的影响

市场营销环境的变化，对企业市场营销活动的影响表现为两个方面：一是为企业提供市场机会；二是给企业造成环境威胁。分析企业市场营销环境的目的就在于寻求市场机会和避免环境威胁。

1. 环境威胁与机会总体分析

所谓市场机会，是指市场营销环境中有利于企业实现经营目标的各种机遇。市场尚未满足的需求，只要符合企业的目标和资源条件，均可成为企业的市场机会。

所谓环境威胁，是指市场营销环境中限制企业发展，对企业的市场营销不利的各种趋势。对于环境威胁，企业如果不能及时预测，并采取针对性的措施，就会影响企业的生存和发展。

在现实生活中，机会和威胁往往是同时并存的。任何企业都面临着若干市场机会和环境威胁，市场营销的任务就在于：抓住机会，克服威胁，以有力的措施迎接市场上的挑战。企业可以采用“市场机会矩阵图”和“环境威胁矩阵图”进行分析。

“市场机会矩阵图”的横轴代表成功的可能性，纵轴代表潜在的吸引力，如图 5－2

所示。

“环境威胁矩阵图”的横轴代表出现威胁的可能性，纵轴代表可能的损失程度，如图5－3所示。

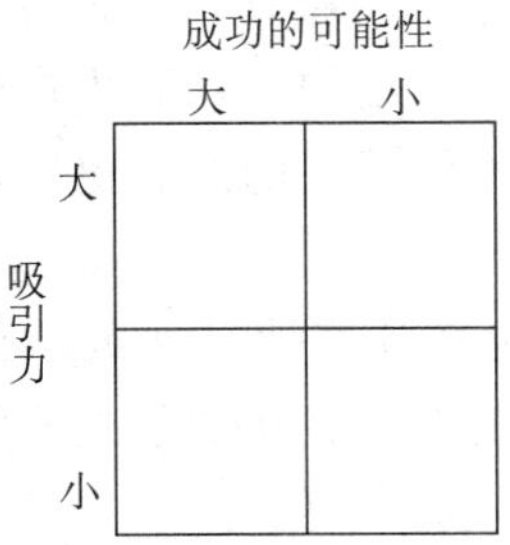

A.机会方格

图5－2　市场机会矩阵图

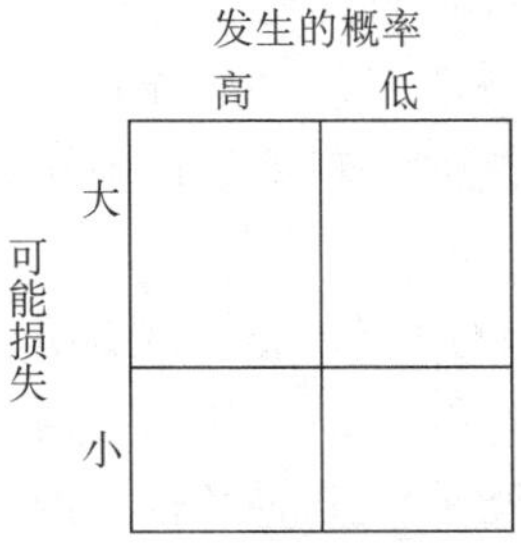

B.威胁方格

图5－3　环境威胁矩阵图

每个企业和总体环境的相关因素相互影响、相互作用，这些相关因素总是处于不断变化的状态之中，经营成功的企业，总是那些感觉灵敏、适应性强、具有较好自我调节能力的企业。企业得以生存的关键，在于它总是密切关注环境的发展变化，通过有效的策略保持对环境的高度适应，并能把握市场机遇，力争经营目标的实现。

任何事物都有矛盾的两个方面，存在着对立统一的关系，在一定条件下，任何一对矛盾都可以互相转化，市场营销环境的威胁与机会这对矛盾往往同时出现又同时消失，而且在一定条件下，威胁可以转变成机遇，机遇也可变成威胁。

在一定时期和一定条件下，威胁和机遇又相对稳定。在此情况下，可将环境对企业的影响，用“威胁—机会”矩阵图进行分析，如图5－4所示。

		威胁水平	
		高	低
机会水平	高	冒险企业	理想企业
	低	困难企业	平淡企业

图5－4　威胁—机会矩阵图

在图5－4中，从环境因素给企业带来的威胁和机会看，可将企业分为4种类型：第一，理想企业，即机会大而威胁小的企业；第二，冒险企业，即机会大但威胁也大的企业；第三，平淡企业，即机会小且威胁也小的企业，也称为成熟企业；第四，困难企业，即机会小而威胁大的企业。

任何企业都面临着各种各样不同程度的市场机会和环境威胁。通过以上矩阵图的分析，就可以看出企业的机会和威胁程度，从而判断企业的类型，进而采取相应的策略，抓住主要机会，抵制、削弱、修正或转移主要威胁，促进市场营销目标的实现。

2. 企业的总体应变对策

威胁中的企业对策：

（1）促进对策。即企业通过采取措施设法限制或扭转不利因素的发展。例如，日本一些企业面对欧美国家实行限制进口、鼓励出口的贸易保护政策，就采取了合资合作、联营的方式，在进口国直接投资，实行加工生产本地化的策略，获得了较好的效果。

（2）减轻政策。即企业通过改变自己的营销战略，主动地去适应环境的变化，以减轻环境威胁的程度。例如，由于人们的环境保护要求不断提高，城市废气的排放受到限制，这对许多石化企业是一种挑战，同时也是一种机遇。企业只有通过技术改造，主动引进新设备新工艺，加强管理，降低成本费用，优化产品结构，从而生产优质高效的高标号无铅汽油，获得较以前更好的经济效益。企业在减轻威胁的同时也促使了企业的新发展。

（3）转移政策。企业见环境不妙时，主动将投资转移到其他行业或市场，或实行多元化经营等等，以求新的发展。例如，一些彩电生产的龙头企业如长虹、海信集团等开始转移投资，涉足前景较好的信息产业，以期获得更好的发展。

捕捉机遇的时机：

（1）抓经营决策时机。指企业利用环境机会，在进行战略性决策时，选好投资方向。

（2）抓输入时机。指企业进行进口贸易或购进决策时，用资源的区域差异和价值差异，获取比较利益，寻找发展机遇。

（3）抓输出时机。指企业利用机遇扩大其产品的销售和市场需求。

（三）企业微观环境分析

企业所采取的各种策略和措施的最终目的都是在盈利的前提下为顾客服务，满足市场的需求。要实现这个任务，企业必须把自己与供应者和市场营销中介联系起来，以接近顾客。供应者——企业——市场营销中介——顾客，形成企业的基本市场营销系统，此外企业市场营销的成败还受另外两个因素的影响：一是竞争者，二是公众，它们之间的关系如图 5 - 5 所示，下面依次分析这些微观因素对企业市场营销活动的影响。

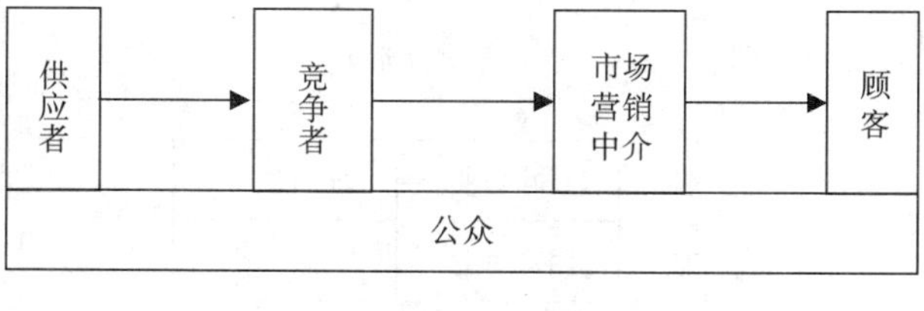

图 5 - 5 企业微观环境因素图

1. 企业内部环境

企业的市场营销部门不是孤立的，它面对着企业的许多其他职能部门，如高层管理、财务、研究与发展、采购、制造、会计、人事等部门。其中高层管理部门是企业的最高领导核心。市场营销管理者的各项策略，只有得到高层管理部门的支持和认可才能得以实施。此外，市场营销计划在实施过程中资金的有效利用、资金在制造与市场营销间的合理分配、可能实现的资金回收率等都同财务管理有关；新商品的设计与生产方法是研究与发展部门集中考虑的问题；原材料能否充分供应与价格的高低由采购部门负责，这关系到商品的售价和销路；会计部门则协助市场营销部门了解它的目标达到程度等。所有这些部门都同市场营销部门的计划和活动密切联系，因此，市场营销部门在制定和执行市场营销计划时，必须考虑其他部门的意见，处理好同其他部门的关系。

企业内部资源状况，以及各个管理部门之间的分工是否科学，协作是否和谐，能否目标一致，配合是否默契，都将深深影响到企业的市场营销管理决策和方案的实施，是企业经营成败的关键之一。

2. 供应者

供应者是指向企业及其竞争对手供应各种所需资源的企业和个人。所供资源包括原材料、设备、能源、服务和资金等。

供应者这一环境因素的情况如何对企业市场营销活动的开展会产生巨大影响，所供资源的价格和供应量，会直接影响企业商品的价格、销量和利润；供货的质量水平影响企业商品的需求量和信誉；供货的稳定性、及时性及供货企业工人罢工或其他事故等，都可能影响企业按期完成交货任务。这样的结果，从短期来看会使企业损失销售额，从长期来看会削弱企业与顾客的长期合作与利益，同时损害企业在顾客中的信誉。因此，市场营销人员必须对供应者的情况有较全面的了解和透彻的分析，尽可能选择在质量、价格、运输、信贷、承担风险等方面条件较好的供应者。

3. 竞争者

在商品经济条件下，竞争是必然的产物，一般来说，为某一顾客群体提供商品和服务的企业不止一个。企业进行市场营销活动不可避免地会遇到竞争对手的挑战、制约和威胁。这些竞争对手不仅来自本国市场，而且来自其他国家和地区，竞争不仅发生在行业内，行业外的企业也可能通过替代商品的生产而参与竞争。竞争主要在商品的质量、形式、性能、价格、品牌以及新商品的开发和售前售后服务等方面展开，也可能在资金、人才、技术、资源等方面进行，竞争的结果是优胜劣汰。因此，对竞争者进行深入调查和全面分析是企业成功开展市场营销活动的关键之一。

每个企业在开展市场营销活动时，都应充分了解谁是自己的竞争者，然后全面调查分析竞争者的经营状况、市场营销策略、市场营销特点、在市场上的竞争地位以及自己与竞争者的力量对比如何等情况，并时常关注竞争者的动态变化，适时采取相应的对策和措施，扬长避短，充分发挥出自己的优势。商场如战场，在日趋激烈的市场竞争中，只有知己知彼，才能百战不殆。

4. 市场营销中介

在多数情况下，企业的商品都要经过市场营销中介才能到达顾客手中，所谓市场营销中介，就是那些帮助企业推广、销售和分配商品给最终顾客的企业和个人，包括中间商、实体分配机构、市场营销服务机构和金融机构等。

（1）中间商。中间商主要包括批发和零售两大类，它们帮助企业寻找顾客，并直接与顾客进行交易，从而完成商品由生产者向顾客的转移。除非企业建立自己的销售渠道，否则，中间商对企业商品的流通具有极其重要的影响。又由于中间商与顾客直接打交道，因而它的销售效率、服务质量就直接影响到企业的商品销售。

（2）实体分配机构。实体分配机构是帮助企业进行商品或原料的保管、储存及运输的专业企业，包括仓储公司和运输公司。在我国，可能更多地采用中间商和实体分配公司相结合的方式，也就是中间商除分配产品外、还同时负责储存和运输。但无论采用哪种方式，企业都要考虑储运成本、安全性和交货期等因素。实体分配机构的作用就在于为企业创造时空效益上提供帮助。

（3）市场营销服务机构。市场营销服务机构主要包括市场调研机构、市场营销咨询机构、广告公司等。它们帮助企业选择市场并促进企业销售商品，是企业市场营销过程中不可缺少的。当然，有的大企业本身设有这些机构，或者自己能承担这些工作，但对于大多数中小企业而言，这些机构是十分必要的。企业在利用这些机构时，关键是要选择出最适合本企业，并能提供最有效服务的机构。

（4）金融机构。包括银行、信贷机构、保险公司等对企业市场营销活动提供融资和保险等业务的单位。每一个企业都不可避免地要与金融机构建立一定的联系，开展一定的业务往来。金融机构的行为会对企业的市场营销活动产生显著影响，如银行利率上调、保险金额上升、信贷来源的受限都会使企业的市场营销活动大受影响，因此，企业应与金融机构建立良好的合作关系。

5. 顾客

顾客是企业的商品或服务的购买者，是企业服务的对象，也是企业经营活动的出发点和归宿。顾客可以是个人、家庭，也可以是组织机构和政府部门。

企业的一切市场营销活动都是以满足顾客的需求为中心的，因此，顾客是企业市场营销微观环境中最重要的因素。

6. 公众

公众是指对实现本企业目标有实际或潜在的利害关系和影响力的一切团体和个人。企业在向顾客提供商品服务的过程中，它要和供应者、市场营销中介打交道，与竞争者争夺市场，同时，社会公众对其商品和市场营销活动的态度也深刻影响和制约着企业的经营，他们既可以增强，也可能削弱企业实现目标的能力。因此，企业必须充分考虑并采取有效措施，处理好与周围公众的关系。一般说来，企业面临的公众主要有以下几类：

（1）金融界。金融界包括银行、投资公司、证券经纪商、保险公司和股东等。它们影响企业的融资能力。

（2）政府机构。有关政府机构的一些政策、措施与态度很可能影响企业市场营销的开展。因此，企业必须随时注意政府机构有关方面的变化，并主动采取相应的协调措施。

（3）新闻媒介。新闻媒介包括报社、杂志社、广播电台和电视台等大众传播媒介。它们不仅是企业广告的主要媒体，而且在建立企业信誉、树立良好形象方面也起着重要作用。

（4）社会团体。社会团体包括消费者协会、环境保护组织以及其他民众团体等。它们可能热心地支持企业的某些活动，也可能激烈地反对的某些做法，因此，企业必须和它们建立良好的关系。

（5）当地公众。当地公众指企业所在地附近的居民和社区组织。企业在市场营销活动中，要考虑当地公众的态度，避免与当地公众的利益发生冲突，并尽可能为公益事业做出贡献。

（6）内部公众。内部公众是指企业的员工。他们对企业的信任和积极性不仅直接决定了劳动生产率，而且他们对企业的态度也会潜移默化地影响企业以外的公众。

现代企业是一个开放的系统，所有上述公众都与企业市场营销活动有着直接或间接的关系。企业必须注意处理好与各方面公众的关系，创造良好的公众环境，促进企业市场营销活动的顺利展开。为此，越来越多的企业设立了“公共关系”部门，负责处理好企业与各方面公众的关系。

（四）企业宏观环境分析

宏观环境包括人口环境、经济环境、自然环境、科技环境、政治与法律环境和社会文化环境等，如图5－6所示。任何企业都处于这些宏观环境之中，并不可避免地受其影响和制约。

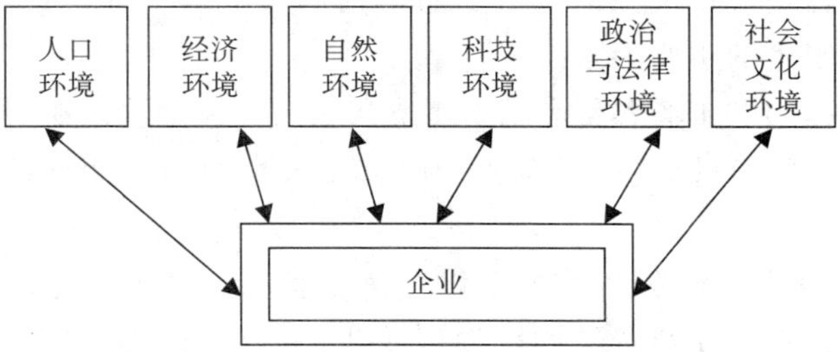

图5－6 企业的宏观环境因素

1. 人口环境

从市场营销学看，企业应关注人口环境的变化，因为市场正是由那些想买东西，并且有购买力的人构成的，而且这种人越多，市场规模就越大。因此人口的多少直接决定市场潜在容量。人口构成、地理分布、家庭结构、出生率、子女就业率以及人口的自然流动性、文化教育等人口特性和变化动向，会对市场格局产生深刻影响。

企业开展营销活动，应考虑我国人口的发展变动趋势，根据人口的年龄、家庭和社会、结合的变化趋势，进行目标市场选择与定位，采用差异性或集中性市场策略，通过满足不同消费者群的要求去实现企业的营销目标。

2. 经济环境

对企业营销影响较大的有经济发展水平、一国或地区的社会购买力、消费结构和消费信贷等。

（1）经济发展水平。所谓经济起飞阶段是指某国已克服了各种经济发展的障碍，实现了经济持续、稳定地发展，由于国民经济的迅速发展，促进了工业化和城市化的迅速发展，促使自给性农业经济向多元化商品经济转变。由于市场规模迅速扩大，社会需求旺盛，生产要素出现前所未有的广泛的社会化流动，即人流、物流、资金流、信息流，这给企业带来了许多投资赚钱的机会。市场信息出现爆炸性扩充，商务活动日益频繁。因此，企业应研究和适应未来经济发展的变动趋势，夯实基础，准备力量，主动迎接未来经济的挑战。

（2）消费品价格。某消费品价格。一般情况下，某消费品本身的价格越高，消费者对它的需求便会减少；某消费品本身价格越低，消费者对它的需求就会增加。但有的消费品，其价格变化大，而消费者的购买行为变化却很小，如：电视机可以使用许多年，即使电视机价格下降，消费者一般也不会在短期内实施购买行为；有的消费品，其价格变化大，所引起的购买行为变化也较大，如：用途广泛的消费品，当价格下降，消费者总量愿意多购买一些这类消费品。

某消费品的预期价格。如果某消费品的预期价格可能提高，消费者现时可能会扩大购买；如果某消费者的预期价格可能降低，消费者现时可能会减少购买。

（3）消费者收入。消费者收入包括：消费者个人工资、红利、租金、退休金、馈赠等收入。消费者并不是将其全部收入用来购买商品（包括货物和劳务），消费者的购买力只是其收入的一部分，因此，要区别可支配的收入和可任意支配的收入。前者包含家庭生活的必需开支。后者是扣除必需开支与固定支出后的余额，是消费需求变化中最活跃的因素，也是营销者最关注的部分。通常这部分消费者收入是影响奢侈品、汽车、旅游等高档消费品销售的主要因素。

消费者收入直接影响市场容量和消费者支出模式，从而决定购买力水平。企业应分析消费者收入，并应注意社会各阶层收入的差异性，依此确定企业的产品发展战略并做好目标市场定位。

（4）消费支出模式和消费结构的变化。随着消费者收入的变化，消费支出模式也会发生相应的变化，从而使消费结构也发生变化，可以用恩格尔系数来反映这种变化。恩格尔系数的计算公式如下：

恩格尔系数＝食物支出变动的百分比/收入变动的百分比

恩格尔系数主要反映这种趋势：随着家庭收入的增加，用于食物支出的比重将递减。这个指标是被用来衡量家庭阶层和国家富裕程度的一项重要参数。

我国是一个发展中国家，人口众多，居民收入水平距世界人均水平有较大差距，改革开放以来，居民人均收入增长较快，恩格尔系数呈明显的下降趋势。

（5）储蓄和消费信贷。消费者的收入通常用于现实消费和储蓄两个方面。当收入一定时，储蓄越多，现实消费就会越小，但潜在消费量越大；反之，储蓄越少，现实消费量就越大，而潜在消费量越小。

我国消费者信贷起步晚，但发展迅速，许多厂家、百货公司及各大专业银行都相继推出了诸如赊销、延期付款和信用卡消费等多种消费者信贷形式，居民住房交易也实施了分期还款的方式。企业通过不断建立健全和完善消费者信贷方式，将为实现企业营销目标创造良好的环境条件。

3. 自然环境

自然环境是企业生存发展的物质基础，是发展变化相对缓慢的环境因素，但自然环境的变化会给企业造成一些环境威胁和市场机会。主要发展动向如下：

许多自然资源短缺或即将短缺，地球上的自然资源可分为三大类：

（1）无限资源，如空气、水等。水是生命之源，水资源是地球一切生命赖以生存之根本，地球水资源比较丰富，但世界各地水资源分布不均，且呈季节性变化。由于现代化工业用水和城市用水量的迅速增加，世界上许多国家面临缺水。我国人均水量低于世界水平，而且许多城市出现水资源紧缺。这种情况不但影响人民生活，而且对企业也是一种环境威胁。

（2）有限可以再生的资源，如森林、粮食等。我国森林覆盖率低，仅占国土面积的12%，人均森林面积只有1.8亩，远低于世界人均森林面积的15.5亩。我国耕地少，人均耕地只占世界水平的1/4，且耕地面积锐减，近30年来耕地平均每年减少810万亩。土地沙漠化、荒漠化及浪费现象也十分严重。

（3）不可再生的资源，如石油、煤、铀、锡等矿产资源。这类资源的开发和利用对人类社会产生了深刻影响，以至于整个工业文明的进步和发展越来越依赖能源的不断利用。石油资源面临枯竭的威胁，前景不容乐观。如何运用现代科学技术提高现有能源的综合开发和利用率，并努力寻找新资源和替代能源，这将是人类面临的重大课题，同时也给能源企业带来新的市场机会。

在可持续发展战略得到大力倡议和普遍实施的背景下，在世界范围又兴起了绿色产业和绿色市场营销活动。由于公众和公司环境保护意识进一步提高，环保产品和绿色产品日益受到人们的青睐和欢迎，企业开始按照生态学的观点和原理来设计工农业产品和生产，使生产的全过程和产品的销售、使用进入无公害并有利于环境的良性发展。环境产业这一新兴产业正在悄然崛起。绿色产品制度和绿色市场营销是工业新文明的象征，这对于企业是一次重要的市场机遇，在这方面落后一步，就会在市场上失去一席之地。我们一定要积极推行绿色标志产品制度，以跟上全球性产业结构调整和技术改进的步伐。

4. 科技环境

科学技术因素是变化最快最强的因素，科学技术是第一生产力，科技的发展必然引起经济、自然环境、政治、法律和社会化因素的一系列变化，21 世纪是高科技的世纪，科学技术的高速发展和广泛应用，使其渗透到经济和社会的各个领域，成为推动经济发展和生产发展的最活跃最关键因素，科学技术日新月异的变化及其未来动向也必然会对企业的经营活动产生重大影响。

（1）科学技术产业化、一体化步伐加快，一大批高新技术产业和高科技企业迅速崛起，给企业提供机会的同时，也带来了严重的威胁。由于高新技术代表着未来科技和经济的发展方向，因此，高新技术日益成为世界经济强国激烈竞争的主战场和制高点。

（2）科学技术有利于企业改善经营管理。科学技术革命向企业管理提出了新课题、新要求，同时也为企业改善经营管理、提高管理效率提供了物质基础。特别是计算机信息技术、光缆通信等高科技成果大大提高了企业生产和工作效率，为管理现代化提供了强有力的物质保证。与此同时，现代科学技术大大提高了劳动者的素质，人们的生活和工作方式也将发生根本性的变革，传统的管理方式受到挑战。

（3）科学技术会影响企业营销方式和消费者购物方式。现代科学技术的迅速发展，促使零售企业结构发展发生变化，也改变了人们的购物方式。消费者足不出户，就可以在家获得所需的一切商品或劳务。随着新技术革命的不断变革，“电子购物”“电子消费”的方式还在继续发展。

5. 政治与法律环境

（1）政治因素。政治局势是指企业所处的国内政体稳定与否的状况，以及国际政治环境等等。经济基础决定上层建筑，上层建筑又反作用于经济基础。

经济体制是一个国家管理整个经济运行的模式，它是一个经济制度的具体实现形式。我国实行的经济体制改革是一场深刻的社会体制变革，通过经济改革实现传统的计划经济体制向市场经济体制转变。这就要转变政府职能，实行政企分开、所有权与经营权的分离，充分发挥市场机制对社会资源配置的基础作用。经济改革的最重要、最艰巨的任务之一就是国企改革，国企改革是经济体制改革的中心环节，改革的目标即转换国企经营机制，建立现代企业制度。这就要求把企业推向市场，让企业在市场竞争的汪洋大海中求生存、求发展，最终使国有企业真正成为自主经营、自负盈亏、自我发展、自我约束的法人实体和经济实体，建立起产权清晰、政企分开、权责明确、管理科学的现代企业制度。经济体制改革是一项极其复杂的社会系统工程，它还涉及税收、财政、金融、价格、住房、医疗以及社会保障等一系列的改革。随着经济体制改革不断深入，国家宏观调控也发生相应的变化，从而对企业的活动产生广泛影响，特别是国家产业政策、财政与金融政策以及能源政策应引起企业密切关注。

（2）法律因素。法律是实现统治阶级意志，由国家制定，并以国家强制力保证实施的行为规范总和。为维护国民经济活动的秩序和良好运行，各国政府都制定相应的经济法来维护、制约和调整企业活动。从某种程度讲，市场经济就是法律经济，随着社会主义市场经济的建立和完善，我国的经济立法更多，执法更多。我国陆续制定和颁布了许多经济法规，如《中华人民共和国公司法》《中华人民共和国商标法》《中华人民共和国广告法》等。这些法规是保障和维护社会主义经济秩序、促使我国经济协调、稳定发展的有效手段。对于国家法令法规，企业应当做到：一是知法守法。所谓知法就是企业必须学懂弄通与本企业经营相关的经济法规；所谓守法，指企业必须依法经营，照章纳税，自觉遵守国家法律法规，否则，违法必究。二是利用法律维护企业的正当权益。几乎每一种法规都涉及企业的合法权益，从企业登记注册，宣布成立到生产经营乃至企业扩张、重组、兼并、破产和清算，企业的各种经营行为均受法律的制约和保护，企业应当学会用法律武器来维护自己的合法权益。

6. 社会文化环境

社会文化所包含的内容很多，其中价值观念、民族观念和宗教信仰对企业营销活动产生一定的影响。

（1）价值观念。价值观念是指生活在某一社会环境下的多数人对事物的普遍看法和态度。社会环境不同，人们的价值观念不同，认识存在很大差异。由于东方人和西方人的态度、人事、风俗习惯有很大差异，因此，东西方国家企业的营销方法也有所不同。日本的文化强调和谐，企业经营管理中奉行的是团队精神，强调忠诚、和谐，所以日本企业的广告宣传往往突出人们对产品的共性，而常常忽视个性；相反，西方人喜欢看到的恰恰是个性的特点，所以企业的广告往往充分利用这一特点。亚洲国家的商品包装往往只注重商品的名称和价格；美国的企业却注重商品的设计包装。食品制造商往往利用包装使其产品在超级市场拥挤的货架显得很突出，他们设计包装具有标新立异的特点。

（2）民族传统。民族传统指一个国家整个民族的文化传统与风俗习惯。不同国家有不同的文化传统和风俗习惯，这些民族特色浓厚的风俗习惯和社会文化是影响企业的市场营销的重要因素。譬如，东西方不同民族传统节日就是营销者应考虑的重要因素。在西方国家，非常重视圣诞节，每逢12月25日前后，各种食品、日用品和礼品就出现销售高峰。而在我国，春节前夕会形成生活用品购买的最高峰；此外，我国的清明节、端午节、中秋节和国庆节，往往也是人们购买需求较为旺盛的时节。

每个国家的人们都有自己的风俗习惯和禁忌，营销者应做到入境随俗，善解人意。例如，日本人礼节独特，最忌讳拿礼节开玩笑；与沙特阿拉伯的买主谈判，绝不可问及对方的妻子；相反和墨西哥人谈生意，问候对方的夫人则是礼貌；美国人讲究准时，即使交通拥挤也不能成为借口。因此，企业营销应考虑不同国家和民族，人们的习俗和禁忌，因地制宜，因人制宜，讲求策略性和针对性，从而做到适销对路。

（3）宗教信仰。宗教信仰对市场营销也有一定影响，特别是在一些信奉宗教的国家和地区，其影响力更大。宗教信仰不仅决定人们的社会观、生活观和习惯，而且还影响其对产品的要求和购买方式，影响人们的消费行为。

社会文化是人类在创造物质财富过程中所积累的精神财富的总和，它体现着一个国家和地区的社会文明程度。社会文化因素主要是通过影响消费者的思想和行为，间接的影响企业的营销活动。

第二节

市场营销管理

营销管理由计划、组织和控制等职能组成。企业首先制定整体战略计划，并将它转化为各个部门、产品或品牌的营销计划。通过执行，将计划变为行动，但计划的制定和实施都离不开市场营销组织。最后对营销活动进行测量和评价，必要时采取纠正措施，即营销控制。

一、营销管理的任务

（一）营销管理的含义

营销管理是指为了实现企业目标，创造、建立和保持与目标市场之间的互利交换关系，而对设计方案进行的分析、计划、执行和控制。营销管理的实质是需求管理，即调节需求使之与企业供给相适应。企业在开展市场营销过程中，一般要设定一个在目标市场上预期要实现的需求水平，然而，实际需求水平可能低于、等于或高于这个预期的需求水平。换言之，在目标市场上，可能没有需求，很少需求或适量需求。营销管理就是要应对这些不同的需求情况。

（二）营销管理的任务——需求管理

市场上的需求状态是不断变化的，针对不同的需求状态实施不同的营销管理，见表5－1：

表5－1　　营销管理任务

市场需求状态	市场营销任务	改变后的市场需求状态
负需求	改变营销	正需求
无需求	刺激营销	有需求
潜在需求	开发营销	实际需求
下降需求	再营销	恢复需求
不规则需求	同步营销	适应需求
充分需求	保持营销	维持需求
过量需求	减少营销	降低需求
有害需求	反营销	消灭需求

营销管理的任务，就是要针对市场上不同的需求状态，采取不同的营销类型来适应市场需求的变化，以取得预期的营销结果。

1. 负需求

负需求是指绝大多数人对某个产品感到厌恶，甚至愿意出钱回避它的一种需求状况。在负需求情况下，营销管理的任务就是改变市场营销，即分析市场为什么不喜欢这种产品，以及是否可以通过产品重新设计、降低价格和积极促销等营销方案，来改变市场的信念和态度，将负需求转变为正需求。

2. 无需求

无需求是指目标市场对产品毫无兴趣或漠不关心的一种需求状况，通常人们会对下列产品无需求：

（1）人们一般认为无价值的废旧物资。

（2）人们一般认为有价值、但在特定市场上无价值的东西。

（3）新产品或消费者平常不熟悉的物品等。在无需求情况下，营销管理的任务是要刺激市场营销，即大力促销及采取其他营销措施，努力将产品所能提供的利益与人的自然需求和兴趣联系起来。

3. 潜在需求

潜在需求是指相当一部分消费者对某物有强烈的需求，而现有产品或服务又无法使之满足的一种需求状况。在潜在需求情况下，营销管理的任务是开发市场营销，即开展市场营销研究和对潜在市场范围进行测量，进而开发有效的产品和服务来满足这些需求，将潜在需求变为实际需求。

4. 下降需求

下降需求是指市场对一个或几个产品的需求呈下降趋势的一种需求状况。在下降需求情况下，营销管理的任务是再营销，即分析需求衰退的原因，进而开拓新的目标市场，改进产品特色的外观，或采用更有效的沟通手段来重新刺激需求，使老产品开始新的生命周期，并通过创造的产品开发和营销来扭转需求下降的趋势。

5. 不规则需求

不规则需求是指某些产品或服务的市场需求在一年不同的季节，或一周不同日子，甚至一天不同时间上下波动很大的一种需求状况。在不规则需求情况下，营销管理的任务是同步营销，即通过灵活定价，大力促销及其他刺激手段来改变需求的时间模式，使产品或服务的市场供给与需求在时间上同步一致。

6. 充分需求

充分需求是指某种产品或服务的目标需求水平和时间等于预期的需求水平和时间的一种需求状况。这是一种最理想的需求状况。但是，在动态市场上，消费者的偏好会不断地变化，竞争也会日益激烈。因此，在充分需求情况下，营销管理的任务是保持营销，即努力保持产品质量、经常测量消费者满意程度，通过降低成本来保持合理价格，并激励推销人员和经销商大力推销，千方百计地维持目前需求水平。

7. 过量需求

过量需求是指某种产品或服务的市场需求超过了企业能供给或所愿供给的水平的一种需求状况。在过量需求情况下，营销管理的任务是减少市场营销，即通过提高价格、合理分销产品、减少服务和促销等措施，暂时或永久地降低市场的需求水平。需要指出的是减少市场营销并不是杜绝需求，而是降低需求水平。

8. 有害需求

有害需求是指市场对某些有害产品或服务的需求。对于有害需求，营销管理的任务是反市场营销，即劝说喜欢有害产品的消费者放弃这种需求，大力宣传有害产品或服务的严重危害性，大幅度提高价格，以及停止生产供应等。

（三）市场营销管理过程

营销管理的实质是需求管理，其任务就是要针对市场上不同的需求状态，采取不同的营销类型来适应市场需求的变化，以取得预期的营销结果。

1. 市场营销计划

不同企业的市场营销计划详略程度不同，特别是产品计划和品牌计划。不过，多数市场营销计划应包括计划概要、分析营销现状、拟定营销目标、营销策略、行动方案、预算开支等 8 个方面。

市场营销计划的实施，是将营销计划转变为具体行动的过程，即调动企业全部资源，投入到营销活动中去，并保证完成计划规定的任务，实现既定目标。

2. 市场营销组织

营销计划要靠组织去实施，没有一个有效且符合市场导向观念要求的组织，再好的计划也只能是纸上谈兵。

市场营销组织可划分五种组织形态。简单的销售部门、销售部门兼营其他营销职能、独立的市场营销部门、现代市场营销部门、现代营销公司。

市场营销部门组织模式：职能式组织、地区式组织、产品管理式组织和市场管理式组织、产品/市场式组织、事业部组织等。

3. 市场营销控制

市场营销控制就是根据市场营销计划执行情况的检查和实施情况，做出必要调整，以更好地实现已定的营销目标和任务。

一般的控制程序都有如下 4 个基本步骤：确定控制标准、衡量绩效、找出产生偏差的原因、采取相应的改正行动。

市场营销控制方法有 3 种：年度计划控制、盈利控制和战略控制。

年度计划控制，由高层、中层管理者负责，目的是检查企业是否达到年度计划规定的销售额、利润等指标，并在必要时采取调整和纠正措施。常用的控制方法有销售分析、市场占有率分析、营销费用率分析、顾客态度分析。

盈利控制，除了年度计划控制，企业还要从产品、地区、顾客群、分销渠道和订单规模等方面，分别衡量每一项的获利能力。

战略控制，是指公司对其整体营销效益进行地全面而详尽的评估。在营销领域内，各种目标、政策、战略和计划的迅速过时是常有的事。实际上，当前的营销业绩不一定能反映营销效益，结果好可能是由于某个产品的适时、适地，而不是有效的营销管理所致，改进该产品的营销工作可能使结果从良好转为优秀。所以，每个公司都应该定期对其进入市场的总体方式进行评价，即进行战略控制。有两种工具可用于战略控制：营销效率等级评估和营销审计。

二、市场调查与预测

（一）市场调查

1. 市场调查概念

市场调查是指企业为了特定的市场营销目标，通过科学方法有目的地收集和分析有关企业外部环境和经营管理方面的各种信息和资料，为制定适当的市场策略提供依据。市场调查的作用可以从企业了解消费者需求、对产品更新以及获取和维持竞争优势三个方面体现出来。

市场营销调查已越来越受到重视，成为企业生存和发展的重要手段。

2. 市场调查内容

市场营销调查是一项十分细致复杂的工作，范围广泛，市场营销调查的内容主要有以下几个方面：

（1）市场需求调查。企业能否满足消费者需求，是企业经营成功的关键，因此，市场需求调查是市场营销调查的关键内容，这包括：现有市场对产品的需求量；潜在市场的调查；本企业的销售潜力，本企业的市场占有率以及企业所面临的细分市场；同类产品需求情况和替代产品的需求情况调查等。

（2）消费者和消费者行为调查。消费者的需求贯穿于市场营销的始终，因此对消费情况的调查就显得很有必要，调查内容包括：现有消费者数量、地区分布状况、年龄结构、购买力大小；消费者购买动机、行为和程序，影响购买者决策的主要因素；消费者对本企业产品和劳务的满意程度，他们的意见和要求等。

（3）企业因素调查。调查内容包括：一是产品调查。调查现有产品满足需求的情况、新产品的市场潜力、产品的售后服务、生命周期，以及新产品对老产品的更替等；二是价格调查。调查影响价格变动的主要因素，产品的价格弹性的大小、新产品的定价策略以及老产品的价格调整等。三是销售情况调查。包括促销与分销两个方面。促销方面包括广告媒体的选择、效果比较、推销员的作用评价，以及销售服务方式选择及公共关系工作开展的可行性与范围等；分销情况调查方面包括现有销售渠道中各个组成部分的情况，各地零售网点的分布、销售费用、产品运输手段与储存状况等。

（4）竞争对手调查。主要调查与竞争对手有关的基本情况，包括：竞争企业的数量、规模以及本行业之地位；竞争企业的产品价格、性能、质量和包装情况，以及生产工艺与生产成本等；竞争对手采用的营销策略；潜在竞争对手的情况调查。

（5）宏观环境调查。主要指政府方针、政策、法令，国家的政治状况，宏观经济状况，文化教育水平，宗教信仰以及风俗习惯等。

3. 市场调查过程

市场调查因时间、地点、费用、设备等条件的不同，在具体做法上不可能有统一的标准，但一般说来，应遵循如下工作步骤，即：确定调查目的、设计调查方案、实施调研计划、数据整理分析、撰写调查报告，如图5－7所示。

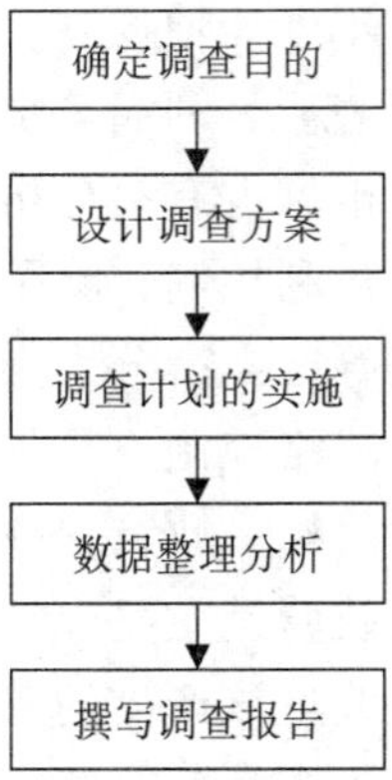

图5－7 市场调查程序

4. 市场调查方法

（1）按调查的范围分全面调查（市场普查）、典型调查（重点调查法）和抽样调查法；

（2）按调查方式分为询问调查法、日记调查法、实验调查法和观察法等。

5. 市场调查技术

包括自由问答法、二项选择（“是否法”或“真伪法”）、多项选择法、比较法、顺位法、过滤法（漏斗法）等。

（1）自由问答法。提出问题，问卷上无拟定的答案，请被调查者自由回答。例：你抽烟多久了？该法的优点是可为调查者搜集到意料外的资料。缺点是：①回答无限制，答案各异，难整理；②调查者按自己的想法提问、记录，易产生偏差；③调查者的结论易受表达能力强的回答者的影响。

（2）二项选择（又称“是否法”或“真伪法”）。例：你是否喜欢佳能数码相机？是（　）否（　）。该法优点：①短时间给出明确答案；②使中立意见者偏向一方；③条目简单，便于统计。缺点是不能表示意见的程度差别，影响结果准确性。

（3）多项选择。提出问题，问卷上有多项拟定的答案，按要求选数项。例：你喜欢的冰箱品牌是（　）：A. 海尔 B. 容声 C. 新飞。该法的优点是：①缓和强制选择的缺点；②与自由问答比，便于统计。缺点是被选答案多，不便于归类。

（4）比较法。即对若干个对象的某一属性进行比较分析，例：在调查问卷中左右对称排列不同品牌的电视机，请被调查者用“ < ”或“ > ”连接，表示出他们对不同品牌电视机质量的判断。一般而言，“ < ”表示左边的品牌比右边的差，“ > ”表示左边的品牌比右边的好。

（5）顺位法。即列出若干调查项目，请被调查者按顺位标准及要求选择或排序。例：下面几种物品你最急需的是哪一种？或请按产品的耐用程度对下列不同品牌的商品排序。使用该法时应注意顺位项目必须具有同种属性，同时顺位数目不宜过多，以防被调查者厌烦，影响调查结果的准确性。

（6）过滤法（亦称漏斗法）。是指最初提出的问题性质广泛，应答者怎么答都行，然后逐渐把范围缩小，最后提出特殊的专门性问题。例如某公司欲调查人们对儿童吃巧克力糖是否会对牙齿产生不良后果的看法，可先提出“你经常购买巧克力糖吗？”回答如果是“是”，则可追问“为什么”，然后问“你让你的孩子吃巧克力糖吗？”最后问“有的人认为吃巧克力糖对儿童牙齿有损害，有的人认为无害，你的看法如何？”若回答是“否”则可跳过有关问题，从另一个问题开始提问，这就是过滤法。

6. 调查表的设计

（1）调查表的构成。被调查者的基本情况、调查内容、填表要求和编号等；

（2）调查表的设计要求。①根据实际需要创造性地设计调查表与询问问题；②要灵活掌握询问技术，要考虑到被调查者的身份和知识水平，尽量引起对方的兴趣，得到合作；③围绕调查的目的，突出调查重点，一份问卷上不要涉及过多的内容；④问题要明确，易理解，易回答；⑤问题排列要合乎逻辑，先宽后窄，开始部门安排简单有趣的问题，核心问题放中间，分类问题排在最后；⑥避免使用引导性问题；⑦便于数据的统计与整理。

（3）调查报告的撰写。市场调查报告的撰写应开门见山，准确简练。其组成如下：

①报告题目。选择调查全过程中最有特色的环节或揭示本报告论述的中心问题，作为市场调查报告的题目。

②报告目录与摘要。摘要的撰写要注意以下几点：第一，明确指出本次调查结果；第二，简要指出调查时间、地点、对象、范围以及调查的主要项目；第三，简要介绍调查实施的方法、手段，以及对调查结果的影响；第四，调查中主要发现，或结论性内容。

③报告的正文。根据调查内容展开的、完整的市场调查报告。包括4部分：

第一，调查方案。包括整体方案和技术方案的执行结果评价，特别是要对调查对象选择、问题的设计与依据、收集资料方式及调查时间等方案的设计与执行给予评价。

第二，指出分析问题的角度或出发点。包括对一些测量方式的解释以及调查误差的估计。

第三，提炼分析的结论性意见。

第四，建议对策，或依据资料对发展趋势进行评估等。

④附录文件。资料的汇总表、统计公式或统计参数选择的依据，与本调查题目相关的整体环境资料或有直接对比意义的完整资料等，均可单独成为报告的附件。以上是市场调查报告撰写的基本格式，具体行文需注意以下问题：第一，调查报告不是流水账或资料堆积；第二，调查报告必须真实、准确；第三，客观分析，要指明调查结论的局限性、置信度等。

（二）市场预测

1. 市场预测概念及内容

（1）市场预测概念。市场预测就是运用各种信息和预测技术，对影响市场供求的各种因素的变化及发展进行分析与推断，以确定商品未来的供求变化和发展趋势。市场需求预测就是指在市场调查的基础上，对市场未来需求的变化及其影响因素进行估计和判断。市场需求预测是竞争的需要，是企业减少经营风险的重要手段之一。

（2）市场预测内容。市场营销预测的内容十分广泛，一般说，对市场需求、商品资源、市场占有率、市场价格、产品生命周期、营销效果等都可以进行预测，其中市场需求预测在市场营销预测中占有很重要的地位，一般情况下市场营销预测主要是指导市场需求的预测。

①宏观经济环境预测。宏观经济环境预测，其内容包括经济周期、通货膨胀、失业率、利率、消费者支出、储蓄、工商业投资、政府开支、出口额等情况的变动，得出对国内生产总值及其增长率的预测。

②行业市场进行预测。在宏观经济环境预测的基础上对行业市场进行预测，这个主要是在已知的环境和既定的营销支出下，预测该行业的发展规模、发展方向和速度，从而对该行业未来的市场销售量变动情况做出估计。

③预测企业的销售量。根据该行业中本企业的市场占有率情况，做出本企业未来的销售预测，即预测企业的销售量。

2. 市场预测的作用

市场预测在企业生产经营活动中的作用主要有：

（1）市场预测是企业进行经营决策的重要前提。企业要做出经营决策，首先必须掌握并做出市场环境及发展变化趋势的预测，这是企业正确决策的首要条件。

（2）市场预测是企业制定经营计划的重要依据。企业在制定经营计划时，必须考虑社会、市场和用户的需求。而且还要根据市场需求的变化，及时调整经营计划。这就要求企业必须进行市场预测。

（3）市场预测可使企业更好地满足市场需求，提高企业的竞争能力。市场的购买力、爱好、需求结构是经常变化的，企业必须对市场做出正确的预计，通过预测来掌握市场的变化规律，以适应市场需求来组织生产和改变销售方向、结构、时机，搞活企业经营，提高企业的竞争能力。

3. 市场预测的要求

（1）明确预测的目的和要求。市场预测总的目的是为了估计未来市场的变化趋势及其潜在需求情况，但一个企业或部门在作某一项预测时，都有其具体的要求与目的。企业进行预测前，必须首先回答这样一个问题："所得预测结果有何用途?"预测的目的明确了，在实施预测时才能有明确方向与要求，才能采取有效的方法，节省费用，节约时间，取得更好的效果。

（2）正确选择预测的方法。预测的方法很多，选择哪种方法或哪几种方法更合适，这要根据预测的目的、条件以及费用支出的可能作通盘考虑。

选定何种预测方法，对预测的效果关系很大。因此，在初步决定预测方法后，还可对方法本身作先行试验，选择费用低，时间短，效果好的适当方法。此外，在预测实施过程，还要及时检查预测的效果，修订预测方法。

（3）估计预测误差的可能性。所谓预测误差，就是预测值与实际值之间的差异。由于销售预测是对未来销售情况所作的一种推测，不可能绝对准确，但如果预测的误差偏大，那就失去预测的意义。

造成误差的原因是多方面的：或是建立的预测模式不精确；或是计算技术上的错误；或是样本选择不当；或是数据资料有误差；或是判断失误等等。为了提高预测的精确度，要尽可能排除一些造成误差的因素。在影响市场变化的诸因素中，不可预测的因素是存在的，如气候、灾情等。为减少预测的误差，对这些不可预测的因素也要做出假设，务必使误差达到最小。

（4）找出影响需求变动的基本因素。市场预测就是要找出影响市场经济活动的各种因素和数据，然后运用科学的方法进行统计、分析和判断，预测市场发展趋势。但是，影响的因素是错综复杂的，在诸因素中，有些商品在不同时期、地点，影响市场需求变动的因素是不完全相同的。市场预测能否准确，基本要求之一是看能否找出影响需求的基本因素，并对这些因素进行科学分析。如果把次要的，甚至把无关紧要的因素当作基本因素，那么，判断的结果就会出现重大的误差。

（5）掌握预测连续性的特点。市场预测之所以必要，原因在于市场经济行为的变动。如果市场是静止状态，那么，未来的预测只是现在情况的延续，那就无须预测。一次预测只能说明一个时期对未来的估计，而市场的运动变化仍在继续。因此，市场预测不可能是"一劳永逸"的。市场在运动，预测要有连续性。预测中断了，就不能对运动中的市场作出正确的判断。科学的市场预测是一个反复循环的过程，贯穿在决策全过程的始终，要不断地注视市场运动变化情况，了解市场的最新动向。

4. 市场需求预测的方法

（1）定性预测方法。定性预测方法就是依靠决策人员的知识、经验和综合分析能力，对产品未来市场需求的变化做出推断和描述的预测方法。定性预测方法主要有以下几种：德尔菲法；集合意见法；社会调查法。

（2）定量预测方法。定量预测方法主要有：趋势分析预测法，趋势预测分析法也称作时间数列预测分析法。所谓时间数列就是指按照发生时间顺序排列起来的同一变量的一组观测值。主要有算术平均法，简单移动平均法，加权算术平均法和趋势加权移动平均法的几种形式。因果分析预测法，因果分析预测法是把客观事物之间内在的因果关系，转化成数学模型，找出自变量和因变量，用一种近似函数关系表达出来，并靠历史统计数据，建立相应的数学模型（因果模型），然后根据自变量的数量变化预测因变量变化的预测方法。

常见方法有：一元回归分析法，多元回归分析法矩阵法等。

5. 市场预测过程

（1）确定预测目标、制定计划。该阶段工作的主要内容就是要明确地规定预测目标、预测期限，制定计划。

（2）分析和搜集历史数据。搜集历史数据时要注意其可靠性，对历史上偶发的一次性事件，可不列入历史数据。预测人员必须在对市场和本公司的活动透彻了解的基础上分析历史数据，排除偶发事件。预测数据的来源大致有：国家政府部门的计划和统计资料，本系统的计划、统计和活动资料，国外技术经济情况和国际市场活动资料，商业部门和市场的统计数据资料，各研究单位、学术团体的学术研究成果及刊物等资料。

（3）确定预测方法、选定预测模型。根据预测目的、占有资料、准确度要求及预测费用的多少选用合适的预测方法。并要求对定量预测建立数学模型，对定性预测建立设想性的逻辑思维模型，这一步是市场预测的关键。

（4）进行实际预测。该阶段工作的主要内容就是用选定的预测方法和模型进行预测。

（5）预测分析评价。该阶段工作的主要内容就是分析预测结果与实际的误差大小与产生的原因，分析在预测中发现的新因素对预测对象的影响范围和程度，并对预测的可靠性做出评价。

（6）修改预测模型和预测值。若发现模型与现实不符，应立即根据客观情况予以修正，在预测分析评价后，还应对未考虑的因素进行分析，以修正预测值，提高其精确性。

（7）写出预测报告。预测报告提交后，预测工作并没有结束。预测人员应该追踪预测对象的实际发展变化，应对预测结果加以印证，并总结经验，逐步提高市场预测的水平与质量。

第三节

STP 战略营销

STP 理论由市场细分（Market Segmentation）、目标市场（Market Targeting）、市场定位（Market Position）3 个部分组成，通过市场细分选择目标客户，进而以此为根据确定目标市场，最后进行市场定位，如图 5-8 所示。

图 5-8　目标市场营销步骤

一、市场细分

（一）市场细分的含义及作用

1. 市场细分的含义

市场细分，是由美国市场学专家温德尔·斯密于 20 世纪 50 年代提出，指企业根据消费者需求的差异，按一定的标准，把整体市场划分成两个或两个以上各有相近需求的分市场的一种战略方法。这一概念的提出，是现代营销思想和策略的一次革命，对企业营销实践起到了巨大作用。

2. 市场细分的作用

市场细分概念的提出，是现代营销思想和策略的一次革命，对企业营销实践起到了巨大作用。

（1）市场细分有利于企业发现和开拓新的市场机会，以形成新的目标市场。

（2）市场细分有利于企业提高适应能力和应变能力，根据市场变化及时地做出正确的市场营销决策。

（3）市场细分有利于企业扬长避短，发挥优势，合理利用企业的资源。

（4）市场细分有利于企业提高经济效益。

（二）市场细分标准

1. 消费者市场细分的标准

消费者市场细分的标准虽然很多，但归纳起来有 4 大类。由于这些标准是经常变动的，故称之为“变数”，即人口变数、地理变数、心理变数和行为变数，见表 5-2。

表 5-2　消费者市场细分的标准

细分标准	具体细分内容
人口细分	年龄、性别、家庭人数、收入、职业、教育、宗教、民族、种族、国籍、家庭人数、家庭生命周期等
地理细分	地理位置、气候条件、国界、区域、地形、城乡、城市规模、人口密度、交通条件等
心理细分	消费者个性、气质、生活方式、购买动机、社会阶层、购买频率等
行为细分	消费者的购买地点和时间、消费者所追求的利益和使用情况、消费者对某种产品的使用频率、消费者对品牌或商店的忠诚程度、消费者待购状况及其对企业营销因素的敏感程度等

2. 生产资料市场细分的标准

著名市场学权威菲利普·科特勒对工业市场细分标准作了进一步探讨，把以上几方面问题归为人口变数，继而提出了另外几个标准。我们认为我国工业企业在进行生产资料市场细分时完全可以借鉴、使用。

（1）人口变数。包括行业、规模、地址。

（2）经营变数。包括技术、使用者或非使用者、顾客能力。

（3）采购方法。采购组织结构、现有关系性质、采购政策、购买标准。

（4）情况紧急。紧急、特别用途、订货量。

（5）个性特征。购销双方相似点，对待风险的态度，忠诚度。

（三）有效细分市场的条件

1. 可区分性

是指顾客对产品的需求具有不同的偏好，对某一产品能够产生不同的反应，这样的市场才能区分开来，也才值得进行细分。市场细分首先遵循可区分性原则。

2. 可衡量性

是指被细分出来的子市场的购买力和规模大小能在一定程度上被衡量。经过细分以后的市场，在范围、容量、潜力等方面都应该是可以衡量的。

3. 可盈利性

这是指企业所细分出的子市场的规模或潜力使企业经营有利可图。细分市场应是现实可能中最大的同质市场，值得公司为它制定专门的市场营销规划。

4. 可进入性

是指企业对该细分市场能有效地进入和为之服务的程度。

二、目标市场

（一）目标市场的含义与特点

1. 目标市场的含义

所谓目标市场，是指在市场细分的基础上，从满足现实的或潜在的目标顾客的需求出发，并根据企业自身经营条件而选定的特定市场。即企业决定进入，并为之服务的细分市场。

2. 目标市场的特点

目标市场必须是具有如下特点的细分市场：

（1）目标市场是企业的服务对象，是企业有能力满足的部分需求，并有竞争优势。

（2）在目标市场范围内，对企业的产品有现实的和潜在的购买能力，并不断发展。

（3）目标市场是企业开拓的市场中最有价值的细分市场。这个市场既能满足社会需求，又能给企业带来较好的经济效益。

（二）目标市场的选择模式与策略

1. 目标市场的选择模式

确定目标市场的选择模式，即选择目标市场范围策略，归纳起来主要有 5 种目标市场模式：

（1）产品/市场集中型（见图 5 - 9A）。企业只生产一种标准化产品满足某一类顾客群体的需要。例如只生产满足男士需要的相同档次、质量等属性的皮鞋。这种策略能针对性地满足顾客需求，但风险大。一般适用于小型企业，企业可以先专注于某个细分市场，并在经营取得成功后向更大的市场范围发展。

（2）产品专业化型（见图 5－9B）。企业生产某种类型产品满足不同顾客群的需要。当然，由于面对着不同的顾客群，产品在档次、质量或款式等方面会有不同。例如，生产满足各类顾客的皮鞋。

（3）市场专业化型（见图 5－9C）。企业生产不同的产品，去满足某一固定顾客群的需要。例如，生产满足男士需要的各种性能的皮鞋。

（4）产品/市场选择型（见图 5－9D）。企业生产不同的产品，选择性地去满足不同顾客群的需要。这些细分市场之间并没有明显的联系，但每个都存在良好的经营机会。例如，生产凉鞋满足儿童需要，生产皮鞋满足男士的需要，生产保暖鞋满足女士的需要。

（5）全面覆盖型（见图 5－9E）。企业全方位进入各细分市场，生产各种类型产品，满足不同消费者需求。这种策略往往被实力雄厚的大企业所采用。

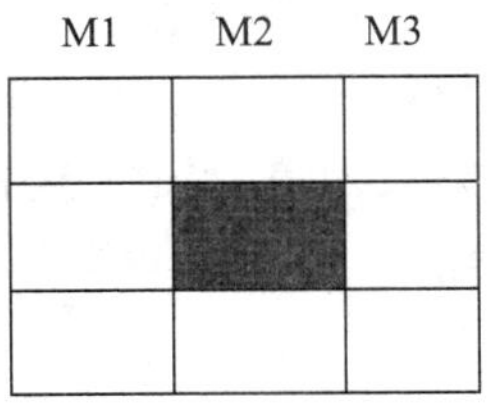

图5-9A 产品/市场集中型

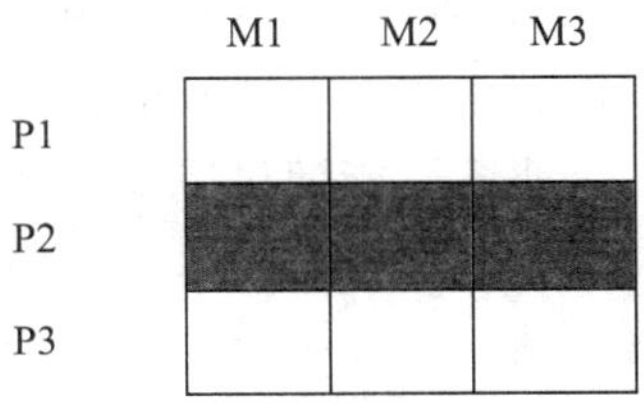

图5-9B 产品专业化型

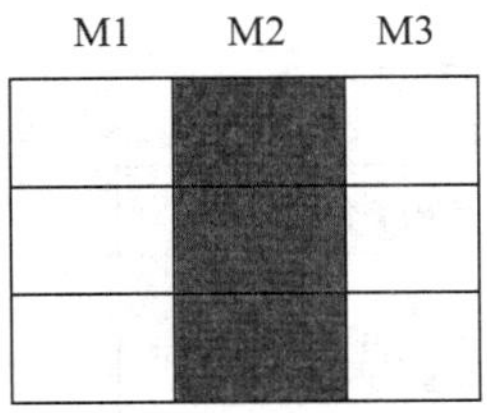

图5-9C 市场专业化型

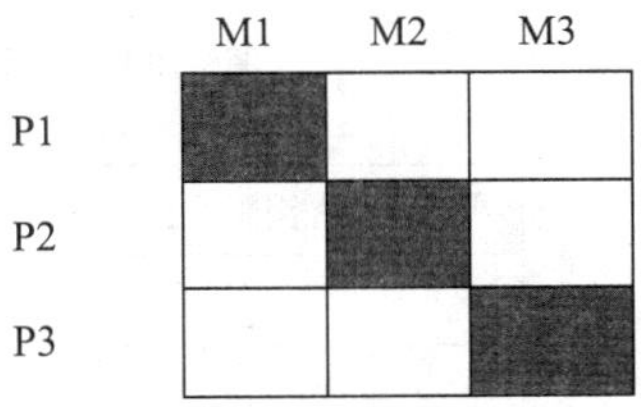

图5-9D 产品/市场选择型

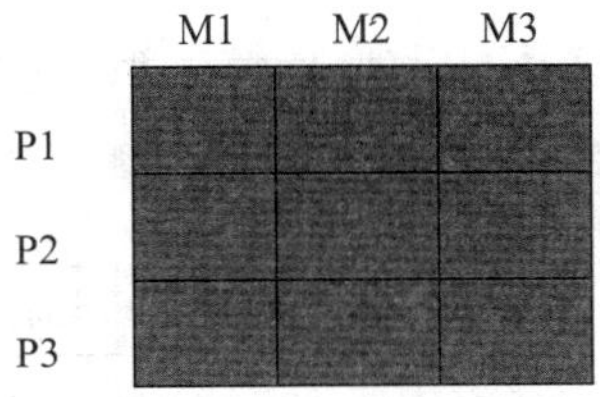

图5-9E 全面覆盖型

图 5－9 目标市场范围策略的类型

【注：P1，P2，P3 为三种产品；M1，M2，M3 为三个顾客群（细分市场）】

2. 可供企业选择的目标市场的策略

（1）无差异营销策略（市场整体化策略，见图 5－10A）。这种策略企业以整体市场作为目标市场，不再进行细分，而是向整体市场推出同一产品、同一市场营销组合方案，通过大量生产、大量营销来争取市场上最大的需求。

这一策略的优点有：①产品单一，易于批量生产和标准化，可以降低成本，提高生产效率；②简化营销方式，节约营销费用，获利高。但也有其局限性：①单一产品难以满足消费者日益增加的多样化需要；②容易引起大的市场竞争，且忽视有特定需要的市场机会；③经营风险大，产品一旦滞销转产困难。

（2）差异营销策略（市场细分化策略，见图5－10B）。这是指企业通过市场细分，推出多种产品和多种不同的市场营销组合策略，以适应多个目标市场的不同需求，采用这一策略的企业的立足点是通过不同的产品或服务分别满足不同消费群体的需要，从而获得最佳的营销效果。

（3）集中营销策略（市场密集化策略，见图5－10C）。上述两个策略均以整体市场作为目标市场，而密集型营销策略则不同，它强调的是集中人、财、物力于一个市场，而不是把力量分摊在整个市场或某几个市场上。采取这一策略的企业不是想在整个大市场中占有小量份额，而是力图在不易引起人们注意的市场面上占有大量份额，也就是说，企业与其在总体市场上处于劣势地位，不如在某个市场中争取优势地位。

这一策略的优点是：可深入了解某一特定市场的需要，进行专业化营销，从而节省费用，提高企业及产品的声誉，特别适用于力量薄弱的一些小企业。但是，这种策略对企业有较大的风险性，由于企业选择的目标市场比较狭小，一旦需求突然发生变化，或者市场出现竞争，企业若不能随机应变，就有可能陷入困境，损失惨重，甚至会危及企业的生存与发展。因此，企业必须慎重应用这一策略。

以上三种策略如图5－10所示：

图5-10A 无差异市场营销策略

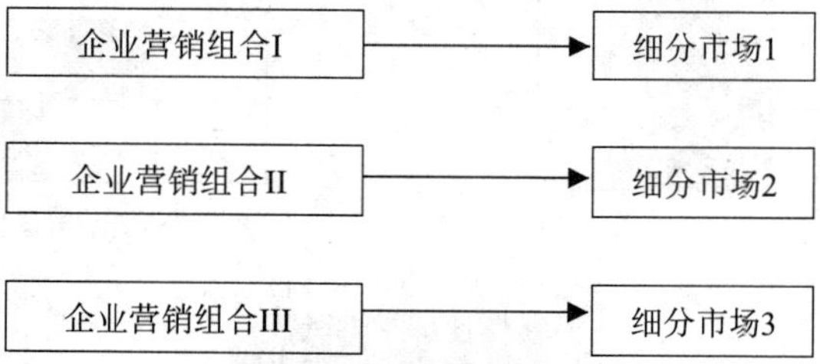

图5-10B 差异市场营销策略

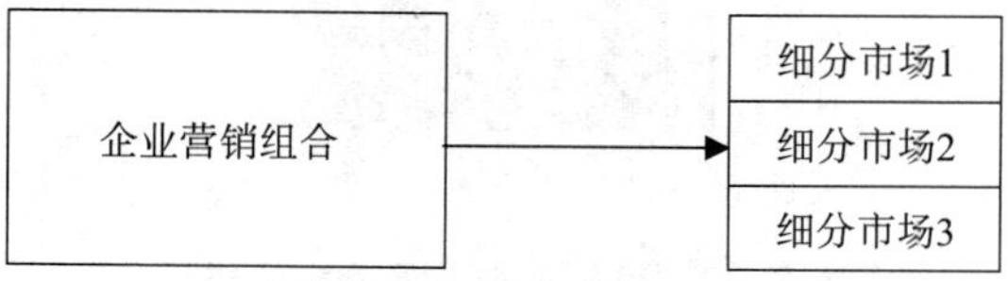

图5-10C 集中市场营销策略

三、市场定位

（一）市场定位的概念及策略

1. 市场定位的概念

所谓市场定位，就是根据竞争者现有产品在市场中的位置，针对消费者或用户对该产品某种属性的重视程度，勾画企业产品在目标顾客心目中的形象，使企业提供的产品具有鲜明的特色并与竞争者的产品有所区别，通过促销活动将产品的个性与形象有力地传递给消费者，从而使产品在市场上确定适当的位置。

市场定位的基本出发点是竞争，通过定位，企业可以认清自己的竞争地位、优势与劣势；通过市场定位，企业可以进一步明确竞争对手和竞争目标，寻找正确的竞争策略。

2. 市场定位策略

市场定位策略实质上是一种竞争策略，显示了一种产品与其他企业同类产品间的竞争关系，是企业在已经确定的目标市场上如何处理与其他企业竞争关系的基本思路。基本策略有如下 3 种：

（1）"针锋相对式"定位策略。"针锋相对式"定位策略，是指企业根据自身的实力，为抢占较佳的市场位置，不惜与市场上占支配地位的、实力最强或较强的竞争对手发生正面竞争，使自己的产品进入与对手相同的市场位置。如百事可乐与可口可乐的争斗过程中采取的就是这一定位策略。

（2）"填补空缺式"定位策略。"填补空缺式"定位策略，是一种不与竞争者直接冲突，而是重新开拓潜在市场的战略。如："金利来"服装进入中国大陆市场，填补了男士高档服装的空位，取得了巨大的成功。

（3）"特色"定位。这是一种突出自己与众不同的特色，"另辟蹊径式"的定位策略。

（二）市场定位的依据及定位误区

1. 市场定位的依据

市场定位的依据是指根据什么确定产品的市场位置。一般来说，市场定位的依据有以下几种：

（1）根据属性和利益定位。产品本身的"属性"以及由此获得的"利益"能使消费者体会到他的定位。比如：在汽车市场上，日本丰田汽车侧重于"经济可靠"，瑞典的沃尔沃汽车具有"耐用"的特点，在有些情况下，新产品强调一种属性，而这种属性是其他竞争者所不具有的又是顾客认可和接受的，这种定位就容易收效。

（2）根据价格和质量定位。"价格"与"质量"都可以创立不同的市场位置，给顾客留下不同的印象，在有些情况下，质量取决于制作产品的原材料，或者制作的工艺水平，价格则通过价值反映出定位。例如新疆的"和田玉枣"产于世界水果优生区的核心中央区——新疆和田，因此宣传每一颗"和田玉枣"都是自然精华的结晶，定位于高端，并且在实际定价时也根据不同的产品档次（三星、四星、五星产品）提供不同的市场价格，此种定位策略也取得了成功。

（3）根据使用的用途定位。为老产品找到（或创造）一种新用途，是为该产品创造新的市场定位的好方法。如在中国牙膏的市场大战中，药物牙膏的"医疗"定位取得了巨大的成功。

（4）根据产品的档次定位。产品可以定位为与其相似的另一种类型产品的档次。例如"伊利苦咖啡"、不含铅的某种汽油等产品定位的成功，都源于它们突出了与其他同类产品的不同档次的特点。

(5) 根据使用者类型定位。企业可以将其产品指引给适当的使用者即某个细分市场，以便根据该细分市场的特点塑造产品形象。例如某啤酒厂的部分产品是针对高收入阶层的消费者的，而其普通啤酒是针对大众消费者的。

(6) 根据竞争的需要定位。即将产品定位于与竞争直接有关的不同属性或利益。例如七喜可乐的生产公司给自己的产品定位为“非可乐”，意在响应美国20世纪70年代反咖啡因运动，暗示可乐饮料含咖啡因，对消费者健康不利，迎合了竞争的需要。

2. 常见的定位误区

(1) 定位过低。它并不是指将产品定位于较低的层次，而是市场定位不到位，消费者对企业或产品只有一个模糊的概念，或者说，消费者根本不知道企业或产品的特殊之处。

(2) 定位过高。指企业传递给消费者的定位概念过于狭窄。对于同一个目标市场，过高定位使消费者对企业或产品的认识较为局限。

(3) 定位混乱。指企业向市场传递的定位信息混乱，没有统一性。消费者对企业或产品缺乏一致的认识。这种错误主要是由于企业对自身的相对竞争优势缺乏全面了解，总是不断地试探市场对企业不同定位的反应。

第四节 市场营销组合策略

营销组合策略是企业市场营销战略的一个重要组成部分，是指将企业可控的基本营销措施组成一个整体性活动。市场营销的主要目的是满足消费者的需要，而消费者的需要很多，要满足消费者需要所应采取的措施也很多。因此，企业在开展市场营销活动时，就必须把握住那些基本性措施，合理组合，并充分发挥整体优势和效果。

一、产品策略

企业能否成功，在很大程度上取决于所制定的产品策略是否合适。

（一）整体产品概念及产品组合

1. 整体产品概念

从现代市场营销的角度看待产品，就满足消费者需要来说，产品必须包括以下3个层的含义，即核心产品、形式产品、延伸产品，如图5-11所示。

产品的核心是指提供给顾客的基本效用或利益，也可以说是产品的基本功能，这是消费者需求的中心内容。

产品的形式是指产品向市场提供的实体和劳务的外观，是扩大化了的核心产品，也是一种实质性的东西，它由5个标志所构成：产品的质量、款式、特点、商标及包装。

产品的延伸是指顾客购买产品时所得到的附加利益，它能给顾客带来更多的利益和更大的满足，如维修服务、咨询服务、贷款、交货安排、仓库服务等能够吸引顾客的东西。

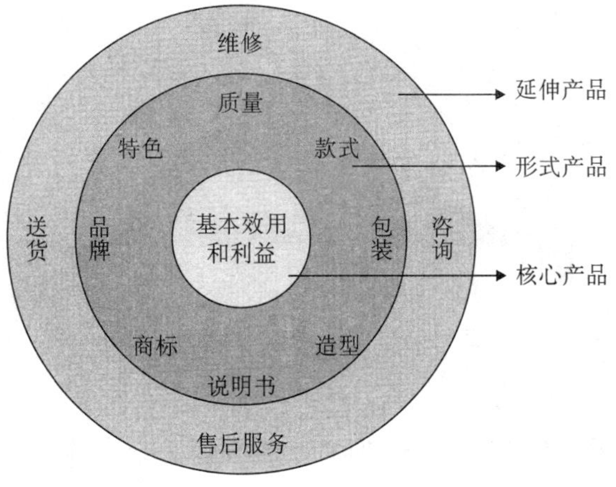

图 5-11 整体产品构成图

2. 产品组合

（1）产品组合及影响因素。企业生产经营的全部产品，在营销学中称为产品组合。产品组合中包括产品线和产品项目两个重要概念。产品线是满足同类需求的一组产品，产品项目指产品线中的个别产品。如一企业生产冰箱、空调、洗衣机，则该企业有三条产品线，在冰箱产品线内有双开门、三开门、分体、一立升、体、立升等各种产品项目。

企业生产经营的全部产品，在营销学中称为产品组合。产品组合中包括产品线和产品项目两个重要概念。产品线是满足同类需求的一组产品，产品项目指产品线中的个别产品。

衡量一个企业的产品组合状况有 3 个重要指标：宽度、深度和关联度。宽度是指企业拥有的产品线的数量。深度是指各种产品线中不同规格、型号的产品项目的数量。关联度指各种产品线之间在最终用途、生产条件、销售渠道或其他方面存在的关联程度。

（2）产品组合策略。扩大企业产品组合的宽度和深度，是增强企业盈利水平的一种有效途径。要扩大产品组合，主要有两个途径，一是现有产品线的延伸；二是增加新的产品线，增加产品组合的广度。

扩大产品组合就是增加新的产品线（即产品类别），扩大产品组合的广度。一般情况下，扩大产品组合的广度，扩展企业的经营领域，实行差异性多角化经营，可以更好地发挥企业潜在的资源优势。

产品线延伸策略有 3 种形式：向下延伸、向上延伸、双向延伸。

（二）产品生命周期及其营销策略

1. 产品生命周期

产品生命周期是指某一产品从完成研制、投放到市场，直到最后被消费者淘汰退出市场为止的全部过程所经历的时间。典型的产品寿命周期大致经历 4 个阶段：投入期、成长期、成熟期和衰退期，如图 5-12 所示。

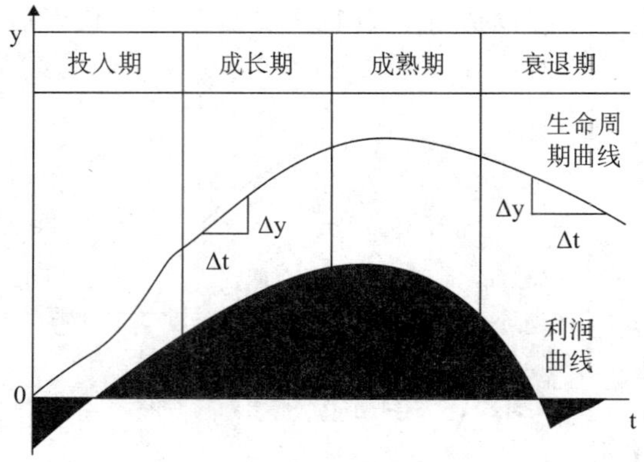

图5－12　产品市场生命周期图

2. 产品市场生命周期曲线的不规则形态

市场上存在着许多致使产品生命周期曲线变化的因素，例如品牌的成就以及在市场竞争中的地位变化，通常会影响到产品生命周期，使之表现为不规则的形态。因此并不是所有产品的生命周期曲线都是按上述典型状态变化的，有些产品会出现一些变异形态。常见的不规则形态有：

（1）双重周期（图5－13①）。即产品经过了一个生命周期，衰退后经过一段时间又重新复活，再经历第二个周期。“双重”周期的出现，主要是由于人们对某些产品的喜好发生复古倾向所致，或者是在衰退期进行促销工作，经过一段时间后发生作用所致。

（2）扇贝形周期（图5－13②）。即产品具有一个接一个的连续生命周期。这主要是由于不断发现产品的新特点、新用途、新顾客和采用多种市场营销组合手段所致。

（3）式样风格型（图5－13③）。式样风格型往往呈现多重循环周期。追求式样风格是人类消费现象的一个特点，它显现出一个人们重新感兴趣的周而复始的周期。它的具体表现是：当一种式样风格发明后，就会维持许多年代，在此期间时而风行，时而衰落。

（4）时尚型（图5－13④）。时尚是在某一领域里当前被接受或流行的一种风格。时尚经历4个阶段。第一个阶段是区分阶段，有些消费者为了从其他消费者中分离出来，自成体系而对某些新产品感兴趣。第二是模仿阶段，其他消费者以超乎寻常的兴趣仿效时尚领袖。第三是大量流行阶段，这种时尚非常风行，生产厂商加快了大量生产的步伐。第四是衰退阶段，消费者向吸引他们的另一些时尚转移。因此时尚趋向于缓慢地成长，保持一段流行，并缓慢地衰退。时尚的周期长度很难预料。

（5）热潮型（图5－13⑤）。热潮是指那种来得很快、流行很短的时尚。热潮能迅速吸引消费者的注意，旋即被狂热地接受，很快达到高潮并趋向衰落。由于热潮吸引的人数往往有限，故它的生命周期很短。

3. 产品生命周期营销策略

在产品寿命周期的不同阶段，产品的品质、售价、销售额、企业盈亏和市场状况等均有不同的特征。根据产品所处寿命周期各阶段不同的特征，可以采取相应的产品销售策略。

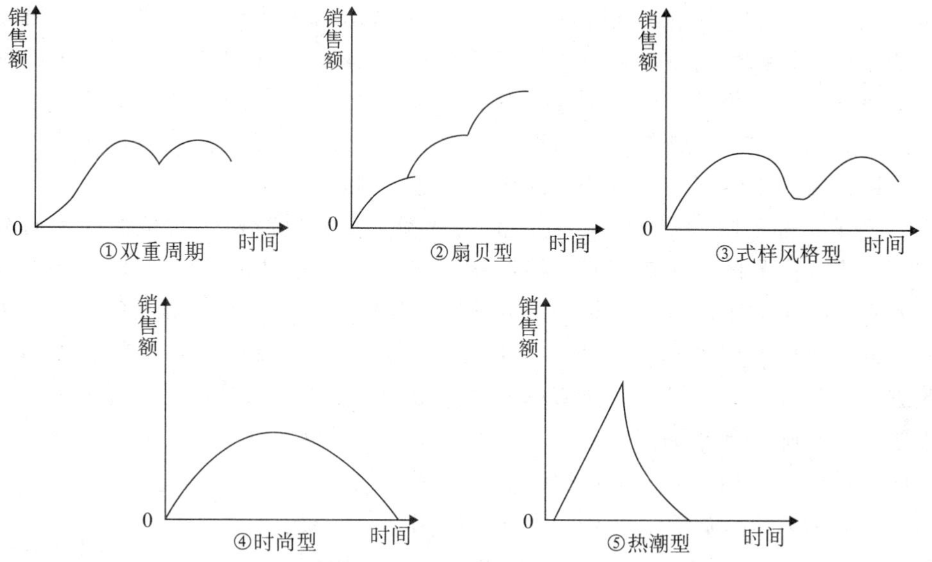

图 5－13 产品市场生命周期曲线的不规则形态图

（1）投入期特征及策略。投入期的产品的主要特征是：消费者对产品不了解，销售量小，单位产品成本高；广告费用和其他营销费用开支大；企业大多呈亏损状态；产品技术、性能不够完善；企业承担的市场风险最大。如果开发研制或市场预测失误，新产品很可能在这一阶段夭折。这一阶段市场竞争者通常较少。企业营销策略的重点，应使产品尽快地为消费者所接受，缩短产品的市场投放时间，尽快树立产品的市场形象。

（2）成长期特征及策略。成长期产品的主要特征是：消费者对产品已日趋熟悉，销售量迅速增加；由于大批量生产和可观的利润，吸引竞争者纷纷介入，竞争开始激烈；产品的技术、性能逐步完善，单位产品成本下降，利润增加。这一阶段企业市场营销策略的核心是提高产品质量，改进服务，大力促销，扩大市场占有率。

（3）成熟期特征及策略。成熟期产品的主要特征是：产品销售量平稳；由于生产成本、促销费用下降，且产品总销售量不减或略有下降，使企业利润丰厚、稳定；市场上同类产品增多，市场竞争十分激烈；成熟期末，企业利润开始下降。处在成熟期的产品，企业应采取进攻与防御并举的策略。通常使用产品改革策略、市场改革策略或营销组合改革策略，以尽量延长产品的成熟期。

（4）衰退期特征及策略。衰退期产品的主要特征是：产品销售总量急剧下降，产品出现积压，价格下跌，利润剧减；产品的弱点和不足已经显露，市场上出现了性能更好的替代产品；竞争者开始退出市场。这一阶段企业可采用收缩策略、持续策略或撤退策略，以延缓产品退出市场的时间，使企业最大限度地赚取利润。

4. 产品生命周期理论的应用

（1）进行产品决策的重要依据和方法。进行产品决策时，可应用产品生命周期原理，判断企业生产的产品处于其生命周期的哪一阶段，做出相应的决策，使处于投入期的产品迅速完善，开拓市场；处于成长期的产品大力发展，扩大销售量；处于成熟期的产品继续提高竞争能力，为企业更多的盈利；处于衰退期的产品减少生产能力及至淘汰。

（2）发挥市场预测作用。根据产品生命周期各阶段销售额的变化规律，可以推断和预测产品市场销售额的发展趋势，为市场预测提供依据。例如处于成长期的产品，销售量将迅速增长，其增长率往往按二次曲线的速度发展，可选择二次曲线方法计算预测值。当产品进入成熟期，销售量趋向稳定，一般可按各种平均法进行预测。当产品进入衰退期，销售量将很快下降，可按一次线性模型预测。

（3）对老产品的巩固和发展、新产品的选择、产品更新换代时机的确定有分析和控制作用。当老产品的市场销售状况接近衰退时，企业可采取措施延长其生命周期。其办法主要有：①扩大市场范围，打开新的销路。具体途径：一是开辟新的市场，如某些发达国家的产品向发展中国家推进；二是寻找新用途。②改进产品性能、提高产品质量、改进产品包装等，增强产品对市场的吸引力。③改善经营管理，以降低成本、加强销售服务、适当降价等办法扩大市场，延长产品生命周期。

运用产品生命周期理论，可以控制产品更新换代、新产品投入市场的时机。新产品接替老产品的时间，最好是选择在老产品的成熟期接近衰退期的临界区间，这样能保证当老产品进入衰退期后，新产品已进入成长期。过早投入市场，必将使老产品加速衰退，造成企业现有生产能力的浪费。过晚投入市场，市场将被别人占领，如图 5－14 所示。

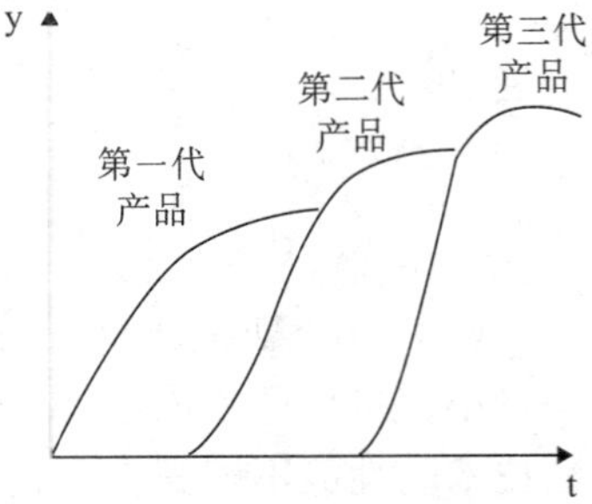

图 5－14　产品更新换代曲线

在仿制新产品时，应选择处于投入期的产品，尽快试制成功投入市场，才能取得较好的经济效益。如果选择已进入成熟期、市场已饱和的产品，一旦试制成功，产品进入衰退期，必将给企业造成重大损失。

（三）品牌与包装

1. 品牌决策

（1）品牌的概念。所谓品牌是指用来识别卖主的货物或劳务的某一名称、名词、图案或其组合。这是美国市场营销协会对品牌的定义。品牌是个复合的概念，它由品牌名称与品牌标志两部分组成。品牌名称是指品牌中可以用语言称谓表达的部分，而品牌标志是通过某些符号、图案或特定颜色来被识别的。

（2）品牌与商标的关系。品牌与商标是一对极易混淆的概念，两者既有联系，又有区别，品牌并不完全等同于商标，或者说品牌有别于商标。品牌如果经工商有关部门注册，便具有法律效力，成为受法律保护的品牌，这就是商标。商标所有者在商标注册范围内对其商标享有独占使用权，并禁止其他企业或个人未经许可使用同其商标相同或相似的品牌。因此，商标与品牌是不同的。它们之间的区别就在于是否经过了法律程序。

（3）品牌的设计。从市场营销学的观点来说，一个良好的品牌设计应该符合如下原则：①造型美观，构思新颖；②能表示企业或产品的特色；③简单明显；④符合目标市场上消费群体的文化习俗；⑤设计的品牌要考虑到注册成商标后的易保护性；⑥品牌设计要符合国家有关规定。

（4）品牌策略。企业在如何使用品牌、商标上一般将面临以下抉择：使用还是不使用品牌，采用制造者品牌还是销售者品牌，使用统一品牌还是个别品牌，个别品牌调整策略，联合品牌策略等。

2. 包装决策

（1）含产品包装含义及类型。产品包装有两个方面的含义：第一，是指采用不同形式的容器或物品对产品进行包扎；第二，是泛指装盛产品的容器和包装物。现代营销学对包装的定义是指后者。现代包装形式繁多，分类标准复杂。

根据用途不同，包装可分为首要包装、次要包装和外包装。

（2）包装作用。包装属于产品的形式部分，在整体产品中占有重要地位，作用如下：

①保护产品。防止产品在运输、装卸和贮藏过程中散失、短缺、变质的损坏，这是包装的基本目的。同时，包装使产品更加清洁、使用便利。

②促进销售。良好的包装具有广告和推销的功能，起着“无声的推销员”的作用。它往往能激起消费者的兴趣，并使之产生购买的动机。

③提高产品档次，增加销售利润。优良、美观的包装往往可抬高商品“身价”，使顾客愿意付出较高的价格来购买，甚至使同样质量、同样分量的产品在高出原价较多时，购买者也乐于接受。一般来说，商品的内在质量是竞争能力的基础，但是，优质产品如果没有一个良好的包装相匹配，就会降低“身价”。

④有利于树立企业信誉。判断一个企业的优势，主要是根据产品而定，而包装则是构成产品外观的重要部分，因此良好的包装必然有利于树立企业信誉。我国长期以来对包装作用的认识一直赶不上形势的发展，在国际贸易中长期处于一等产品、二等包装、三等价格的局面，使国家和企业遭受经济的损失，因此企业必须重视产品包装的设计与策略实施。

（3）包装设计的要求。商品包装设计好坏与品牌一样，直接影响到产品的销量，因此应给予特别注意。良好的包装应符合以下要求：①包装设计应与商品价值、质量水平以及市场地位等相一致。②包装设计应能给人以美观大方、生动形象、不落俗套的感觉。③包装设计应能显示出商品的特点或独特风格。④包装设计应符合目标市场上消费者的风俗习惯或心理反应。⑤包装的造型和结构设计应考虑使用、保管和携带的方便。

（4）包装策略。常见的包装策略主要有以下6种：统一包装策略（又称类似包装策略）、综合产品包装策略（又称配套包装策略或多种包装策略）、复用包装策略、附赠品包装策略、等级包装策略、改变包装策略等

（四）新产品开发

美国著名的企业管理学者德鲁克（Peter Druker）说过：“任何工商企业具有两个，也仅有两个基本功能：市场营销与创新。”新产品开发是企业发展的前提，也是企业竞争中取胜的重要法宝。

1. 新产品的概念及其开发的意义

（1）新产品的概念。市场营销学对新产品概念的解释，与科学技术发展上新产品的含义不完全相同，其内容要广泛得多。从市场营销的角度看，凡是企业向市场上提供的过去没有生产过的产品都可以称为新产品，具体说来，新产品可分为以下4类：全新产品、换代新产品、改进新产品、仿制新产品。

（2）新产品开发的意义。创新是企业生命之所在，如果企业不致力于发展新产品，就会面临在竞争中被淘汰的危险。努力开发新产品，对于企业的生存发展有极为重要的意义。①有利于企业适应市场需求的变化和日益增长的需要。②有利于企业及时采用新技术、新材料，不断推陈出新，增加产品品种和数量，使市场上的商品日益丰富多彩。③有利于充分利用企业的资源和生产能力，提高经济效益。④有利于加强企业生产经营的稳定性，减少因老产品滞销带来的经济收益下降。⑤有利于提高企业的声誉，增强竞争能力。

2. 企业开发新产品应遵循的原则

（1）为了使新产品尽可能取得成功，企业在研究和开发新产品时应遵循一定的原则。

（2）根据市场需要，开发适销对路的产品。

（3）根据本企业的能力确定开发的方向。

（4）量力而行，采用切实可行的开发方式。

（5）不断创新，持续前进。

（6）注意产品开发的动向。

3. 新产品开发的程序

新产品开发一般应经过以下几个阶段，如图 5－15 所示：

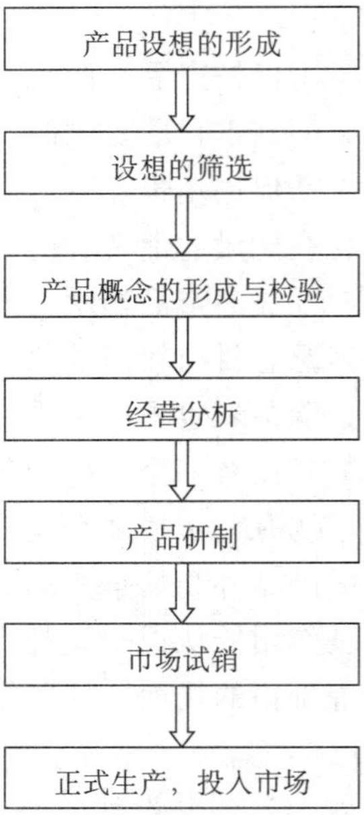

图 5－15　新产品开发的程序

4. 新产品开发的策略

（1）抢先策略。指当企业的某一产品处于成熟期，市场需求量基本饱和时，立即着手开发新产品，以便能抢先投入市场。采用这一策略的好处在于产品在市场上始终处于领先地位，从而在竞争中能取得优势。但它要求企业必须在较强的产品研制能力、试制能力以及小批量试制能力。此外还要有能够承担风险的资金力量和组织机构有激发顾客对新产品产生需求能力等。

（2）紧跟策略。指当企业发现市场上有竞争能力强的产品或热门货时，立即仿制投入市场。采用这一策略要求企业必须对市场情况反映敏感，具有一定革新、研制产品的能力，有一个高效率的营销组织系统。

（3）最低成本策略。指企业在制造方法上、生产组织上努力挖掘潜力，以降低新产品成本，通过低价策略，迅速占领并扩大市场。采用这一策略要求企业有一定研究和改革工艺的能力，有高效率、大批量的生产能力，销售费用较低，有“以廉取胜”的把握。

（4）市场服务策略。指企业在开发与销售新产品的同时，配合各种服务，以满足顾客的特殊需要，扩大市场占有率。采用这种策略的企业，需要有一定的研究和提供服务的能力。

二、价格策略

价格策略是企业市场营销战略和市场营销组合的重要组成部分，是实现企业经营目标的一种手段和策略。经营者的作用就是要在了解纷繁多变的市场环境的基础上，权衡利弊，配合营销组合的其他因素，灵活地制定产品的价格。

（一）定价目标及影响价格策略的因素

1. 定价目标

所谓定价目标即企业通过定价所要达到的主要目的，企业常见的定价目标有：

追求利润最大化，扩大市场份额，适应竞争，稳定价格，实现投资收益率，保持良好分销渠道等。

2. 制定价格策略应考虑的因素

制定价格策略，首先要了解影响和制约商品价格的因素。这方面的因素有：成本；市场需求情况；市场结构与竞争状况；商品的市场特点，如消费者购买频率、商品的易腐性、易损坏性和季节性；产品需求弹性；社会经济形势；市场范围等等。

3. 影响价格因素

影响价格制定的最直接因素有3个：产品成本、市场需求和竞争状况。企业不论采用何种定价方法，都应认真考虑这3种因素。

（二）定价的程序

企业在制定价格策略时，可以在明确企业目标的前提下，仔细评估消费者需求成本状况以及竞争对手的产品与价格，从而通过选择适当的定价方法确定产品最终价格。当然，随着企业或市场相关因素的改变，价格应该随之发生变动。定价的基本程序如图5－16所示。

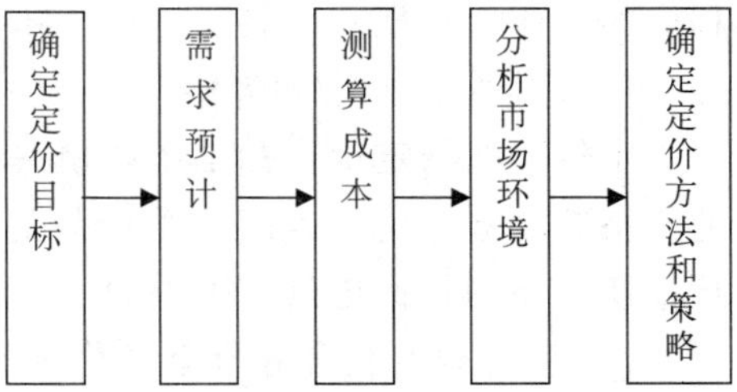

图5－16　定价的基本程序

1. 确定定价目标

定价目标是指企业通过制定及实施价格策略所希望达到的目的。定价目标的选择属于营销战术层面，可以在一定时期内进行调整，而不必长期不变。例如，以扩大市场占有率为定价目标就意味着价格必须比较低；以追求产品的质量领先为定价目标就必须把价格定得比较高。企业确定定价目标，必须做到具体情况具体分析，如：当低价有可能引发一场价格战，而自己的实力又不够强时，就不能采取扩大市场占有率这一定价目标。

2. 需求预计

所谓需求预计，是指估计某种商品在不同价格下的不同需求量，或者说，估计需求与价格之间的函数关系。它反映了在一定时间内各种价格所对应的在市场上购买的单位产品的数量。在通常情况下，需求和价格之间是呈反方向运动，即价格越高，需求量越低，反之亦然。

公司每制定一种价格，必然会对应一个不同的需求水平，从而对其市场营销目标产生不同的影响。因此，确定产品价格的上、下限，购买者的接受程度，企业的承受程度和国家政策的允许程度构成了企业定价的“二限”与“三度”。

对于名牌商品来说，需求曲线的斜率有时候大于零。一家香水公司发现香水价格提高后，销售量不是减少而是上升。有些消费者认为价格越高，意味着香水的质量越好或越高贵。但如果价格太高，需求量还是会下降的。因此，要定出合适的价格，就必须对需求做出正确的估计，以便进一步确定购买者的接受程度。

3. 测算成本

测算成本的目的是为了确定产品价格的下限。与估计需求量相比，测算成本比较容易，结果也较为准确，因为测算成本只需企业内部的资料。

产品总成本可分为变动成本、固定成本。固定成本是基本不变的，单位变动成本在一定条件下是一个常数，不随产量的增加而变动，所以单位总成本则随总产量的上升而下降。但是，当产量过分增加时，由于管理成本提高或原材料价格上涨等原因，单位变动成本有可能增加，单位总成本也有可能增加。企业定价的下限应是变动成本，因为，在估计市场需求的基础上，再测算出本企业的生产成本，就为产品定价确定了一个大致的幅度。当然，企业也需要将自己的成本和竞争对手的成本进行比较，从而分析自己是处于成本优势还是劣势，从而定出合理的竞争价格。

4. 分析市场环境

所有国家都有自己的经济政策，对市场物价的高低和调整也都有相应的限制和法律规定。同时，各国还利用生产、市场、金融、货币、海关等手段，间接调节价格。因此，企业要在国家的物价政策和价格管理制度的约束下运行，要了解定价的权限，了解相应的法律、法规和政策。

5. 确定定价方法和策略

定价方法与定价目标是密切相关的，但定价方法更为具体。定价方法确定后，产品的价格就基本确定了，确定了产品的基本价格之后，还需使用一系列的定价策略和技巧，使产品的价格更具有吸引力。

（三）定价方法及提价与降价应注意的问题

1. 定价方法

根据企业的具体情况，定价方法可以有所侧重。由此，可以将各种定价方法分为以成本为中心、以市场需求为中心和以竞争为中心等 3 种类型。

（1）以成本为中心的定价方法。以成本为中心的定价方法，企业在产品成本的基础上，加上企业可以接受的利润额，或乘上一个利润率，便确定了产品的价格。成本加成定价法和售价加成本定价法。

（2）以市场需求为中心的定价方法。以市场需求为中心的定价方法，理解价值定价法就是一种典型的以需求为中心的定价方法。另一种典型的方法是差别定价法，这种定价法也称歧视定价法。

（3）以竞争为中心的定价方法。以竞争为中心的定价方法，这类定价方法主要根据市场上竞争者产品的售价作为自己定价的依据，随着竞争状况的变化调整价格水平，有如下四种定价方法：①随行就市定价法；②竞争定价；③倾销定价；④垄断定价。

2. 提价与降价应注意的问题

企业在提价和降价时必须注意的因素有：一是顾客对价格变动的反应。顾客对降价做出的常见消极反应有：这一产品即将被新品种所取代；这一产品有缺陷，是滞销产品；该企业资金短缺，可能要转产；价格还要继续下降，需耐心等待。同样，产品提价也有可能向顾客传递某些积极的信息：这一产品是“热门货”，如果不马上购买会丧失良机；这一产品质量好；等等。二是竞争者对价格变动的反应。企业应高度重视每一次调价活动，必须弄清当时竞争者的利益，研究竞争者当前财务状况、销售量和生产能力、顾客的忠诚程度等。在此基础上，制定价格变动的预期目标，积极稳妥地采取行动。

（四）定价策略

制定价格不仅是一门科学，而且需有一套策略和技巧。定价方法着重于确定产品的基础价格，定价技巧则着重于根据市场的具体情况，从定价目标出发，运用价格手段，使其适应市场的不同情况，实现企业的营销目标。

1. 心理定价策略

（1）尾数定价策略。又称“奇数定价”“非整数定价”，指企业利用消费者求廉的心理，制定非整数价格，而且常常以奇数作尾数，尽可能在价格上不进位。

（2）整数定价策略。对于那些无法明确显示其内在质量的商品，消费者往往通过其价格的高低来判断其质量的好坏。但是，在整数定价法下，价格的高并不是绝对的高，而是凭借整数价格来给消费者造成高价的印象。整数定价常常以偶数，特别是“0”作尾数。整数定价策略适用于需求的价格弹性小、价格高低不会对需求产生较大影响的商品，如流行品、时尚品、奢侈品、礼品、星级宾馆、高级文化娱乐城等，由于其消费者都属于高收入阶层，也甘愿接受较高的价格，所以，整数定价得以大行其道。

（3）声望定价策略。企业利用消费者仰慕名牌商品或名店的声望所产生的某种心理，制定商品价格，故意把价格定成整数或高价。质量不易鉴别的商品的定价最适宜采用此法，因为消费者有崇尚名牌的心理，往往以价格判断质量，认为高价代表高质量。但价格也不能高得离谱，使消费者不能接受。

（4）招徕定价策略。招徕定价是指将某几种商品的价格定得非常之高，或者非常之低，在引起消费者的好奇心理和观望行为之后，带动其他商品的销售。这一定价策略常被综合性百货商店、超级市场，甚至高档商品的专卖店所采用。招徕定价的降价品必须是品种新、质量优的适销产品，而不能是处理品。否则，不仅达不到招徕顾客的目的，反而可能使企业声誉受到影响。

（5）习惯定价策略。许多产品，尤其是日用消费品，其价格一旦固定下来，习惯了这一价格的消费者在心理上会形成一种价格倾向和定势。对这类产品的价格一般不宜轻易变动，否则，价格高了，会引起涨价的社会影响，价格低了会引起是否货真价实的怀疑。若确实需要变动和调整价格，则应同时采取加强宣传等配套措施。

2. 折扣定价策略

折扣定价是指在定价过程中，企业可先定出一个基础价格，然后再用各种折扣来刺激购买者，以促进销售。常用的折扣主要有以下几种形式：

（1）现金折扣。现金折扣是对在规定的时间内提前付款或用现金付款者所给予的一种价格折扣，其目的是鼓励顾客尽早的付款，加速资金周转，降低销售费用，减少财务风险。

（2）数量折扣。指按购买数量的多少，分别给予不同的折扣，购买数量越多，折扣越大，其目的是鼓励大量购买，或集中向本企业购买。数量折扣包括累计量折扣和一次性数量折扣两种形式。

（3）业务折扣。厂商依据各类中间商在市场上担负的不同职能，给予其不同的价格折扣。

（4）季节性折扣。有些商品的生产是连续的，而其消费却具有明显的季节性。为了调节供需矛盾，这些商品的生产企业便采用季节折扣的方式，对在淡季购买商品的顾客给予一定优惠，使企业的生产和销售在一年四季能保持相对稳定。例如，啤酒生产厂家对在冬季进货的商业单位给予大幅度让利，羽绒服生产企业则为夏季购买其产品的客户提供折扣。

季节折扣有利于减轻库存，加速商品流通、迅速收回资金，促进企业均衡生产，充分发挥生产和销售潜力，避免因季节需求变化所带来的市场风险。

（5）推广折扣和运费折扣。推广折扣也叫贸易折扣，贸易折扣是制造商给某些批发商或零售商的一种额外折扣，促使它们执行某种市场营销功能。例如：在推销产品过程中，实行买一赠一，给予顾客一定的实惠；另外运费折扣指的是产品在储运方面，运费上给予一定折扣。

3. 阶段定价策略

（1）试销阶段（产品投入期）。

①取脂定价策略。新产品上市之初，将新产品价格定得较高，在短期内获取厚利，尽快收回投资。这一定价策略就像从牛奶中撇取其中所含的奶油一样，取其精华，所以称为“取脂定价”策略。一般而言，对于全新产品、受专利保护的产品、需求价格弹性小的产品、流行产品、未来市场形势难以测定的产品等，可以采用取脂定价策略。

②渗透定价策略。这是与取脂定价相反的一种定价策略，即在新产品上市之初将价格定得较低，吸引大量的购买者，扩大市场占有率。

③满意价格策略。这种定价策略介于取脂定价策略和渗透定价策略之间，价格水平适中，同时兼顾企业、中间商和消费者的利益，使各方面均比较容易接受。满意定价策略适用于日用消费品的定价，其优点是价格比较稳定，在正常情况下盈利目标可按期实现；缺点是比较保守，竞争性不强。

（2）畅销阶段（成长期）。在产品进入成长期后，就逐渐开始了产品的畅销阶段，在最初的畅销阶段，竞争者不多，企业主要靠稳定价格策略创造优质效应，企业可以适当提高营销品牌形象，使消费者产生价高质优的心理暗示，以提高企业知名度和产品声望，刺激消费者需求和购买行为；一旦竞争者逐渐增多，产品规模效益已经达到之后，成本必然要下降，这时企业就要采取一定幅度的降价策略，一方面企业通过对某些需求的价格弹性大的产品予以大幅度的削价，从而增加销售额，获取大量回笼现金；另一面，某些产品的潜在顾客之所以无法转向现实的顾客，很大程度上是由于消费水平的限制，这样企业就可以通过削价方式，扩大市场份额，从而开拓新的市场。

（3）成熟期。产品进入成熟期，其他竞争者蜂拥而入，企业为了保持销量，就要低价强化竞争，因为对于某些产品来说，每个企业的生产条件，生产成本不同，最低价格也会有所差异，如果现在某企业主动削价，就会对那些以目前价格销售产品的仅能保本的企业产生巨大的影响，他们会因为价格的被迫下降而得不到利润，只好停止生产，从而逼迫竞争者退出市场。

（4）滞销阶段。产品进入滞销阶段，即衰退期，企业经常采用“削价处理”的价格策略，因为此时市场上产品过时，企业生产能力过剩，供过于求，无法通过产品改进和加强促销等工作来扩大销售。企业必须及时淘汰衰老产品，筹集资金，推出新产品，为新一轮的获利做准备。

三、分销渠道策略

（一）分销渠道与中间商

1. 分销渠道

分销渠道是指某种产品和服务在从生产者向消费者转移过程中，取得这种产品和服务的所有权或帮助所有权转移的所有企业和个人。因此，分销渠道包括商人中间商（因为他们取得所有权）和代理中间商（因为他们帮助转移所有权），此外，还包括处于渠道起点和终点的生产者和最终消费者或用户。

2. 中间商的作用

中间商是指在生产者与消费者之间，参与商品交易业务，促使买卖行为发生和实现的具有法人资格的经济组织和个人，是生产者向消费者出售产品时的中介环节。中间商是分销渠道的主体，

中间商是一个十分庞大的群体，按其是否拥有商品所有权，可分为经销商与代理商；按其服务对象的不同，可分为批发商和零售商。

（二）渠道类型及选择分销策略应考虑的因素

1. 渠道类型

（1）直接式和间接式分销渠道。按照产品从企业流向消费者手中的过程是否有中间商介入，可以把营销渠道分为直接渠道和间接渠道。

直接式分销渠道是生产企业直接把产品销售给用户（顾客），没有中间商的介入。如定做、推销员上门推销、邮寄等。间接式分销渠道是由生产企业通过中间商把产品销售给用户，有中间商的介入。企业直接面对中间商，可简化交易工作，可以将采购、运输和销售商品等实际业务部分地转移给中间商，企业集中力量组织生产。

（2）长渠道和短渠道。在产品从生产者流向消费者的过程中，所经历的中间环节的多少称为渠道的长度。中间环节越多，渠道越长，反之则越短。

（3）宽渠道和窄渠道。产品在从生产者流向消费者的过程中，每一中间层次上中间商数目的多少，称为渠道的宽度。每一层次上中间商越多，则渠道越宽，反之越窄。根据同一层次上中间商的多少，又可分为密集性分销、选择性分销和独家分销。

（4）复式营销渠道。包括两层含义：一是生产者同时选择两种或以上类型的渠道。例：“直接营销渠道”与“间接营销渠道”同用。二是在一种特定的渠道中，选择两个或两个以上形式不同的中间商。例：专卖店与超级市场同用。

2. 选择分销策略应考虑的因素

不管采用哪种策略，都要认真分析、权衡市场、产品、管理、财力等基本因素。市场因素包括市场分布、顾客流量、顾客购买特点等；产品因素要考虑所推销的是不是易于损坏或时尚性强的产品、是不是特殊制品、是不是技术性强的产品、是否需要售前售后服务以及价格水平是否合适等；管理因素要分析企业的销售能力，如交通运输与储运设备、推销人员的数量与素质，以及中间商的管理能力与管理经验等；财务因素考虑仅仅依靠生产企业的力量，没有中间商参与交易活动，其财力是否能维持等。

（三）分销渠道的模式

按社会商品的类型，将营销渠道可分为生活消费资料营销渠道和生产资料营销渠道的两种基本模式。

1. 生活消费资料营销渠道模式

在商品的销售活动中，将生活消费资料营销渠道模式进一步可分为5种类型。

（1）生产者→消费者。这种营销渠道是无需经过任何中间商与中介环节，商品生产者直接将商品销售给消费者的一种直接的、最短的营销渠道。在这种渠道中，生产者通过送货上门、电话销售等形式将商品直接销售给消费者，它适用于生产大型高级耐用消费品或传统小食品等企业。

（2）生产者→零售商→消费者。这是生产者将商品出售给零售商，再由零售商转卖给消费者的一种较简单、较短的营销渠道。由于这种渠道通过一个中间环节，一方面可以减轻生产者在销售方面的负担与风险，另一方面又能扩大市场，方便消费者购买，提高销售效率。这种营销渠道适合于工业消费品、农副产品等生产企业。

（3）生产者→批发商→零售商→消费者。这是生产者将商品出售给批发商，再转卖给零售商、最后出售给消费者的一种常用而较长的营销渠道。大多数小型生产企业、小型零售商店等宜采用这种营销渠道。这是因为一些小型零售商店不便于直接与生产企业取得联系，而需要从批发商那里进货，有些小型生产企业又因生产批量小，也需要经过批发商集中货源，然后再卖给零售商，这样既可以节约生产企业界的销售费用，又可以节省零售商店的进货时间。可是，如果对这种营销渠道使用不当，可能延长流通时间，增加商品流通费用。

（4）生产者→代理商→零售商→消费者。这种营销渠道与上一种营销渠道不同之处，是用代理商取代了批发商。代理商一般都比较熟悉他们所经营商品的性能、特点质量、操作规程、技术要求等有关知识，所以对于大批量的、技术性较强的商品适合采用这种渠道，如家用电器、药品、五金等商品经常采用这种营销渠道。

（5）生产者→代理商→批发商→零售商→消费者。这种渠道是在一种销售形式的基础上，再增加一道批发商的最长的一种营销渠道。这种营销渠道能开展代购、代批发、代储、代运、代办服务等业务。有些工业消费品技术性强，又需要零星进货与销售，这时应采用这种营销渠道，尤其是对一些小型生产企业最为有利。这种商品流通渠道环节最多，营销渠道最长，因此可能相应增加流通费用与周转时间，在选用这种渠道时应慎重。

2. 生产资料商品营销渠道模式

生产资料商品营销渠道模式可分为4种形式。

（1）生产者→用户。这种营销渠道的最大特点是销售商品不经过任何中间商，是一种直接的营销渠道。生产大型设备和原料的企业，如发电设备厂、机床厂及钢铁厂等企业适合采用这种渠道。这种渠道因环节少、路线短，可以加快商品的流通时间，节省流通费用，但生产企业要单独承担风险。

（2）生产者→批发商→用户。这种渠道是生产者通过批发商向用户提供商品。这种销售形式适合于一些小型设备及部分低值易耗工业用品，这些商品的特点是价格低、用户多、购买频率高，所以需要经过批发商进行集中与扩散。这种营销渠道可以减轻企业的销售负担与风险，如果对批发商选择得恰当，还能节省销售费用。

（3）生产者→代理商→用户。这种营销渠道是通过代理商将生产资料商品销售给用户。由于代理商对所经营的生产资料商品的技术性能、品种规格及市场行情等都比较熟悉，通过他们销售商品，可以减轻生产企业的销售负担，分散部分销售风险，对企业相当有利，尤其是技术性较强的工业用品，一般较多采取此种形式。

（4）生产者→代理商→批发商→用户。这种营销渠道是在上一种渠道基础上增加了批发商中介环节，是一种最长的营销渠道。有些生产资料商品虽然技术性很强，但生产批量过小，用户很分散，这就需要集散商品，以便迅速向用户发货。在这种情况下，不仅需要代理商，而且经过批发商向用户销售商品就更方便。

（四）分销渠道的选择

企业始终以创造“最佳渠道”作为其分销渠道的目标，其最终目的就是能为企业带来更多的收益，使顾客满意程度提高，进一步增强对目标市场的覆盖能力，这就要求在渠道选择过程中应坚持如下原则。

1. 经济合理性原则

就是指以最低的费用来选择营销渠道，提高营销渠道的经济效益。经济全球性原则包括以下含义：

（1）所选择的营销渠道能保证商品合理地流转到消费者。

（2）营销渠道的设置在地理位置和数量上要合理，即营销渠道组合是合理的。地理位置上合理，是指能接近目标市场，有利于与其他企业的商品展开竞争；数量上合理则要求既能满足各地消费的需要，又节约流通费用。

（3）所选择的渠道具有相对稳定性。

总之，营销渠道策略的选择应力求降低成本，以最佳的效益保证营销渠道发挥最大市场营销渠道职能，促使企业获得最佳经济效益。

2. 时间原则

在竞争激烈的市场上，时间就是机会与财富。时间原则指的是所选择的营销渠道有利于争取时间，创造机会，抢先占领市场，使生产企业掌握市场竞争的主动权，并有利于及时了解消费者对商品的意见、要求以及商品竞争的状况。因此，作为理想的销售渠道，必须能够将有关商品的商场信息及时反馈给生产企业。

3. 应变原则

由于科学技术的发展和生产力水平的提高，以及市场的竞争，消费者环境和需求也不断改变，市场的供求情况也经常发生变化。因此，生产企业的生产方式、营销手段以及中间商的销售形式也应随之变化。所谓应变原则，是指在市场营销中，生产者选择的营销渠道的各个环节与每一机构在市场上都必须具备灵活应变能力。

4. 消费者满意的原则

生产者生产商品的目的之一，是满足他人的消费需求，同时有些商品需要进行大量的售后服务，如高新技术产品家用电器、汽车等。消费者满意的原则，是指生产企业选择营销渠道时，要贯彻以消费者为中心的营销思想，应尽量让消费者满意，并具有售后优质服务能力。

5. 配合原则

这是指所选择的营销渠道应能够积极配合生产企业完成部分或整个营销规划。生产和销售是密切相关的环节。如果生产者所生产的商品，货不对路或质量不高，中间商就不能顺利地完成营销任务；反之，中间商如果推销不积极或经营管理不善，也会给生产者带来困难。因此，生产企业选择营销渠道时，应要求中间商能与之密切配合，共同完成整个营销任务。例如，在生产企业做了大量的某商品推销广告后，中间商应储存适量的商品待售，并搞好商品陈列，否则生产企业的广告就等于事倍功半。

（五）分销渠道的管理

生产者在确立营销渠道策略后，下一步要选择具体的中间商，对其提出的要求，进行检查与评价，并对整个营销渠道进行管理、控制以及必要时调整营销渠道。

1. 渠道冲突、合作及其管理

渠道的合作是指同一渠道不同企业之间为了谋取共同的利益而结成联盟。生产者、批发商和零售商，他们互相补充彼此的需要，进行合作，他们共同努力创造的利润通常比每一参与者单独经营所得到的利润要大得多。不仅如此，他们还通过合作能够更有效地了解市场，服务和满足目标市场。

渠道冲突是指同一渠道中不同环节以及同一环节中不同成员的矛盾。同一渠道中不同环节的矛盾被称作纵向渠道矛盾。如经销商抱怨生产者在价格方面控制的太严，而提供的服务太少，同一渠道中同一环节的不同成员的矛盾被称为横向渠道矛盾。如某生产者的一些经销商的生意清淡，当渠道成员都力求自身利益最大化时，就有可能损害其他成员的利益。

当冲突经常发生，或冲突激烈时，有关各方可以采取谈判、调停和仲裁。谈判是指有关各方派出代表坐在一起协商解决冲突，一般会签署一份协议，保证继续合作，避免冲突升级。调停是由中立的第三方协调双方的利益。仲裁是指双方将冲突提交第三方（一个或多个仲裁人）解决，并接受仲裁。

所有的渠道安排都会存在冲突，渠道成员总是不断想出各方都满意的方案解决渠道冲突。社会市场营销论述了市场营销者如何对待分销伙伴的法律和道德等有关问题。

2. 渠道成员的管理

（1）对渠道成员的检查。生产者要经常以一定的标准，对中间商的经营情况进行检查与衡量。这些标准大致包括：销售指标完成情况、商品库存情况、商品周转速度、市场占有率以及与制造企业的宣传、促销计划的合作情况、对顾客的服务态度表现等等。

在上述诸项指标中，销售额是最主要的指标。生产企业应规定销售额完成的速度指标，同时对中间商的销售额实绩定期进行检查，以明了各中间商的推销效率，目的在于鼓励先进，鞭策落后，集中力量对没有达到销售额指标的中间商进行会诊，找出原因。其次是费用指标。费用指标的高低直接关系到企业盈利水平，销售额一定，费用越高，盈利就越少，反之，盈利则越高。所以，除了销售额指标以外。生产企业还必须检查费用执行情况，以便及时发现、杜绝不必要的费用开支，提高盈利水平。

（2）对渠道成员的激励。中间商的主动性发挥得怎样，与企业产品销售量直接相关，生产企业应该采取多种措施，鼓励中间商的经营兴趣，提高中间商的积极性，并且要通过各种办法帮助中间商推销产品。鼓励中间商的办法，归纳起来，大致有以下几类：物质鼓励、精神鼓励、提供信息、提供援助、建立亲密友善的共事关系等。

3. 渠道调整

（1）渠道调整方式。生产者调整渠道有3种方式：增减渠道成员、增减渠道、调整全部渠道。

（2）渠道调整工作。企业就应当进行如下4步循序渐进的工作：①缩小问题圈；②明确问题；③考虑直接协作关系，若确属中间商效率低下，应考虑这些（位）中间商是否经营本企业的其他系列产品，取消个别中间商或个别渠道是否影响本企业系列产品的经销；④考虑相关企业的反应和本企业的市场占有率，企业与不少中间商的协作往往是长期的，较长时期的良好协作通常需要付出较大的代价。

总之，生产企业应在认真调查的基础上进行综合权衡，以是否符合本企业营销的战略目标，能否保证企业的长期盈利作为渠道取舍的基本准则。

四、促销策略

（一）促销与促销组合

1. 促销方式

（1）促销概念。促销又称销售促进，是指企业将产品或企业有关信息传递给消费者，以引起他们的注意与兴趣，激发其购买欲望与购买行为，从而达到扩大销售目的的一种经营活动，其实质是一种信息流的传递。

（2）促销构成要素。促销包含三个构成要素：一是促销主体，即销售产品的企业，是全部促销活动的承担者、组织者和决定者，他们根据企业营销目标，对促销活动进行计划和管理；二是促销对象，是指促销活动的接受者，即消费者或买方；三是载体或称促销媒体或媒介，指开展促销活动所借助的物质，如报纸、广播、信函等。

（3）促销类型。促销方式可分为人员促销和非人员促销两大类。人员促销指推销员直接推销，非人员促销又分为广告、营业推广、公共关系等。促销组合策略就是对这四种方式的组合、选择和运用。

2. 促销组合

促销组合的是目的是把广告、人员促销、营业推广和公共关系有机地结合起来，形成整体的促销策略。促销组合的设计受多种因素的影响，这些影响因素主要有：促销活动预算、市场性质、试图影响的目标消费者性质以及竞争对手的促销活动等。一个企业只有正确地设计及运用促销组合，才能达到既定的促销目标。

（1）促销方式的特点。各种促销方式的特点是不同的，这就决定了它们的适用性不同。企业营销组合必须以此为依据。4种促销方式的特点见表5－3。

表5－3　　4种促销方式的特点

特点＼方式	人员推销	广告	营业推广	公共关系
信息反馈的数量	多	几乎没有	较少	几乎没有
信息流方向	双向	单向	多为单向	单向
受众接受信息的速度	慢	快	较快	快
信息的弹性	随顾客不同而变化	统一的不变的	统一的可变的	不能直接控制

（2）产品市场的类型。对不同性质的产品，购买者及其购买要求、购买行为各不相同，为此，对不同性质的产品必须采取不同的营销组合。一般来说，在消费品市场上，日常消费用品因其销售面广，一次成交量小，且技术性相对简单，强调传播面大的促销方式，应以广告为主，辅以其他促销手段；而在生产资料市场中，工业品因为用户特定，数量相对较少，集中、一次性销量较大，产品的技术性较强，则强调使用专业性传播方式，应以人员推销为主，辅以其他促销方式为宜。

美国市场营销学界权威人士菲利普·科特勒教授在其《市场营销管理》（1984年第5版）中，提出了消费品与工业品促销组合模型，如图5－17所示：

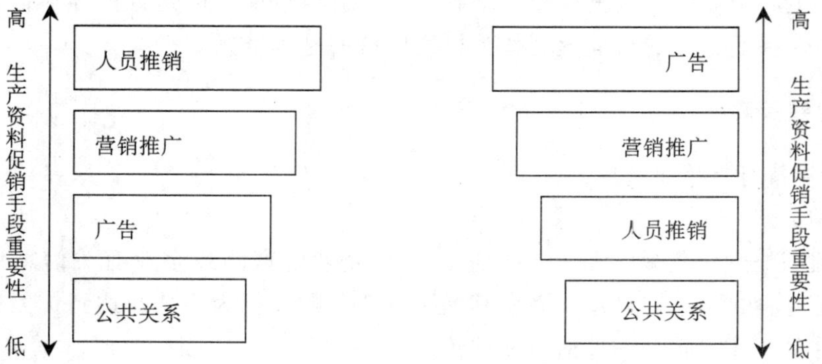

图5－17 消费品市场和生产资料促销手段重要性的比较

（3）促销指导思想。企业促销的指导思想可分为“推式”与“拉式”两种。如图5－18所示，说明如下：

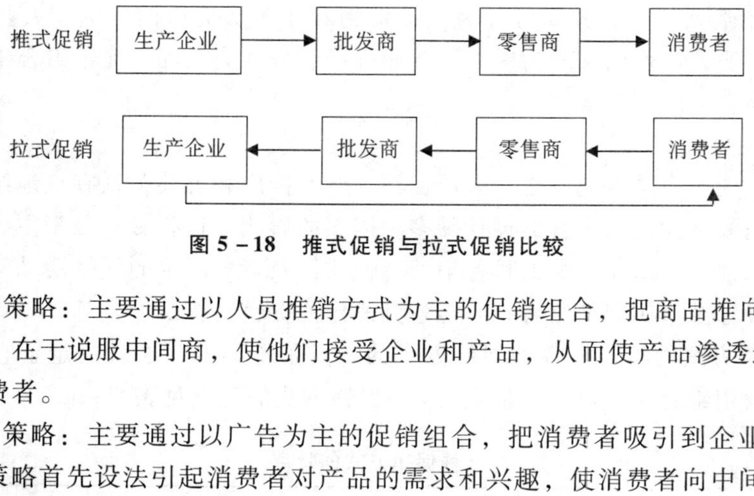

图5－18 推式促销与拉式促销比较

“推式”策略：主要通过以人员推销方式为主的促销组合，把商品推向市场。推动策略的目的，在于说服中间商，使他们接受企业和产品，从而使产品渗透进分销渠道，最终抵达消费者。

“拉式”策略：主要通过以广告为主的促销组合，把消费者吸引到企业的特定产品上来。这种策略首先设法引起消费者对产品的需求和兴趣，使消费者向中间商询购这种产品，最后导致中间商向生产者进货。

一般来说，对于需求比较集中、技术含量高、销售批量较大的产品，宜用“推”的策略，对于需求分散、销售批量较小的产品，宜用“拉”的策略。

显然，如果企业采取推式促销，则人员推销的作用最大；如果企业采用拉式促销，则非人员促销作用更大些。

“推式”策略与“拉式”策略，“推式”采用人员推销和营业推广，“拉式”采用广告。

（二）促销策略

1. 广告策略

广告是企业用付费的方法，通过一定的媒体，运用印刷、书写、画面或口头宣传等手段，向顾客介绍和推销产品或服务的一种方式。

广告是市场促销的一种主要手段。广告具有传递信息、沟通产需、刺激需求、促进销售、加强竞争、树立企业信誉与产品形象等功能。

从广告所借助的媒体来看，广告可分报纸广告、电视广告、路牌广告等多种形式；从广告的内容来看，广告包括信息性广告、竞争性广告等不同形式。具有公众性、渗透性、表现性、非人格性等特点。

广告的作用：①传递商品信息；②引导消费；③平衡产销关系；④记录社会演进；⑤反映民风民俗。

2. 人员促销

人员促销是一种通过与顾客的人际接触来推动销售的促销方式。人员促销具有促进面对面双向交流、有利于培养感情、反应迅速的特点。在人员促销中，每一方都能就近观察彼此的需要和特点；能够引出各种各样的人际关系，从就事论事的推销关系到个人友谊；还可以使购买者在听了销售谈话之后，感到有某种义务而迅速做出反应。

制定推销的具体方式，企业在确定推销人员接触顾客的方式时，应根据具体情况而定，一般有以下几种方式可供选择：

（1）一对一的推销。即一个推销员与一个顾客进行面对面的洽谈。

（2）一组对一组的推销。即由推销小组（如由企业主管人员、技术人员、销售人员构成的小组）向一组顾客介绍产品。

（3）一个对一组的推销。即由一个推销人员向一组顾客介绍产品。

（4）推销会议。通过召集会议方式向顾客进行推销。

（5）推销讲座。由企业专门组织的有关新产品、新技术的讲座，加深顾客对企业的了解，增强他们购买的信心。

人员推销决策：①确定推销目标；②制定推销的具体方式；③确定推销队伍的组织结构和规模；④推销人员报酬的确定。

3. 营业推广

营业推广又称销售推广，主要是指能够刺激顾客的强烈反应、促进短期购买行为的各项促销措施。营业推广包括多种方式，如产品陈列和现场表演、产品展销、样品赠送、发放优惠券等等，具有可信性强、引人注目、不会引起戒备的特点。

营业推广决策的实践要点：①确定营业推广目标；②选择营业推广方式；③制定营业推广方案，一个完整的营业推广方案包括刺激的规模、力度，刺激对象的条件、范围，推广的途径，推广的期限，推广时间安排，确定营业推广的总预算；④预示营业推广方案；⑤推广方案的效果评价。

4. 公共关系

公共关系简称“公关”，是指企业为获得公众信赖、加深顾客印象而用非付费方式进行的一系列促销活动。

公共关系的特点是：它是一种双向的信息沟通活动；是企业组织或个人的一种有目

的、有计划的活动过程；是组织或个人同与之相关的社会公众建立相互联系的手段；是一项建立信誉、改善形象、增强组织目标与公众利益一致性的工作。

公共关系的基本原则：全优性原则、多赢性原则、忠诚性原则、针对性原则、科学性原则、持久性原则、主动性原则、艺术性原则等。

一个企业的公共关系和企业的规模、活动范围、产品类别、市场性质等密切相关，不可能有一个统一的模式。一般来说，公共关系工作大致可以分成以下 4 个环节：

（1）调查收集事实与意见，分析评估企业在一般公众或特定公众心目中的形象，从中发现问题。

（2）据调查的结果调整企业的全面政策和各部门针对特定公众的方针政策，再进一步确定公关工作所要达到的近期与远期的目标，并制定公关方案，设计具体的活动项目。

（3）据公关方案确定工作程序与要求，通过各种形式和多种渠道，将企业所作所为传播扩散到公众中去。

（4）根据原定的目标，吸取信息反馈，检查实施成效，用以调整下一步活动。

公共关系的本质是“内求团结，外求发展”。公共关系的活动方式，是指以一定的公关目标和任务为核心，将若干种公关媒介与方法有机地结合起来，形成一套具有特定公关职能的工作方法系统。

第五节

网络营销

20 世纪 90 年代以来，飞速发展的国际互联网促使网络技术应用急剧增长，全球范围内掀起应用互联网热，世界范围内的企业纷纷上网提供信息服务和拓展业务范围，积极改组企业内部结构和发展新的管理营销方法。网络营销就是伴随着信息技术的发展而发展的，目前互联网已经发展成为辐射面更广、交互性更强的新型媒体，它不再局限于传统的广播电视等媒体的单向性传播，可以与媒体的接受者进行实时的交互式沟通和联系。随着上网用户的迅猛增加，互联网市场已成为一个急速扩展、潜力巨大的市场，蕴涵着无限商机。如何在这巨大的网络市场上开展网络营销、占领市场，对企业来说既是机遇也是挑战。

一、网络营销的内涵、手段与方式

（一）网络营销内涵及特点

1. 网络营销内涵

网络营销是以现代营销理论为基础，借助网络、通信和数字媒体技术实现营销目标的商务活动，是科技进步、顾客价值变革、市场竞争等综合因素促成；是信息化社会的必然产物。网络营销利用数字化的信息和网络媒体的交互性来辅助营销目标实现。也是指组织或个人基于开发便捷的互联网络，对产品、服务所做的一系列经营活动，从而达到满足组织或个人需求的全过程，网络营销是企业整体营销战略的一个组成部分，是建立在互联网基础之上借助于互联网特性来实现一定营销目标的营销手段。

网络营销可以定义为：网络营销是基于互联网络及社会关系网络连接企业、用户及公众，向用户及公众传递有价值的信息和服务，为实现顾客价值及企业营销目标所进行的规划、实施及运营管理活动。网络营销不是网上销售，不等于网站推广，网络营销是手段而不是目的，它不局限于网上，也不等于电子商务，它不是孤立存在的，不能脱离一般营销环境而存在，它应该被看作传统营销理论在互联网环境中的应用和发展。

网络营销根据其实现方式有广义和狭义之分，从广义上讲，企业利用一切网络（包括社会网络，计算机网络；企业内部网，行业系统专线网及互联网；有线网络，无线网络；有线通信网络与移动通信网络等）进行的营销活动都可以被称为网络营销。从狭义上看，凡是以国际互联网为主要营销手段，为达到一定营销目标而开展的营销活动，称为网络营销。

网络营销是指以互联网络为媒体，并用相关的方式、方法和理念实施营销活动以更有效地促成个人和组织交易活动的实现。网络营销作为适应网络技术发展与信息网络时代社会变革的新兴策略，越来越受到企业的重视。网络营销在国外有多种表述，如 cyber marketing，internet marketing，network marketing，e－marketing 等等。不同的词组有着不同的侧重和含义，目前较常见的表达是 e－marketing，e－表示电子化、信息化和网络化，集中体现了网络营销的特质。

2. 网络营销的特点

与传统的营销策略和营销手段相比，网络营销具有诸多鲜明的特点：

（1）营销成本低。传统的营销方式往往要花大量的经费用于产品目录、说明书、包装、储存和运输，并设专人负责向顾客寄送各种相关数据。而运用网络营销后，企业只需将产品的信息输入计算机系统并上网，顾客就可自己查询，无须设专人寄送数据，电子版本的产品目录、说明书等不必再进行印刷、包装、储存和运输。这样就大大节约了营销费用，降低了营销成本。

（2）营销环节少。在网络营销中，营销数据不必再求助于出版商，企业可以直接安排有关数据上网供顾客查询，潜在的顾客也不必再等企业的营销人员打电话告诉他们所要查询的信息，他们自己可以在计算机上查找。网络营销的运用使企业的营销进程加快，信息传播更快，电子版本的产品目录、说明书等随时可以更新。对于软件、书籍、歌曲、影视节目等知识性产品来说，人们可以直接从网上下载并采用电子方式付款。

（3）营销方式新。即在购买的同时，顾客可以自行控制购买过程。现今顾客的需求多种多样，他们在购买产品时，希望能够掌握更多有关产品信息，得到更好的售后服务。联盟的营销者运用多媒体展示技术和虚拟现实技术、使得顾客可以坐在家中了解最新产品和最新价格，选择各种商品，做出购买决策，自行决定运输方式，自行下订单，从而获得最大的消费满足。

（4）营销国际化。经济一体化和全球化是大趋势，网络营销有助于企业进军国际市场，在国际市场占有一席之地。互联网络已经形成了一个全球体系，企业运用网络进行营销，能够超越时间和空间的限制，随时随地提供全球性的营销服务，使国外的顾客与本企业在网上达成交易，实现全球营销。

（5）营销全天候。网络营销可以一直进行，没有时间限制。企业的营销信息上网后，电子“信息服务员”就可以一直进行工作，一天24小时、一年365天从不间断。

3. 网络营销的功能

认识和理解网络营销的功能和作用，是实现和利用网络营销功能和作用的基础和前提。网络营销的功能主要有以下功能：①信息搜索功能；②信息发布功能；③商情调查功能；④销售渠道开拓功能；⑤品牌价值扩展和延伸功能；⑥特色服务功能；⑦顾客关系管理功能；⑧经济效益增值功能。

（二）网络营销的手段和方式

1. 网络营销的手段

（1）网上市场调查。利用互联网交互式的信息沟通模式来进行市场调查活动，包括直接在网上通过问卷进行调查，或通过网络来收集市场调查中所需的其他二手资料。利用网上调查工具，可以提高调查效率和调查效果。互联网作为信息交流渠道，它成为信息海洋，因此在利用互联网进行市场调查时，重点是如何利用有效工具和手段实施调查和收集整理资料。获取信息不再是难事，关键是如何在信息海洋中获取想要的资料信息和分析出有用的信息。

（2）网上消费者行为分析。互联网用户作为一个特殊群体，有着与传统市场群体截然不同的特征，因此要开展有效的网络营销活动必须深入了解网上用户群体的需求特征、购买动机和购买行为模式。互联网作为信息沟通工具，正成为许多兴趣、爱好趋同的群体聚集交流的地方，并且形成一个个特征鲜明的网上虚拟社区，了解这些虚拟社区的群体特征和偏好是网上消费者行为分析的关键。

（3）网络营销战略的制定。不同企业在市场中处在不同地位，在采取网络营销实现企业营销目标时，必须采取与企业相适应的营销战略，因为网络虽然是非常有效地营销工具，但企业实施网络营销时需要进行投入并且有风险。企业在制定网络营销战略时，还应该考虑到产品周期对网络营销战略制定的影响。

（4）网络营销组合策略的制定。网络作为信息有效地沟通渠道，对传统的营销组合思想产生了极大的影响。因此，企业应该根据网络独特的功能和优势及自身情况，来设计网上产品和服务策略、网上价格策略、网上渠道策略及网上促销策略等市场营销组合策略。

（5）网络营销管理与控制。网络营销常会遇到许多传统营销活动没有碰到的新问题，如网络产品质量保证、消费者隐私保护、在线支付及结算管理、网络订购与物流配送的协调以及信息安全与保护等等。这些问题都是网络营销必须重视和进行有效控制的问题，否则网络效果会适得其反，甚至会产生很大的负面效应。

2. 网络营销的方式

（1）搜索引擎营销。即SEM（通常以PPC为代表），通过开通搜索引擎竞价，让用户搜索相关关键词，并点击搜索引擎上的关键词创意链接进入网站/网页进一步了解他所需要的信息，然后通过拨打网站上的客服电话、与在线客服沟通或直接提交页面上的表单等来实现自己的目的。

（2）搜索引擎优化。即SEO，指的是在了解搜索引擎自然排名机制的基础上，使用网站内及网站外的优化手段，使网站在搜索引擎的关键词排名提高，从而获得流量，进而产生直接销售或建立网络品牌。

（3）电子邮件营销。是以订阅的方式将行业及产品信息通过电子邮件的方式提供给所需要的用户，以此建立与用户之间的信任与信赖关系。

（4）即时通信营销。利用互联网即时聊天工具进行推广宣传的营销方式。

（5）“病毒式”营销。病毒营销模式来自网络营销，利用用户口碑相传的原理，是通过用户之间自发进行的，费用低的营销手段。

（6）BBS营销。这个方式已经很普遍，尤其是对于个人站长，大部分到门户站论坛灌水同时留下自己网站的链接，每天都能带来几百IP。

（7）博客营销。博客营销是建立企业博客或个人博客，用于企业与用户之间的互动交流以及企业文化的体现，一般以诸如行业评论、工作感想、心情随笔和专业技术等作为企业博客内容，使用户更加信赖企业，深化品牌影响力。

（8）微博营销。微博营销是指通过微博平台为商家、个人等创造价值而执行的一种营销方式，也是指商家或个人通过微博平台发现并满足用户的各类需求的商业行为方式。

（9）微信营销。微信营销是网络经济时代企业营销模式的一种创新，是伴随着微信的火热而兴起的一种网络营销方式。微信不存在距离的限制，用户注册微信后，可与同样注册的“朋友”形成一种联系，用户订阅自己所需的信息，商家通过提供用户需要的信息，推广自己的产品，从而实现点对点的营销，比较突出的如体验式微营销。

（10）视频营销。以创意视频的方式，将产品信息移入视频短片中，被大众化所吸收，也不会造成太大的用户群体排斥性，也容易被用户群体所接受。

（11）软文营销。软文广告顾名思义，它是相对于硬性广告而言，由企业的市场策划人员或广告公司的文案人员来负责撰写的“文字广告”。与硬广告相比，软文之所以叫作软文，精妙之处就在于一个“软”字，好似绵里藏针，收而不露，克敌于无形。

（12）体验式微营销。体验式微营销以用户体验为主，以移动互联网为主要沟通平台，配合传统网络媒体和大众媒体，通过有策略、可管理、持续性的O2O线上线下互动沟通，建立和转化、强化顾客关系，实现客户价值的一系列过程。体验式微营销（Has experience marketing）站在消费者的感官（Sense）、情感（Feel）、思考（Think）、行动（Act）、关联（Relate）五个方面，重新定义、设计营销的思考方式。体验式微营销以SNS、微博、微电影、微信、微视、微生活、微电子商务等为代表新媒体形式，为企业或个人达成传统广告推广形式之外的低成本传播提供了可能。

（13）O2O立体营销。O2O立体营销，是基于线上（Online）、线下（Offline）全媒体深度整合营销，以提升品牌价值转化为导向，运用信息系统移动化，帮助品牌企业打造全方位渠道的立体营销网络，并根据市场大数据分析制定出一整套完善的多维度立体互动营销模式，从而实现大型品牌企业全面以营销效果为全方位视角，针对受众需求进行多层次分类，选择性地运用报纸、杂志、广播、电视、音像、电影、出版、网络、移动在内的各类传播渠道，以文字、图片、声音、视频、触碰等多元化的形式进行深度互动融合，涵盖视、听、光、形象、触觉等人们接受资讯的全部感官，对受众进行全视角、立体式的营销覆盖，帮助企业打造多渠道、多层次、多元化、多维度、全方位的立体营销网络。

（14）自媒体营销。自媒体又称个人媒体或者公民媒体，自媒体平台包括个人博客、微博、微信、贴吧等。

(15) 新媒体营销。新媒体营销是指利用新媒体平台进行营销的模式。在 Web2.0 带来巨大革新的年代，营销思维也带来巨大改变，体验性（experience）、沟通性（communicate）、差异性（variation）、创造性（creativity）、关联性（relation），互联网已经进入新媒体传播 2.0 时代。

（三）网络营销对市场营销发展方向和领域的贡献

(1) 互联网超越时空限制的特性，及其传送文字、声音、动画和影像的多媒体功能，较之传统的媒体，在表现的可能性和丰富性上要杰出得多，正可以发挥营销人员的创意。

(2) 互联网络可以展示商品目录，连接资料库提供有关商品信息的查询，可以和顾客进行双向沟通，可以收集市场情报，可以进行产品测试与消费者满意调查等，是产品设计、信息提供以及顾客服务的最佳工具。

(3) 互联网络上的促销是一对一的、双向的、消费者主导的、非强迫的、循序渐进的，同时也是一种低成本与人性化的促销，因此符合分级与直销的发展趋势，深化并促进了关系营销与数据库营销的理论和实践。

(4) 互联网络使用者数量快速成长并遍及全球，使用者多属年轻、中产、高教育水平的阶层，因此是极具开发潜力的市场渠道。互联网络上的营销可由产品信息提供至收款、售后服务、一气呵成，因此也是一种全过程的营销渠道，为营销 4P 与 4C 的整合提供了现实的可能性。

二、网络营销中营销组合策略

（一）网络营销 4P

市场决定着市场营销战略，在互联网络的巨大影响下的市场必须要求市场营销战略的更新。企业必须以市场为生命，从市场营销因素最基本的组合 4P 来调整、更新自己的营销战略。

1. 产品/服务

目前，适合在互联网络上销售的产品通常是：

(1) 具有高科技感或与计算机相关的商品。

(2) 目标市场为网络用户的商品。

(3) 市场需求地理范围广的商品。

(4) 设店销售有困难的特殊商品。

(5) 消费者依据网络信息就可作购买决策的商品。

互联网络所提供的产品主要在于信息的提供，除了充分显示产品的性能、特点、质量以及售后服务等内容外，更重要的是能够对个别需求进行一对一的营销服务。企业要根据用户对产品提出的具体或特殊要求进行产品的生产供应，最大限度地满足消费者的需求。在网络上可开展以下工作：

(1) 提供消费者之间、消费者与企业之间的互动讨论区，借以了解消费者需求、市场趋势等，以作为企业改进产品开发的参考。

(2) 在网络上建立消费者意见调查区，了解消费者对产品特性、质量、包装及样式等的意见，以协助企业产品的开发与改进。

(3) 建立网上消费者自助设计区，提供顾客化的产品与服务，如顾客可以自行设计服装的款式和花色，购车者可以自行决定所需颜色和配件等。

2. 价格

任何企业的网络定价都不是孤立行为，必须按照企业的目标市场战略及市场定位战略的要求来进行。虽然网络交易的成本相对比较低廉，但因交易形式多样化，所以价格弹性比较大。企业制定产品价格应在核算产品成本的基础上，适当增加无形成本的含量，精确计算产品中的无形价值量，并完全掌握消费者的购买信息，因此应该以理性的方式制定价格战略。网络定价可以采取下列方法：

（1）消费者可通过网络价格查询功能，查询市场相关产品的价格，进而理性地购买价格合理的产品，即可以货比三家。因此企业一定要在对上网企业相关产品价格和竞争情况进行认真调研的基础上，合理估计本企业产品在消费者心目中的形象，进而确定产品的价格。

（2）可以开展网络会员制，依据会员过去的交易记录与偏好、购买数量的多少，给予顾客折扣，鼓励消费者上网消费。

（3）建立网络议价系统，与消费者直接在网上协商价格。

（4）建立自动调价系统，可以依季节变动、市场供求形势、竞争产品价格变动、促销活动等，自动进行调价。

3. 分销

互联网络直通个人，使得销售针对性加强，商品直接展示在顾客面前，并直接接受顾客订单，任何一个单个用户对企业都具有重要意义。这种直接互动与超越时空的购物方式，无疑是分销渠道的一场革命。

（1）设立虚拟商店橱窗，使消费者如同进入实际的商店一般；同时商店的橱窗可以因季节、促销活动、经营战略的需要迅速地改变设计。虚拟橱窗不占空间，可24小时开张，服务全球顾客，并由售货员回答任何专业性的问题，这样的优势绝非一般商店可以比拟。

（2）可以结合相关企业的相关产品，共同在网络上组织商品展销，消费者一次上网，可以饱览各种商品，增强上网意愿与消费动机。例如，房地产商可以结合家具、厨房设备、家电、灯具、装饰材料等合并促销，以增加渠道的吸引力。

（3）采取灵活的付款方式。目前金融机构已率先进入信息网络，企业通过金融机构采取更加灵活的购买付款方式已成为可能。在互联网络的推动下，企业可以依赖金融机构的专业信息优势，针对不同的用户采取灵活的付款方式，达到刺激和方便消费者购买的目的。

（4）可以在网络上以首页方式设立虚拟经销商或虚拟公司，提供各类商品目录及售后服务。除部分产品可以自网上取货（如计算机软件、电子图书等）外，大部分产品采用送货上门或邮寄等方式。

4. 促销

网络促销具有一对一服务与消费者需求导向的特点，除了可以作为企业广告外，也是发掘潜在顾客的最佳渠道。但网上促销基本是被动的，因此如何吸引消费者上网，并提供具有价值诱因的商品信息，对于企业来说，是一个重大挑战。常用的促销方法有：

（1）利用网上聊天的功能，举行消费者联谊活动或网络记者招待会。这种方式可以跨越时空进行沟通，同时也是一种低成本的促销活动。

（2）网络促销可以利用诱因工具，如进行网上竞赛游戏、提供折扣券与赠品券、样品赠送、发放彩券和进行抽奖等，提高消费者上网搜寻及购买产品的意愿。

（3）网络广告目前已成为最普遍的商业宣传方式，可以宣传企业与产品信息，阐释企业理念和企业文化，说明售后服务与质量保证措施等，进而提高企业在消费者中的知名度和美誉度。

（4）外文版页面和网络广告也是企业产品国际化不可或缺的促销活动。

新型网络营销，促销策略有以下几种方式：

（1）网上折价促销。折价亦称打折、折扣，是目前网上最常用的一种促销方式。因为目前网民在网上购物的热情远低于商场超市等传统购物场所，因此网上商品的价格一般都要比传统方式销售时要低，以吸引人们购买。由于网上销售商品不能给人全面、直观的印象、也不可试用、触摸等原因，再加上配送成本和付款方式的复杂性，造成网上购物和订货的积极性下降。而幅度比较大的折扣可以促使消费者进行网上购物的尝试并做出购买决定。目前大部分网上销售商品都有不同程度的价格折扣。

（2）网上赠品促销。赠品促销目前在网上的应用不算太多，一般情况下，在新产品推出试用、产品更新、对抗竞争品牌、开辟新市场情况下利用赠品促销可以达到比较好的促销效果。赠品促销的优点：可以提升品牌和网站的知名度；鼓励人们经常访问网站以获得更多的优惠信息；能根据消费者索取赠品的热情程度而总结分析营销效果和产品本身的情况等。

（3）网上抽奖促销。抽奖促销是网上应用较广泛的促销形式之一，是大部分网站乐意采用的促销方式。抽奖促销是以一个人或数人获得超出参加活动成本的奖品为手段进行商品或服务的促销，网上抽奖活动主要附加于调查、产品销售、扩大用户群、庆典、推广某项活动等。消费者或访问者通过填写问卷、注册、购买产品或参加网上活动等方式获得抽奖机会。

（4）积分促销。积分促销在网络上的应用比起传统营销方式要简单和易操作。网上积分活动很容易通过编程和数据库等来实现，并且结果可信度很高，操作起来相对较为简便。积分促销一般设置价值较高的奖品，消费者通过多次购买或多次参加某项活动来增加积分以获得奖品。积分促销可以增加上网者访问网站和参加某项活动的次数；可以增加上网者对网站的忠诚度；可以提高活动的知名度等。

（二）网络营销策略

1. 网络品牌策略

网络营销的重要任务之一就是在互联网上建立并推广网站的品牌，知名企业的网下品牌可以在网上得以延伸，一般企业则可以通过互联网快速树立品牌形象，并提升企业整体形象。网络品牌建设是以企业网站建设为基础，通过一系列的推广措施，达到顾客和公众对企业的认知和认可。在一定程度上说，网络品牌的价值甚至高于通过网络获得的直接收益。

2. 网页策略

网站可以选择比较有优势的平台建立自己的推广渠道，建立后应有专人进行维护，并注意宣传，这一点上节省了原来传统市场营销的很多广告费用，而且搜索引擎的大量使用会增强搜索率，一定程度上对于网站来说比广告效果要好。

3. 网络服务策略

网络营销与传统营销模式不同还在于它特有的互动方式，传统营销模式人与人之间的交流十分重要，营销手法比较单一，网络营销则可以根据自身公司产品的特性，根据特定的目标客户群，特有的企业文化来加强互动，节约开支，形式新颖多样，避免了原有营销模式的老套单一化。

三、网络营销与电子商务

网络营销作为互联网最早的成功商业应用，近年来获得了长足的甚至是革命性的发展。随着网络营销活动的渐趋深入，它不再仅仅是营销部门市场经营活动方面的业务，还需要其他相关业务部门如采购部门、生产部门、财务部门、人力资源部门、质量监督管理部门和产品开发与设计部门等的配合。因此，局限在营销部门在互联网上的商业应用已经不能适应互联网对企业整个经营管理模式和业务流程管理控制方面的挑战。

电子商务是从企业全局角度出发，根据市场需求来对企业业务进行系统规范的重新设计和构造，以适应网络知识经济时代的数字化管理和数字化经营需要。

联合国国际贸易程序简化工作组对电子商务的定义是：采用电子形式开展商务活动，它包括在供应商、客户、政府及其他参与方之间通过任何电子工具。如 EDI、Web 技术、电子邮件等共享非结构化商务信息，并管理和完成在商务活动、管理活动和消费活动中的各种交易。

电子商务是利用计算机技术、网络技术和远程通信技术，实现电子化、数字化和网络化，商务化的整个商务过程。

电子商务的形成与交易离不开以下三方面：

1. 交易平台

第三方电子商务平台（以下简称第三方交易平台）是指在电子商务活动中为交易双方或多方提供交易撮合及相关服务的信息网络系统总和。

2. 平台经营者

第三方交易平台经营者（以下简称平台经营者）是指在工商行政管理部门登记注册并领取营业执照，从事第三方交易平台运营并为交易双方提供服务的自然人、法人和其他组织。

3. 站内经营者

第三方交易平台站内经营者（以下简称站内经营者）是指在电子商务交易平台上从事交易及有关服务活动的自然人、法人和其他组织。

四、网络营销与传统营销的整合

网络营销作为可交换营销理念和策略，凭借互联网特性对传统经营方式产生了巨大的冲击，但这不应该成为片面夸大网络营销作用的理由，更不能说网络营销将完全取代传统营销。网络营销与传统营销的整合是一个务实的、创造性的过程。

（1）互联网作为新兴的虚拟市场，它覆盖的群体只是整个市场中某一部分群体，许多的群体由于各种原因还不能或者不愿意使用互联网，如老人和落后国家地区，因此仍需要传统的营销策略和手段覆盖这部分群体。

（2）互联网作为一种有效地渠道有着自己的特点和优势，但对于许多消费者来说，由于个人生活方式不同，有些人不愿意接收或者使用新的沟通方式和营销渠道，如许多消费者不愿意在网上购物，而习惯在商场购物。

（3）互联网作为一种有效沟通方式，可以方便企业与用户之间直接双向沟通，但消费者有着自己的个人偏好和习惯，愿意选择传统方式进行沟通，如报纸有网上电子版本后，并没有冲击原来的纸介出版物，相反起到相互促进的作用。

（4）互联网只是一种工具，营销所面对的是有灵性的人，因此一些以人为本的传统营销策略所具有的独特的亲合力是网络营销没有办法替代的。随着技术的发展，互联网将逐步克服上述不足，在很长一段时间内网络营销与传统营销是相互影响和相互促进的，最后实现融洽的内在统一。可以预见将来再也没有必要谈论网络营销了，因为营销的基础之一就是网络。

总之，网络营销与传统营销是相互促进和补充的，企业在进行营销时应根据企业的经营目标和细分市场，整合网络营销和传统营销策略，以最低成本达到最佳的营销目标。网络营销与传统营销的整合，就是利用整合营销策略实现以消费者为中心的传播统一、双向沟通，实现企业的营销目标。

复习思考题

第五章复习思考题

教学案例选编

案例5－1　“金利来，男人的世界”

翻转课堂教学活动

宝马汽车公司的营销组合策略

课程思政设计与实践

企业市场营销管理
——融入爱国主义、诚信经营、爱岗敬业、创新精神、契约精神、社会责任

【思政育人目标】

1. 知识目标

①理解市场营销和市场营销环境及特性；②熟练掌握市场调研、市场分析与定位等基本理论和方法；③掌握市场营销产品策略、价格策略、渠道策略、促销策略等基本内容；④理解市场营销管理的基本程序和内容；⑤掌握网络营销及网络营销策略。

2. 能力目标

①培养学生熟悉经典营销理论，掌握移动互联时代全新的营销观念、营销过程和营销策略，具备新时代营销思想；②具备判断市场营销环境的初步能力；③具备将市场营销环境分析、市场调查与分析、目标选择分析与产品定位、营销策划和实施等知识点融合起来，分析市场营销的实际管理能力；④具备独立完成市场营销策划方案的编制能力，并通过课堂分组讨论及营销方案设计培养学生的综合能力；⑤把握市场营销观念的发展变化，熟练掌握网络营销策略组合分析技术。

3. 价值目标

①培养学生爱岗敬业、诚信公正、契约精神、责任心等职业道德；②以爱国、责任、创新为引领，培养学生树立体现中华民族优秀传统和时代精神的价值标准、行为规范，培养学生的民族自豪感和爱国精神；③帮助学生树立社会营销思维意识、创新意识、经济意识和可持续发展意识。

【思政设计与融入点】

1. 设计思路

专业课程对学生人生观和价值观的形成、知识能力结构的培养、职业生涯的发展均会产生贯穿一生的重要影响。市场营销课程结合立德树人的育人目标，正确认识经济社会行业发展的新需求；正确认识年轻一代学生的新面貌；正确认识教育治理新挑战，紧扣专业课程各个部分教学内容，设计不同的教学活动方案以期达到育人与育才“双赢”。本课程确定以下四个模块，分别是实际调查和课程方案的设置、专业知识和课程思政协同育人的构思和设计、任务合作式学习模式构建、小组情景模拟实战设计，并通过教学检测和校企合作两大机制对教学情况进行反馈和互动。

2. 课程思政元素

育人是大学之本，想要落实“立德树人”“三全育人”的根本任务，将价值塑造、知识传授和能力培养三者融为一体、不可割裂。市场营销课程作为核心与重要基础课程，通过对市场营销理论知识与实战技能方法的教学，有机结合国家当前政策导向、人们对美好生活的向往、顶尖项目的创新解读和讨论等内容，提高教书与育人融合度，培养学生“爱国”“敬业”“诚信”“文明”“公正”的社会主义核心价值观，重点体现的思政元素。课程思政教学元素融入点设计如下：

（1）价值认同。培养学生树立辩证唯物主义和历史唯物主义世界观，拥护党的领

导和社会主义制度，符合社会主义核心价值观，具有积极向上的人生理想、良好的道德修养和社会责任感以及崇高的爱国主义情感。如在分析市场营销环境时，结合我国的市场营销发展史，探讨我国市场营销必须遵循的经营理念。分析产品时，将传统文化融入产品营销，帮助学生深刻地感受中华文化的博大精深和历史的厚重积淀。

（2）爱国思想。爱国主义是牢牢驻扎在消费者心目中的民族情怀。营销实践证明，能引起消费者爱国情感共鸣的营销行为会收到良好的营销效果。比如，2016 年里约奥运会期间，由于争议判罚、升错国旗等事件，中国人民爱国情绪高涨。此时，某天猫店不失时机推出一款“I LOVE 0086”T 恤，只短短数天就宣告售罄。这是因为，0086 是中国大陆国际区号，传递的正是爱国情怀，因此它受到广泛认可，实现了火爆传播。再如，2017 年《战狼 2》火爆刷屏，当时正值建军 90 周年，影片中的一句台词——“中国护照不能带你去很多地方，但它能从任何地方把你接回家。”更是戳中了无数观众的泪点，真正激发了公众的爱国主义情怀，这是《战狼 2》营销制胜的关键，其票房达到 56. 83 亿元人民币。增强其对中华民族传统文化的认同感与归属感，树立高度的文化自信。

（3）诚信经营。古语道：“人无信不立，商不信不兴”，意指做人如果不诚信则不能在社会中立足，经商如果不诚信则生意不会兴隆。范蠡经商，讲求的是买卖公平，决不会倒卖腐烂变质的货物，不坑害消费者，所以，他的生意能细水长流，声名远扬，流传至今。当今社会经济更是诚信经济，公司经营要讲诚信，绝不能虚假宣传、不守承诺、坑蒙消费者，否则只有落到门庭冷落的下场，比如，前几年出现的东北雪乡旅游景点乱收费、青岛旅游区大虾论只计费、海南三亚天价客房等案例，曾一度让我国旅游景点蒙羞，打击了游客的旅游积极性，景区经济遇冷，效益下滑。还有，近几年整形美容医院夸大宣传整形效果，结果消费者美容变毁容，维权艰难的例子比比皆是，致使消费者普遍对整形美容医院心存芥蒂。

（4）文化自信。中国优秀的传统文化和中国革命红色文化中包含着许多丰富的战略思想。《孙子兵法》中关于军队的编制，体现组织管理思想。“威不两错，政不二门”。管子这句话强调了统一指挥、不能政出二门的原则。中国革命红色文化，例如“三湾改编”等毛泽东军事思想，对于中国本土企业发展具有重要的借鉴和指导意义。中国优秀传统文化和红色文化中包含的组织管理变革与创新思想精髓，与现代企业组织管理变革与创新思想高度吻合，让学生在学习优秀的组织管理变革与创新思想时，自觉弘扬中华优秀传统文化、革命文化、社会主义先进文化，增进对中国传统文化和红色文化的了解，传承中国传统文化和红色文化。

（5）创新精神。创新是人类发展与社会进步的重要动力，是一项重要的思政元素，在市场营销学的课程思政建设中占据着重要地位。无论是营销理论的发展还是营销实践的方法，例如新产品的开发、品牌的打造、营销工具和手段的创新、广告的创意等，都闪耀着创新的光芒。创新是市场营销学课程的重要内容之一，尤其在新经济、新模式、新消费需求不断创新的情况下，更需要注重学生创新思维的引导和创新能力的培养。本课程主要通过对产品创新案例的剖析，引导学生深刻认识并自觉树立创新精神，发现新问题，提出新思想，构建新理念。

（6）社会责任意识。将绿色营销、社会责任意识有机融入学生对市场、营销策划、推广、销售等内容，让学生能充分认识营销不仅只是考虑当前和未来企业的利润与消费者的欲望满足，同时要对社会和环境负责，也要关注整个社会当前与未来的利益，帮助学生树立社会责任感与使命感。

（7）系统思维。培养学生能够运用系统观点，分析市场影响因素的各要素、结构和功能的内在联系，能对市场营销环境、创新性、可操作性进行全面分析，运用适合的评价方法和工作手段，对营销策略做出科学、合理、准确地评价与选择。

（8）职业道德。课程以市场营销为主线，包括营（运营、策划等）和销（销售、推广等）。实践活动一定要强调诚信经营和职业道德，行正道、重规范、求实效、担责任；从产品研发、服务质量、广告宣传到产品定价、渠道拓展、促销推广等环节均要杜绝欺诈，建造过程强调工匠精神和诚信经营，销售过程注重职业精神和营销道德。

【课程思政教学方法和手段】

1. 课程思政教学方法

采用“理论—案例—情景—实践—故事”相结合的“TCSPT”五维教学方法，激发学生兴趣，调动学生学习的主动性和创造性，注重思维训练和实际营销技能的培养。坚持以立德树人为根本，把培养学生的爱国思想、诚信经营与帮助学生树立积极的人生观价值观结合起来，把本课程所蕴含的思政元素有机融合到课程学习的每个重要环节。教学方法如下：

（1）理论教学法：传授基本理论知识，促进学生营销思想和营销技能的培养。通过超星平台 MOOC（慕课）学习，推进现代信息技术在课程思政教学中的应用，激发学生学习兴趣，引导学生深入思考。

（2）案例教学法：以解决市场营销发展过程中实际遇到的问题为目，在课程中引入真实市场营销案例，通过理论学习、阅读案例、个人分析、小组讨论、全班交流、总结归纳、消化提升和案例实践调研 8 个环节，加强师生互动，实践训练，实现教学相长，知行合一。

（3）情景教学法：从商业的实际情景出发，在课堂上和课外实践中创设生动有趣的情景，让学生在情景中受到感染，点燃他们的求知之火，从而使学生思维活跃，积极思考和理解市场营销发展过程相关的基本知识。

（4）实践教学法：引入“行动学习”的理念，通过组织学生以团队方式参与企业市场营销调研和营销策略选择，提高学生对实际企业发展的切身体会和认识，培养学生的营销管理能力和市场分析能力。

（5）讲故事：通过组织学生以团队方式参与中国知名企业市场营销案例和中国革命红色文化的调研，撰写市场营销案例，讲中国企业市场营销故事，增进对中国传统文化和红色文化的了解，提高学生对实际企业发展的切身体会和认识，教育引导学生传承中华文脉，富有中国心、饱含中国情、充满中国味。

2. 融入手段

翻转课堂教学，教师讲授，视频展示，案例分析，经典阅读，MOOC（慕课）学习，团队式学习。

【课程思政教学路径】

第一，讲授中国传统文化，近现代管理思想；①品牌意识。民族资本企业为了在竞争中取胜，力求创造名牌，在国内外市场上赢得声誉，打开销路。范旭东经营的天津永利碱厂生产的“红三角”牌纯碱，因质量优良获万国博览会金质奖章；吴蕴初经营的上海天厨味精厂生产的“天厨”牌味精，朱裴卿经营的天津东亚毛纺厂生产的“抵羊”牌毛线，五洲皂厂生产的“固本”牌肥皂，三友实业社的“铁锚”牌毛巾，这些都是畅销全国的名牌产品。②服务意识。民族资本主义企业在激烈的市场竞争中取胜，不仅要注重产品质量，还要把“服务周到热情”作为经营活动中的最重要的准则。永安企业的资本家郭乐、郭泉总结出的“服务七方面”规定，在当时的商业界有很高的信誉；民生航运公司的卢作孚提出的“服务高于一切”的口号，深受客户和货主的欢迎，影响很大。

第二，讲授市场意识。注重研究市场动向，根据市场的变化和趋势及时修订产销计划，掌握企业经营的主动权，做到以销定产，以销定进，加速资金周转。著名实业家穆藕初曾提出：企业必须积极采取措施，对原料之多寡、产品之优劣、社会之需要等进行精密的调查，并在这个基础上不断改善经营管理，才能做到“来源出路，节节灵通”，使企业发展立于不败之地。

第三，用中国企业市场营销经典故事、全新中国本土案例提升企业市场营销管理能力和商业素质，使学生坚定“文化自信”，培养学生“企业家精神”特质。

【课程思政实践活动】

1. 课前5分钟经典阅读活动，进行习近平新时代中国特色社会主义思想学习，阅读《习近平谈治国理政》第四卷；

2. 课中进行《宝马汽车公司的营销组合策略》案例分析研讨，以小组为单位开展翻转课堂教学活动；

3. 课后进行《清明上河图》经典阅读，观看《人再囧途之泰囧》为例探讨国产电影的营销策略，进行《一个广告人的自白》，科特勒的《营销革命3.0》《营销革命4.0》等案例分析、经典阅读；超星平台《现代企业管理》MOOC（慕课）学习：https：//www.xueyinonline.com/detail/241026355；齐齐哈尔大学在线综合教育平台《管理综合案例》自主学习活动。

经典管理故事

猴子爬树

森林里，住着一群猴子。

有一天，有两只猴子走出居住地，让一名猎人发现了。那猎人便拿枪追赶那两只猴子。第一只猴子，看到猎人赶来，便转身一跳，跳上了一棵大树。

而另一只猴子，则在犹豫不决：到底要怎样才能显示我的神通，怎么跳才是最好看的呢？

在它犹豫不决时，猎人朝它开了一枪，猴子当场毙命。

【感悟】

当我们在销售产品时，最终的目的是成交。有时，我们只要三言两语，就可以完成一桩交易，而不需要滔滔不绝，或向顾客显示你的才华。有时，卖弄本事反而会弄巧成拙，破坏交易程序而得不偿失。

第六章

生产运营管理

【章前导读】

降落伞的真实故事

这是一个发生在第二次世界大战中期，美国空军和降落伞制造商之间的真实故事。当时，降落伞的安全度不够完美，即使经过厂商努力的改善，使得降落伞制造商生产的降落伞的良品率已经达到了99.9%，但是美国空军却对此公司说No，他们要求所交降落伞的合格率必须达到100%。于是降落伞制造商的总经理便专程去飞行大队商讨此事，看是否能够降低这个水准？因为厂商认为，能够达到这个程度已接近完美了。美国空军一口回绝，因为品质没有折扣。后来，军方要求改变了检查品质的方法。那就是从厂商前一周交货的降落伞中，随机挑出一个，让厂商负责人装备上身后亲自从飞行中的机身跳下。这个方法实施后，不良率立刻变成零。

【教学内容精要】

【课程性质】

生产运营管理是一门应用性很强的学科，是工商管理专业的主干专业课程之一。生产运营管理是指将人力、物料、设备、技术、信息、能源等生产要素（投入）转变为有形产品和无形服务（产出）的过程。生产运营管理学的研究对象是生产运作系统的设计和生产运作过程的设计、组织和控制。

【发展趋势】

企业的生产运作过程是社会财富的主要来源，是企业创造价值、从而获取利润的主要环节。企业的生产运营管理要控制的主要目标是质量、成本、时间和柔性，他们是企业竞争力的根本源泉。因此，生产运营管理是在企业经营中具有重要的作用。

【教学内容】

目前的生产运营管理学的内容主要包括：生产过程与生产计划管理、新型生产方式、全面质量管理、设备维修与管理、技术开发与管理、物资供应与管理等，为了使学生充分理解、掌握企业生产运营管理系统的运行规律，掌握其中的管理方法，培养学生的实际操作能力，依据本课程的重点和难点内容，选择了关于本课程的教学案例。

【教学要求】

（1）根据思考与讨论题，在阅读案例和查阅文献资料的基础上，认真完成思考与讨论题，撰写管理案例课堂讨论书面报告。

（2）设计课堂讨论主题发言和自由发言的内容，认真参与管理案例教学课堂讨论，填写现代企业管理学课程翻转课堂讨论记录表。

第一节 生产过程与生产计划管理

生产运营管理是对生产运作系统的设计，运行与维护过程的管理，它包括对生产运作活动进行计划，组织和控制。企业运营管理要控制的主要目标是质量、成本、时间和柔性。它们是企业竞争力的根本源泉。因此，生产运营管理在企业经营中具有重要的作用。

一、生产过程及其组织

（一）生产过程的组织

1. 生产过程的概念

企业的生产过程有广义和狭义之分。广义的生产过程是指从生产技术准备开始，直到把产品制造出来为止的全部过程。狭义的生产过程是指从原材料投入生产开始，直到产品最后制造出来为止的全部过程。

生产过程是每一个工业企业最基本的活动过程，即生产系统的运行过程，任何产品都必须经过一定的生产过程才能制造出来。从总体上看，企业生产过程包括劳动过程和自然过程两个部分。

2. 生产过程的构成

企业生产过程可划分为生产技术准备过程、基本生产过程、辅助生产过程、生产服务过程和附属生产过程等5个部分。

（1）生产技术准备过程。生产技术准备过程是指产品在投入生产前，所进行的各种生产技术准备工作过程。具体内容包括产品设计、工艺设计、工艺装备的设计与制造、标准化工作、定额的制定和修改、调整劳动组织和设备布置等。基本生产过程是企业的主要活动，它代表企业的基本特征和专业化水平。

（2）基本生产过程。基本生产过程是指直接使劳动对象变为企业基本产品所进行的生产活动，即产品的加工过程。例如，纺织企业的纺纱、织布、印染；钢铁企业的炼铁、炼钢、轧钢；机械制造企业的毛坯生产、零件加工、部件和整机的装配等工作。

（3）辅助生产过程。辅助生产过程是指为了保证基本生产过程正常进行所进行的各种辅助性生产活动的过程。如机械制造企业的工具制造、设备维修和动力生产等。

（4）生产服务过程。生产服务过程是指为保证基本生产和辅助生产正常进行所从事的各种生产服务活动的过程。如原材料、半成品、工具的供应、运输和保管等。

（5）附属生产过程。附属生产过程是指企业根据自身的条件和可能，生产市场所需要的非属企业专业方向的产品而进行的生产过程。例如飞机制造厂生产的日用铝制品、锅炉厂生产的石油液化煤气罐以及企业利用边角余料而制造的产品等。

上述5个部分，既有区别，又有联系，但基本生产过程是核心，生产技术准备过程是重要的前提，辅助生产过程和生产服务过程都是为基本生产过程服务，并且为更好地实现基本生产过程创造条件。

3. 生产类型及特点

企业的生产类型，根据研究的目的不同，按工作地专业化程度分类，可分为单件生产、多品种成批生产和大量生产3种。

（1）大量生产类型的特点。大量生产类型的主要特点是产品品种少，产品产量大，生产条件稳定，而且生产的产品长期重复。一般采用大量生产的产品都属于社会和市场需要量大、用途广和通用性强的产品。如汽车、标准件、家用电器等。在大量生产中，一般采用相对集中的生产管理形式，并尽可能加强对生产过程的实时监控。

（2）成批生产类型的特点。成批生产类型的主要特点是产品品种相对较多，每种产品有一定的生产量，生产具有一定的稳定性和重复性。属于成批生产的企业一般有机床厂、中小型电机厂和起重机制造厂等。

成批生产根据产品产量的大小，又可分为大批生产、中批生产和小批生产3种类型。

（3）单件生产类型的特点。单件生产类型的主要特点是生产的产品品种繁多，每种产品只生产一件或几件，且很少重复生产，生产条件很不稳定。属于单件生产的产品有发电设备、重型机械以及各种专用设备等。单件生产条件下，不可能采用像大量生产情况下的比较集中的生产管理体制，通常需要采取较为分散的组织管理体制，并在工作中给车间以较大的灵活性和机动性。

（二）生产类型的空间组织

空间组织工作是指企业依据经营目标和经营方针，确定生产系统的选址、构成、专业化形式、生产过程组织形式以及决定生产系统各组成部分在空间上的相对位置等一系列工作，是对企业生产系统的规划和设计。

1. 生产单位组成的专业化形式

一般地讲，生产单位的组成主要采取两种专业化形式，即工艺专业化形式和对象专业化形式。

（1）工艺专业化形式。工艺专业化形式就是按工艺阶段或工艺设备相同性的原则来建立生产单位。工艺专业化形式的生产单位按工艺专业化程度又可分为两种形式。

（2）对象专业化形式。对象专业化形式是以加工对象作为划分生产单位的原则。一般生产单位的生产对象可以是产品、部件、零件或零件组，其中以某种零件或零件组建立的生产单位是对象专业化程度比较高的一种。

生产单位采用什么专业化形式应根据企业技术条件、生产类型以及社会生产专业化程度来决定。

2. 企业生产单位的形式

企业生产单位主要包括基本生产、辅助生产和生产服务部门。

（1）基本生产部门。基本生产部门是直接从事基本产品生产，实现基本生产过程的生产单位。这种生产单位通常以分厂、车间、工段等形式存在。基本生产车间一般有：毛坯车间。包括铸造车间、锻造车间、备料车间等；加工车间。包括机械加工车间、铆焊车间、热处理车间、电镀车间等；装配车间。如部件装配车间、总装车间、油漆车间、包装车间等。

（2）辅助生产部门。辅助生产部门是为保证基本生产单位的需要而提供辅助产品和劳务的单位，辅助生产部门一般有以下单位：辅助生产车间。包括工具车间、木型车间、机修车间、电修车间等；动力部门。如热电站、压缩空气站、煤气站、锅炉房、变电所等。

（3）生产服务部门。生产服务部门是实现生产服务过程，为基本生产部门和辅助生产部门提供服务的单位。一般包括：运输部门。一般设有汽车队、装卸队等；仓库。如材料库、半成品库、成品库、工具库等；试验与计量检验部门。技术检查站、试验室等。

企业生产单位的组成同生产过程的构成一样，受企业生产的产品对象、生产规模、生产技术水平、生产专业化协作程度以及生产类型等的影响而各有所异。

（三）生产过程的时间组织

1. 生产过程的时间组织

生产过程的时间组织，就是要尽可能使加工对象在各生产单位之间的运动，在时间上互相配合和衔接，以提高生产过程的连续性、缩短生产周期，加速流动资金的周转，并按时完成国家计划任务和订货合同。

时间组织工作则是指按照生产过程连续性、平行性、比例性、节奏性和适应性等要求，确定生产对象在各生产单位的投产时间、加工顺序等，以保证生产对象在各生产单位之间的运动互相配合和衔接，实现有节奏、连续生产的一系列工作。

2. 生产周期

生产周期，是指从原材料投入生产开始，经过各道工序加工：直到成品产出为止，所经历的全部日历时间。为了缩短生产周期，需要正确选择零件在工序间的移动方式以及合理安排零件在设备上的加工顺序。

3. 移动方式

劳动对象在工序之间的移动方式，是指零件从一个工作地到另一个工作地之间的运送形式，劳动对象在工序之间的移动形式与制造产品的数量有关。如果某种产品只生产一件，那么就只能在上一道工序加工完成之后，再把产品送到下一个工作地去进行下一道工序加工。如果是加工一批相同的零件，那么就可以采用3种不同的移动方式。

（1）顺序移动方式。顺序移动方式，就是一批零件或产品，在上一道工序全部加工完成之后，才整批地转移到下道工序继续进行加工。零件在工序之间整批运输。

（2）平行移动方式。平行移动方式，就是当前道工加工完成每一个零件或产品之后，立即转移到下一道工序，继续进行加工，也就是工序间的零件或产品的传递不是整批的，而是以零件或产品为单位分别地进行，从而使工序与工序之间形成平行作业的状态。

（3）平行顺序移动方式。平行顺序移动方式，就是平行移动方式与顺序移动方式相结合，即一批零件在某道工序尚未全部加工完毕，就将已经加工好的一部分零件转到下道工序加工，并使下道工序能连续地全部加工完该批零件。

平行顺序移动方式综合了前两种移动方式的优点，既缩短了一批零件的加工周期，又避免了设备间歇运转的现象。但这种移动方式计算比较复杂。

以上3种移动方式各有特点，从生产周期看，平行移动方式最短，平行顺序移动方式次之，顺序移动方式最长。但在选择移动方式时，不能只考虑生产周期，还要根据企业生产实际情况，权衡优劣，分别加以利用。一般考虑的因素有：加工批量的大小、加工对象的尺寸大小、工序时间的长短以及生产过程空间组织的专业化形式等。

二、生产计划及管理

（一）生产计划及类型

1. 生产计划的概念

企业的生产计划一般是以企业的产品销售计划为出发点，并综合考虑产品开发、物资供应、财务会计、人力资源、质量保证等多个部门或职能与企业生产活动的衔接与配合，最终确定计划的各项指标。企业生产计划的编制是一项目的性、系统性、科学性很强的工作。

2. 生产计划的类型

按生产计划的计划期及作用分，生产计划的种类一般来说可以分为3类，即综合生产计划、产品出产进度计划和生产作业计划。

（1）综合生产计划。综合生产计划又称为生产大纲，一般是以1年作为一个计划期，主要是根据企业的年度经营目标，综合考虑企业产品的市场需求、生产能力、人力资源以及其他有关的资源因素，规定企业各季（月）生产的产品种类、数量、质量等。

（2）产品出产进度计划。产品出产进度计划是综合生产计划的具体化，主要是根据市场对企业产品的具体需求情况（预测结果或订货情况），把企业全年的生产任务，按品种、规格和数量，具体地分配到各时间阶段（季、月、周）。

（3）生产作业计划。这是企业各生产单位的具体执行计划，是组织日常生产活动的依据。它一般是以月或更短的时间为计划期，根据各种产品出产进度要求，具体安排产品及零部件在各工艺阶段的生产进度和企业内部各生产环节短期的生产任务。

（二）企业生产能力及其提升

1. 企业生产能力

企业的生产能力是指企业固定资产在一定时间内和一定技术组织条件下，经过综合平衡以后，所能生产一定种类产品的最大数量。它是制定企业生产计划的一个重要依据。根据核定生产能力时所依据的条件不同，以及生产能力的用途不同，企业的生产能力可分为3种：

（1）设计能力。设计能力是指新建或改建企业在设计任务书和技术设计文件中所规定的正常条件下达到的生产能力，是生产性固定资产在最充分利用工作时间和最完善的技术组织条件下应该达到的最高生产能力。它的特点是：依据科学数据计算、配置各部分生产能力并使之基本协调。

（2）查定能力。查定能力是指企业生产了一段时期以后，由于技术变革，对原设计能力重新调查、分析、核定下来的生产能力，往往用于那些没有经过正规设计的企业。查定生产能力是根据查定年度内可能实现的、先进的组织技术措施来计算确定的。它的特点是：依据实际生产能力，其各部分之间选优的余地比较大。

（3）计划能力。计划能力，又称现有能力，是指企业在计划年度内实际能够达到的生产能力。它是根据企业现有的生产条件，并考虑到计划年度内能够实现的各种技术组织措施效果来确定的。它的特点是：依据预测资料和预想措施事先一定的生产能力，往往和实际有些出入。

2. 提高生产能力的途径

（1）改善设备的时间利用。改善设备的时间利用，也就是减少设备的停歇时间，提高设备的实际利用时间。主要措施如下：搞好设备的维修保养工作，采用先进的设备修理方法，提高维修质量，严格落实设备的修理制度；合理地安排修理计划，尽量利用节日、假日及下班后时间进行设备检修；加强生产作业准备工作及辅助工作，减少停机次数；加强生产作业计划和调度工作，使生产的各个环节衔接紧密，组织均衡生产；提高产品质量，降低不合格品率，减少设备和劳力的无效工作时间；改进工作班制度，尽量做到交班不停机。

（2）降低设备的使用强度。改进产品结构，提高结构的工艺性；提高产品的“三化”（即系列化、标准化、通用化）水平，对标准件、通用件的生产尽量采用高效的专用工艺装备；采用先进的工艺和操作方法，如在机加工中采用高速切削、强力切削等先进方法；改进设备和工具，用机械化操作代替体力劳动和手工操作，用自动化作业代替一般的机械化操作；充分利用设备的尺寸、功率和工位等技术特性；提高工人的文化技术水平和技术熟练程度。

（3）管理生产中的设备。抓紧新设备的安装试车工作，使之尽快交付使用；提高机器设备的成套性；充分挖掘或利用现有设备，必要时可以申请调拨或购置一定量的设备。

（4）充分利用生产面积。改善生产面积的利用，如合理布置车间、工段的机器设备，尽可能地增大生产面积在总面积中所占的比重；合理安排在制品库、外购品库和成品库的面积；尽可能组织准时化的流水生产；改善生产面积的时间利用，如合理组织工作轮班，充分利用全年的日历时间，使生产面积的利用时间尽可能增加。

（三）生产计划技术

1. 生产计划主要指标

企业的生产计划指标包括产品品种指标、产品质量指标、产量指标和产值指标，分别从不同的侧面反映了对生产的要求。

（1）产品品种指标。品种指标指企业在计划期内出产产品的品名和品种数（包括新产品品种数）。产品品种按产品的具体型号和规格来划分。

（2）产品质量指标。产品质量指标通常以产品的等级品率来表示，如合格品率、一等品率、优质品率等。企业出产的产品中优质品率越高，说明企业生产技术水平和管理水平越高，而提高合格品率，即废品损失降低，有利于产品成本的降低。

（3）产量指标。产量指标是指企业在计划期内出产的符合质量标准的工业产品数量，以实物单位计量，产量指标反映企业在产品数量方面满足社会需要的程度及企业的生产规模。产量指标亦是企业进行产、供、销平衡，计算劳动生产率、产值、成本和利润等指标的依据。

（4）产值指标。产值指标是用货币表示的产量指标，产值指标可分为商品产值、总产值和净产值。

商品产值是企业在计划期内出产的可供销售的工业产品价值。总产值是企业在计划期内完成的工业生产活动总成果的价值，在用于企业不同时期生产的比较时，可以采用不变价格计算。净产值是指企业计划期内新创造的价值，可以由工业总产值扣除各种物资消耗的转移价值求得。

品种指标的优化就是根据市场需求状况、行业竞争情况、企业的具体实力等因素，可以运用科学的方法优化，常用的品种优化方法有：产品系列平衡法；产品寿命周期分析法；收入盈亏法等。产量指标的优化主要是考虑企业各种资源的约束条件，在市场需求范围内，利用各种数量方法，对各种产品在计划期内的生产数量进行最优的安排。

2. 生产作业计划与控制

生产作业计划工作是生产计划工作的继续，它包括两个组成部分，即生产作业计划的编制和生产作业控制。

（1）编制生产作业计划。编制生产作业计划，一方面应根据年、季度生产计划中规定的各种产品的出产数量和时间，以及不断发展变化的客观实际，具体安排产品及其零、部件在各工艺阶段的生产进度；与此同时，也为企业内部各生产环节（车间、工段、工作地）安排月及月内短期（旬或周、日、轮班以至小时）的生产任务。通过为各生产环节编制期限长短不同的生产作业计划，将产品及其零、部件的生产数量和时间进度逐级落实到最基层的生产单位。

生产作业控制是在生产作业计划执行过程中进行的。它通过生产调度和生产作业统计，检查计划执行前各项生产准备工作的进行情况，计划进度的完成情况，及时发现和解决生产作业计划执行过程中可能发生的各种偏差，保证生产作业计划的顺利执行。

企业能否按生产计划及订货合同规定的产品品种、数量和交货期限等完成产品出产任务，并取得良好的经济效益，与生产作业计划工作的水平密切相关。因此，在企业的实践中，往往采取各种措施来提高其工作的质量和水平，如组织均衡生产、制定先进合理的期量标准、采用先进的计划管理方法以及加强生产控制等。

（2）生产作业控制。生产作业控制是在生产作业计划执行过程中，对生产活动进行的一系列监督、检查和纠正偏差等工作。

生产作业控制工作的具体内容有：检查生产作业准备工作，如原材料、毛坯、图纸及技术文件、工艺装备等准备工作的进行情况；协助有关部门解决准备工作中出现的问题。检查生产作业计划的执行情况，掌握生产动态，了解实际生产进度与计划之间的偏差，根据偏差产生的原因，采取相应的措施，必要时，通过短期计划的调整，保证月计划的完成。根据生产需要，合理调配劳动力。检查厂内运输工作并适当予以调整，使厂内运输畅通，保证生产顺利进行。

（四）劳动组织和劳动定额

1. 劳动组织

劳动组织是生产过程组织的重要组成部分，任务是科学地组织人们劳动，合理使用劳动力，采用先进的劳动组织形式，正确处理劳动过程中的分工协作关系，从而调动劳动者的积极性、不断提高劳动生产率，内容包括定员、作业组织、工作轮班组织、工作地组织工作等。

（1）企业定员。企业定员是指为保证企业生产经营活动正常进行，按一定素质要求，对配备各类人员规定的限额，也称人员定额或用人标准。

定员是企业劳动计划工作的基础，定员范围，包括基本生产工人、辅助生产工人、工程技术人员、管理人员和服务人员（临时工，不列入定员、但列入劳动计划）、学徒工能单独顶岗生产，才算定员。

定员标准，是由定员标准化主管机构批准、发布在一定范围内对定员所作的统一规定，具体是：按照管理体制的分类分级，包括：国家定员标准（是企业制定或修订定员标准的重要依据）、行业定员标准、地方定员标准、企业定员标准。计算定员人数的基本依据是计划期的总工作量和一个人的工作效率，一般包括：按劳动效率定员，就是根据计划规定的生产任务和工人的劳动效率（定额）来计算定员人数，适用于有劳动定额的人员，特别是手工操作为主的工种，公式：

定员人数＝计划期生产任务总量（定额工作）/计划期每个工人有效时间×定额预计完成率

按设备定员，就是根据机器设备操作为主的工种，特别是实现多设备看管的工种。

按比例定员，主要适用于企业食堂工作人员、托幼工作人员、卫生保健人员、职工教育人员等服务人员的定员。

按组织机构、职责范围和业务分工定员，主要适用于企业管理人员和工程技术人员的定员。

按零基定员，以零为起点按岗位的实际工作负荷量确定定员人数的方法；最关键的环节是核定各岗位的工作任务量，生产性、服务性的岗位工作量最容易核定（一般岗位工作量负荷系数控制在0.8以下）。

（2）作业组的组织。作业组是企业劳动组织的一种形式，是在劳动分工的基础上，把为完成某项工作而相互协作的有关工人组织在一起的劳动集体。

作业组的规模主要取决于承担的生产任务、生产技术特点、自动化、机械化程度、组内分工协作的情况和是否便于管理等因素。

建立作业组应考虑的问题：配备一个称职的组长、有明确的职责分工和岗位责任制和合理配备作业组人员。

（3）工作轮班的组织工作。工作班制度，主要包括：一是单班制，是指每天只组织一班生产，有利于职工的身体健康，便于管理和利用班前班后的时间来维修设备，不利于机器设备和厂房的充分利用。二是多班制，是指每天组织两个或两个以上的工作班进行生产，常见包括两班制、三班制、四班6小时工作制、四班交叉作业、四班三运转（四班制）、五班三运转等。

（4）工作地的组织工作。工作地是工人进行生产活动的场地。劳动者、劳动工具和劳动对象三者的有机结合是通过工作地来实现的。搞好工作地的组织有助于使工人操作方便，减轻劳动强度、节约劳动时间提高劳动效率；充分利用设备能力，少占用工作地面积和节约原材料；良好的工作环境和劳动条件，保证工人的安全和健康。

2. 劳动定额

（1）工作时间构成。工作时间可以分两大部分：一部分是定额时间，另一部分是非定额时间，如图6－1所示。

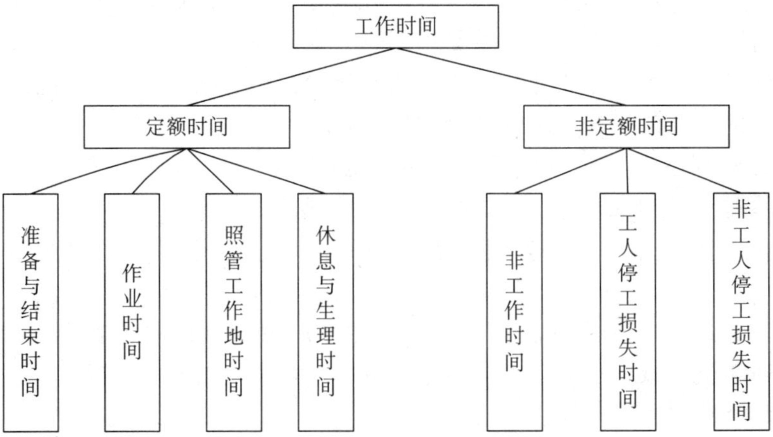

图6－1　工作时间的组成结构

（2）定额时间与非定额时间。定额时间为完成规定的生产任务所消耗的必要的时间，包括作业时间、照管工作地的时间、休息与生理时间、准备与结束时间4大类，其中作业时间是主要的。

非定额时间是因工作过程中的停工或执行非生产性工作所消耗的时间。非生产性的工作包括开会、废品返修等、非工人停工造成的损失时间包括管理上、技术上或外部原因造成的时间损失。工人造成的损失时间包括不遵守劳动纪律所损失的时间，如缺勤。

（五）工时定额与测时法

1. 工时定额

工时定额，即标准工作时间，是在标准工作条件下工人完成单位工作的时间。不同的生产方式的标准时间构成不一样：

（1）大量生产。大量生产条件下，由于在工作地固定完成同样的工作，每件产品的准备与结束时间很少，因此准备与结束时间可以忽略不计。大量生产的单件产品的时间定额可以按照如下公式计算：

单件时间＝作业时间＋照管工作地时间＋休息与自然时间

（2）成批生产。成批生产条件下，每件产品分摊的准备与结束时间比较多，需要考虑准备与结束时间，因此其单件时间定额如下：

单件时间＝作业时间＋布置工作地时间＋休息与生理时间＋准备与结束时间/每批产品的数量

（3）单件生产。单件生产条件下，也需要考虑准备与结束时间，因此单件时间如下：

单件时间＝作业时间＋布置工作地的时间＋准备与结束时间＋休息与生理时间

标准时间的制定是在正常的时间基础上考虑工人工作能力的评比和适当考虑各种影响因素进行放宽后得到的，因此测定正常的工作时间是时间标准制定的关键。

2. 测时法

测时法是根据观测的目的和所要求的分析精度，利用秒表进行时间分析的一种方法。在测时前，可先观察作业，然后将时间分析分为单位作业分析和操作作业分析。单位作业分析用于作业重复次数少、重复周期时间少、动作不确定的情况，具体观察方法常采用连续计时法。操作作业分析运用于动作比较稳定、重复一次时间较短、重复次数较多的情况，常采用以下几种时间计量方法：

（1）连续计时法。这种方法是在观测终止前使秒表一直处于转动状态，随着作业的进行，读取操作作业测量点（作业的开始点或终止点）的时刻并将作业名称记录下来。若以声或光的发出点作为测量点，利用录像录音设备进行测量，可提高测量精度。

（2）快速返回法。这种方法是在各操作作业的测量点读取秒表指针读数后，立即使指针返回到零位。该方法的优点是不用计算，便可直接得知每个动作所需时间值；缺点是测量的数值误差相对较大。

（3）循环法。这种方法是依次选择整个动作中的部分动作测量其总时间，然后类推每项动作时间。例如，有A，B，C，D四个动作，首先测量10次（A＋B＋C）的时间记为10a，再测量10次（B＋C＋D）的时间记为10b，再测量10次（C＋D＋A）的时间记为10c，最后测量10次（D＋A＋B）的时间记为10d，求得平均时间a，b，c，d，再列出方程组，即可求得各动作的单独时间值。

当循环周期短、细小动作连续出现时，来不及看表记录每一动作的时间，此时可利用循环法。该方法的缺点是观测次数多，计算烦琐，所测量的动作时间为平均值。

（4）细微时间分析法。在大量生产作业中，一个动作循环时间仅2～5秒，速度极快，难于用上述方法测量，故应使用录音机和秒表进行测量。观测者向录音机发出声音作为信号，录在磁带上，观测后，慢速重放，换算出时间值。

第二节

新型生产方式

生产方式是生产力和生产关系的统一，在社会发展中起决定作用的是物质资料的生产方式。本节主要学习计算机集成制造系统与柔性制造系统、准时生产与精益生产等新型生产方式。

一、生产方式内涵

生产方式：是指社会生活所必需的物质资料的谋得方式，在生产过程中形成的人与自然界之间和人与人之间的相互关系的体系。生产方式的物质内容是生产力，其社会形式是生产关系，生产方式是两者在物质资料生产过程中的统一。

二、计算机集成制造系统与柔性制造系统

（一）计算机集成制造系统

1. 计算机集成制造系统概念

1973 年美国的约瑟夫·哈林顿博士在《Computer Integrated Manufacturing》一书中，首次提出了计算机集成制造系统的概念，其基本思想可归纳为两点：

（1）从产品研制到售后服务的生产周期的全部活动，是一个不可侵害的整体，每个组成过程应紧密连接安排，不能单独考虑；

（2）整个生产过程的活动，实质上是一系列数据处理过程，每一过程都有数据产生、分类、传输、分析、加工等处理，其最终生成的产品可以看作是数据的物质表现。

2. 计算机集成制造系统特点

CIMS 的特点可以归纳为以下 4 个方面：

（1）从科学技术、创造发明来说，CIMS 是高科技密集型技术，是系统工种、管理科学、计算技术、通信网络技术、软件工种和制造技术等高技术的高度综合体。

（2）从制造业的生产管理和经营管理来看，CIMS 是一个大型的现代化的管理系统。由于 CIMS 将市场分析、预测、经营决策、产品设计、工艺设计、加工制造和销售、经营集成为一个良性循环系统，这就大大地增强了企业的应变和竞争能力。

（3）从数据的共享来看，CIMS 将物流、技术信息流和管理信息流集成为一体，它使企业中的数据共享达到了一个崭新的水平。

（4）从管理技术和方法上，CIMS 将 MIS、MRPⅡ、计算机辅助设计、计算机辅助工艺计划、计算机辅助制造、成组技术等技术集成起来。

3. 计算机集成制造系统实施

CIMS 的实施，还可以带来一系列重要的、间接的、不可定量计算的效果。如提高了企业的市场竞争能力，提高顾客的满意度，保证均衡生产，加快产品更新换代周期，交货期准时，改善企业形象，提高人员素质，改善人员结构和员工工作气氛。因此实施 CIMS 已成为现代企业发展的一个方向。

（二）柔性制造系统

1. 柔性制造系统内涵

传统的“刚性”自动化生产线主要实现单一品种的大批量生产。随着批量生产时代正逐渐被适应市场动态变化的生产所替换，一个制造自动化系统的柔性占有相当重要的位置。“柔性”是相对于“刚性”而言的，一方面是系统适应外部环境变化的能力，可用系统满足新产品要求的程度来衡量；另一方面是系统适应内部变化的能力，可用在

有干扰（如机器出现故障）情况下，系统的生产率与无干扰情况下的生产率期望值之比来衡量。

柔性制造系统（FMS）是由计算机集成管理和控制的，用于高效率地制造中小批量多品种零部件的自动化制造系统。具有多个标准的制造单位，有自动上下料功能的数控机床以及一套物料存储运输系统，可以在机床的装配工位之间运送工作和刀具。

2. 柔性制造系统特征

FMS 是一套可编程的制造系统，含有自动物料输送设备，能在计算机的支持下实现信息集成和物流集成，其柔性表现在以下方面：

（1）可同时加工具有相似形体特征和加工工艺的多种零件；

（2）能自动更换刀具和工件；

（3）能方便地联网，易与其他系统集成；

（4）能进行动态调度，局部故障时，可动态重组物流路径。

目前 FMS 规模趋于小型化、低成本，演变成柔性制造单元 FMC，它可能只有一台加工中心，但具有独立自动加工能力。有的 FMS 具有自动传送和临近管理的功能，有的还可以实现 24 小时无人运转。

三、准时生产与精益生产

（一）准时生产

1. 准时生产内涵

准时生产（JIT）是 20 世纪 70 年代末由日本丰田汽车制造公司创立并实施的一种东方式现代企业生产管理模式。JIT 不仅是一种生产控制方法，还是一种管理的哲学。与 MRP Ⅱ 的“推”式生产管理模式相对照，JIT 是一种“拉”式生产管理模式。此外，JIT 还强调消除生产中的一切浪费，其中包括生产、部件与操作者的移动和等待时间、劣质的制造过程、物料存储和次品等。

JIT 的基本概念是指在所需要的精确时间内，按所需要的质量和数量，生产所需要的产品。它的理想目标是六个“零”和“一”，即零缺陷、零准备、零库存、零搬运、零故障停机、零提前期和批量为一。

JIT 的构成主要包括：基于看板的生产控制、全面质量管理、全体雇员参与决策、供应商的协作关系等。JIT 通过看板控制方式严格按订货组织生产，通过看板在工序间传递物料需求信息，并利用看板将生产控制权下放到各个工序的后续工序。

2. 准时生产特点

准时生产管理过程的特点在于：

（1）变“推”为“拉”的“反工序法”，基于落实的订单，按照总装配——部件装配——零件加工的“拉式”的反工艺路线次序安排整个企业生产；

（2）强调下“求”上“供”，准时生产，按时交付，避免积压。下一道工序所用物料要求同上一道工序按实际需要供给。准时生产与按时交付要求按计划规定的时间准确生产，并按时交付销售产品，按时交付供产品总装配用的部件和供部件装配用的零件。避免积压，要求按时把已购进的材料加工为零件。

JIT 是一种提高整个生产管理水平和消除浪费的严谨方法。其宗旨是使用最少量设备、装置、物料和人力资源，在规定的时间、地点，提供必要数量的零部件，达到以最低成本、最高效益，最好的质量、零库存进行生产和完成交货的目的。

（二）精益生产

1. 精益生产内涵

精益生产通过系统结构、人员组织、运行方式和市场供求等方面的变革，使生产系统能很快的适应用户需求不断变化，并能使生产过程中一切无用、多余的东西被精简，最终达到包括市场供销在内的生产的各个方面最好的结果。

2. 精益生产特征

精益生产的特征体现在工厂组织、产品设计、供货环节、顾客和企业管理等5个方面：对外以用户为“上帝”，对内以“人”为中心，在组织机构上以“精简”为手段，在工作方法上采用“Team Work”和“并行设计”，在供货方式上采用“JIT”方式，在最终目标方面为“零缺陷”。

（1）以用户为“上帝”。产品面向用户，与用户保持密切联系，将用户纳入产品开发过程，以多变的产品，尽可能短的交货期来满足用户的需求。产品的适销性、适宜的价格、优良的质量、优质的服务是面向用户的基本内容。

（2）以“人”为中心。大力推行独立自主的小组化工作方式。充分发挥一线职工的积极性和创造性，使一线工人真正成为“零缺陷”生产的主力军。应下放部分权利，使人人有权、有责任、有义务随时解决碰到的问题。还要满足人们学习新知识和实现自我价值的愿望，形成独特的、具有竞争意识的企业文化。

（3）以“精简”为手段。在组织机构方面实行精简化，去掉一切多余的环节和人员。实现纵向减少层次，横向打破部门壁垒，将层次细分工，管理模式转化为分布式平行网络的管理结构。

（4）“Team Work”和“并行设计”。精益生产强调Team Work工作方式进行产品的并行设计。Team Work（工作组）是指由企业各部门专业人员组成的多功能设计组，对产品的开发和生产具有很强的指导和集成能力。

（5）JIT供货方式。JIT工作方式可以保证最小的库存和最少的在制品数。为了实现这种供货方式，应与供货商建立良好的合作关系，相互信任，相互支持，利益共沾。

（6）“零缺陷”工作目标。精益生产所追求的目标不是“尽可能好一些”，而是“零缺陷”。即最低的成本、最好的质量、无废品、零库存与产品的多样性。

第三节

全面质量管理

质量管理的发展与工业生产技术和管理科学的发展密切相关。质量管理发展到全面质量管理，是质量管理工作的又一个大的进步，统计质量管理着重于应用统计方法控制生产过程质量，发挥预防性管理作用，从而保证产品质量。

一、质量管理定义及要素

1. 质量管理的定义

质量管理是指在质量方面指挥和控制组织的协调活动。在质量方面的指挥和控制活动，通常包括制定质量方针和质量目标及质量策划、质量控制、质量保证和质量改进。

2. 质量管理活动要素

（1）质量方针。质量方针是指由组织的最高管理者正式发布的该组织总的质量宗旨和质量方向。质量方针是组织经营总方针的组成部分，是组织管理者对质量的指导思想和承诺。质量方针的基本要求应包括供方的组织目标与顾客的期望和需求，也是供方质量行为的准则。

（2）质量目标。质量目标是组织在质量方面所追求的组织质量方针的具体体现。目标既要先进，又要可行，以便实施和检查。通常对组织的相关职能和层次分别规定质量目标。

（3）质量策划。质量策划致力于制定质量目标，并规定必要的运行过程和相关资源，以实现质量目标。它的关键是制定质量目标并设法使其实现。

（4）质量控制。质量控制致力于满足质量要求，适用于对组织任何质量的控制，除生产外，还包括设计、原料采购、服务、营销和人力资源配置等，其目的在于保证质量满足要求，为此要解决要求或标准是什么、如何实现、需要对哪些进行控制等问题。质量控制是确保生产出来的产品满足要求的过程。

（5）质量保证。质量保证致力于提供质量要求会得到满足的信任。这里指对达到预期质量要求的能力提供足够的信任。质量保证分为内部和外部保证两种，内部质量保证是组织向自己的管理者提供信任，外部质量保证是组织向顾客或其他相关方提供信任。

（6）质量改进。质量改进目的在于增强满足质量要求的能力。由于要求是多方面的，因此质量改进的对象可能会涉及组织的质量管理体系、过程和产品等方面，同时由于各方面的要求不同，为确保有效性、效率性或可追溯性，组织应注意识别需改进的项目和关键质量要求，以增强组织体系或过程实现产品满足要求的能力。

二、全面质量管理

（一）全面质量管理的概念及基本要求

1. 全面质量管理的概念

最早提出这一概念的是美国的费根堡姆和朱兰，他们的观点主要是：

（1）质量管理仅靠数理统计方法进行生产控制是不够的，需要一系列的组织管理工作；

（2）企业的质量管理活动必须对质量、价格、交货期和服务进行综合考虑，而不仅仅是只考虑质量；

（3）产品质量的产生、形成和实现的过程包括了市场研究、开发、设计、制定产品规格、制定工艺、采购、仪器仪表及设备装置、生产、工序控制、检验、测试、销售、服务等，形成一个螺旋上升的循环过程，所以质量管理必须是全过程的管理；

（4）产品质量必须同成本联系起来考虑，离开经济性来谈产品质量是没有任何意义的。费根堡姆和朱兰的这些观点很快得到了全世界的认同，并且在实践中取得了巨大的效益。全面质量管理是一个组织以质量为中心，以全员参与为基础，目的在于通过让顾客满意和本组织所有成员及社会受益而达到长期成功的管理途径。

2. 全面质量管理的基本要求

（1）全过程的质量管理。从全过程的角度来看，质量产生、形成和实现的整个过程是由多个相互联系、相互影响的环节所组成的，每一个环节都或轻或重地影响着最终的质量状况。全过程的质量管理就意味着全面质量管理要“始于识别顾客的需要，终于满足顾客的需要”。

（2）全员的质量管理。产品和服务质量是企业各方面、各部门、各环节工作质量的综合反映。产品质量人人有责，人人关心的产品质量和服务质量，人人做好本职工作．全体参加质量管理，才能生产出顾客满意的产品。

（3）全企业的质量管理。全企业的质量管理可以从纵横两个方面来加以理解。全企业的质量管理就是要“以质量为中心，领导重视、组织落实、体系完善。”

（4）多方法的质量管理。要把这一系列的因素系统地控制起来，全面管好，就必须根据不同情况，区别不同的影响因素，广泛、灵活地运用多种多样的现代化管理办法来解决当代质量问题。

常用的质量管理方法有所谓的老7种工具，具体包括因果图、排列图、直方图、控制图、散布图、分层图、调查表；还有新7种工具，具体包括：关联图法、KJ法、系统图法、矩阵图法、矩阵数据分析法、PDPC法、矢线图法。除了以上方法外，还有很多方法，尤其是一些新方法近年来得到了广泛的关注，具体包括：质量功能展开（QFD）、故障模式和影响分析（FMEA）、六西格玛法、水平对比法（Benchmarking）、业务流程再造（BPR）等。

（二）全面质量管理的内容

全面质量管理过程的全面性，决定了全面质量管理的内容应当包括设计过程、制造过程、辅助过程、使用过程等4个过程的质量管理。

1. 设计过程质量管理的内容

产品设计过程的质量管理是全面质量管理的首要环节。这里所指设计过程，包括市场调查、产品设计、工艺准备、试制和鉴定等过程（即产品正式投产前的全部技术准备过程）。主要工作内容包括通过市场调查研究，根据用户要求、科技情报与企业的经营目标，制定产品质量目标；组织有销售、科研、设计、工艺、质检等多部门参加的审查和验证，确定适合的设计方案；保证技术文件的质量；做好标准化的审查工作；督促遵守设计试制的工作程序等。

2. 制造过程的质量管理的内容

制造过程，是指对产品直接进行加工的过程。它是产品质量形成的基础，是企业质量管理的基本环节。它的基本任务是保证产品的制造质量，建立一个能够稳定生产合格品和优质品的生产系统。主要工作内容包括组织质量检验工作；组织和促进文明生产；组织质量分析，掌握质量动态；组织工序的质量控制，建立管理点等等。

3. 辅助过程质量管理的内容

辅助过程，是指为保证制造过程正常进行而提供各种物资技术条件的过程。它包括物资采购供应，动力生产，设备维修，工具制造，仓库保管，运输服务等。它主要内容有：做好物资采购供应（包括外协准备）的质量管理，保证采购质量，严格入库物资的检查验收，按质，按量，按期地提供生产所需要的各种物资（包括原材料，辅助材料，燃料等）；组织好设备维修工作，保持设备良好的技术状态；做好工具制造和供应的质量管理工作等。另一方面，企业物资采购的质量管理也将日益显得重要。

4. 使用过程质量管理的内容

使用过程是考验产品实际质量的过程，它是企业内部质量管理的继续，也是全面质量管理的出发点和落脚点。这一过程质量管理的基本任务是提高服务质量（包括售前服务和售后服务），保证产品的实际使用效果，不断促使企业研究和改进产品质量。它主要的工作内容有：开展技术服务工作，处理出厂产品质量问题；调查产品使用效果和用户要求。

（三）全面质量管理的基本方法—PDCA循环

1. PDCA循环简介

PDCA循环是全面质量管理的基本方法，最早是由美国质量管理专家戴明提出来的，所以又称为“戴明环”。

PDCA 4个字母及其在PDCA循环中所代表的含义如下：

（1）P（Plan）—计划，确定方针和目标，确定活动计划；

（2）D（Do）—执行，实地去做，实现计划中的内容；

（3）C（Check）—检查，总结执行计划的结果，注意效果，找出问题；

（4）A（Action）—处理，总结处理检查的结果，肯定成功经验并加以推广、标准化，总结失败的教训避免再出现，未解决问题进入下一循环。

2. PDCA循环特点

（1）大环套小环。如果把整个组织的工作作为大的PDCA循环，那么各个部门、小组还有各自小的PDCA循环，上一级PDCA循环是下一级PDCA循环的根据，反过来下一级PDCA循环是上一级PDCA循环的贯彻落实和具体表现，通过循环把组织各项工作有机联系起来，共同促进。

（2）阶梯式上升。PDCA循环不是在同一水平上循环，每循环一次，就解决一部分问题，取得一部分成果，质量水平就提高一步。到了下一次循环，又有了新的目标和内容，从而不断阶梯式上升，如图6-2所示。

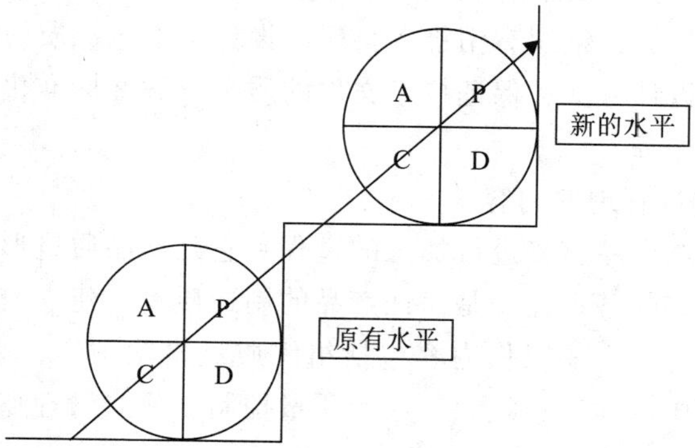

图6-2 PDCA循环阶梯式上升

（3）科学管理方法的综合应用。PDCA 循环应用以 QC 7 种工具（直方图、控制图、因果图、排列图、相关图、分层法和统计分析表）为主的统计处理方法以及工业工程（IE）中工作研究的方法作为进行工作和发现、解决问题的工具。

（四）质量管理的统计方法

统计质量控制是以 1924 年来自贝尔实验室的美国统计专家休哈特制定的可用于监控生产的统计控制表为起点的，目前已发展了许多统计质量控制方法。这些方法在质量控制方面发挥了重要的作用。

1. 直方图法

（1）直方图的制作步骤。直方图法是适用于对大量计量值数据进行整理加工，找出其统计规律，即分析数据分布的形态，以便对其总体的分布特征进行推断，对工序或批量产品的质量水平及其均匀程度进行分析的方法。作直方图的方法步骤包括：收集数据，找出数据中的最大值，最小值和极差，确定组数，求出组距（h），确定组界，计算各组的组中值，统计各组频数，画直方图。以分组号为横坐标，以频数为高度作纵坐标，作成直方图，如图 6－3 所示。

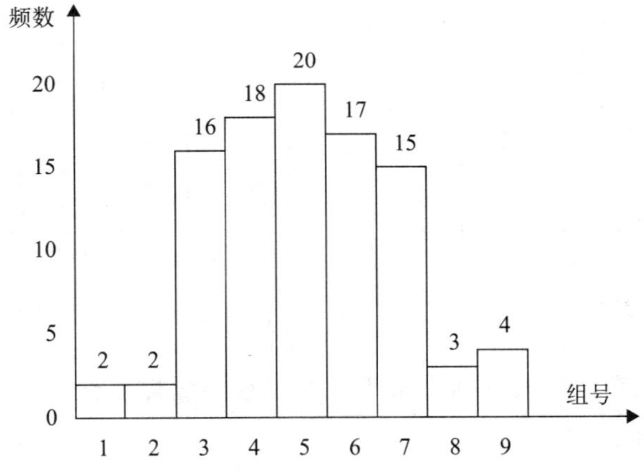

图 6－3　直方图

（2）直方图的观察与分析。对直方图的观察，主要有两个方面：一是分析直方图的全图形状，能够发现生产过程的一些质量问题；二是把直方图和质量指标比较，观察质量是否满足要求。

直方图可分为以下几种形状：

（1）正常型。图形中央有一顶峰，左右大致对称，这时工序处于稳定状态，如图 6－4 所示。其他都属非正常型。

（2）偏向型。图形有偏左、偏右两种情形，如图 6－5 所示。偏向型原因是：①一些形位公差要求的特性值是偏向分布。②加工者担心出现不合格品，在加工孔时往往偏小，加工轴时往往偏大造成。

（3）双峰型。图形出现两个顶峰极可能是由于把不同加工者或不同材料、不同加工方法、不同设备生产的两批产品混在一起形成的，如图 6－6 所示。

（4）锯齿型。图形呈锯齿状参差不齐，多半是由于分组不当或检测数据不准而造成，如图 6－7 所示。

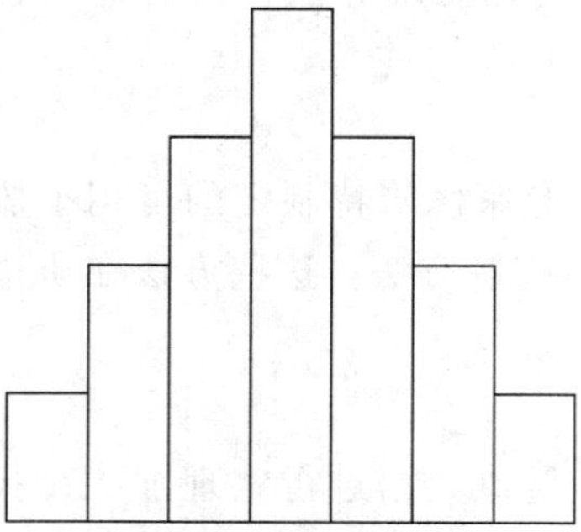

正常型

图 6－4　直方图——正常型

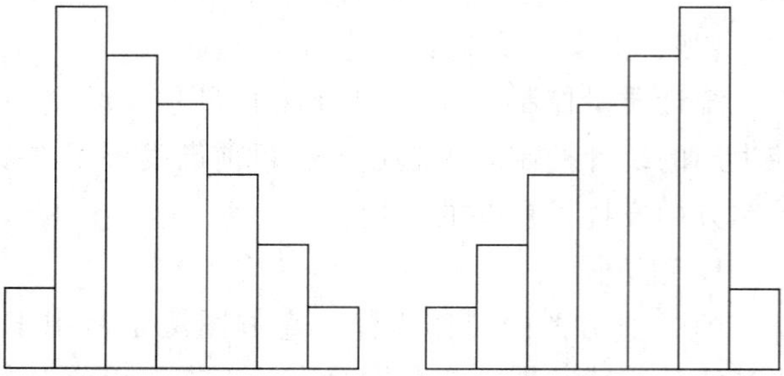

偏向性（左）　偏向性（右）

图 6－5　直方图——偏向型

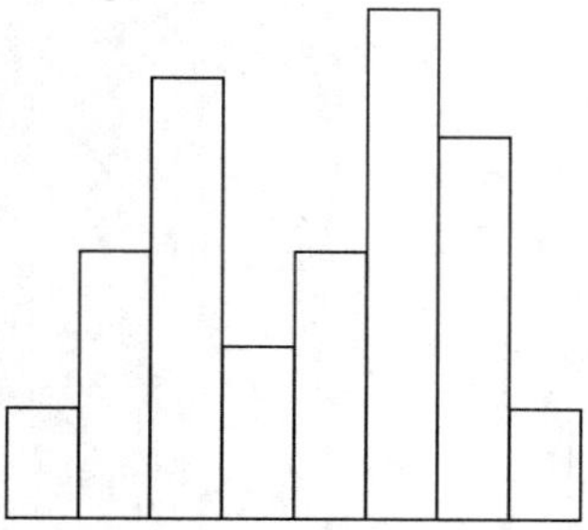

双峰型

图 6－6　直方图——双峰型

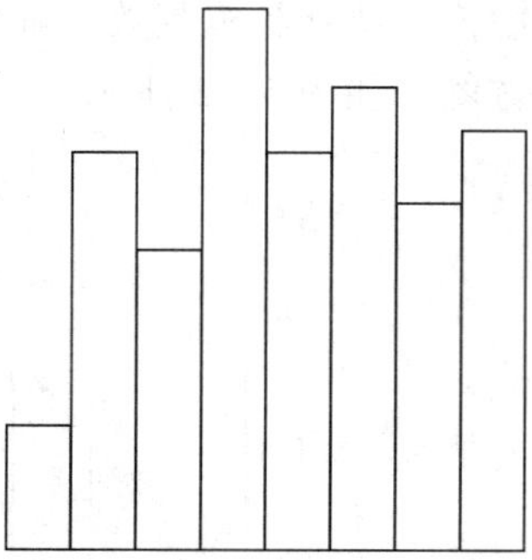

锯齿型

图 6－7　直方图——锯齿型

（5）平顶型。无突出顶峰，通常由于生产过程中缓慢变化因素影响（如刀具磨损）造成，如图 6－8 所示。

（6）孤岛型。由于测量有误或生产中出现异常（原材料变化、刀具严重磨损等），如图 6－9 所示。

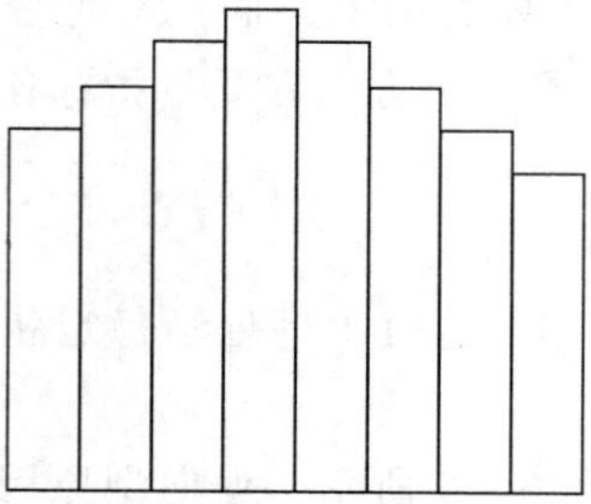

平顶型

图 6－8　直方图——平顶型

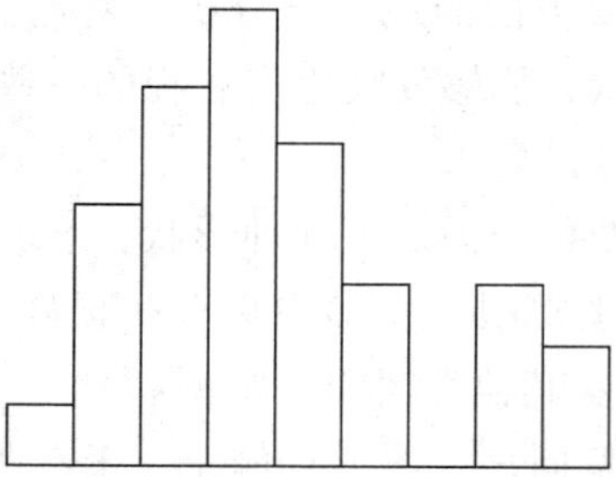

孤岛型

图 6－9　直方图——孤岛型

2. 排列图法

（1）排列图的制作步骤。排列图最早由意大利经济学家帕累托（Pareto）用于统计社会财富分布状况的。他发现少数人占有大部分财富，而大多数人却只有少量财富，即所谓“关键的少数与次要的多数”这一相当普遍的社会现象，因此排列图又称帕累托图或主次因素分析图。

排列图是通过找出影响产品质量的主要问题，以便改进关键项目，如图 6－10 所示。其作图步骤分为以下几步：确定分析对象（一般指不合格项目、废品件数、消耗工时等），收集与整理数据，计算频数、频率（%）、累计频率，根据排列图确定主要因素、次要因素。

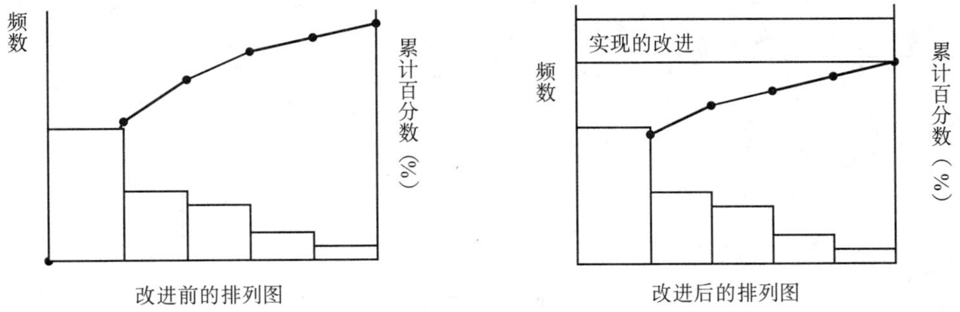

图 6－10　排列图

（2）排列图的用途。

第一，找出主要因素。排列图把影响产品质量的“关键的少数与次要的多数”直观地表现出，使我们明确应该从哪里着手来提高产品质量。实践证明，集中精力将主要因素的影响减半比消灭次要因素收效显著，而且容易得多。所以应当选取排列图前 1～2 项主要因素作为质量改进的目标。如果前 1～2 项难度较大，而第 3 项简易可行，马上可见效果，也可先对第 3 项进行改进。

第二，解决工作质量问题也可用排列图。不仅产品质量，其他工作如节约能源、减少消耗、安全生产等都可用排列图改进工作，提高工作质量。检查质量改进措施的效果。采取质量改进措施后，为了检验其效果，可用排列图来核查。如果确有效果，则改进后的排列图中，横坐标上因素排列顺序或频数矩形高度应有变化。

3. 因果分析图法

（1）因果图原理。因果图是表示质量特性与原因的关系的图。收集各种信息，比较原因大小和主次，找出产生问题的主要原因；也就是根据反映出来的主要问题（最终结果），找出影响它的大原因、中原因、小原因、更小原因等等。

主干箭头所指的为质量问题，主干上的大枝表示大原因，中枝、小枝芽表示原因的依次展开，如图 6－11 所示。

（2）因果图的制作步骤。

①确定要研究分析的质量问题和对象，即确定要解决的质量特性是什么。

②确定造成这个结果和质量问题的因素分类项目。

③把到会者发言、讨论、分析的意见归纳起来，按相互的相依隶属关系，由大到小，从粗到细，逐步深入，直到能够采取解决问题的措施为止。

④确定因果图中的主要、关键原因，并用明显的符号标出，再去现场调查研究，验证所确定的主要、关键原因是否找对、找准。

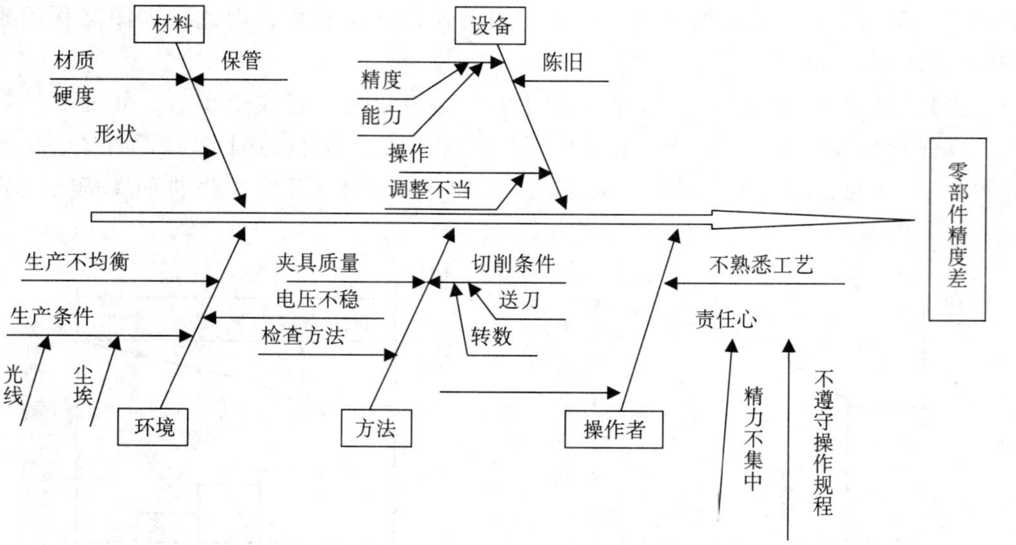

图 6－11 因果图

⑤注明本因果图的名称、日期、参加分析的人员、绘制人和参考查询事项。

做因果图的一个重要内容就是要收集大量的信息，而许多信息是靠人们主观想象和思维得到的。

4. 控制图法

所谓控制图的基本思想就是把要控制的质量特性值用点子描在图上，若点子全部落在上、下控制界限内，且没有什么异常状况时，就可判断生产过程是处于控制状态。否则，就应根据异常情况查明并设法排除。通常，点子越过控制线就是报警的一种方式，如图 6－12 所示。

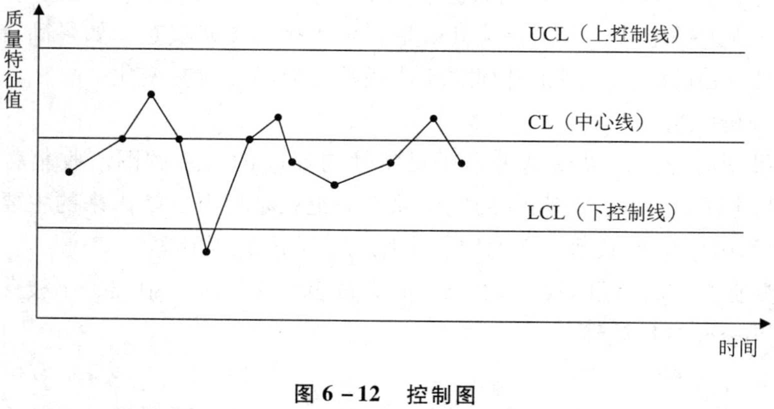

图 6－12 控制图

控制图是判断和预报生产过程中质量状况是否发生波动的一种有效方法。控制图作为一种管理图，在工业生产中，根据所要控制的质量指标的情况和数据性质分别加以选择。

（五）全面质量管理的实施

在具体实施全面质量管理时，可以遵循五步法进行。分别是：决策、准备、开始、扩展和综合。

1. 决策

这是一个决定做还是不做决策的过程。全面质量管理的实施能够帮助企业摆脱困境，解决问题，因此，全面质量管理（TQM）越来越受到世界范围内企业的关注。当然，为了能够做出正确的决策，企业的高层领导者必须全面评估企业的质量状况，了解所有可能的解决问题的方案，在此基础上进行决策。

2. 决策一旦做出，企业就应该开始准备

（1）高层管理者需要学习和研究全面质量管理，对于质量和质量管理形成正确的认识。

（2）建立组织，具体包括：组成质量委员会，任命质量主管和成员，培训选中的管理者。

（3）确立远景构想和质量目标，并制订为实现质量目标所必需的长期计划和短期计划。

（4）选择合适的项目，成立团队，准备作为试点开始实施全面质量管理。

3. 开始

这是具体的实施阶段。在这一阶段，主要从 4 个方面进行：顾客忠诚度、不良质量成本、质量管理体系以及质量文化。

4. 扩展

在试点取得成功的情况下，企业就可以向所有部门和团队扩展。但在扩展中要注意以下问题：

（1）每个重要的部门和领域都应该设立质量委员会、确定改进项目并建立相应的过程团队。

（2）还要对团队运作的情况进行评估。为了确保团队工作的效果，应该对团队成员进行培训，还要为团队建设以及团队运作等方面提供指导。

（3）管理层还需要对于每个团队的工作情况进行全面的测评，从而确认所取得的效果。扩展过程需要有一定的时间，这项活动的顺利进行，要求高层领导强有力的领导和全员的参与。

5. 综合

在经过试点和扩展之后，企业就基本具备了实施全面质量管理的能力。为此，需要对于整个质量管理体系进行综合。通常需要从目标、人员、关键业务流程以及评审和审核这四个方面进行整合和规划。

（1）目标。企业需要建立各个层次的完整的目标体系，包括战略（这是实现目标的总体规划）、部门的目标、跨职能团队的目标以及个人的目标。

（2）人员。企业应该对于所有的人员进行培训，并且授权给他们让其进行自我控制和自我管理，同时要鼓励团队协作。

（3）关键业务流程。企业需要明确主要的成功因素，在成功因素基础上确定关键业务流程。通常来讲，每个企业都有 4 ~ 5 个关键业务流程，这些流程往往会涉及几个部门。为了确保这些流程的顺畅运作和不断完善，应该建立团队负责每个关键业务流程，并且要指派负责人。团队运作的情况也应该进行测评。

（4）评审和审核。除了对于团队和流程的运作情况进行测评外，企业还需要对于整个组织的质量管理状况进行定期的审核，从而明确企业在市场竞争中的地位，及时发现问题，寻找改进机会。在评审时通常要关注四个方面：市场地位、不良质量成本、质量管理体系和质量文化。

第四节

设备维修与管理

设备管理与物资管理是现代企业管理的重要组成部分，加强设备管理具有十分重要的意义。本节主要分析设备维修与管理的基本理论知识，旨在提升现代企业设备维修与管理能力。

一、设备与设备管理

（一）设备的概念与分类

1. 设备的概念

设备是各种属于固定资产的机械、机器、装置、车辆、船舶、工具、仪器、仪表的总称，是现代企业进行生产经营的重要物质技术基础。

2. 设备的分类

工业企业中的设备主要包括以下几种类型：

（1）生产工艺设备。即直接用来改变劳动对象的属性、位置、形态或功能的各种设备，如机床、电解槽、热处理设备等。

（2）动力设备。即用来生产电力、热力、风力和其他动力的各种设备，如柴油发动机组、水能发电机组、蒸汽锅炉、空气压缩机等。

（3）传导设备。即用来传导电力、热力、风力、其他动力和固体、液体、气体的各种设备，如电力网、传送带、上下水道和蒸汽、煤气、压缩空气的传导管网等。

（4）起重运输设备。即用来运送货物和载人的各种设备，如各类汽车车辆、机车车辆、吊车、铲车、电瓶车、船舶、索道等。

（5）科研设备。即专供科学研究试验使用的各种通用或专门仪器、仪表、机械、工具等。

（6）管理设备。即用于企业生产经营管理工作的各种设备。如企业各有关职能部门使用的电子计算机、工业电视、复印机、晒图以及消防设备、电信设备和成套广播音响设备等。

（二）设备管理含义及内容

1. 设备管理概念

设备管理是以企业生产经营目标为依据，通过一系列的技术、经济、组织措施，对设备的规划、设计、制造、造型、购置、安装、使用、维护、修理、改造、更新直至报废的全过程进行科学的管理。

设备运用过程可分为两种状态，即设备的物资运动形态和资金运动形态。设备管理，既包括设备的技术管理，又包括设备的经济管理，设备的技术管理与经济管理是有机联系、相互统一的。

2. 设备管理的意义

设备管理的好坏，直接影响企业的生产效率和经济效益，加强设备管理具有十分重要的意义。

（1）设备管理水平的高低直接影响企业的计划、交货期、生产过程的均衡性等方面的工作。

（2）设备管理水平的高低直接关系到企业产品的产量和质量。

（3）设备管理水平的高低直接影响着产品制造成本的高低。

（4）设备管理水平的高低关系到安全生产和环境保护。

（5）在工业企业中．设备及其备品备件所占用的资金往往占到企业全部资金的50%～60%，设备管理水平的高低影响着企业生产资金的合理使用。

3. 设备管理的基本内容

企业设备管理工作普遍包括以下内容：

（1）根据技术先进、经济合理、生产可行的原则选择和购置所需的设备。

（2）组织安装和调试设备。

（3）合理使用机器设备，防止不按操作规程和使用范围使用机器，特别严禁超负荷使用。

（4）做好机器设备的检查、维护和保养和修理工作，防止和减少机器设备的磨损，推迟机器设备性能和效率的降低。

（5）做好设备的改造和更新工作。其内容包括研究设备的经济寿命，合理确定设备改造、更新的经济界限，适时选用先进设备替换陈旧设备，进行设备折旧的经济性分析，合理处理老设备等。

（6）做好机器设备的日常管理工作，包括设备的登记、编号、调拨、报废等。

二、设备的选择与使用

（一）设备的选择

1. 设备的选择概念

设备的选择，是企业设备管理的首要环节。设备选择决定了设备的运行寿命、施工工期、产品质量和制造成本等。

2. 设备选择考虑因素

在选择设备时，必须考虑以下因素：

（1）设备的生产性。设备的生产性，主要指设备的生产效率，一般表现为功率、行程、速率和单位时间内的产品产出量等。

（2）设备的可靠性。设备的可靠性，是指设备加工精度、准确度的保持性，零件的耐用性，安全可靠性等。

（3）设备的维修性。设备的维修性，又称可修性，维修性的好坏直接影响设备维护和修理工作量的大小和费用的多少。维修性好的设备，一般是指结构简单、零部件组合合理，维修时零件易拆卸、检查，通用化、标准化程度高，互换性比较好。

（4）设备的环保性。设备的环保性，是指设备的噪声和排放的有害物质对环境污染的影响程度。在选择设备时，要把噪声控制在保护人体健康的卫生标准范围内并配备有相应的治理“三废”的附属设备和配套工程。

（5）设备的配套性。设备的配套性，是指与本企业设备的相互关联和配套水平。不配套的设备更新方案，技术性能不能充分发挥，直接影响方案的经济效果。配套大致分3类：①单机配套，是指一台设备机器中各种随机工具、附件、部件配套；②机组配套，是指主机、辅机、控制设备等相互配套；③项目配套，是指投资项目所需的各种机器设备配套，如加工设备、动力设备和其他辅助生产设备配套。

（6）设备的节能性。设备的节能性，是指设备节约能源的性能。

（7）设备的灵活性。设备的灵活性，是指在工作对象固定的条件下，设备能够适应不同的工作条件和环境，操作、使用比灵活方便。

（8）设备的难易性。设备的难易性是指对操作人员素质的要求和掌握设备操作的难易程度。尤其对于从国外引进的设备，更应注意专业技术人员的掌握程度和设备操作人员的实际操作水平。

以上是选择设备时要考虑的主要因素。设备的选择评价也常用经济评价方法，即设备投资在财务上的计算与分析。

（二）设备的合理使用

正确合理使用设备是保证设备经常处于良好状态的一项重要措施。为了达到合理使用设备的目的，应该做好以下工作：

1. 合理安排生产任务

在使用过程中应按照设备的具体条件安排相应的合理负荷，以保证设备正常运转。恰当地安排设备的工作负荷和生产任务。既要避免“大机小用”“精机粗用”，造成设备效能和能源的浪费，又要防止设备超负荷运转而造成设备和人身事故，降低设备寿命。在保证设备正常运转的前提下，发挥设备最好的效能。

2. 合理配备设备

（1）要根据生产工艺特点和生产任务的要求，经济合理地为各车间、工段（工区）、班组配备好设备，使各种设备在性能、能力等方面相互配套，最大限度地发挥设备的效能；

（2）随着生产任务和工艺技术的变化，及时地调整设备，以适应客观情况变化的需要；

（3）根据各种设备的特点及其在生产中的地位，合理确定备用的数量，既要确保生产的正常进行，又要防止设备积压闲置。

3. 合理配备操作人员

为了正确使用机器设备，操作人员必须掌握设备的性能、结构、工艺、加工范围和维修保养技术。

4. 建立和健全设备的各项规章制度

企业应针对设备的不同情况和要求，建立和健全各种规章制度。如：岗位责任制、设备操作规程、计划预防维修制度、维护保养制度、交接班制度等。严格执行这些规章制度，是合理使用设备的重要前提。

5. 创造良好的工作条件和环境

对于一般设备，应为其提供一个宽敞、整洁、明亮的工作场地和环境；对于高、精、尖设备，应根据设备规定的特殊要求，为其提供乱写的工作地，创造良好的工作条件，如设立单独的工作室，在室内设置调温、保安、通风、防潮、防尘、防震和防腐装置等。

6. 加大对职工爱护设备的宣传教育

企业的各级负责人和设备管理部门，都要把爱护设备的宣传教育，当作一项经常性工作来抓。

三、设备维护与保养

（一）设备发生故障的规律

1. 设备故障规律

设备故障规律是设备在寿命周期内故障的发展变化规律，设备在期寿命期内，故障的发展变化可分为 3 个时期。

（1）初期故障期。在这一阶段，设备刚刚投入生产。由于暴露出设计，制造中的缺陷或操作上的不熟悉，往往会发生较多的故障。随着使用时间增加，设备的调整，故障很快下降到允许故障率内，此阶段重点是操作方法，并将设计，制造中缺陷反馈给设备制造厂。

（2）偶发故障期。经过第一阶段调试、试用，设备进入正常运转时期，使用者逐步掌握设备性能，原理及结构调整的特点，故障明显较少，出现故障的原因主要是出于保养不好或操作失误等偶然因素造成的，发生故障的时间不能预测，这一阶段的持续时间较长，是设备利用的最佳状态期。这阶段要通过合理保养，正确使用，及时维修。

（3）磨损故障期。也称故障多发期。这是由于设备随着使用时间的延长，各部分零件因磨损，老化，腐蚀逐步加剧而丧失机能，使设备故障增多，生产效能下降，维修费用上升，为了降低这个时期的故障率，应在零件到达使用期之前进行修理。重点是进行预防性维修和改善维修。

2. 根据设备故障规律应采取的措施

（1）在初期故障期，故障主要是由设计，制造中的缺陷引起。因此，减少故障的主要对策是严格认真做好设备的前期管理，在设备出厂前地试验运转，按规定调试验收，细致地研究操作方法，并将制造的缺陷反馈给设备制造厂。

（2）在偶发故障期，发生故障的原因主要是由于操作失误所致，因此主要对策是加强操作管理，做好日常维护和保养。

（3）在磨损故障期，由于设备的某些零件，已达到使用寿命，因此主要对策是进行预防性维修，还应在适当时期进行设备的技术改造。

（二）设备的维护与保养

1. 设备的维护与保养的概念

设备的维护与保养是指为了保持设备正常的技术状态，延长设备的使用寿命，按标准进行的检查与润滑，间隙的及时调整及隐患的消除等一系列日常工作。设备的维护保养是设备在被使用的过程中自身运动的客观要求。设备维护保养是由于设备的运动、磨损、内部应力等引起的物理、化学变化，必然会使设备的技术状况不断变化，不可避免地出现干摩擦、零件松动等现象。

设备的维护保养的内容，主要是清洁、润滑、坚固、调整、防腐、安全。

2. 设备的维护与保养应注意的问题

必须注意设备的使用环节，即要求合理地配备设备，使设备成龙配套，恰当地安排生产任务，配备合适的操作人员，建立健全设备使用和维护的规章制度，以及为设备创造良好的工作环境等。

3. 设备的维护与保养制度

设备的维护保养工作，依据工作量大小，难易程度与作业范围，可以划分为三级保养制：日常维护保养、一级保养和二级保养。

四、设备的检查与设备的修理

（一）设备的检查

1. 设备的检查的概念

设备的检查是对机器设备的运行情况、工作精度、零件的磨损和腐蚀程度进行检查和校验。检查是设备维修和管理中的一个重要环节。通过检查，及时地查明和消除设备的隐患；针对检查中发现的问题，提出改进设备维护工作的措施；有目的地做好修理前的各项准备工作，以提高修理质量和缩短修理时间。

2. 设备的检查的分类

设备检查按时间可分为日常检查和定期检查，按检查的性质分为功能检查和精度检查。

设备检查按检查的时间间隔分类。

（1）日常检查。即由操作人员结合日常保养进行每日检查和交接班检查，以便及时发现设备的问题，及时进行必要的保养和修理工作。

（2）定期检查。是在操作人员的参加下由专职维修工人按计划定期对设备进行全面检查，以全面准确地掌握设备的技术状况，零件磨损，老化的情况，从而确定是否有进行修理的必要和修理的时间。

设备检查按性能分为精度检查和功能检查。

（1）精度检查。即对设备的实际加工精度进行检查和测定，了解设备精度的劣化程度，为设备验收，修理和更新提供依据。衡量设备综合精度的指标有设备能力系数和设备精度指数。

（2）功能检查。是对设备的各项功能检查和测定，即对设备的各机能进行检查和测定，如油封是否漏油，防尘是否严，滑动面是否有划伤，设备耐高温、高压、高速的性能等。如是否漏油，漏气漏水，零件耐高温，高压高速的性能等。

（二）设备的修理

1. 设备维修概念

设备修理是指通过修复或更抽象磨损零件，调整精度，排除故障，恢复设备原有功能而进行的技术活动，其主要作用在于恢复设备精度、性能，提高效率，延长使用寿命，保持生产能力，修理的基本手段有修复和更换零部件。

2. 设备维修种类

（1）大修理。是对机器设备进行全面的修理。大修理的特点是工作量很大，修理次数少，修理间隔期长，修理费用多。其合理费用由专项的大修理基金支付。

（2）中修理。是对设备进行部分解体，修复或更换主要磨损，老化件。中修理的特点是，发生次数较多，修理间隔期较短，工作量不很大，每次修理时间较短，支付费用较少，由生产费用开支。

（3）小修理。是对设备进行局部的修理。小修特点是，修理次数多，工作量小，一般在生产车间，由车间专职维修工完成，修理费用计入生产费用。

五、设备更新、改造及设备综合管理

（一）设备更新、改造

1. 设备寿命

（1）设备寿命的概念。设备寿命是指设备从投入生产开始，经过有形磨损，直至在技术上或经济上不宜继续使用，需要进行更新所经历的时间。

（2）设备寿命的分类。从不同角度可以将设备寿命划分为物质寿命、技术寿命、经济寿命和折旧寿命。

设备的寿命通常是设备进行更新和改造的重要决策依据。设备更新改造通常是为提高产品质量，促进产品升级换代，节约能源而进行的。其中，设备更新也可以是从设备经济寿命来考虑，设备改造有时也是从延长设备的技术寿命、经济寿命的目的出发的。

2. 设备更新

（1）设备更新的概念。设备更新是指用技术性能更完善、经济效益更显著的新型设备，来替换原有技术上可能继续使用而经济上不宜继续使用的设备。设备更新是消除设备有形磨损和无形磨损的重要手段，它可以更快地形成新的生产能力。

（2）设备更新的类型。设备更新主要有原型更新和技术更新两种类型。

（3）设备更新的原因。由于科学技术迅速发展，机器设备的陈旧化越来越快，从而加速了设备更新的步伐。企业间相互竞争的激烈展开，使得加速设备更新又成为增强企业竞争能力的重要手段。

3. 设备更新的准备工作

在进行设备更新前，要加强调查研究，摸清情况，制定规划。主要有以下几点：

（1）主要设备的实际使用年限、折旧费和技术现状等情况；

（2）由于设备陈旧落后和丧失精度等原因，给产品质量、经营和管理等方面所造成的影响和经济损失；

（3）现有设备历次修理的情况，以及修理费用累计资料；

（4）历年来设备更新的情况以及今后设备更新的规划等。

在制定设备更新规划时，应根据需要与可能，有计划、有重点地安排设备更新，并注意克服生产薄弱环节，以提高企业的生产能力。

4. 设备改造

（1）设备改造的概念。设备改造是指用先进的科学技术改变原有设备的结构，提高原有设备性能、效率，使之达到现代化新型设备的水平。设备改造的实质是设备局部更新。设备的改造是生产和技术不断发展进步的客观要求，又是由设备本身磨损所决定的必然规律。

（2）设备改造的方式。设备改造分为设备局部的技术更新和增加新的技术结构。局部的技术更新，是指采用先进技术改变现有设备的局部结构。增加新的技术结构，是指在原有设备基础上增添部件、新装置等。设备改造可以使原有设备获得技术上的先进性和较高的可用性，同时具有投资少、针对性强、收效快的优点。这是目前企业解决设备陈旧问题的一种经常性手段。

（3）设备改造的类型。设备改造类型分为设备改装和设备技术改造。设备改装是为了满足增加产量等要求对设备的容量、功率、形状进行改造。例如，生产线接长，安装各种安全和信号装置等。设备技术改造也称现代化改造，是将科技新成果应用于现有设备，改变现有设备在技术上的落后状态，例如，增添自动控制装置，安装精密检测装置等。这样可以提高产品质量和生产效率，降低产品成本，全面提高效益。

（二）设备综合管理

设备综合管理又叫设备全面管理，它是系统观点在设备管理中的应用。设备综合管理有两个代表性的理论：设备综合工程学和全员生产维修制度。

1. 设备综合工程学

设备综合工程学是1971年在美国召开的国际设备工程学术会议上，由英国人丹尼期·巴克斯提出的。它是以设备整个寿命周期中的技术、管理、财务以及其他业务工作作为研究对象，以提高设备效率为任务，使设备寿命周期费用最经济的综合性科学。设备综合工程学有以下特点。

（1）设备综合工程学以设备寿命周期费用作为经济指标，并追求设备寿命周期费用最低。设备寿命周期费用是指设备一生所花费的总费用，它由设备的设置费和设备的使用费两部分组成。设备设置费包括：研究费（规划费、调研费）、设计费、制造费、设备购置费、运输费、安装调试费等，设备维持费包括能源费、维修费、操作工人工资，报废费及设备有关的各种杂费，如保管、安全、保险、环保费等。

（2）设备综合工程学是关于固定资产的技术，管理财务等方面的综合性学科，要对设备从技术、经济和组织管理方面进行综合管理。在技术上，要求把与设备有关的机械、电气、电子、化工、安全、环保等各项技术综合起来考虑，在经济上，要求对设备的各项费用支出进行周密的计算分析，在管理上，要求研究适应设备的管理组织和方法，以达到使设备具有良好的技术性能和发挥最大经济效益的目的。

（3）设备综合工程学把研究重点放在可靠性和维修性设计上，即在设计、制造阶段就争取赋予设备较高的可靠性和可维修性，使设备在使用中，长期可靠地发挥其功能，不出故障，少出故障，即使出了故障也便于维修。设备综合工程学把可靠性和修改性设计，作为设备一生的重点环节，它把设备先天素质的提高放在首位，把设备管理工作立足于最根本的预防。这一思想无疑是对传统设备管理思想的变革。

（4）设备综合工程学把设备的寿命周期作为研究和管理的对象，即对设备实行全过程管理。设备综合工程学从系统整体优化的角度考虑设备维修与管理问题，也就是说，用系统工程思想来看待设备系统，研究——设计——试制——制造——选购——安装调试——使用——维修——改造——更新——报废。设备综合工程学就是用系统的概念把各个环节严密地组织起来，改善全过程各个环节的机能，以达到花费少、效率高这个最佳效果。

（5）设备综合工程学强调关于设计、使用效果及费用信息反馈在设备管理中的重要性，要求建立相应的信息交流和反馈系统。信息反馈包括厂内信息反馈和厂外信息反馈。

2. 全员生产维修制度

全员生产维修制度又称 TPM，TPM 又称为“全员参加的生产维修”或“带有日本特色的美式生产维修”。全员生产维修制度的中心思想是“三全”，即全效率、全过程、全员参加。

（1）全效率是指设备的综合效率，即整个寿命周期的总输入与总输出之比或投入与产出之比。总输入就是设备的寿命周期费用，总输出包括产量（P）、质量（Q）、成本（C）、交货期（D）、安全（S）、劳动情绪及环境卫生（M）等方面，用公式表示如下。

$$设备综合效率=\frac{设备的总输出}{设备的总输入}=\frac{\mathrm{PQCDSM}}{寿命周期费用}$$

从上式可以看出，设备的输出量越大，设备的输入量越小，设备的综合效率就越高。

（2）全过程是指对设备的整个寿命周期，即从研究设计制造、安装使用、维修、改造到报废为止的全过程管理，并建立信息反馈系统。

（3）全员参加，是指从企业最高领导人到第一线生产工人，包括设备管理的有关部门人员，都分别承担相应的职责。

3. 全员生产维修制度的内容

为了维护企业利益，保证完成计划，保证质量，降低成本，按期交货确保安全，防止公害，作为企业管理的一个环节，动员全体人员参加促使企业不断发展。

（1）6S 管理活动。6S 也是全员生产维修的特征之一，包括：整理、整顿、清洁、清扫、素养、安全。这些看起来有些重复、烦琐的单词，恰恰是 TPM 的基础和精华。

（2）进行重点设备的点检。点检是根据各类设备具体情况比编制附有点检项目、顺序、方法、周期和标准等具体内容的点检卡片，由设备操作者按所规定点检项目无漏无误地进行检查并填写在点检卡上，作为编制维修计划的依据。开展点检是推行生产维修的一项重要工作和有力措施。开展设备点检的目的是为了使设备故障能早期发现，尽量减少或避免因突发故障而影响生产率和导致产品质量下降，并减少维修费用。

（3）重视维修记录和分析研究工作。完整地记录和收集设备的维修实施情况，并对这些原始资料进行分析研究。其中包括分析故障原因和平均故障间隔时间，绘制各有关图表，编写维修月报，制定各种标准化资料（如设备检查标准和维修作业标准）等。

（4）重点设备的划分与管理。确定生产维修对象，要从各个角度对工厂设备进行分析研究，并划分等级区别对待，突出重点设备维修保养，提高维修的效果。

第五节

技术开发与管理

党的二十大报告提出：“加快实施创新驱动发展战略。坚持面向世界科技前沿、面向经济主战场、面向国家重大需求、面向人民生命健康，加快实现高水平科技自立自强。加强企业主导的产学研深度融合，强化目标导向，提高科技成果转化和产业化水平。强化企业科技创新主体地位，发挥科技型骨干企业引领支撑作用，营造有利于科技型中小微企业成长的良好环境，推动创新链、产业链、资金链、人才链深度融合。”

技术开发推动着技术进步，技术进步是社会经济发展的巨大推动力。新产品开发是企业永葆青春的途径，做好技术开发管理与新产品开发工作具有十分重要的意义。

一、技术开发概述

（一）技术开发的概念及意义

1. 技术开发的概念

所谓技术开发，就是指把科学技术潜在的生产能力转化为企业直接的生产能力。它的表现形式常常是新技术、新工艺的应用和新产品的生产。技术开发的全过程一般来说要从应用科技基础研究开始，通过应用研究取得技术上的重大突破发明或发现后，再经过发展研究，拿出可以推广应用的新技术、新工艺或新产品，然后在工厂进行试验推广或试验生产，最后经过设计、完善投入产品批量生产之中。

2. 技术开发意义

就企业来说，技术开发对企业的生存与发展都具有战略性的发展意义。

（1）企业依靠技术开发，不断地应用新的科学技术成果，创造新材料和新产品，用来满足社会日益增长的物质文化生活需要，从而使企业能够不断扩大生产领域，扩大经营范围，面对激烈的市场竞争具有旺盛的生命力和竞争力。

（2）企业依靠技术开发不断地改革工艺方法和工艺流程，改革生产工具，从而使企业能够不断地提高劳动效率，节约劳动消耗，节约劳动资源，降低成本，取得更大的经济效益。

（3）企业依靠技术开发，不断地改善经营管理的方式方法，有效地利用科学管理等软技术，从而使企业实现系统的现代化管理，生产技术与管理技术同步发展，促进了企业管理水平的不断提高。

党的二十大报告提出：“以国家战略需求为导向，集聚力量进行原创性引领性科技攻关，坚决打赢关键核心技术攻坚战。加快实施一批具有战略性全局性前瞻性的国家重大科技项目，增强自主创新能力。加强基础研究，突出原创，鼓励自由探索。提升科技投入效能，深化财政科技经费分配使用机制改革，激发创新活力。”

（二）企业技术开发的内容与途径

1. 企业技术开发的内容

从技术开发的性质来说，有资源开发、产品开发、工艺开发、管理技术开发等。

（1）资源开发，是指新的原材料和动力资源的开发和利用；

（2）产品开发是指新材料、新用途、新工艺、新产品的发明以及老产品的结构和性能的改变更新；

（3）工艺开发是指新的工艺流程的创造和生产工具、设备改造；管理技术开发是指新的管理技术和工具的发明和应用。

从技术开发的用途来说，有属于国际与安全方面的，有属于发展生产方面的，有属于生活福利改善和环境改造方面的，还有属于企业文化建设需要的。

从技术开发活动规模来说，有全局型技术开发、局部型技术开发和小革新、小发明。

（1）全局型技术开发是指企业为实现某项总体目标（如产品改造、设备改造）而在企业全局内进行的系统的技术开发。

（2）局部型技术开发是指企业在一定范围内，如对某个技术项目、层次和组织结构的技术改造。

（3）小革新、小发明一般是指群众性的技术革新和合理化建议活动。

从技术开发的对象来说，有对产品的技术开发，对人的技能和素质的技术开发，对设备工具的技术开发，对生产工艺、流程的技术开发，对能源和原材料的技术开发，对生产环境的技术开发以及对管理技术工具和方法的技术开发等等。

2. 技术开发的途径

（1）独创型的技术开发。它是以科学技术研究活动为先导，企业在独立地进行科技应用研究的基础上产生新的技术和产品的开发活动。这种技术开发方式难度大、耗资多，所需开发时间也较长，主要适用于大型企业或企业集团。

（2）引进转移型的技术开发。它是指企业从外部引进新技术，使之在本企业定居、生根并得到应用发展。具体来说，它包括如下形式：

"移植"。引进成套成组关键技术（设备），植入本企业生产经营活动的土壤里，为本企业的技术人员和职工所掌握。

"嫁接"。将企业从外部引进的专门技术成果与本企业的有关技术结合起来应用。

"抽条"。先从外部引进初步研究成果，再在本企业进一步加以培植，形成适合本企业实用的技术。

"交配"。同外国、外地区、外单位合作共同进行技术开发，通过大家的努力，各取所长，取得新的技术成果。

（3）综合提高型的技术开发。它是指通过对现有各种技术的综合，包括本国先进的和从外国引进的先进技术作进一步的深度研究，创造和形成更高级的新技术或新产品。综合提高型的技术开发路子，比单纯引进某项技术或设备，更能提高企业的技术能力和经济效益，是一条重要的技术开发途径。

二、新产品开发管理

（一）新产品的概念及分类

1. 新产品的概念

新产品是一个很广泛的概念，以在市场上至今未提供过的商品称为新产品，这显然很不确切，一般有以下一项或几项特点的产品可定为新产品：①具有新的原理、构思和设计；②具有新的材料或元件；③具有新的性能特点；④具有新的用途。

2. 新产品的分类

新产品按其创新程度划分为全新产品、换代新产品和改进新产品。

（1）全新产品是指采用科学技术的新发明所开发的，具有新原理、新结构、新技术、新材料等特征的产品。

（2）换代新产品一般是指产品的基本原理不变，部分地采用新技术、新结构、新材料，从而使产品的功能、性能或经济指标有显著的改变，如电子计算机的第一代、第二代、第三代和第四代产品。换代新产品的开发难度较全新产品小，是企业进行新产品开发的重要形式。

（3）改进新产品是指在原有产品的基础上采用各种改进技术，对产品的功能、性能或型号、花色进行局部改善而制成的产品，包括在基型产品基础上派生出来的变形产品。这是企业发展新产品最常用的方法。

（二）新产品开发的方式与程序

1. 新产品开发的方式

（1）技术引进方式。这种方式常被许多企业所采用。尤其对一些供不应求的短线产品，或者问世不久，并具有巨大购买潜力的产品。对企业而言，这种方式可以减少科研经费和技术力量，有利于较快地发展新产品，风险性小，成功把握大。但是，企业必须确切预测产品经济寿命周期所处阶段，以及其未来发展趋势，经过慎重考虑，才能投入力量。

（2）改进现有产品的方式。企业采用这一策略开发新产品，可依靠企业现有设备和技术力量，达到开发费用低、速度快，常从“小改小革”开始，逐步演变成为出现新产品，扩大现有产品品种方式。企业采用此对策，常是以本企业现有产品为基础，根据社会需求，从结构上、性能上作不同改革，形成不同结构或性能的系列产品，以适应社会的需要。

（3）改进技术与企业技术相结合的方式。企业在新产品开发中，既引进其他企业的先进技术，又与自己的技术特长相结合，来加速发展具有技术上优势的新产品。可使企业产品具有吸引力，而且所承担的风险小，研制费用少，收效相对比较快。

（4）独立研制方式。企业采用这一策略开发新产品，要求企业经常组织力量来探索产品的原理、结构、性能，具有独创性地发展新产品。但是，要求企业在技术力量和投资能力上有雄厚的实力。这种方式一般风险性大，但一旦研制成功，企业可以建立起自己的信誉，抢先占领市场，带来巨大经济效益。

2. 新产品开发程序

企业开发新产品要承担很大的风险，为了减少风险，就必须以一定的程序来进行，一般来说新产品的开发程序可以分为7个阶段。

（1）构思。构思是对新产品的基本轮廓结构的设想。构思的相关信息主要是从企业的内部和外部获得，主要来源是消费者、竞争对手、中间商、科技人员以及企业的营销管理人员等，其他的相关机构，如大学、科研机构、专利机构、咨询公司、广告公司等也是构思信息来源的渠道。

（2）筛选。筛选即企业根据市场竞争状况和自身的实际状况，对构思方案进行综合评定选择。

（3）产品概念的发展和测试。产品概念就是将产品构思的具体化。一个产品构思可以转化为多个产品概念，企业应当对这些概念进行市场定位以便于确定最终的产品发展方向。概念的测试则是测定消费者对产品概念的看法，即让消费者来判定产品的概念是否可行。

（4）商业分析。商业分析即进行经济效益分析，通过分析了解新产品成功的可能性。常用商业分析的方法有：盈亏平衡分析法、投资回收期法、投资报酬率法、净现值法、内部收益率法等。

（5）开发试制。产品构思经过概念发展与测试，又通过商业分析被确定是可行的话，就进入具体的开发试制阶段，即把新产品从设想变成消费者能够接受的实体产品。这个阶段需要企业的科研生产部门和营销管理部门共同去完成。

（6）市场试销。市场试销是为了测试市场对新产品的接受程度。市场试销包括几层含义，它可以是针对新产品性能、质量的试销，可以是针对产品价格的试销，也可以是针对销售渠道的试销和广告促销的试销。实际上，市场试销就是对消费者对新产品反应的测试。通过试销，一方面可以帮助企业对新产品进行改进，另一方面也可以帮助企业制定出有效的营销组合方案。

（7）正式上市。这是新产品开发的最后一个阶段，新产品进入这一阶段意味着产品周期的开始。在新产品的正式上市前，企业要做出以下几个决策，即在合适的时间、合适的地点、合适的促销上制定出一个明确的上市方案。从某种意义上讲，这一阶段是新产品开发的最重要的阶段。

三、价值工程

（一）价值工程与功能分析概述

1. 价值工程的基本概念

价值工程（Valve Engineering，简称VE），是20世纪40年代以后发展起来的一种现代管理方法，它起源于美国，其创始人是美国通用电器公司的设计工程师劳伦斯·麦尔斯。麦尔斯和他的同事在总结多年采购经验的基础上，对功能、费用与价值的关系进行了深入系统的研究，提出了功能分析、功能定义和功能评价的方法，以及如何区分必要功能和不必要功能等，最后形成了一套以最小消耗提供必要功能，获得较大价值的科学方法。

价值工程是一种现代化的管理技术，是提高产品功能，降低成本的行之有效的方法，对老产品的改进具有重要的作用。

2. 功能分析

功能分析是价值工程的核心内容，是对价值工程研究对象系统地分析其功能，科学的评价其重要性，通过功能与成本匹配关系定量计算对象价值大小，确定改进对象的过程。

功能分析着重从产品的功能入手，找出功能上的问题，明确改进重点，加以创新、改进。最有效的方法就是价值工程方法。功能分析的结果可以用信息系统功能模型来描述。

3. 价值工程与功能分析

价值工程是指以产品的功能分析为核心，以提高产品的价值为目的，力求以最低寿命周期成本，实现产品使用所要求的必要功能的创造性设计方法。价值工程的基本思想是以少的费用换取所需要的功能。价值工程涉及价值、功能和寿命周期成本三个基本要素，它把价值 V 定义为某产品所具有的功能 F 与获得该功能的全部费用 C 之比，即 $V=F/C$。

价值工程中的功能要素，可解释为功用、作用、效能、用途、目的等。对于产品而言，功能就是产品的用途，产品所担负的职能或所起的作用；对于企业来说，功能就是它应为社会提供的产品和效用。功能是对象满足某种需求的一种属性，是使用价值的具体表现。

当价值工程对象确定后，便着手对围绕它搜集到的有关情报资料进行功能分析。价值工程的主要工作就是系统地分析产品、产品部件、组件、零件或一项工程以及工程项目的功能，找出提高价值的途径。

（二）价值工程的工作程序

价值工程活动过程，是一个发现问题、分析问题、解决问题的过程，一般包括准备阶段、功能分析与方案创造阶段和方案实施阶段。

1. 准备阶段

在此阶段的主要准备工作如下：

（1）确定课题和课题目标。根据企业经营方案所规定的经营目标、经营方针和经营策略等，针对企业中迫切需要解决的问题选定课题、确定课题目标。

（2）建立价值工程活动组织。由企业负责人牵头，组织企业各部门的技术和经营管理骨干人员参加，一般由10～15人组成，并根据需要适当培训。

（3）制定价值工程计划。该计划包括对价值工程活动的内容、程序、资金和时间等的详细安排。

2. 功能分析与方案创造阶段

功能分析与方案创造阶段的活动见表6－1。

3. 方案实施阶段

经过优选出的方案，为了确保质量和为今后审批提供依据，需要进行试验。如果试验表明某方案确是最优的，可定为正式方案，经批准后列入实施计划。方案实施过程中要进行检查，发现问题，使之改进。方案实施完成后，要及时总结评价和验收。

（三）价值工程的核心内容——功能分析

价值工程的核心内容是功能分析。以致有人就直接称价值工程为价值分析，这种称法有失偏颇。但功能分析的重要性也由此可见一斑。

功能分析的目的就是研究功能本身的内容及其各功能之间的相互关系。它是通过给

表 6－1　　功能分析与方案创造阶段活动内容

构思一般过程	价值工程活动程序：基本步骤	价值工程活动程序：详细步骤	主要内容和要求	需要思考的问题
分析	1. 功能定义	1. 对象选择	a. 生产经营上迫切要求改进的产品； b. 改进潜力比较大的产品	
		2. 收集情况	围绕价值工程对象调查：企业经营目标、方针、策略；用户反映、要求；生产、销售、成本、价格、利润情况；同行业情况……	1. 这是什么？
		3. 功能定义	a. 对象的功能是什么；b. 怎样实现这个功能	
		4. 功能整理	a. 有无多余功能；b. 有无不足功能； c. 给出功能系统图	2. 这是干什么？
	2. 功能评价	5. 功能成本分析	a. 确定功能现实成本； b. 计算功能的目标成本	3. 成本是多少？
		6. 功能评价	a. 计算功能的重量度系数； b. 计算功能的价值或价值系数	4. 价值是多少？
		7. 选定功能改进对象	a. 根据功能价值选定； b. 根据功能价值系数选定	
综合评价	3. 制定改善方案	8. 创造	按照价值工程活动原则，充分发挥集体智慧和创造精神，多提各种设想	5. 其他方法？
		9. 概略评价	初选改善方案，剔除那些不能满足功能要求、成本太高的方案	6. 新方案的成本？
		10. 具体化	a. 方案具体化，使其详细完整；b. 进一步开展调研	
		11. 详细评价	a. 从技术、经济两方面详细评价；b. 方案选优	7. 新方案能满足功能吗？
		12. 提案	a. 制定提案书；b. 上报提案	

功能下定义、分类、整理使功能系统化。功能分析的作用在于，回答产品是干什么用的，将功能量化，进行功能评价，为方案创造、实现方案的最优化提供依据。所以，功能评价就是对所要求的功能进行抽象描述、分类整理、系统化的过程。功能分析主要包括三个方面内容：功能定义、功能分类、功能整理。

1. 功能定义

功能定义即将价值工程分析对象具备的功能用简洁的语言进行描述。要研究并进行功能分析，首先必须给功能下定义。由于各种因素的影响，人们往往难以正确认识产品的功能，主要因素可归纳为以下 5 个方面：①缺乏信息；②缺少思路；③轻信自我判断；④思维方法走老路；⑤临时性作永久性处理。

2. 功能分类

价值工程的对象往往不止一种功能，而是有多种功能。这些功能的性质不同，重要程度也各有差异，为便于分析，需进行分类，即进行功能分类。功能分类可以从以下几个角度进行。

（1）按功能的重要程度分类。

①基本功能，指产品为达到使用的目的所不可缺少的功能。如果去掉这个功能，价值工程的对象也就失去了意义。基本功能如发生改变，对象的结构也一定随之改变，基本功能是用户直接要求的功能，所以它是企业不能加以改变而必须想方设法加以保证的，如手表的基本功能是“显示时间”，电灯泡的基本功能是“提供光源”。同时价值工程有时不一定只有一个基本功能，如电视机就有两个基本功能：“显示图像”和“发出声音”；翻斗车也有两个基本功能：“运输货物”和“卸货”。

②辅助功能，也称二次功能，是在基本功能的基础上附加上去的功能。例如手表的防水、防震、防磁、夜光等均为辅助功能。这些功能相对来讲是次要的，但能帮助实现基本功能。

基本功能是不可改变的，辅助功能常常包含一些不必要的功能，通过改进可予以消除。辅助功能在对象中所占的比重很大，有时多达70%～80%。所以价值工程的重点应该是对辅助功能加以研究改进。

（2）按功能性质分类。可分为使用功能和美学功能，这种分类主要是针对产品而言。

①使用功能，指对象的实际用途。它最容易为用户所了解，产品的使用功能一般包括可靠性、安全性和维修性。

产品的可靠性是指产品在一定的条件下，在特定的时间区域内，按特定的功能要求进行工作而不发生故障的可靠程度，它取决于设计、工艺及关键零部件的质量等。产品的安全性，是指产品在单位时间里不受损害的程度，所有的产品都要使用户有安全感，这是一个起码的条件。产品的维修性，是指产品可以维修、保养、修理的性能，当发生故障时，通过维护、保养和修理可以使产品恢复良好的使用功能，对产品变化快，如服装、鞋帽等类产品，并不要求它们维修性很高，而应以用户的满足程度为标准。

②美学功能，也称外观功能，是指产品满足用户审美的需要。外观一般从以下几个方面表现。

产品造型。即产品的形状、式样、各种线条、轮廓均能作用于人的感官，产生审美的愉悦心理。

色彩。颜色具有明显的美观特征，因为色泽会使人引起各种不同的感觉。商标图案，是产品外观功能的组成部分。商标图案设计必须新颖美观，可使人们留下深刻印象。

包装。产品的包装对外观功能的影响很大。过去我国对产品的包装不太注意，一些出口商品的质量很好，由于不注意包装，也影响到它的销售。

使用功能和美学功能均是通过基本功能和辅助功能来实现的，不同类型的产品对两种功能各有偏重，一些产品基本只有美学功能而无使用功能，如工艺品、字画等。随着人们生活水平的提高，人们对美学功能的要求也愈来愈高。一般来说，半成品、原材料，其使用功能比重大。机电产品对两者均有要求，而装饰品则只要美学功能。

（3）按用户要求分类。可分为必要功能和不必要功能。必要功能是指用户需要并予以承认的功能，它是不能缺少而必须保证的；不必要功能是指用户不需要或不承认的功能。统计资料表明，一般产品往往含有30%的不必要功能。如果设计中，安全性、可靠性、有效性、造型、装潢等方面采用过高的要求指标，这也是不必要功能。通过价值工程，找出不必要功能予以剔除，就可以大幅度地降低成本。

（4）按在系统中的地位分类。功能可以分为上位功能和下位功能，或叫目的功能和手段功能。

3. 功能整理

所谓功能整理是在功能定义和功能分类的基础上，从系统的角度出发，按照一定的逻辑，分析功能之间的相互关系，通过编制功能系统图，以掌握对象的必要功能，消除不必要功能，把握价值改善的功能领域，明确改善对象的等级的整个过程。

价值工程的对象由很多相互联系的部分组成一个结构系统，整个对象的功能是通过各组成部分的功能互相联接而实现的，所以说，结构系统的背后又存在一个功能系统。这两个系统处于一个对象中，两者的本质区别在于：结构系统是对象的实体，功能系统则是看不见、摸不着，但却又时时刻刻体现着本质的东西。要想真正地把握对象的必要功能，就必须打破结构系统对思维方式的束缚，深入的进行功能系统研究，设计新结构以提高对象价值。

（1）功能整理的逻辑。总的来说，在各功能之间存在着上下位关系和并列关系，功能整理就是根据“目的—手段”的逻辑，将各功能之间的关系系统化。

功能的上下位关系也就是指一个系统中某些功能之间存在着目的与手段的关系，一个功能系统中的任何一个功能都有自己的目的功能。也都有自己的手段功能。我们称目的功能为上位功能，手段功能为下位功能，上下位功能是相对的。

功能之间的并列关系是指在较复杂的功能系统中，为了实现同一目的功能，需要同时有几个手段功能加以实现，这几个功能之间就是并列关系。这些并列关系的功能可能又各自形成一个子系统，构成一个功能区，称为“功能领域”或“功能范围”。也可能有这样的情况，一个下位功能是两个或两个以上的上位功能的手段。将价值工程对象的全部功能按照这种上下位关系和并列关系，以及“目的—手段”的逻辑，把上位功能排在左边，下位功能排在右边，将全部功能加以整理，就得到逻辑功能图，如图6－13所示。

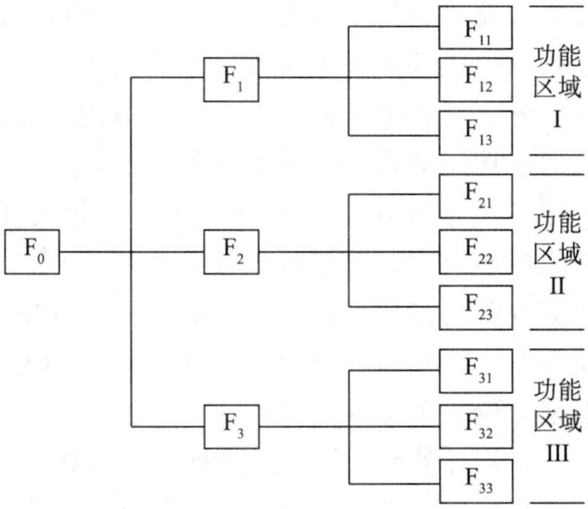

图6－13　逻辑功能图

通过功能系统图，可以清楚地了解对象的功能关系，从功能的角度出发全面、客观地掌握整个价值工程对象。

（2）功能整理的方法。从实用和方便的角度出发，其步骤大致如下：

第一步，建立功能卡片。这样便于集中思考特定的功能且能够随时移动位置，对排列、修改和取消卡片较为方便，便于绘制功能系统图。

第二步，确定基本功能，即产品最主要的功能，置于最左边。

第三步，绘制功能系统图，把在功能定义里定义的零乱的功能按照“目的—手段”的逻辑关系，从左至右，从上到下绘制出功能系统图。

（3）功能整理的作用。

①掌握必要功能。掌握必要功能的手段很多，如收集信息、用户反馈、功能定义等，功能整理也是一个重要手段。

②发现不必要功能，了解不足功能。在功能整理的过程中，有时会发现与其他功能无关的功能，如找不到其上位功能（无遗漏）则为不必要功能。有时会发现某一功能与其他功能联系较大，但却无下位功能，则可能存在功能不足。如发现不必要功能，想法予以剔除，对不足功能尽力补充，就可能降低费用，提高价值。

③明确改善对象的共同领域，从功能领域出发往往能收到较大的改进效果，而从单个功能着手易失于偏颇，收效不大。

④确定改善功能的级别。级别定高定低各有利弊，因此需综合权衡。

4. 功能评价

所谓功能评价就是定量地确定必要功能的价值，找出可靠实现功能的最低费用是多少，并把最低费用作为功能的目标费用，将现实功能与现实费用相比较，求出对象的功能价值系数，将现实费用减去目标费用，求出改善期望值，然后选出功能价值低、改善期望值大的功能作为价值工程的重点对象。实际工作中，功能评价的方法很多，其大体上可以分为两大类：绝对值法和相对值法。

该评价方法的具体步骤如下：

（1）计算功能的现实费用。传统费用计算都是计算具体分析对象以及它的各组成部分的现实费用。而功能费用的计算则与此同，它以功能为对象，而一种功能又往往通过几个组成部分才能实现。因此，求解功能的现实费用就需把各组成部分的费用进行转移，分配到各项功能中去。费用分配一般按经验法，根据功能的重要性，可用强制确定法确定功能的重要性系数进行分配。

（2）求算功能评价值也就是求算实现功能的最低费用，它是进行价值工程工作的参照标准。实现功能的现实费用高于它，则功能价值小，说明还有降低费用可能；等于它就说明功能价值相当。实际工作中功能评价值较难确定，因此所谓功能评价方法，主要是指求算功能评价值的方法，求算功能评价值的方法很多，各有利弊，实际应用中应根据评价对象灵活运用。

（四）价值工程方案的制定与实施

当完成了功能分析与评价过程后，价值工程的对象和改进目标已基本确定，而下一步的工作就是创造出新的方案来代替原有方案，并付诸实施。方案创造一般分两种形式。一种是新产品的设计，通常从最终功能出发，一步一步地构想手段功能，创造一个全新的设计方案；另一种形式是老产品的改造，通常是以功能系统图为依据，从某一功能范围入手，创造出一个老产品的改造方案来。为节约经费，对老产品的各种合理的部分应尽量保留。

方案创造的具体步骤及其内容如图 6-12 所示，由于最初提出的方案很多，因此首先应进行概略评价，粗选出有价值的几个方案，然后进行详细比较和详细评估，以节约时间和费用。

1. 方案的创造

方案创造是价值工程中的关键环节，没有好的改进或全新的方案，价值工程的整个过程就无法完成。价值工程的方案创造工作必须从必要功能的要求出发，提出设计构思直到方案实施，通常经历图 6－14 中的几个步骤。

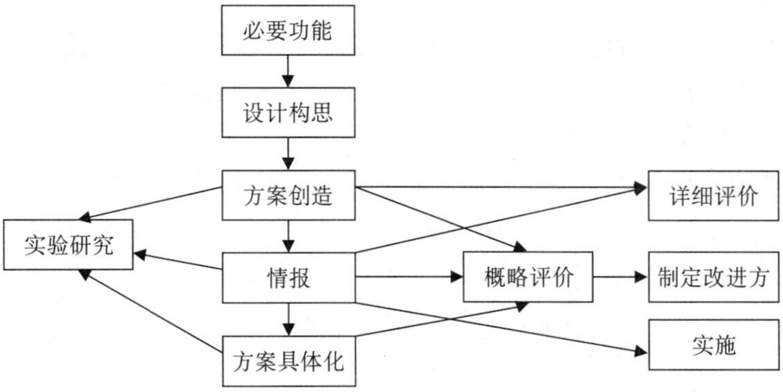

图 6－14 方案创造的步骤图

2. 发挥创造力应注意的问题

新方案和改进的方案，都是价值工程活动创造力的结晶，因为人生来就具有非常明显但是有限度的创造潜力，只是在日后的社会中，或是没有发挥，或是被客观条件所束缚，难以有所表现，这里将创造性解决问题的技术归纳为以下几条：

（1）不要让大家一面开动脑筋提出设想，一面又要作评议，把评议及评估留在以后进行。

（2）必须从多方面提出设想，并积极思考怎样运用、发展或合并这些设想，而不要轻易放弃。

（3）不要取笑任何设想，即使提出的设想看起来不大可能。

（4）在结束解决问题的各种提案之前，让问题搁置在旁，过一段时间，下意识的感觉会帮忙。

3. 方案创造的方法

方案创造的方法就是开发人的创造力，有效地利用人的创造力，使其处于有利于发挥的状态的方法。常用的方法有：头脑风暴法、专家调查法、检查提问法、特性列举法、缺点列举法和希望列举法。在进行方案创造时，下面几点必须注意：

（1）必须有强烈的功能意识，每一步都应围绕用户所要求的功能考虑问题。

（2）适当地修改功能的表达式，当方案创造难以继续时，是否是因为定义太抽象？如果是，应适当地进行修改。

（3）适当降低需进行价值改善的功能等级，如从上位功能考虑难以取得进展，不妨适当降低功能等级，以利于开拓思路。

4. 方案的评价与具体化

（1）方案的概略评价。方案创造时，由于提出的方案很多，所以在具体化之前，应进行概略评价，选出一部分较好的方案。概略评价首先是先进行方案的整理、分类。

进行方案的概略评价时，要以现有的产品和工程项目为评价基准，比较新方案与老方案在技术上的可行性、经济上的成本情况、对环境有无严重的污染及噪声、有无违反国家政策的地方。经过比较分析，最好选出2～3个方案，以备具体化。

（2）方案的具体化及试验研究。具体化的内容大致包括：各组成部分的具体结构和零件设计，选用的材料和外购配套件；加工和装配方法，工艺装配及检验方法；运输及库存方式等几方面。

对于方案中具体采用的新结构、新材料、新工艺应进行试验，看其归纳的实现程度如何，如果发现存在问题或实现有困难，应设法修正或修改方案。

（五）价值工程方案的详细评价

方案详细评价主要考虑技术、经济、社会3个方面的情况，可用图6－15表示。其中包括：

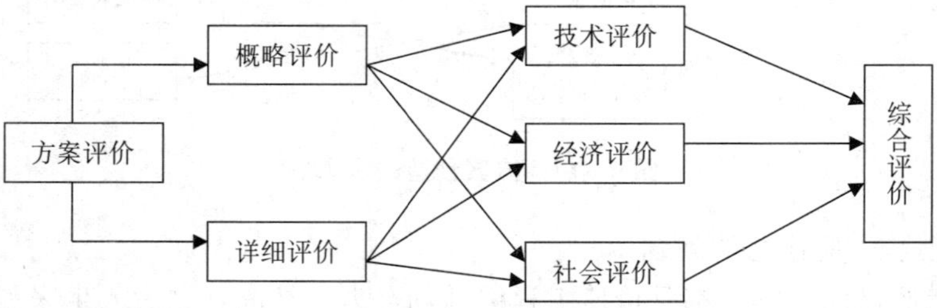

图6－15 技术方案的综合评价图

1. 技术评价

技术评价是以提高的功能为依据，看其对必要功能的实现程度。一般应从以下几个方面进行评定：①必要功能的实现程度（性能、质量、寿命）；②可靠性；③维修性；④安全性；⑤操作性；⑥整个系统的协调性；⑦产品与周围环境的协调；⑧产品的外观；⑨产品本身的加工性、装配性、搬运性；⑩产品中采用的新技术对现存提问的解决程度。

2. 经济评价

对企业而言，一个方案的好坏不仅在于它的技术方面，而且还在于它的经济方面。因此，必须对方案的经济性进行评价，所采用的指标如下：

（1）成本。包括生产此产品的料、工、费3个方面，方案比较时，可用年成本，也可用总成本。

（2）项目或产品的一次性投资。一个产品或项目要实施，均需要投资。同样质量、同样功能的两个方案，投资少者为佳。

（3）产品或项目的利润。此项指标为一综合指标，也是最重要的指标，它能综合地反映一个方案的经济效果，因此也可以用来作为比较方案的重要方面。

（4）追加投资效果系数和追加投资回收期。如果是对原有工程进行改造或扩建，此项指标与③项相同。

3. 社会评价

社会评价是从企业、用户及国家3个方面利益出发评价方案的好坏。通常考虑的因素有国家和政府有关部门的政策、法令；有无严重污染、噪声，是否影响生态平衡等问题。进行社会评价时，不仅仅是价值工程小组的人员参加，通常应调查走访用户，求教有关部门的专家和技术人员。

方案的概略评价和详细评价内容基本相同，但概略评价是在方案创造时对多方案进行的粗略评价，而详细评价是在概略评价的基础上对少数可行方案进行的详细评价。

4. 综合评价

前面所述的均是从方案的一个侧面进行分析，而一个方案的好坏并不完全取决于某一方面，因此需综合各方面的情况进行确定，包括技术的、经济的、社会的，也包括市场、原材料、能源、劳动力资源、科技发展状况等方面。

第六节

物资供应与管理

在新形势下，企业加强物资管理是降低成本、提高企业经济和社会效益的关键。科学的管理是实现合理计划、采购、使用与储备的有效手段，而对于物资采购方面学习与研究，是提升采购效率、降低采购成本的最佳途径。

一、物资管理概述

物资是指生产过程中消耗的原料、材料、燃料、辅助材料、工具和设备等。物资管理是指对企业生产经营活动所需各种物资的采购、运输、验收、供应、保管、发放、合理使用、节约代用和综合利用等一系列计划、组织、控制等管理工作的总称。

（一）物资管理概念与任务

1. 物资管理概念

物资是指生产过程中消耗的原料、材料、燃料、辅助材料、工具和设备等。物资管理是指对企业生产经营活动所需各种物资的采购、运输、验收、供应、保管、发放、合理使用、节约代用和综合利用等一系列计划、组织、控制等管理工作的总称。

2. 物资管理的任务

（1）根据企业生产任务，编制企业物资供应计划；

（2）合理供应企业所需的各种物资，保证企业生产经营活动正常进行；

（3）正确选择物资品种和代用品，促进企业生产技术进步；

（4）降低单位产品的物资消耗；

（5）建立合理的物资储备，加速资金周转，提高物资周转率；

（6）提高物资管理人员素质，不断提升物资管理水平；

（二）物资管理的工作环节

1. 物资计划管理环节

物资计划的编制是企业物资管理的首要环节。物资计划是企业进行订货采购工作和组织企业内部物资供应工作的依据。目前，综合物资、生产、财务等各部门的信息进行物资计划编制，由物资部门监督计划落实的物资计划管理模式已经被越来越多的企业所采用。

2. 物资采购管理环节

物资采购是企业资金支出的关口，能不能把好这个关口是企业成本控制的关键。为此，实行比价、限价和定价采购制度为核心的物资采购管理便成为当前企业物资采购的主流模式。

物资采购是依据物资供应部门编制的物资供应计划以及根据这个计划编制的物资采购计划进行物资的采购。

物资采购计划表的内容要包括物资名称、规格、型号、数量、价格、进货时间、采购地点以及采购成本的考核等。

企业经常使用的采购形式有以下几种：

（1）现货与期货。现货买卖，是指在签订合同后的1～2个工作日内办理实物交割的买卖方式。期货买卖，是指在签订合同时规定一个日期作为以后交割货物的日期的买卖方式。

（2）一家采购与多家采购。一家采购有利于货源稳定，质量规格对路。多家采购是将同一物资分多家采购，虽然会增加采购费用，但有利于利用竞争条件对供货单位进行比较。

（3）向生产企业购买和向供销企业购买。对市场采购物资中一些大量的、重要的物资，可以直接向生产企业购买，建立稳定的供需关系，按时、按质、按量供应。

（4）供需双方互相采购。任何工业企业既是消费者，也是供应者，企业的某些产品在企业之间是可以相互进行采购的，这对双方都很有好处，如供需关系稳定，采购成本低，节约销售费用，减轻利息负担，购销之间可获得良好的经济平衡等。

（5）通信采购。用电话、传真、网络等通信手段通知对方送货。这种方式手续简便、迅速及时。

3. 物资使用管理环节

物资使用主要是指物资的配送及消耗。现代企业物资使用管理，重点突出了配送方式的灵活性、多样性和物资消耗的控制力度。统一进货、集中存放、定点发放材料的配送方式，在配送方式的选择上并没有固定的规则，企业要遵循的是方便、高效的原则，并结合本企业的特点和实际工作情况，制定最适合于本企业的物资配送计划。

生产过程中的物资消耗量是控制企业生产成本的决定因素，目前，企业已经将物资消耗控制作为管理的重点。

4. 物资储备管理环节

现代企业的物资储备管理模式正是解决这些问题的良策，因为它是以调整企业库存结构、盘活超储（积压）物资、加快资金周转、减少储备资金占用为主线，主要有以下几点：第一，对长线物资、产销平衡物资、紧俏物资实行物资分类管理；对供应充足、可即时购买的长线物资原则上不储存；对产销平衡物资通过合理安排进货时间实现不储存；而对于进货相对困难的紧俏物资则要备有一定的储存量。第二，对物资储备量实施实时监控，及时将储备情况向管理层上报，预防超储现象的发生。第三，若出现物资超储、积压现象，企业内部能够代用的物资实行代用，无法代用的物资可与供货商进行协商退货，或与其他企业交换物资实现“双赢”。

二、物资消耗与物资储备定额管理

（一）物资消耗定额管理

物资消耗定额，是指在一定的生产技术和组织条件下，为制造单位产品或完成单位工作量，所规定的必须消耗的物资数量标准。

1. 物资消耗的构成

物资消耗的构成，是指从物资投入到制成产品的加工过程中所消耗的全部物资。物资消耗构成包括3个部分：

（1）产品有效消耗。指构成产品（或零件）净重的原材料消耗，这是物资消耗的基本部分，属于原材料的有效消耗量。如生产一辆自行车的钢材耗用量。这部分消耗主要取决于产品的设计、结构和所用的物资，与产品设计水平有直接关系。

（2）工艺性损耗。指在生产工艺过程中使物资的原有形状和性能改变而产生的一些不可避免的物资损耗。例如水泥、玻璃等生产中的烧蚀、飞扬；机械加工中下料锯口，切削加工废屑，边角余料等。这部分消耗属于生产工艺过程中产生的不可避免的损耗，消耗的高低由企业工艺技术水平所决定。

（3）非工艺性损耗。指产品净重和工艺性损耗以外的物资损耗。包括生产过程中产生的非工艺性损耗和流通过程中产生的非工艺性损耗。非工艺性损耗产生于物资投入生产到产成品完成入库为止的这一阶段。主要是由于生产技术水平低、管理组织工作不善、物资供应不符合要求和其他人为因素造成的超过合理物资损耗界限的那一部分物资损耗。

2. 物资消耗定额的构成

在确定物资消耗构成的基础上，可确定消耗定额的构成。

（1）工艺消耗定额是由有效消耗和工艺性损耗两部分构成的，简称工艺定额。用公式表示为：

单位产品（零件）工艺消耗定额 = 单位产品（零件）净重 + 各种工艺性消耗的重量总和

（2）生产计划消耗定额是由工艺消耗定额加上在生产过程中产生不可避免的非工艺性损耗构成。非工艺性损耗属于不合理损耗，是无效损耗，不应包括在定额中。

（3）物资供应定额是由生产计划定额加上流通过程中产生的非工艺性损耗构成。一般是在生产计划定额基础上，加一个物资供应系数，成为物资供应定额。

非工艺性损耗系数和物资供应系数一般可按有关的统计资料分析研究确定。

3. 制定物资消耗定额的方法

（1）经验估算法是根据技术人员和生产工人的实际经验，结合参考有关技术文件和产品实物，考虑计划期内的生产技术组织条件等因素，通过估算制定物资消耗定额的方法。

（2）统计分析法是根据对实际消耗的历史统计资料进行加工整理和分析研究，并考虑计划期内生产技术和生产条件的变化等因素，经过对比、分析、计算，从而制订物资消耗定额的方法。在具有比较齐全的统计资料情况下，一般都可以采用这种方法。

（3）实际测定法又称写实查定法或现场写实法，是运用现场秤（重量）、量（尺寸）和计算等方式，对工人操作时的物资实耗数量进行测定，通过分析研究，制定物资消耗定额的方法。实际测定法的优点是切实可靠，能消除某些消耗不合理的因素，但它受一定生产技术条件和测定人员以及操作工人水平的限制，可能影响到定额的精确程度。

（4）技术分析法又称技术计算法，是按照构成定额的组成部分和影响定额的各种因素，如产品设计结构、配方、工艺要求、所用设备、原材料质量以及生产工人的技术水平和熟练程度等，通过科学分析和技术计算，从而制订物资消耗定额的方法。

（二）物资储备定额管理

1. 物资储备的构成

企业物资储备，是指已由厂外供应单位进入厂内，但还未投入到生产领域而在一定时间内需要在仓库内暂时停滞的物资。通常包括4部分：

（1）经常储备。为了保证两次进货的间隔期内正常供应而建立的储备。进货时达到最大值，随着生产消耗，储备量逐渐减少，直到下次进货之前储备量降为零。

（2）保险储备。为了应对供应过程发生的意外中断而建立的储备。当遇到到货误期、到货实物与质量要求不符，以及临时急需等情况，为了保证正常供应，必须建立保险性储备。

（3）季节储备。这是为了适应进料、用料的季节性特点而建立的储备。如冬季中断砖瓦生产，施工企业必须在进入冬季以前进行储备。

（4）竞争储备。这是根据市场竞争的需要而建立的储备，旨在增加企业的竞争能力。

2. 物资储备定额的分类

（1）按储备定额指标的计算单位不同，可分为“实物量”物资储备定额、“货币量”储备定额（又称储备资金定额）和“时间”储备定额。

（2）按储备定额的综合程度不同，可分为个别物资储备定额、类别物资储备定额和综合物资储备定额。

（3）按物资储备的作用不同，可分为经常储备定额、保险储备定额、季节储备定额和竞争储备定额。

3. 物资储备定额的制定方法

物资储备定额制定的方法很多，其中主要有供应期法、保证供应率法和经济订购批量法。

（1）供应期法。

$$经常储备定额=平均日需用量\times供应天数$$

$$平均日需用量=\frac{计划期物资总需用量}{计划期天数}$$

$$保险储备定额=平均日需用量\times保险储备天数$$

$$季节储备定额=平均日需用量\times季节储备天数$$

（2）保证供应率法。采用此法的物资一般是任务量不明确，消耗规律难掌握，不能直接核算出需用量的用料，如维修用料等。保证供应率反映物资储备对生产需要的满足程度。简要介绍安全系数法。

安全系数法是以预测需用量和预测的平均绝对误差为基础的，公式为：

$$经常储备定额=一个周期的预测需用量$$

$$保险储备定额=安全系数\times平均绝对误差$$

安全系数是根据企业物资到货和需用情况而定。一般按照过去出现的保证供应率，查阅正态分布表选取。

（3）经济订购批量法。经济订购批量法，是指以某种物资的经济订购批量为依据，来确定经常储备定额的方法。经济订购批量是指某种物资的订购费用和保管费用之和的总费用最低的一次订购数量。

4. 物资储备定额的管理方法

（1）定量控制法。即根据仓库管理人员提供的物资库存情况，组织采购。当库存量接近或等于保险储备量时，仓库管理人员就发出信号要求组织进货。

（2）资金控制法。根据物资储备资金定额，控制储备量。按物资的订购任务把储备资金按月或按季分给计划和采购人员，按经济责任制进行奖罚，具有明显经济效果。

（3）定期订货方式。又称定期盘点法订货方式，订货时间事先确定，订货数量的计算公式为：

订货数量 = 平均每日需用量 ×（采购或订货日数 + 供应间隔日数）- 期货数量 + 保险储备量

采购或订货日期包括从发出订货单到物资验收入库为止所需要的时间。期货数量是指已经订货尚未交货而在供应间隔数日内可以到货的数量，如图 6 - 16 所示。

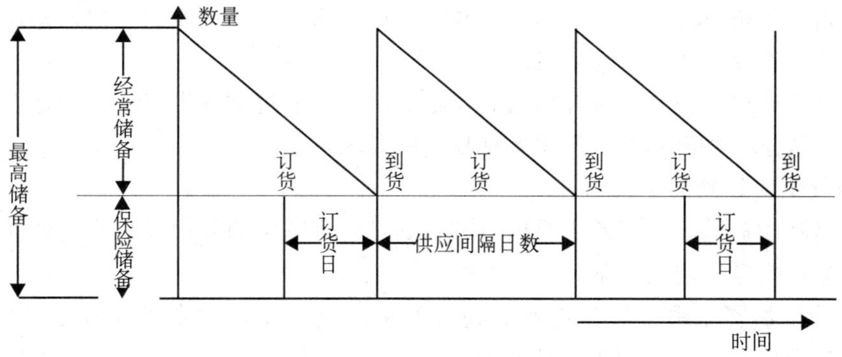

图 6 - 16　定期订货示意图

（4）定量订货方式。即库存量降到一定水平（订货点）时，便以已经算好的固定数量去订货。订货点的关键在于计算出订货点的储备量。所谓“订货点”就是物资库存量下降到必须再次订货的数量界限。提出订货时的库存数量称为“订货点量”。它是根据保险储备量，订货日数以及平均每日需用量等因素确定的。计算公式为：

订货点量 = 平均每日需用量 × 订货日数 + 保险储备量

合理地确定订货点，是保持合理物资储备的重要措施。在一定条件下，如果订货点定得过高，物资储备就会过多，从而增加保管费用；订货点定得过低，物资储备就会过少，从而影响生产的正常进行，如图 6 - 17 所示。

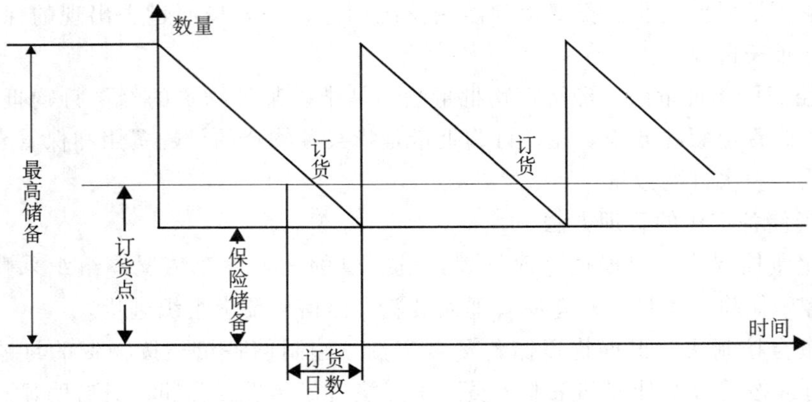

图 6－17 定量订货示意图

三、物资供应计划管理与仓库管理

（一）物资供应计划管理

1. 物资供应计划概念

物资供应计划是企业在计划期内，为保证生产任务的完成，确定各种物资需要量而编制的计划，是企业进行订货采购工作和组织厂内物资供应工作的依据，是促进生产发展，做好物资管理工作的重要手段。

物资供应计划是企业经营计划的重要组成部分，通过物资供应计划确定企业在计划期内生产、基建、科研和维修所需各种物资的需求量。

2. 物资供应计划的主要内容

企业编制物资供应计划的主要内容有：确定各种物资的需用量；确定期初库存量和期末储备量；确定物资供应量等。

（1）确定物资需求量。确定各类物资的需求量是编制物资供应计划的核心内容。物资需求量是指企业在计划期内为满足生产经营活动的各方面需要而应消耗的物资数量。它不仅包括基本生产的需要，也包括辅助生产、新产品试制、技术革新以及其他各种需要。物资需用量的确定，是按照每一类物资、每一种具体规格分别计算的。

物资需求量直接计算法：某种物资需求量＝计划产量/（1－计划允许的废品率）×单位产品物资供应定额

式中，计划产量是指计划期的商品产量及期末期初在制品差额之和。供应系数是考虑由非工艺性损耗引起的需求量的增加额，以工艺消耗定额的百分比表示。

（2）计算期初库存量和期末储备量。计划期初物资库存量，是指计划期开始第一天的期初库存量，它是保证计划期期初生产所必需的储备物资之一。计划期末物资储备量，是指计划期内最后一天的库存量，它是保证计划期下一年度生产正常进行的必要条件。

计划期初库存量和期末储备量由于生产任务和供应条件变化而往往不相等，因而尽管物资需用量不变，但供应的物资数量却要发生相应的增减。当计划期初库存量大于计划期末储备量时，供应的物资数量就可减少，反之则要增加物资供应量。

确定计划期期初库存储备量：MH期初 = MH现存 - MH耗用 + MH到货

确定计划期期末的库存储备量应视下一个计划期任务需要而定。

（3）确定物资采购量。计划期内各种物资的需求量和期初，期末库存量确定之后，就要对每一种物资进行需求和供给平衡，编制物资平衡表。根据物资平衡表提出计划年度各类物资的申请量和采购量，编制物资供应计划。

企业的物资计划采购量的计算公式为：

物资采购量 = 物资的需用量 + 期末储备量 - 期初库存量 - 企业内部可利用的资源

企业内部可利用的资源，是指企业进行改制、回收、代用和修旧利废的物资数量，这是一部分不可忽视的资源。

3. 物资供应计划的组织实施

物资供应计划的编制是计划工作的重要组成部分，是生产计划得以实现的物资保证。企业为了实现物资供应计划的各项内容，就必须认真组织订货和采购工作，落实各类物资的来源和供应渠道。

计划期的物资需用量是对计划期内需用物资量的预测。计划期物资需用量的计算方法主要有以下几种：

（1）直接计算法，又称定额计算法，是指根据计划产量乘以单位产品物资消耗定额的一种方法。

（2）间接计算法，间接计算法，是指利用比例、系数或经验等间接资料来估算物资需用量的方法。

（3）统计计算法，具体包括：报告期需求量法、算术平均法、移动平均法、加权平均预测法、一元线性回归预测法、季节预测法等。

4. 物资供应计划的编制及执行

（1）审核数据、计算指标。数据的准确性直接影响计划的质量，所以编制计划时必须进行认真的审核工作，特别是要审核以下各项：生产部门、机修部门、基建部门上报的物资需要量是否合理；需要时间是否恰当；物资消耗定额是否先进可靠等。

（2）综合平衡。物资供应计划的综合平衡主要是企业物资供应计划与企业其他计划之间的平衡。具体来讲，企业物资供应计划和其他计划，如生产计划、设备维修计划、基本建设计划、科研计划、运输计划、资金使用计划等之间的平衡。

（3）编制计划。物资供应计划一般由3部分组成，即物资核算表、待购物资表和文字说明。物资核算表主要是对计划期所需要的物资进行核算，主要内容包括计划期任务量、物资消耗定额、物资消耗的统计资料。待购物资表是企业在确定了计划期物资需用量、计划期初库存量、计划期期末储备量基础上着手编制的。

季度物资供应计划是在年度物资供应计划的基础上编制的，是由年度到月度，中长期到短期的中间环节，由企业物资部门在季度到来之前10天分别核算并汇总出主要物资的详细品种规格，与本期库存、本期储备、本期资源进行平衡，经过平衡，不足部分从市场购入，保证生产计划的顺利完成。

月份物资供应计划是季度物资供应计划的具体化，是根据工业企业各个时期的具体条件，把年、季度物资供应计划中规定的指标，按照月、旬具体地安排到车间、班组，层层落实，从而保证企业生产作业计划的完成。

计划的执行要落实资源，积极组织力量通过订货、采购、委托加工、协作等形式保证物资供应。物资入厂后一方面要及时发放，另一方面要加强物资管理，定额发料，防止浪费。

（二）仓库管理

企业仓库管理是物资管理工作的重要组成部分，做好仓库管理工作对于保证企业正常生产节约生产成本有着重要作用。企业仓库管理工作主要包括验收入库、保管、发放和清点盘存等。

1. 物资的验收入库

做好物资验收入库是仓库管理工作的第一步，主要验收货物的数量、质量、品种、规格与单据是否符合要求，对不符合要求的物资，要及时报告物资管理部门，并将其另行堆放，妥善保管，等待处理。

2. 物资的保管

物资保管是仓库管理的中心环节，其主要内容是：建立仓库管理责任制，实行专人管理，专人负责，严格出入库手续；对入库物资，按照安全、方便的原则，进行合理分类，便于存、取、查核、实行货位编号。物资保管应坚持以确保物资始终处于有效使用期为宗旨，为确保储存物资的质量，要定期检查库存。

对不同类型物资，进行合理保管，区别一般与贵重物资，大体积与微小零星物资，固体和液体物资，有毒与无毒物资，大宗与小宗物资，采取相应措施，分别妥善存放。在此过程中，必须坚持："预防为主，防治结合"的原则，保持仓库整洁，使仓库符合安全、防冻、防腐、防潮、防火的标准。

3. 物资的发放

物资发放是确保生产和节约材料使用的重要环节，要求仓库管理部门按质、按量、齐套、准时、有计划地发放物资，确保生产第一线的需要。很多企业采用"限额发料"的办法控制物资发放，是一种较有效的方法。"限额发料"是根据生产计划和工艺要求，按材料消耗定额的标准进行发料。这样既有利于有计划、有准备地供应生产，又有利于贯彻物资消耗定额、节约材料成本。

4. 物资的清点

物资库存不仅品种多、规格多、数量多，而且进出和流动速度快，为了及时掌握库存物资的变化情况，避免物资缺失，损坏和超储积压，企业必须经常对库存物资进行认真盘点，做到账、卡、物三相符。一般清点工作都是在月末、季末和年末进行，发现盘亏或损坏现象要及时报告有关部门，进行核查处理。

复习思考题

第六章复习思考题

教学案例选编

案例6－1　走向桑塔纳

翻转课堂教学活动

中车永济电机厂6S管理

课程思政设计与实践

企业生产运营管理
——融入时代理念、质量强国、工匠精神、奋斗精神、创新精神、文化传承、职业素养

【思政育人目标】

1. 知识目标。①了解生产运作的产生与发展、生产运作的概念与研究内容，生产运作策略；②了解生产计划的概念、内容及分类；③掌握生产运作的总体策略、生产过程时间与空间组织；④新型生产方式，柔性制造系统、准时生产和精益生产等；⑤掌握全面质量管理的基本要求，全面质量管理的实施程序；⑥掌握设备与设备管理，设备的选择与使用，设备的维护与保养；⑦掌握技术开发管理价值工程的基本概念，价值工程的工作程序；⑧掌握物资管理概述，物资消耗定额管理。

2. 能力目标

①学会生产运作的总体策略、生产过程时间与空间组织；②掌握柔性制造系统、准时生产和精益生产等新型生产方式；③学会全面质量管理的基本要求，熟练把握全面质量管理的实施程序；④掌握决定生产能力标准因素、提高生产能力的途径，熟练运用提高生产能力的途径；⑤提高设备的检查与修理，设备的更新与改造，价值工程的核心内容，物资储备定额管理能力。

3. 思政目标

①了解运营管理相关专业理论及实践知识的同时，能够掌握我国相关历史知识，特别是中国共产党的发展历程；②让学生能够对国家经济建设和发展过程中积淀的运营管理财富有深入认识；让学生深刻理解“中国制造2025”和“质量强国”，提升学生社会责任感，增加对国家及民族的热爱；③以国家发展战略、热点话题和企业实际为基点，

将社会主义核心价值观、科学精神、人文道德等思政元素，同“双碳”目标、“质量强国”“工匠精神”等内容有机融入课程教学中，引导和鼓励学生积极参与质量强国的社会实践，增强学生的使命担当，提高学生运用运营管理的基本理论解决问题的能力；④关注学生自我管理能力的培养，切实提升学生的综合能力和职业素养，培养学生的远大抱负、自强不息、追求卓越的奋斗精神；⑤增进学生对中国国情和本土优秀企业组织管理的认识，树立文化自信和家国情怀。

【思政设计与融入点】

1. 设计思路

课程思政是高校思想政治教育教学改革的内在要求，努力探索与本校实际相结合的“课程思政”模式。一是“生产运营管理”课程是专业的核心内容，进行课程思政建设，有助于学生理解国家政策的价值和意义。二是在传授知识和理论思辨的过程中，通过融入思政内容，能够更好地引导学生加深对人的价值及社会贡献的理解，认同组织文化，树立正确的人生观、世界观和价值观。三是在课程实践训练技能的典型案例研讨时，强化学生对于企业运营管理的社会价值的认识，提升学生的思政水平，培养更多优秀的运营管理人才。

2. 课程思政元素

生产运营管理要求企业生产管理者不仅要具备生产运营管理思维和创新精神，而且要有强烈使命感和责任担当精神，以及组织管理思维转化为有效组织管理变革与“双碳”目标、“质量强国”和“工匠精神”。课程思政元素融入点设计如下：

（1）时代理念。从战略管理全局视角和长远眼光观察、思考和处理新时代企业生产运营管理问题的科学思维方式。生产运营管理课程教学的最核心目标就是培养学生的生产运营管理思维。讲授我国提出的碳达峰、碳中和目标（以下简称“双碳”目标），培养学生的战略意识和运营管理能力，引导学生了解国家宏观经济发展现状和未来发展趋势，深刻理解高质量发展与“双碳战略”的内在关系。

（2）使命担当。我国提出的碳达峰、碳中和目标不仅是技术问题，也不仅是单一的能源、气候环境问题，而是一个影响广泛和复杂的经济社会问题，势必对今后发展产生重大影响。从长远看，实现“双碳”目标有利于实现经济高质量发展和促进生态环境改善。结合学生的人生发展，引导学生准确认识自己，确立自身的人生使命和价值观，以此来指导人生和职业生涯规划，帮助学生树立积极的使命担当意识，树立自己的职业生涯、人生发展与远大理想和抱负。

（3）质量强国。讲授全面质量管理课程内容时，结合中共中央、国务院印发的《质量强国建设纲要》（以下简称《纲要》），这是以习近平同志为核心的党中央立足全面建设社会主义现代化国家、着眼统筹“两个大局”、着力推动经济社会高质量发展作出的重大决策部署，是贯彻落实党的二十大精神、推进中国式现代化的重大举措，是新时代建设质量强国的宏伟蓝图，在我国质量事业发展史上具有重大里程碑意义，帮助学生树立“质量强国”意识，树立远大理想和抱负。

（4）工匠精神。从本质上讲，“工匠精神”是一种职业精神，它是职业道德、职业能力、职业品质的体现，是从业者的一种职业价值取向和行为表现。“工匠精神”的基本内涵包括敬业、精益、专注、创新等方面的内容。结合新型生产方式课程内容，在新的时代弘扬和践行“工匠精神”，须深入把握其基本内涵、当代价值与培育途径。“工匠精神”作为一种优秀的职业道德文化，它的传承和发展契合了时代发展的需要，具有重要的时代价值与广泛的社会意义。

（5）奋斗精神。习近平总书记在党的二十大报告中深刻指出：“中国人民的前进动力更加强大、奋斗精神更加昂扬、必胜信念更加坚定，焕发出更为强烈的历史自觉和主动精神”。艰苦奋斗是一种不怕艰难困苦，奋发图强，艰苦创业，为国家和人民的利益乐于奉献的顽强的斗争精神，结合生产运作的总体策略开展课程思政教学。

（6）文化传承。中国优秀的传统文化和中国革命红色文化中包含着许多丰富的运营管理思想。①学习“马恒昌小组精神”“二汽精神”及“精益生产方式”；②质量意识，民族资本企业以“国人愈爱国货，国货愈宜精良”自勉；③汉阳的周恒顺机器厂积极倡导“精工明料”，在生产上建立了一套严格的质量管理制度。通过学习，培养学生自觉弘扬中华优秀传统文化、革命文化、社会主义先进文化，增进对中国传统文化和红色文化的了解，增强民族自豪感、理论自信和文化自信。

（7）创新精神。数字经济时代的到来，对传统的企业生产运营管理提出了新的挑战，增加企业生产运营管理数字经济的新理念等方面的教学内容；课程思政材料包括中国经济发展过程中的典型人物、事件以及国家相关政策、行业发展报告及法律法规、工匠人物等。以中国经济发展史为主要背景材料，弘扬克服困难、自强不息的精神。

（8）职业素养。主要思政学习材料包括《毛泽东诗词》《周恩来超群智慧》《习近平谈治国理政》等书籍相关内容，国家发展规划、行业发展报告、政府年度工作报告和《劳动合同法》，进行职业素养的培养，树立职业意识，明确职业目标，树立终身学习意识，注重实践技能与社会能力的培养，完善从业人员职业道德的评价标准，把握工作重点，根据岗位职责打造核心素养。

【课程思政教学方法和手段】

1. 课程思政教学方法

采用“理论—案例—情景—实践—故事”相结合的“TCSPT”五维教学方法，激发学生兴趣，调动学生学习的主动性和创造性，注重思维训练和实际企业运营管理技能的培养。坚持以立德树人为根本，把培养学生的运营管理与帮助学生树立积极的人生观价值观结合起来，把本课程所蕴含的思政元素有机融合到课程学习的每个重要环节。教学方法如下：

（1）理论教学法：传授基本理论知识，促进学生生产运营管理思维和分析技能的培养。通过超星平台 MOOC（慕课）学习，推进现代信息技术在课程思政教学中的应用，激发学生学习兴趣，引导学生深入思考。

（2）案例教学法：以解决企业生产运营管理发展过程中实际遇到的问题为题目，在课程中引入真实企业生产运营管理案例，通过理论学习、阅读案例、个人分析、小组讨论、全班交流、总结归纳、消化提升和案例实践调研八个环节，加强师生互动，实践训练，实现教学相长，知行合一。

（3）情景教学法：从企业生产运营的实际情景出发，在课堂上和课外实践中创设生动有趣的情景，让学生在情景中受到感染，点燃他们的求知之火，从而使学生思维活跃，积极思考和理解企业运营管理发展过程相关的基本知识。

(4) 实践教学法：引入“行动学习”的理念，通过组织学生以团队方式参与真实企业生产运营管理工作，提高学生对实际企业发展的切身体会和认识，培养学生的运营管理能力与“质量强国”和“工匠精神”。

(5) 讲故事：通过组织学生以团队方式参与中国知名企业生产运营管理和中国革命红色文化的调研，撰写企业生产运营管理案例，讲中国企业管理故事，自觉弘扬中华优秀传统文化、革命文化、社会主义先进文化，增进对中国传统文化和红色文化的了解，提高学生对实际企业发展的切身体会和认识，培养学生的生产运营管理能力和创新能力，教育引导学生传承中华文脉，富有中国心、饱含中国情、充满中国味。

2. 融入手段

翻转课堂教学，教师讲授，视频展示，案例分析，经典阅读，MOOC（慕课）学习，团队式学习。

【课程思政教学路径】

第一，讲授习近平新时代中国特色社会主义思想及“奋斗精神”“工匠精神”等重要论述，学习中共中央、国务院印发的《质量强国建设纲要》，对于中国本土企业发展具有重要的战略借鉴和指导意义。

第二，学习“双碳”目标、“质量强国”和“工匠精神”，结合技术开发与管理、全面质量管理、新型生产方式、生产运作管理等教学内容，讲授我国提出的碳达峰、碳中和目标，“质量强国”和“工匠精神”等思政教学元素，增强学生职业素养，争做工匠，成为社会有用之材。

第三，学习“马恒昌小组精神”“二汽精神”及“精益生产方式”、汉阳的周恒顺机器厂积极倡导“精工明料”质量管理制度，用中国企业管理经典故事、全新中国本土案例提升企业生产运营管理能力和商业素质，使学生坚定“文化自信”，培养学生“企业家精神”特质和“工匠精神”。

第四，讲解“中国文化与精益生产”时，课程以茅台企业为例，不仅让学生看到了优秀传统工艺，也在讲述茅台人“生在茅台、长在茅台、奉献茅台”的故事中将代代传承、精益求精的“工匠精神”植根于学生心中。最后在学生充分了解茅台企业的基础上抛出问题，探讨该企业与其他企业运营管理的异同点，并分析其库存管理的难点。

【课程思政实践活动】

1. 课前5分钟经典阅读活动，进行习近平新时代中国特色社会主义思想及“奋斗精神”“工匠精神”等重要论述学习；

2. 课中进行《中车永济电机厂6S管理》案例分析研讨，以小组为单位开展翻转课堂教学活动；

3. 课后进行《精益思想》《工业管理与一般管理》经典阅读，观看“大国工匠”“超级工程”等央视视频及“学习强国”的部分视频、图片等，《生命重于泰山》电视专题片，进行华为集团5G智能制造案例，东亚公司《东亚精神》一书，汉阳的周恒顺机器厂倡导“精工明料”经典阅读；超星平台《现代企业管理》MOOC（慕课）学习：https：//www. xueyinonline. com/detail/241026355；齐齐哈尔大学在线综合教育平台《管理综合案例》自主学习活动。

经典管理故事

一个心理学教授到疯人院参观，了解疯子的生活状态。一天下来，觉得这些人疯疯癫癫，行事出人意料。

想不到准备返回时，发现自己的车胎被卸掉了。“一定是哪个疯子干的！”教授这样愤愤地想道，动手准备换备胎。

事情严重了，卸车胎的人居然将螺丝也都卸掉。

教授一筹莫展。在他着急万分的时候，一个疯子蹦蹦跳跳地过来了，嘴里唱着不知名的欢乐歌曲。他发现了困境中的教授，停下来问发生了什么事。

教授懒得理他，但出于礼貌还是告诉了他。

疯子哈哈大笑说：“我有办法！”他从每个轮胎上面卸了一个螺丝，这样就拿到三个螺丝将备胎装了上去。

教授惊奇感激之余，大为好奇：“请问你是怎么想到这个办法的？”

疯子嘻嘻哈哈地笑道：“我是疯子，可我不是呆子啊！”

第七章

企业财务管理

【章前导读】

欧洲某银行香港分行实施平衡计分卡的案例

这家银行的高级经理们决定采用平衡计分卡作为战略管理工具。他们首先制定了香港分行的战略，接着成立了跨部门的 BSC 工作小组。这个工作小组在拟定平衡计分卡指针过程中反复讨论，从不同的角度探索该银行的战略成功因素，其中较大的困难在拟定及搜集相关资料方面。由于很多时候没有现成的资料，需要用大量的一手资料。在设计平衡计分卡过程中，不同部门的同事会提出不同的看法，经相互讨论后达成共识，这个讨论过程增强了各个部门之间的了解，加强团队精神及合作性。

以下是经过不同管理层讨论后拟定的平衡计分卡指针。

F 财务角度（Financial Perspectives），财务表现是所有商业企业的最终及最重要成果，以下 F1 至 F5 是该银行最关键的成果指针。包括：短期的净利润（F1）；资本效益的运用（F2）；重要业务的趋势（F3）；成本的有效控制（F4）；影响银行较长远发展的风险管理（F5）。把成果指针拟定之后，还要找出适当的具体项目反映该指针的表现，定期做出检讨，有必要时还要做出修正，因为每家银行都有其独特性。

C 顾客角度（Customer Perspectives），所有顾客角度指针应与财务角度指针有因果关系，否则是没有意义的。C1，顾客满意度；C2，顾客群组利润/顾客组别的利润；C3，市场份额；C4，顾客保留率/新客增长率；C5，业务多元化。

P 操作角度（Process Perspectives），所有操作角度指针应与顾客及财务角度指针存有因果关系，P1、P2、P3、P4 是 C1、C2、C3、C4 的因，而 P1、P2、P3、C4、C5 是 F5 的因。P1，效率；P2，错误率：P3，程序周期效率；P4，满足顾客要求的百分率。

L 学习与成长角度（Learning & Growth Perspectives），所有学习与成长角度指针应与操作、顾客及财务角度指针存有因果关系，L1、L2、L3、L4 是 P1、P2、P3、P4、C1、C4、F4 及 F5 的因。L1，员工满意度；L2，提供适合的培训；L3，对自己及其他相关部门的认识；L4，工作能力。

通过采用平衡计分卡，该银行成功地实现了战略转变，总体的竞争能力得到了提高。通过改善客户满意度和扩大产品组合，赢得了更多的客户的认同，留住老客户的同时也吸引来了大批新目标的客户。这样也就提高了市场占有率和银行的盈利率。同时，银行的工作效率和员工的能力和业务素质也得到明显提高。

能够成功推行平衡计分卡最重要的是要企业真正把财务、顾客、操作及学习 4 个方面的关键因素找出来并建立它们之间的因果关系。企业管理阶层要落实定时检讨、量度及管理所有的平衡计分卡指针。没有量度也等于没有管理。

资料来源：顾良智．有效运用平衡计分卡．北京：中国金融家，2004（本文引用时有改动）

【教学内容精要】

【课程性质】

财务管理是在一定的整体目标下，关于资产的购置（投资），资本的融通（筹资）和经营中现金流量（营运资金），以及利润分配的管理。财务管理是企业管理的一个组成部分，它是根据财经法规制度，按照财务管理的原则，组织企业财务活动，处理财务关系的一项经济管理工作。简单的说，财务管理是组织企业财务活动，处理财务关系的一项经济管理工作。

【发展趋势】

财务管理及企业生产经营的各个方面，是以资金时间价值、风险价值理论为基础，主要内容包括资金价值、风险价值、筹资管理、投资管理、运营资金管理、收益管理、利润分配、财务控制和财务分析等基本知识。

【教学内容】

本篇包含了财务管理的基本理论和 1 个真实企业的案例，包括企业财务分析、筹资决策、投资决策、资本运营应收账款管理等。教学案例直接针对课程的知识点，利于学生分析问题、解决问题能力的提高，利于学生创造性地解决企业理财过程中的新问题。

【教学要求】

1. 选编了财务管理方面的教学案例，根据思考与讨论题，在学习财务管理基本理论、阅读案例和查阅文献资料的基础上，撰写管理案例课堂讨论书面报告。

2. 设计课堂讨论主题发言和自由发言的内容，认真参与管理案例教学课堂讨论，填写现代企业管理学课程翻转课堂讨论记录表。

第一节

企业财务管理概述

抓好财务管理就是抓住了企业管理的牛鼻子，对于提高经营管理水平、减少资金占用、节约成本、增加盈利都有重要作用。

一、企业财务管理的概念及内容

（一）企业财务与财务管理的概念

1. 企业的财务活动

在企业生产经营过程中，一方面表现为实物商品的运动过程，另一方面表现为资金的运动过程。企业资金的实质是生产经营过程中运动着的价值。企业的资金运动构成企业经济活动的一个相对独立的方面，具有自己的运动规律，这就是企业的财务活动。

企业财务就是研究企业经营过程中的资金运动。随着再生产过程的不断进行，企业资金总是处于不断运动之中，由一种形态转化为另一种形态，周而复始，不断循环，形成了资金运动。在物资购买阶段，企业资金由货币形态转化为固定资产、原材料等实物形态的资金——固定资金、储备资金；在生产阶段，已消耗的生产资料价值——固定资产损耗价值和储备资金，以及劳动者创造的价值转移到产品中，资金形态转化为另一种实物形态的资金——生产资金和成品资金；通过销售阶段，成品资金形态又转化为货币资金形态。

2. 财务管理的概念

企业财务管理是对企业资金运行的管理，即对资金筹集、资金投放、资金耗费、资金回收和资金分配等财务活动过程的管理。

财务管理渗透在全部经营活动之中，涉及生产、供应、销售每个环节和人、财、物各个要素，所以抓企业内部管理以财务管理为突破口，通过价值管理来协调、促进、控制企业的生产经营活动。

（二）企业财务管理的内容

总的来说，企业财务管理包括以下4个方面的内容：

1. 企业资金的筹集

企业通过筹资可以形成两种不同性质的资金来源：

（1）企业的权益资金，企业可以通过向投资者吸收直接投资、发行股票、用留存收益转增资本等方式取得，其投资者包括国家、法人、个人等；

（2）企业债务资金，企业可以通过向银行借款、发行债券、利用商业信用等方式取得。由企业筹资而引起的财务活动，是企业财务管理的主要内容之一。

2. 投资活动

企业投资可以分为广义的投资和狭义的投资。广义的投资是指企业将筹集的资金投入使用的过程，包括企业内部使用资金的过程和对外投放资金的过程。狭义的投资仅指对外投资。企业在投资过程中，必须考虑投资规模；同时，企业还必须通过投资方向和投资方式的选择，来确定合理的投资结构。这些投资活动都是财务管理的内容。

3. 资金营运活动

企业在日常生产经营过程中所发生的资金收付活动：

（1）企业要采购材料或商品，以便进行生产和销售活动，同时，还要支付工资和其他营业费用；

（2）当企业售出商品后，便可收回资金；

（3）企业现有资金不能满足经营的需要，还要采取短期借款方式来筹集所需资金。

4. 分配活动

广义的分配是指企业对各种收入进行分割和分派的过程；狭义的分配仅指对净利润的分配。随着分配过程的进行，资金退出或留存企业，必然会影响企业的资金运动，这不仅表现在资金运动的规模上，而且表现在资金运动的结构上。因此，合理确定分配规模和分配方式，也是财务管理的主要内容之一。

上述财务管理的4个方面，构成了完整的企业财务活动，也构成了企业财务管理的基本内容。

（三）企业的财务关系

企业的财务关系是指企业在组织财务活动过程中与各方面发生的经济关系。

（1）企业与所有者之间的财务关系。

（2）企业与债权人之间的财务关系。

（3）企业与被投资单位（受资者）之间的财务关系。

（4）企业与债务人之间的财务关系。

（5）企业与往来客户之间的财务关系。

（6）企业内部各部门之间的财务关系。

（7）企业与职工之间的财务关系。

（8）企业与国家税务机关之间的财务关系。

二、财务管理基本环节及财务指标

（一）财务管理的基本环节

财务管理的基本环节是指财务管理的工作步骤和一般程序，它包括财务预测、财务决策、财务计划、财务控制和财务分析。

1. 财务预测

财务预测是根据财务活动的历史资料，考虑目前的条件和要求，对企业未来的财务活动和财务成果作出科学的预计和测算。财务预测是财务决策的基础，是编制财务计划的前提，是组织企业日常财务活动的必要条件。

财务预测的方法主要有定性预测法和定量预测法两种。

（1）定性预测法是利用一些直观资料，依靠财务人员过去的经验和各方面的意见进行分析判断，预测企业未来的发展状况和发展变动趋势。

（2）定量预测法是根据比较完整的资料，运用数学方法，建立数学模型，对企业的未来进行预测。

2. 财务决策

财务决策是指财务人员在财务管理目标的总体要求下，采用一定方法，从若干个备选方案中选出最优或满意方案的过程。财务决策是企业财务管理的核心，它贯穿企业财务管理的全过程。财务决策一般包括以下工作步骤：①确定决策对象；②提出备选方案；③选择最优方案。

3. 财务计划

财务计划是在一定的计划期内，以货币形式反映生产经营活动所需的资金及其来源、财务收入和支出、财务成果及其分配的计划。财务计划是财务预测和财务决策的具体化，是控制和分析财务活动的依据。财务计划一般包括如下工作步骤：①分析财务环境，确定计划指标；②协调人力、物力、财力，进行综合平衡；③编制财务计划。

4. 财务控制

财务控制是指在财务管理过程中，利用有关信息和特定手段，对企业的财务活动加以影响或调节，以便实现财务计划所规定的财务目标。财务控制是落实财务计划和保证财务计划实现的有效措施。

财务控制一般包括如下工作步骤：①制定控制标准，分解和落实计划指标；②实施追踪控制；③确定和调整差异；④搞好考核奖惩。

5. 财务分析

财务分析是根据核算资料提供的信息，运用特定的方法，对企业财务活动过程及其结果进行分析和评价的一项工作。借助财务分析，可以掌握各项财务计划的完成情况，评价财务状况，研究和掌握企业财务活动的规律性，有利于改善财务预测、财务决策、财务计划和财务控制，从而提高企业管理水平和经济效益。

财务分析一般包括如下工作步骤：①进行指标对比，作出评价；②分析原因，明确责任；③落实措施，改进工作。

财务管理各个基本环节互相联系、互相制约，形成周而复始的财务管理循环过程，构成财务管理的完整工作体系。

（二）财务指标

1. 财务指标概念及内容

财务指标是指企业总结和评价财务状况和经营成果的相对指标，主要包括：偿债能力指标（包括资产负债率、流动比率、速动比率）；营运能力指标（包括应收账款周转率、存货周转率）；盈利能力指标［包括资本金利润率、销售利润率（营业收入利税率）、成本费用利润率等］。

2. 综合指标分析

综合指标分析就是将各方面指标纳入一个有机整体之中，全面地对企业经营状况、财务状况进行揭示和披露，从而对企业经济效益的优劣作出准确的判断和评价。综合财务指标体系必须具备3个基本要素：指标要素齐全适当；主辅指标功能匹配；满足多方信息需要。

（三）财务能力分析

要分析判断一个企业的经营能力，首先必须分析企业的财务状况，企业的财务报表和资料记录了企业经营的整个过程和取得的绩效水平。

1. 财务比率分析

分析企业财务状况广泛使用的方法是财务比率分析。财务比率分析通常从两个方面进行：一是计算本企业有关财务比率，并与同行业中的竞争对手进行比较或与同行业的平均财务比率进行比较，借以了解本企业同竞争对手或同行业一般水平相比的财务状况和经营成果；二是将计算得到的财务比率同本企业过去的财务比率和预测未来的财务比率相比较，借以测定企业财务状况和经营成果在一个较长时间内的变动趋势。

2. 财务比率分析评价体系

财务比率分析评价体系主要由5大类指标构成，即收益性、安全性、流动性、成长性和生产性指标。分别计算出5类指标并画出雷达图，就能够清楚、直观、形象地揭示出企业的财务及经营状况的优势和劣势，这对于制定正确有效的企业战略具有十分重要的意义。

（1）收益性指标。分析收益性指标的目的在于观察企业一定时期的收益及获利能力。其主要指标含义及计算公式见表7－1。

表7－1　企业收益性指标

收益性比率	基本含义	计算公式
1. 资产报酬率	反映企业总资产的利用效果	(净收益＋利息费用＋所得税)/平均资产总额
2. 所有者权益报酬率	反映所有者权益的回报	税后净利润/所有者权益
3. 每股利润	反映股东权益的报酬	(净利润－优先股股利)/普通股发行在外平均股数
4. 股利发放率	反映股东权益的报酬	每股股利/每股利润
5. 市盈率	反映股东权益的报酬	每股市价/每股利润
6. 销售利税率	反映销售收入的收益水平	利税总额/净销售收入
7. 销售毛利率	反映销售收入的收益水平	销售毛利/净销售收入
8. 销售净利率	反映销售收入的收益水平	净利润/净销售收入
9. 成本费用利率	反映企业为取得利润所付的代价	(净收益＋利息费用＋所得税)/成本费用总额

（2）安全性指标。安全性指的是企业经营的安全程度，也即资金调度的安全性。分析安全性指标的目的在于观察企业一定时期内的偿债能力。其主要指标含义及计算公式见表7－2。

表7－2　企业安全性指标

安全性比率	基本含义	计算公式
1. 流动比率	反映企业短期偿债能力和信用状况	流动资产/流动负债
2. 速动比率	反映企业立即偿付流动负债的能力	速动资产/流动负债
3. 资产负债率	反映企业总资产中有多少是负债	负债总额/资产总额
4. 所有者（股东）权益比率	反映企业总资产中有多少是所有者权益	所有者权益/资产总额
5. 利息保障数	反映企业经营者所得偿付借款利息的能力	税息前利润/利息费用

其中，流动比率和速动比率均反映企业的变现能力，比率越高，流动负债得到偿还的保障越大。但如果比率过高，则反映企业滞留在流动资产上的资金过多，未能有效利用，可能会影响企业的获利能力。一般而言，流动比率2:1较为合适，速动比率1:1较为合适。

资产负债率越高，在负债所支付的利息率低于资产报酬率的条件下，股东的投资收益率就越高，说明经营有方、善用借债。但是比率越高、借款越多，偿债能力就越差，财务风险也越大，因此，资产负债率要保持在适当水平，一般说来，低于50%的资产负债率较为稳妥。所有者（股东）权益比率与资产负债率之和为1，所有者（股东）权益比率越大，财务风险越小。而利息保障倍数的比率若低于1，则说明企业经营所得还不足以偿付借款利息，因此该比率越高，说明按时按量支付利息就越有保障。

（3）流动性指标。分析流动性指标的目的在于考察企业在一定时期内的资金周转状况，是对企业资金活动的效率分析。其主要指标含义及计算公式见表7－3。

表7－3　　企业流动性指标

流动性比率	基本含义	计算公式
1. 存货周转率	反映存货的周转速度	销售成本/平均存货
2. 应收账款周转率	反映年度内应收账款转为现金的平均次数	销售收入/平均应收账款
3. 流动资产周转率	反映流动资产的使用效率	销售收入/平均流动资产总额
4. 固定资产周转率	反映固定资产的使用效率	销售收入/平均固定资产总额
5. 总资产周转率	反映全部资产的使用效率	销售收入/平均资产总额

其中，流动资产周转率、固定资产周转率、总资产周转率分别反映流动资产、固定资产、总资产的使用效率，比率越高，说明资产利用越好、获利能力越强；存货周转率是衡量和评价企业购入存货、投入生产、销售收回等各环节管理状况的综合性指标，比率越高，说明资金回收越快、效益越好；应收账款周转率反映年内应收账款转为现金的平均次数，比率越高，说明企业催收账款的工作做得越好，坏账损失的可能性越小。

（4）成长性指标。分析成长性指标的目的在于考察企业在一定时期内经营能力的发展变化趋势。一个企业即使收益性高，但如果成长性不好，也就表明其发展的后劲不足，未来盈利能力可能较差。因此，分析企业的成长性对战略的选择至关重要。其主要指标见表7－4。

表7－4　　企业成长性指标

成长性比率	基本含义	计算公式
1. 销售收入增长率	反映销售收入变化趋势	本期销售收入/前期销售收入
2. 税前利润增长率	反映税前利润变化趋势	本期税前利润/前期税前利润
3. 固定资产增长率	反映固定资产变化趋势	本期固定资产/前期固定资产
4. 人员增长率	反映人员变化趋势	本期职工人数/前期职工人数
5. 产品成本降低率	反映产品成本变化趋势	本期产品成本/前期产品成本

（5）生产性指标。分析生产性指标的目的在于判断企业在一定时期内的生产经营能力、生产经营水平和生产成果的分配等。其主要指标见表7－5。

表7－5 企业生产性指标

生产性比率	基本含义	计算公式
1. 人均销售收入	反映企业人均销售能力	销售收入/平均职工人数
2. 人均净利润	反映企业经营管理水平	净利润/平均职工人数
3. 人均资产总额	反映企业生产经营能力	资产总额/平均职工人数
4. 人均工资	反映企业经营成果分配	工资总额/平均职工人数

上述企业能力的五性分析结果可以用雷达图的形式表示出来，如图7－1所示。雷达图的绘制方法是：首先画出3个同心圆，并将其5等分，形成5个扇形区分别表示生产性、安全性、收益性、流动性和成长性指标区域。通常，最小圆代表同行业平均水平的1/2或最低水平；中间圆代表同行业平均水平，又称标准线；最大圆代表同行业先进水平或平均水平的1.5倍。其次，在5个扇形区分别以放射线的形式画出相应的财务指标线，并标明指标名称或标号。最后将企业同期的相应指标值用点标在图上，以线段依次连接相邻点，形成折线闭环就构成了雷达图。

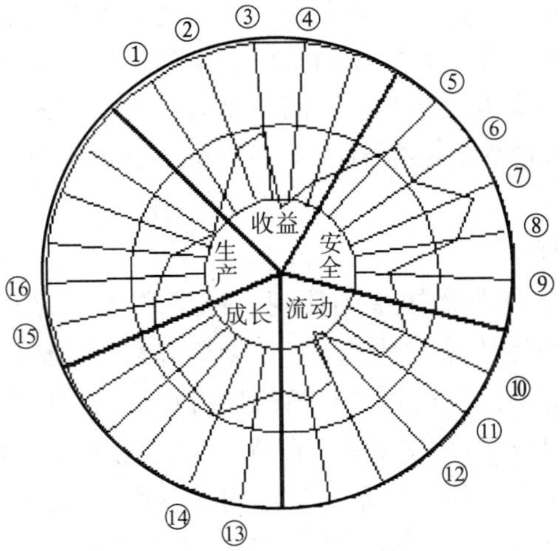

图7－1 企业能力雷达图

雷达图可以清楚、直观地反映企业财务及经营管理的优势和劣势。当指标值处于标准线以内时，说明该指标低于同行业平均水平，需要查找原因加以改进；若接近最小圆或处于其内，则说明该指标处于极差的状态，是企业经营的危险状态，应重点加以分析改进；若处于标准线外侧，则说明该指标处于较理想状态，是企业的优势所在，应及时总结并保持。

雷达图主要应用于企业经营状况——收益性、生产性、流动性、安全性和成长性的评价。

第二节

货币时间价值与风险管理

货币经历一定时间的投资和再投资所增加的价值，货币投入生产经营过程后，其金额随时间的持续不断增长。货币时间价值与风险管理并存，增加财务风险管理对企业管理是非常有利的，利用好货币时间价值、控制和防范企业的财务风险也是非常重要的，可以提高对企业内部的管理，提高企业管理的水平。

一、货币时间价值

（一）货币时间价值概念及特征

1. 货币时间价值概念

货币的时间价值是货币经历一段时间的投资和再投资所增加的价值。资金时间价值，指一定量的资金在不同时点上价值量的差额。简单来说，就是资金随着时间的推移而产生的价值变化。

货币时间价值是指货币随着时间的推移而发生的增值，是资金周转使用后的增值额。也称为资金时间价值。专家给出的定义：货币的时间价值就是指当前所持有的一定量货币比未来获得的等量货币具有更高的价值。从经济学的角度而言，现在的一单位货币与未来的一单位货币的购买力之所以不同，是因为要节省现在的一单位货币不消费而改在未来消费，则在未来消费时必须有大于一单位的货币可供消费，作为弥补延迟消费的贴水。

2. 货币时间价值特征

（1）货币时间价值是资源稀缺性的体现。经济和社会的发展要消耗社会资源，现有的社会资源构成现存社会财富，利用这些社会资源创造出来的将来物质和文化产品构成了将来的社会财富，由于社会资源具有稀缺性特征，又能够带来更多社会产品，所以现在物品的效用要高于未来物品的效用。在货币经济条件下，货币是商品的价值体现，现在的货币用于支配现在的商品，将来的货币用于支配将来的商品，所以现在货币的价值自然高于未来货币的价值。市场利息率是对平均经济增长和社会资源稀缺性的反映，也是衡量货币时间价值的标准。

（2）货币时间价值是信用货币制度下，流通中货币的固有特征。在目前的信用货币制度下，流通中的货币是由中央银行基础货币和商业银行体系派生存款共同构成，由于信用货币有增加的趋势，所以货币贬值、通货膨胀成为一种普遍现象，现有货币也总是在价值上高于未来货币。市场利息率是可贷资金状况和通货膨胀水平的反映，反映了货币价值随时间的推移而不断降低的程度。

（3）货币时间价值是人们认知心理的反映。由于人在认识上的局限性，人们总是对现存事物的感知能力较强，而对未来事物的认识较模糊，结果人们存在一种普遍的心理就是比较重视现在而忽视未来。现在的货币能够支配现在商品满足人们现实需要，而将来货币只能支配将来商品满足人们将来不确定需要，所以现在单位货币价值要高于未来单位货币的价值。为使人们放弃现在货币及其价值，必须付出一定代价，利息率便是这一代价。

（二）资金时间价值表示方法及影响因素

1. 资金时间价值表示方法

资金时间价值可以用绝对数表示，也可以用相对数表示，即以利息额或利息率来表示。但是在实际工作中对这两种表示方法并不做严格的区别，通常以利息率进行计量。利息率的实际内容是社会资金利润率。各种形式的利息率（贷款利率、债券利率等）的水平，就是根据社会资金利润率确定的。但是，一般的利息率除了包括资金时间价值因素以外，还要包括风险价值和通货膨胀因素。资金时间价值通常被认为是没有风险和没有通货膨胀条件下的社会平均利润率，这是利润平均化规律作用的结果。作为资金时间价值表现形态的利息率，应以社会平均资金利润率为基础，而又不应高于这种资金利润率。

资金经合理运用一定时间后，所具有的赢利增值的潜在能力。利率越高、时间越长，所赢得的利润及增值也越多，一般以复利公式加以计算。现在拥有的一定数量的资金，等价于若干年后更大数量的一笔资金；同理，若干年后的一笔资金，折算为现值时要打一定折扣。1 年后的资金折算为现在的资金时所打的折扣，称为折现率。由于水利工程的寿命一般很长，在寿命期内还要确定一个为期 30 ~ 50 年的经济分析期。在此期中每年都可能投入或回收一定的资金。为了比较各方案的经济效率，需要将不同年份的资金按其时间价值折算为同一时间的资金值。

2. 资金的时间价值的现值与终值

终值（future value），又称将来值或本利和，是指现在一定量的资金在未来某一时点上的价值。通常记作 F。

现值，也称折现值，是指把未来现金流量折算为基准时点的价值，用以反映投资的内在价值，通常记作 P。

3. 影响资金时间价值的因素

（1）资金的使用时间。在单位时间的资金增值率一定的条件下，资金使用时间越长，则资金的时间价值越大；使用时间越短，则资金的时间价值越小。

（2）资金数量的多少。在其他条件不变的情况下，资金数量越多，资金的时间价值就越多；反之，资金的时间价值则越少。

（3）资金投入和回收的特点。在总资金一定的情况下，前期投入的资金越多，资金的负效益越大；反之，后期投入的资金越多，资金的负效益越小。而在资金回收额一定的情况下，离现在越近的时间回收的资金越多，资金的时间价值就越多；反之，离现在越远的时间回收的资金越多，资金的时间价值就越少。

（4）资金周转的速度。资金周转越快，在一定的时间内等量资金的周转次数越多，资金的时间价值越多；反之，资金的时间价值越少。

（三）资金流程图及相关计算

1. 资金流程图

为了直观清晰地表达某项水利工程各年投入的费用和取得的收益，可以绘制资金流程图，如图 7-2 所示。图中的横坐标为时间，每小格表示 1 年；纵坐标为资金，箭头长度按一定比例表示资金数值，箭头向上的为收入，向下的为支出。一般以工程完工并开始投入运行之年的年初作为原点（基点），原点左边各年是施工期，原点右边各年是运行期。为简便起见，一般都把各年的收支金额当作是集中在年末发生的。从图上可以很容易看出，第 1 年的年末就是第 2 年的年初。

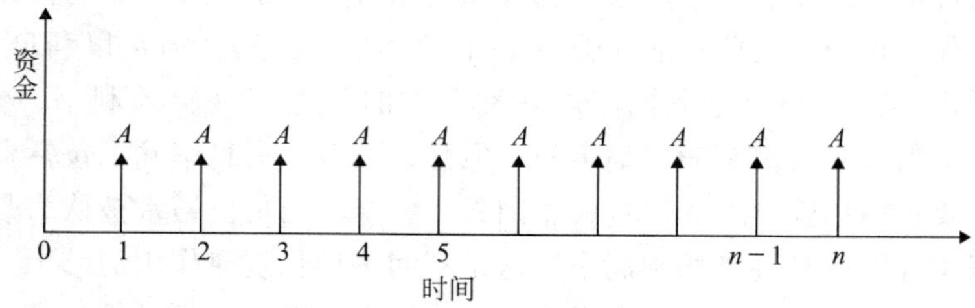

图 7-2　资金流程图

2. 单利和复利计算

（1）单利计算方法公式及介绍。在单利计算中，经常使用以下符号：

P——本金，又称期初金额或现值；

i——利率，通常指每年利息与本金之比；

I——利息；

F——本金与利息之和，又称本利和或终值；

n——计息期数，通常以年为单位。

单利利息的计算公式为：

$$\text{利息}(I)=\text{本金}(P)\times\text{利率}(i)\times\text{计息期数}(n)$$

【例 7-1】某企业有一张带息期票，面额为 1200 元，票面利率 4%，出票日期 6 月 15 日，8 月 14 日到期（共 60 天），则到期时利息为：

$$I=1200\times4\%\times60/360=8\text{（元）}$$

在计算利息时，除非特别指明，给出的利率是指年利率。对于不足 1 年的利息，以 1 年等于 360 天来折算。

依据人们的使用要求，单利的计算又有终值与现值之分。

①单利终值的计算。单利终值即现在的一定资金在将来某一时点按照单利方式下计算的本利和。单利终值的计算公式为：

$$F=P+P\times i\times n=P\times(1+i\times n)$$

在【例 7-1】中，如票据到期，出票人应付的本利和即票据终值为：

$$F=1200\times(1+4\%\times60/360)=1208\text{（元）}$$

②单利现值的计算。在现实经济生活中，有时需要根据终值来确定其现在的价值即现值。例如，在使用未到期的票据向银行申请贴现时，银行按一定利率从票据的到期值中扣除自借款日至票据到期日的应计利息，将余额付给持票人，该票据则转归银行所有。贴现时使用的利率称贴现率，计算出来的利息称贴现息，扣除贴现息后的余额称为现值。

单利现值的计算公式为：

$$P = F - I = F - F \times i \times n = F \times (1 - i \times n)$$

假设在【例 7-1】中，企业因急需用款，凭该期票于 6 月 27 日到银行办理贴现，银行规定的贴现率 6%。因该期票 8 月 14 日到期，贴现期为 48 天。银行付给企业的金额为：

$$P = 1208 \times (1 - 6\% \times 48/360) = 1208 \times 0.992 = 1198.34 \text{（元）}$$

也就是说，在单利存储过程中，一旦出现了单利现值（提前提取存款的情况），存款单位或者法人，很可能会碰到本金亏损的情况，因为银行在结算贴现时是使用终值为基数来结算，贴现值有很大的概率高于总利息。

（2）复利计算方法公式及介绍：

$$F = P \times (1 + i)^n$$

$$F = A[(1 + i)^{n-1}]/i$$

$$P = F/(1 + i)^n$$

$$P = A[(1 + i)^{n-1}]/(i(1 + i)^n)$$

$$A = Fi/[(1 + i)^{n-1}]$$

$$A = P[i(1 + i)^n]/[(1 + i)^{n-1}]$$

F：终值（Future Value），或叫未来值，即期末本利和的价值。

P：现值（Present Value），或叫期初金额。

A：年金（Annuity），或叫等额值。

i：利率或折现率。

N：计息期数。

复利计算的特点是：把上期末的本利和作为下一期的本金，在计算时每一期本金的数额是不同的。

复利的本息计算公式是：$F = P(1 + i)^n$

复利计算有间断复利和连续复利之分。按期（如按年、半年、季、月或日等）计算复利的方法为间断复利；按瞬时计算复利的方法为连续复利。在实际应用中一般采用间断复利的计算方法。

①复利现值。复利现值是指在计算复利的情况下，要达到未来某一特定的资金金额，必须投入的本金。所谓复利也称利上加利，是指一笔存款或者投资获得回报之后，再连本带利进行新一轮投资的方法。

②复利终值。复利终值是指本金在约定的期限内获得利息后，将利息加入本金再计利息，逐期滚算到约定期末的本金之和。

【例 7-2】本金为 50000 元，利率或者投资回报率为 3%，投资年限为 30 年，那么，30 年后所获得的本金 + 利息收入，按复利计算公式来计算就是：$50000 \times (1 + 3\%)^{30}$

由于，通胀率和利率密切关联，就像是一个硬币的正反两面，所以，复利终值的计算公式也可以用以计算某一特定资金在不同年份的实际价值。只需将公式中的利率换成通胀率即可。

【例 7-3】30 年之后要筹措到 300 万元的养老金，假定平均的年回报率是 3%，那

么，必须投入的本金是 $3000000 \times 1/(1+3\%)^{30}$

每年都结算一次利息（以单利率方式结算），然后把本金和利息一起来作为下一年的本金。下一年结算利息时就用这个数字作为本金。复利率比单利率得到的利息要多。

3. 年金

（1）普通年金概念。又称后付年金，是指每期期末有等额的收付款项的年金。这种年金形式是在现实经济生活中最为常见。普通年金终值犹如零存整取的本利和，它是一定时期内每期期末等额收付款项的复利终值之和。

（2）年金类型。

普通年金：每期末收付等额款项的年金，也称后付年金。这种年金在日常生活中最为常见。

即付年金：每期期初获得收入的年金，也称先付年金。

递延年金：也称延期年金，是指第一次收付款项发生时间不在第一期末，而是隔若干期后才开始发生的系列等额收付款项。它是普通年金的特殊形式。

永续年金：也称永久年金或无限期年金，是指无限期等额收付的年金，可视为普通年金的特殊形式。例如，存本取息的利息，无限期附息债券的利息。

（3）年金的计算公式。

普通年金终值：$F=A[(1+i)^{n-1}]/i$ 或：$A(F/A,\ i,\ n)$

普通年金现值：$P=A\{[1-(1+i)^{-n}]/i\}$ 或：$A(P/A,\ i,\ n)$

即付年金的终值：$F=A\{[(1+i)^{(n+1)}-1]/i-1\}$ 或：$A[(F/A,\ i,\ n+1)-1]$

即付年金的现值：$P=A\{[1-(1+i)^{-(n+1)}]/i+1\}$ 或：$A[(P/A,\ i,\ n-1)+1]$

递延年金现值：

$P=A\{[1-(1+i)^{-n}]/i-[1-(1+i)^{-s}]/i\}$

或：$A[(P/A,i,n)-(P/A,i,s)]$

$P=A\{[1-(1+i)^{-(n-s)}]/i\times[(1+i)^{-s}]\}$

或：$A[(P/A,i,n-s)\times(P/F,i,s)]$

永续年金现值：$P=A/i$

A 代表年金；i 代表利率；n 代表计息期数。

二、风险管理

（一）风险管理及类型

1. 风险管理

风险管理（Risk Management）是指如何在项目或者企业一个肯定有风险的环境里把风险减至最低的管理过程。

风险管理的目标就是要以最小的成本获取最大的安全保障。因此，它不仅仅只是一个安全生产问题，还包括识别风险、评估风险和处理风险，涉及财务、安全、生产、设备、物流、技术等多个方面，是一套完整的方案，也是一个系统工程。

2. 风险管理类型

（1）经营风险。是指经营行为，也就是生产经营和投资活动给公司收益带来的不确定性。经营风险是指企业由于生产经营上的原因而导致的资产报酬波动的风险。

经营风险是由于生产经营变动或市场环境改变导致企业未来的经营性现金流量发生变化，从而影响企业的市场价值的可能性。企业价值的变化程度取决于变动因素对企业未来销售量、价格和成本的影响程度。注册会计师审计准则方面的规定：经营风险源于对被审计单位实现目标和战略产生不利影响的重大情况、事项、环境和行动，或源于不恰当的目标和战略。

（2）财务风险。也称筹资风险。是指举债经营给公司未来收益带来的不确定性，这种风险最终由普通股股东承担。财务风险是指企业由于筹资原因产生的资本成本负担而导致的普通股收益波动的风险。

财务风险是包含有企业可能丧失偿债能力的风险和股东收益的可变性。随债务、租赁和优先股筹资在企业资本结构中所占比重的提高，企业支出的固定费用将会增加，结果使企业丧失现金偿付能力的可能性也增大了。企业财务风险的另一方面涉及股东可能得到的收益的相对离差。总之，企业的财务风险包含了股东未来收益的可变性和企业丧失偿债能力的可能性。这两方面都同企业的经营风险，即预期营业收益离差直接相关。

负债经营是现代企业应有的经营策略，通过负债经营可以弥补自有资金的不足，还可以用借贷资金来实现盈利。股份公司在生产经营中所需的资金一般都来自发行股票和债务两个方面，其中，债务（包括银行贷款、发行企业债券、商业信用）的利息负担是一定的，如果公司资金总量中债务比重大，或是公司的资金利润率低于利息率，就会使股东的可分配盈利减少，股息下降，使股票投资的财务风险增加。例如，当公司的资金利润率为10%，公司相应贷款的利率或发行债券的票面利率为8%时，普通股股东所得权益将高于10%；如果公司的资金利润率低于8%，公司须按8%的利率支付贷款或债券利息，普通股股东的收益就将低于资金利润率。实际上，公司融资产生的财务杠杆作用犹如一把双刃剑，当融资产生的利润大于债息率时，给股东带来的是收益增长的效应；反之，就是收益减少的财务风险。

财务杠杆放大了企业息税前利润对每股收益变动的影响程度，这种影响程度是财务风险的一种测量。

（二）风险报酬

1. 风险报酬概念

风险报酬是投资者因冒风险进行投资而要求的，超过无风险报酬的额外报酬。风险和报酬的基本关系是风险越大，要求的报酬率越高。

2. 风险报酬类型

风险报酬主要包括违约风险报酬、流动性风险报酬和期限风险报酬。

（1）违约风险报酬是指投资者由于承担违约风险而要求得到的超额回报。所谓违约风险则是指借款人无法按时支付利息或偿还本金而给投资者带来的风险。

（2）流动性风险报酬是指投资者由于承担流动性风险而要求得到的超额回报。流动性是指某项资产能够及时转化为现金的特性，也称变现性，变现能力强，即流动性好，风险就低。流动性风险则是由于投资的流动性不同而给投资者带来的风险。

（3）期限风险报酬是指投资者由于承担期限风险而要求得到的超额回报。期限风险是因投资的到期日不同而承担的风险，投资的到期日越长，所承担的不稳定因素就多，风险也就越大，因而需要额外补偿。

3. 风险报酬表示方法

风险报酬有两种表示方法：

（1）风险报酬额，所谓风险报酬额是指投资者因冒风险进行投资而获得的超过时间价值的那部分额外报酬。

（2）风险报酬率，所谓风险报酬率是指投资者因冒风险进行投资而获得的超过时间价值率的那部分额外报酬率，即风险报酬额与原报酬额的比率。

在财务管理中，风险报酬通常用相对数——风险报酬率来表示，讲到风险报酬，一般是指风险报酬率。

风险报酬率是投资者因承担风险而获得的超过时间价值率的那部分额外报酬率，即风险报酬额与原投资额的比率。风险报酬率是投资项目报酬率的一个重要组成部分，如果不考虑通货膨胀因素，投资报酬率就是时间价值率与风险报酬率之和。

风险报酬率的计算：

（1）确定概率分布。在经济活动中，某一事件在相同的条件下可能发生也可能不发生，这类事件称为随机事件。概率就是用来表示随机事件发生可能性大小的数值。通常，把必然发生的事件的概率定为1，把不可能发生的事件的概率定为0，而一般随机事件的概率是介于0与1之间的一个数。概率越大就表示该事件发生的可能性越大。

（2）计算期望报酬率。随机变量的各个取值，以相应的概率为权数的加权平均数，叫作随机变量的期望报酬率，它反映随机变量取值的平均化。

期望报酬率：

$$\overline{K} = \sum_{i=1}^{n} P_i K_i$$

式中：P_i——第 i 种结果出现的概率；

K_i——第 i 种结果出现后的预期报酬率；

N——所有可能结果的数目。

（3）计算标准差。表示随机变量离散程度的指标包括平均差、方差、标准差和全距等，最常用的是方差和标准差。

方差是用来表示随机变量与期望值之间离散程度的一个量。

$$\sigma^2 = \sum_{i=1}^{N} (K_i - \overline{K})^2) P_i$$

标准差也叫均方差，是方差的平方根。

$$\sigma = \sqrt{\sum_{i=1}^{N} (K_i - \overline{K})^2) P_i}$$

（4）计算标准差系数（标准离差率）。标准差是反映随机变量离散程度的一个指标，它是一个绝对数，不能用于比较不同规模项目的风险大小。为了解决这个困难，我们引入标准差系数的概念。

标准差系数是标准差与期望值的比值。是用相对数表示的离散程度，即风险大小。

其计算公式为：

$$V_\sigma = \frac{\sigma}{\overline{K}}$$

（5）计算风险报酬率。标准差系数虽然能正确评价投资风险程度的大小，但它还不是风险报酬率。要计算风险报酬率，还必须借助一个系数——风险报酬系数（风险报酬斜率）。风险报酬率、风险报酬系数和标准差系数（风险程度）之间的关系为：风险报酬率与风险报酬斜率、风险程度成正比。

风险报酬率 = 风险报酬斜率 × 风险程度

无风险报酬率加上风险报酬率就是风险调整贴现率（期望投资报酬率）。

风险调整贴现率 = 无风险报酬率 + 风险报酬率

风险报酬斜率的大小取决于全体投资者的风险回避态度，可以通过统计方法来测定，如果大家都愿意冒险，风险报酬斜率就小，如果大家都不愿意冒险，风险报酬斜率就大。无风险报酬率也就是货币的时间价值。

风险报酬额是绝对量的表现形式，是指投资者因冒风险进行投资而获得的超过时间价值的那部分额外报酬。具体体现为投资收益与预期收益的差额。

风险报酬额的计算：

在知道了风险报酬率后，可以用实际投资额求风险报酬额。

【例 7－4】 假设 M 股份公司的风险报酬率为 2.11%，N 股份公司的风险报酬率为 7.59%。A 公司持有 M 公司和 N 公司股票的金额分别为 100 万元与 200 万元，则：

A 公司从 M 公司获得的风险报酬额为：100 × 2.11% = 2.11（万元）

从 N 公司获得的风险报酬额为：200 × 7.59% = 15.18（万元）

（三）财务风险种类

企业在市场发展过程中，对财务管理工作的实施会受到诸多因素影响，从而就可能出现财务风险。财务风险是影响企业正常运行的重要阻碍因素，财务风险的防范工作就成为企业财务管理的重要工作内容。财务风险是由多方面因素构成的。主要可分成内部因素和外部因素两个层面。从外部构成因素内容上来看，主要包含着市场供需变化和企业决策力度，以及金融市场波动和自然灾害等因素内容。而在内部因素构成方面，主要包含了资本结构不科学以及投资决策不合理，财务制度不完善，收益分配政策不科学等层面。在这些综合性的因素促使下，给企业财务工作带来了多种多样的风险。

1. 筹资风险

筹资风险指的是由于资金供需市场、宏观经济环境的变化，企业筹集资金给财务成果带来的不确定性。筹资风险主要包括利率风险、再融资风险、财务杠杆效应、汇率风险、购买力风险等。利率风险是指由于金融市场金融资产的波动而导致筹资成本的变动；再融资风险是指由于金融市场上金融工具品种、融资方式的变动，导致企业再次融资产生不确定性，或企业本身筹资结构的不合理导致再融资产生困难；财务杠杆效应是指由于企业使用杠杆融资给利益相关者的利益带来不确定性；汇率风险是指由于汇率变动引起的企业外汇业务成果的不确定性；购买力风险是指由于币值的变动给筹资带来的影响。

2. 投资风险

投资风险指企业投入一定资金后，因市场需求变化而影响最终收益与预期收益偏离的风险。企业对外投资主要有直接投资和证券投资两种形式。在我国，根据公司法的规定，股东拥有企业股权的 25% 以上应该视为直接投资。证券投资主要有股票投资和债券投资两种形式。股票投资是风险共担、利益共享的投资形式；债券投资与被投资企业的财务活动没有直接关系，只是定期收取固定的利息，所面临的是被投资者无力偿还债务的风险。投资风险主要包括利率风险、再投资风险、汇率风险、通货膨胀风险、金融衍生工具风险、道德风险、违约风险等。

3. 经营风险

经营风险又称营业风险，是指在企业的生产经营过程中，供、产、销各个环节不确定性因素的影响所导致企业资金运动的迟滞，产生企业价值的变动。经营风险主要包括采购风险、生产风险、存货变现风险、应收账款变现风险等。采购风险是指由于原材料市场供应商的变动而产生的供应不足的可能，以及由于信用条件与付款方式的变动而导致实际付款期限与平均付款期的偏离；生产风险是指由于信息、能源、技术及人员的变动而导致生产工艺流程的变化，以及由于库存不足所导致的停工待料或销售迟滞的可能；存货变现风险是指由于产品市场变动而导致产品销售受阻的可能；应收账款变现风险是指由于赊销业务过多导致应收账款管理成本增大的可能性，以及由于赊销政策的改变导致实际回收期与预期回收的偏离等。

4. 存货风险

企业保持一定量的存货对于其进行正常生产来说是至关重要的，但如何确定最优库存量是一个比较棘手的问题，存货太多会导致产品积压，占用企业资金，风险较高；存货太少又可能导致原料供应不及时，影响企业的正常生产，严重时可能造成对客户的违约，影响企业的信誉。

5. 流动性风险

流动性风险是指企业资产不能正常和确定性地转移现金或企业债务和付现责任不能正常履行的可能性。从这个意义上来说，可以把企业的流动性风险从企业的变现力和偿付能力两方面分析与评价。由于企业支付能力和偿债能力发生的问题，称为现金不足及现金不能清偿风险。由于企业资产不能确定性地转移为现金而发生的问题则称为变现力风险。

（四）财务风险防范措施

1. 建立财务危机预警系统

企业财务危机预警系统，作为一种成本低廉的诊断工具可预知财务风险的征兆，当可能危害企业财务状况的关键因素出现时，财务危机预警系统能发出警告，以提醒经营者早作准备或采取对策以减少财务损失，控制财务风险的进一步扩大。企业的经营者、管理者应随时加强对财务风险指标的分析，适时调整企业营销策略，合理处置不良资产，有效控制存贷结构，适度控制资金投放量，减少资金占用，还应注意加速存货和应收账款的周转速度，使其尽快转化为货币资产，减少甚至杜绝坏账损失，加速企业变现能力，提高资金使用率。

2. 建立财务风险意识

企业要时刻关注国家宏观政策的变化，关注国家产业政策、投资政策、金融政策、财税政策的变化，管理层应对企业投资项目、经营项目、筹借资金、经营成本等方面可能产生的负面效应进行提早预测，以便及时采取措施。管理层要关注市场供需关系的变化，防止企业成本费用和资金需求增加使财务成本上升和资金链的中断而出现经营亏损或资不抵债的财务危机。企业经营者要根据政策因素变化及时调整经营策略和投资方向，避免企业步入财务危机。在销售方面注重产销衔接，以销定产，及时调整营销策略，积极开拓新渠道，培育新用户，加速货款回笼，加强业务整合，提高企业整体抵抗风险的水平。

3. 建立企业内部监督制度

内部审计控制是一个企业内部经济活动和管理制度是否合规、合理和有效的独立评价系统，在某种意义上讲是对其他控制的再控制。内部审计在企业应保持相对独立性，应独立于其他经营管理部门，确保审计部门发现的重要问题能送达治理层和管理层。对于不具备条件的企业可聘请外部审计机构和人员进行内部审计。

4. 建立内部控制制度

要建立企业内部控制制度和会计控制制度，如对企业的货币资金控制、采购与付款控制、销售与收款控制、对外投资控制等。实施内部牵制制度，对不相容的岗位实行相互分离、相互制约；建立回避制度；会计负责人的直系亲属不得担任出纳人员；严禁擅自挪用、借出货币资金；严禁收入不入账；严禁一人保管支付款项所需的全部印章；不得由同一部门或个人办理采购与付款、销售与收款业务的全过程；销售收入要及时入账。

第三节

企业财务管理活动

财务活动与企业生产经营活动的其他方面有着密切的联系，一方面，财务活动是生产经营活动其他方面的前提和保证，主要表现在，只有筹集一定的经营资金，生产经营其他方面才能得以进行；只有资金周转顺畅，生产经营活动才能顺畅。另一方面，财务活动是生产经营活动其他方面的集中体现，表现在，只有产品规格、品种对路、质量有保证，营销工作得力，资金才能及时收回并顺利周转；只有合理组织生产经营、严格管理、责任明确，成本才能降低，利润目标才能实现。

一、企业的筹资管理

（一）企业筹资的概念与动机

1. 企业筹资的概念

企业筹资是指企业根据其生产经营、对外投资和调整资金结构需要，采用适当的筹资渠道和筹资方式，从企业外部有关单位和个人，或从企业内部获取所需资金的一种行为，是企业财务管理的重要内容，是资金运动的起点。

2. 企业筹资的动机

企业筹资的基本目的是为了自身的生存和发展。具体可归纳为3类：

（1）扩张性筹资动机。扩张性动机是企业为了扩大生产规模或追加对外投资而筹集资金的动机。凡是具有良好的发展前景、处于成长时期的企业通常会产生这种筹资动机。扩张性筹资动机所产生的直接结果，是使企业的资产规模有所扩大，资本结构有可能发生变化。

（2）偿债性筹资动机。企业为了偿还某些债务而筹资，称为偿债性筹资动机。偿债筹资主要分为两种情况：①调整性偿债筹资。是企业因调整现有资本结构的需要而产生的筹资动机。②恶性偿债筹资。即企业现有的支付能力已不足以偿还到期旧债，被迫举债偿还，即借新债还旧债，这种情况说明财务状况已有恶化。

（3）混合性筹资动机。企业既为扩张规模又为调整资本结构而产生的筹资动机。通过混合性筹资，企业既扩大了资金规模，又调整了资本结构，偿还了部分旧债，即在这种筹资中混合了扩张性筹资和偿还性筹资两种动机。

（二）筹资渠道和筹资方式

1. 筹资渠道

企业筹资活动需要通过一定的渠道并采用一定的方式来完成。筹资渠道是指客观存在的筹措资金的来源方向与通道。

从筹集资金的来源的角度看，筹资渠道可以分为企业的内部渠道和外部渠道。

企业目前的筹资渠道主要包括：银行信贷资金、非银行金融机构资金、其他企业资金、居民个人资金、国家财政资金、企业自留资金。

2. 筹资方式

筹资方式是指可供企业在筹措资金时选用的具体筹资形式，随着我国金融市场的发展，企业的筹资有多种方式可以选择，企业可以针对特定的筹资渠道选择合适的筹资方式，有效地进行筹资组合，降低筹资成本。

（1）直接投资。直接投资是指投资人直接向企业投入的资金。投资人按其投入资金的比例享有企业相应份额的产权，参加企业税后利润的分红。

（2）发行股票。股票是一种有价证券，是股份有限公司在筹集资本时向出资人公开发行的、用以证明出资人的股本身份和权利，并根据股票持有人所持有的股份数享有权益和承担义务的可转证的书面凭证。股票发行的方式有两种：公开发行与不公开发行。目前，股份有限公司已经成为最基本的企业组织形式之一；股票已经成为大企业筹资的重要渠道和方式。

（3）发行债券。债券是一种借款凭证，是资金占用者向企、事业单位或个人出具的有限债权证书，是按法定程序发行并承担在指定的时间内支付一定的利息和偿还本金的有价证券。这一方式与借款有很大的共同点，但债券融资的来源更广，筹集资金的余地更大。

（4）借款。企业可以向银行、非金融机构借款以满足购并的需要。这一方式手续简便，企业可以在较短时间内取得所需的资金，保密性也很好。但企业需要负担固定利息，到期必须还本归息，如果企业不能合理安排还贷资金就会引起企业财务状况的恶化。

（5）租赁。租赁是指按照达成的契约协定，企业把拥有的特定财产（包括动产和不动产）在特定时期内的使用权转让给承租人，承租人按照协定支付租金的交易行为，包括融资租赁、租赁经营和服务性经营3种。

（6）商业信用。企业在正常的经营活动和商品交易中由于延期付款或预收账款所形成的企业常见的信贷关系。商业票据是债权人为了确保自己的债权，要求债务者出具的书面债权凭证。商业票据可以在一定范围内流通，分为期票和汇票两种。

（7）联合经营。它主要是指企业合资经营。国内企业联合经营的主要优点在于集中各联营单位的优势，扬长避短，实现优势互补，进行技术、资金、劳动力、土地、管理等生产要素的重新组合，从而增加企业的活力。

（8）吸收国外资金。它主要是指中方企业通过与外商进行合资经营、合作经营或补偿贸易等形式所吸纳的国外资金。

3. 资本成本分析

资本成本即最低收益理论是从投资者的角度来定义资本成本的，认为资本成本是投资者要求的必要收益率或最低期望收益率。

资本成本在企业筹资决策中的作用：

（1）资本成本在资本成本是影响企业筹资总额的一个重要因素。

（2）资本成本是选择资本来源的依据。

（3）资本成本是确定最优资本结构所必须考虑的因素。

资本成本类型：

（1）个别资本成本。个别资本成本是指各种不同筹资方式形成的资本的成本。例如，股票资本成本、债券资本成本、长期借款资本成本、优先股资本成本、留存收益资本成本等。

（2）加权平均资本成本。加权平均资本成本，又称综合资本成本，是以各种资本所占的比重为权数，对各种资本的成本进行加权平均计算所求出的成本。

资本成本率指的是公司用资费用与有效筹资额之间的比率，通常用百分比来表示。在公司筹资实务中，通常运用资本成本的相对数，即资本成本率。资本成本率有下列种类：

（1）个别资本成本率。个别资本成本率是指公司各种长期资本的成本率。例如，股票资本成本率，债券资本成本率，长期借款资本成本率。公司在比较各种筹资方式时，需要使用个别资本成本率。个别资本成本率是公司用资费用与有效筹资额的比率。

计算公式为：$K = D/(P - F)$，$K = D/P - (1 - f)$

K 表示资本成本率，用百分数表示；D 表示用资费用额；P 表示筹资额；F 表示筹资费用额；f 表示筹资费用率。

（2）综合资本成本率。综合资本成本率是指一个公司全部长期资本的成本率，通常是以各种长期资本的比例为权重，对个别资本成本率进行加权平均测算的，故亦称加权平均资本成本率。因此，综合资本成本率是由个别资本成本率和长期债券资本成本率这两个因素所决定的。

（3）边际资本成本率。边际资本成本率是指公司追加筹资的资本成本率，即公司新增 1 元资本所需负担的成本。公司追加筹资有时可能只采取某一种筹资方式。在筹资数额较大，或在目标资本结构既定的情况下，往往需要通过多种筹资方式的组合来实现。这时，边际资本成本率应该按加权平均法测算，而且其资本比例必须以市场价值确定。

4. 筹资成本分析

筹资成本是指公司为取得并使用资金而付出的代价，其中包括支付给股东的股息和债权人的利息等。在购并筹资过程中，公司必须权衡筹资风险与筹资成本，以使公司保持一个合理的资本结构，保障公司的良好运营。一般公司在购并过程中都是从多种来源筹集购并所需的资金，因此各种资金的成本也是不同的。为了估算全部筹资的综合成本，需要对资金成本进行加权计算，其公式如下：

$$K = \sum_{i=1}^{n} W_i R_i$$

其中：K——加权平均资金成本率；

W_i——第 i 种资金占全部资金总额的比例；

R_i——第 i 种资金的成本率。

二、投资管理

（一）投资活动的现金流量

1. 现金流量

现金流量是现代理财学中的一个重要概念，是指企业在一定会计期间按照现金收付实现制，通过一定经济活动（包括经营活动、投资活动、筹资活动和非经常性项目）而产生的现金流入、现金流出及其总量情况的总称，即企业一定时期的现金和现金等价物的流入和流出的数量。

所谓现金流量，是指投资项目在其计算期内因资金循环而引起的现金流入和现金流出增加的数量、这里的“现金”概念是广义的，包括各种货币资金及与投资项目有关的非货币资产的变现价值。

现金流入量是指投资项目实施后在项目计算期内所引起的企业现金收入的增加额，简称现金流入。包括：①营业收入；②固定资产的余值；③回收流动资金；④其他现金流入量。

现金流出量是指投资项目实施后在项目计算期内所引起的企业现金流出的增加额，简称现金流出。

（1）建设投资（含更改投资）：①固定资产投资，包括固定资产的购置成本或建造成本、运输成本和安装成本等。②无形资产投资。

（2）垫支的流动资金。

（3）付现成本（或经营成本）。

（4）所得税额。

（5）其他现金流出量。

2. 投资活动的现金流量项目

（1）投资活动的现金流入项目有：①收回投资所收到的现金；②取得投资收益所收到的现金；③处置固定资产、无形资产和其他长期资产所收到的现金；④收到的其他与投资活动有关的现金。

（2）投资活动的现金流出项目有：①购建固定资产、无形资产和其他长期资产所支付的现金；②投资所支付的现金；③支付的其他与投资收到的现金。

投资活动的现金流量净额，是指上述现金流入与现金流出的差额。

（二）现金能力分析

获取现金能力分析的指标主要有：每元销售现金净流入、每股经营现金流量和全部资产现金回收率。

1. 每元销售现金净流入

每元销售净现金流入，是指应用净现金流入与主营业务销售流入的比值，它反映企业通过销售获取现金的能力。

每元销售现金净流入 = 经营活动现金净流量/主营业务收入

2. 每股经营现金流量

每股经营现金流量是反映每股发行在外的普通股票所平均占有的现金流量，或者说是反映公司为每1普通股获取的现金流入量的指标。其计算公式为：

每股经营现金流量 =（经营活动现金净流量 − 优先股股利）/发行在外的普通股股数 ×100%

该指标所表达的实质上是作为每股盈利的支付保障的现金流量，因而每股经营现金流量指标越高越为股东们所乐意接受。

3. 全部资产现金回收率

全部资产现金回收率，是指营业净现金流入与全部资产的比值，反映企业运用全部资产获取现金的能力。

全部资产现金回收率 = 经营活动现金净流量/全部资产

（三）营运资本

1. 营运资本概念

狭义定义：净营运资本，是短期资产减去短期负债的差额。

广义定义：总营运资本或毛营运资本，即在生产经营活动中的短期资产。

2. 营运资本管理内容

包括营运资本管理政策、短期资产管理和短期负债管理。

（1）管理的内容。包括营运资本管理政策、短期资产管理和短期负债管理。

（2）核心问题：①如何确定短期资产的最佳持有量（营运资本持有政策）；②如何筹措短期资金（营运资本筹集政策）。

（3）管理目标。对营运资本管理，既要保证有足够的资金满足企业生产经营需要，又要保证企业能按时按量偿还各种到期债务。

三、流动资金管理

（一）流动资金概念与特点

1. 流动资金概念

流动资金是指投放在流动资产上的资金。流动资金指企业全部的流动资产，包括现金、存货（材料、在制品、成品）、应收账款、有价证券、预付款等项目。

流动资金 = 流动资产 − 流动负债

流动资金有一个不断投入和收回的循环过程，这一过程没有终止的日期，这就使我们难以直接评价其投资的报酬率。因此，流动资金投资评价的基本方法是以最低的成本满足生产经营周转的需要。

2. 流动资金特点

①流动资金占用形态具有变动性；②流动资金占用数量具有波动性；③流动资金循环与生产经营周期具有一致性；④流动资金来源具有灵活多样性。

（二）流动资金内容

1. 现金管理

现金是可以立即投入流动的交换媒介。它的首要特点是普遍的可接受性，即可以有效地立即用来购买商品、货物、劳务或偿还债务。因此，现金是企业中流动性最强的资产。属于现金内容的项目，包括企业的库存现金、各种形式的银行存款和银行本票、银行汇票。

2. 现金的成本

现金的成本通常由以下4个部分组成：

（1）机会成本。也叫现金持有成本，是指企业因持有现金而丧失的再投资收益。

（2）管理成本。是指企业因持有一定数量的现金而发生的管理费用，

（3）短缺成本。是指企业在发生现金短缺时，由于不能应付业务开支所需，而使企业蒙受的损失或为此付出的代价。现金的短缺成本与现金持有量呈反方向变动关系。

（4）转换成本。是指企业用现金购买有价证券，或将有价证券转换为现金时所发生的交易费用。即现金同有价证券之间相互转换的成本，如委托买卖佣金、委托手续费、证券过户费、实物交割手续费等。

3. 确定最佳现金持有量的模式

经济订货量基本模型需要设立的假设条件：①企业能够及时补充存货，货源充足；②能集中到货，而不是陆续入库；③不允许缺货，即缺货成本为零，因为良好的存货管理本不应该出现缺货成本；④企业所生产产品的需求量稳定，并且能预测，即为已知常量；⑤存货单价不变，不考虑现金折扣，即为已知常量；⑥企业现金充足，不会因现金短缺而影响进货；⑦所需存货市场供应充足，不会因买不到需要的存货而影响其他。

确定最佳现金持有量的模式主要有成本分析模式和存货模式。成本分析模式是根据现金的有关成本，分析预测其总成本最低时的现金持有量的方法。该模式只考虑机会成本和短缺成本，而不考虑管理费用和转换成本。

机会成本即因持有现金而丧失的再投资收益，是与现金持有量成正比例变动关系，用公式表示即：

机会成本 = 现金持有量 × 有价证券利率（或报酬率）

存货模式的着眼点也是现金相关总成本最低。在这些成本中，管理费用因其相对稳定，同现金持有量的多少关系不大，因此在存货模式中将其视为决策无关成本而不予考虑。

能够使现金管理的机会成本与固定性转换成本之和保持最低的现金持有量，即为最佳现金持有量。

设 T 为一个时期内现金的总需要量；F 为每次转换有价证券的固定成本；Q 为最佳现金持有量；K 为有价证券利息率；TC 为现金管理相关总成本。

现金管理相关总成本 = 持有机会成本 + 固定性转换成本

$$TC = (Q/2) \cdot K + (T/Q) \cdot F$$

即：

$$Q = \sqrt{2T \cdot F/K}$$

$$(TC) = \sqrt{2T \cdot F \cdot K}$$

4. 现金日常管理

企业在确定了最佳现金持有量后，还应采取各种措施，加强现金的日常管理，以保证现金的安全、完整，最大程度地发挥其效用。现金日常管理的基本内容主要包括以下几个方面：现金回收管理；现金支出管理；闲置现金投资管理。

（三）存货管理

1. 存货与存货管理概念

存货是指企业在生产经营过程中为销售或者耗用而储备的物资，包括材料、燃料、低值易耗品、在产品、半成品、产成品、协作件、商品等。

存货管理就是对企业的存货进行管理，主要包括存货的信息管理和在此基础上的决策分析，最后进行有效控制，达到存货管理的最终目的提高经济效益。

2. 存货管理的目标

如果工业企业能在生产投料时随时购入所需的原材料，或者商业企业能在销售时随时购入该项商品，就不需要存货。但实际上，企业总有储存存货的需要，并因此占用或多或少的资金。这种存货的需要出自以下原因：

（1）保证生产或销售的经营需要。一旦生产或销售所需物资短缺，生产经营将被迫停顿，造成损失。为了避免或减少出现停工待料、停业待货等事故，企业需要储存存货。

（2）出自价格的考虑。进行存货管理，就要尽力在各种存货成本与存货效益之间作出权衡，达到两者的最佳结合。这也就是存货管理的目标。

3. 存货成本

存货成本是指与购买和维持存货有关的成本。可归纳为以下 3 项：

（1）取得成本。取得成本是指为取得某项存货而支付的费用。具体包括：①订货成本。订货成本是指从企业向对方发出订单起，到所购物资运达企业验收入库为止所发生的各种费用，包括订货业务费、差旅费、邮电费、仓库验收费等。②购置成本。购置成本是指存货本身的价值，其高低取决于存货单价与全年需要量的乘积，即存货的取得成本为订货成本与购置成本之和。

（2）储存成本。是指为保持存货而发生的成本，亦称为持有成本，包括仓储费、保管费、保险费、存储损耗、存货占用资金成本等。储存成本也可分为固定成本和变动成本。

（3）缺货成本。是指存货不能满足生产或销售需要时发生的损失，包括材料供应中断造成的停工损失，产成品库存不足造成的拖欠发货损失和丧失销售机会损失，高价购入应急物资所带来的损失等。

4. 存货日常管理方法与技术

存货日常管理的目标是在保证企业生产经营正常进行的前提下尽量减少库存，防止积压。实践中行之有效的管理方法如下：

（1）根据情况的变化及时修正经济批量；

（2）缩短订货提前期。采取最简捷的订货方式，实行就近采购，从而降低平均库存量、订货点和运输成本；

（3）开辟多种供应渠道，以降低进货成本和缺货成本；

（4）选择经济的运输方式；

（5）改进产品生产工艺，缩短生产周期；

（6）加强库存监控，杜绝由于人为原因而造成的丢失、毁损及自然损耗；

（7）及时处理不适用的存货，包括过时、劣质、滞销、多余或变质的存货；

（8）实行 ABC 管理法。由于大多数企业的存货种类、品种繁多，且使用率经常变化，若对每一种存货进行“均等”管理，其结果必然是事倍功半，因此必须实行有区别的分类管理。

为了使存货总成本极小化，有以下几种存货管理技术：

（1）ABC 法：依存货的价值来分类，通常 A 类存货的价值最昂贵，管理上最为严格，再依序为 B、C 等。

（2）JIT 法：及时生产系统，将存货维持在最低水平。

（3）EOQ 法：经济订购量，在考量订购成本及持有成本下，求取存货成本极小化。

（4）MRP 法：物料需求规划，以资讯系统管理存货之订购与管制。

四、应收账款管理

（一）应收账款的管理概念及目的

1. 应收账款的管理概念

应收账款管理是指在赊销业务中，从授信方（销售商）将货物或服务提供给受信方（购买商），债权成立开始，到款项实际收回或作为坏账处理结束，授信企业采用系统的方法和科学的手段，对应收账款回收全过程所进行的管理。

2. 应收账款的管理目标

应收账款的管理目的是保证足额、及时收回应收账款，降低和避免信用风险。应收账款管理是信用管理的重要组成部分，它属于企业后期信用管理范畴。应收账款是企业因赊销商品或提供劳动而形成的应收未收款项，是企业流动资产的组成部分。从流动资产管理的角度看，是企业的一项投资，是企业提供给客户的商业信用。

（二）应收账款管理的原因与信用政策的确定

1. 发生应收账款的原因

发生应收账款的原因，主要有以下两种：

（1）商业竞争。这是发生应收账款的主要原因。由竞争引起的应收账款，是一种商业信用；

（2）销售和收款的时间差。商品成交的时间和收到货款的时间常不一致，产生了应收账款。由于销售和收款的时间差而造成的应收账款，不属于商业信用，也不是应收账款的主要内容，这里只论述属于商业信用的应收账款的管理。

只有当应收账款所增加的盈利超过所增加的成本时，才应当实施应收账款赊销；如果应收账款赊销有着良好的盈利前景，就应当放宽信用条件增加赊销量。

2. 信用政策的确定

信用政策指公司在应收账款投资管理方面确立的基本原则与行为规范。包括信用标准、信用条件与收账政策。

（1）信用标准。公司用来衡量客户是否有资格享有商业信用的基本条件或最低条件，一般用预期的坏帐损失率作为标准。如果顾客达不到信用标准，便不能享受企业的信用或只能享受较低的信用优惠。

企业在设定某一顾客的信用标准时，往往先要评估它赖账的可能性。这可以通过“五C”系统来进行。所谓“五C”系统，是评估顾客信用品质的5个方面，即：品质（Character）、能力（Capacity）、资本（Capital）、抵押（Collateral）和条件（Conditions）。

（2）信用条件。公司要求客户支付赊销款项的条件。包括信用期间、折扣期限及现金折扣等。

（3）应收账款的收账政策。应收账款发生后，企业应采取各种措施，尽量争取按期收回款项，否则会因拖欠时间过长而发生坏账，使企业蒙受损失。这些措施包括对应收账款回收情况的监督、对坏账损失的事先准备和制定适当的收账政策。

五、利润分配管理

（一）利润分配

1. 利润分配内涵

利润分配是指企业在确定营业收入净额和营业成本后，按照公司章程、股东会决议或董事会决议将剩余利润分配给投资者作为报酬的会计活动，可以通过股利或其他报酬的形式支付给股东，有助于报偿股东的投资和企业发展，也可以指导企业投资决策。

利润分配一般按照公司章程、股东会决议或董事会决议进行，依据相应法律法规和税务政策，并根据财务报表进行计息。公司可以将利润分配给拥有直接投资的股东，也可以将其占股票价值的一部分作为现金股息或现金股票回购，支付给所有股东。

利润分配是在一定时期（通常为年度）内对所实现的利润总额以及从联营单位分得的利润，按规定在国家与企业、企业与企业之间的分配。借方余额表示累积未弥补的亏损数额。

2. 利润分配基本原则

（1）依法分配原则。企业的收益分配必须依法进行。为了规范企业的收益分配行为，维护各利益相关者的合法权益，国家颁布了相关法规。

（2）分配与积累并重原则。企业通过经营活动赚取收益，既要保证企业简单再生产的持续进行，又要不断积累企业扩大再生产的财力基础。恰当处理分配与积累之间的关系，留存一部分净收益以供未来分配之需，能够增强企业抵抗风险的能力，同时，也可以提高企业经营的稳定性与安全性。

（3）兼顾各方利益原则。企业的收益分配必须兼顾各方面的利益。企业是经济社会的基本单元，企业的收益分配涉及国家、企业股东、债权人、职工等多方面的利益。

（4）投资与收益对等原则。企业进行收益分配应当体现谁投资谁受益、收益大小与投资比例相对等的原则。

（5）企业的收益分配必须兼顾各方面的利益。企业是经济社会的基本单元，企业的收益分配涉及国家、企业股东、债权人、职工等多方面的利益。

3. 利润分配项目

利润分配包括：红利分配、内部转让和投资回报。

（1）红利分配：根据有关财务会计准则的规定，公司利润分配应从营业利润中拨出一定比例设定为红利，用以发放股东红利，以投资者利润最大化为原则。

（2）内部转让：公司把利润部分用于购买公司已发行的或者未发行的证券，用于计提公司内部利润，以增加公司的投资回报率。

（3）投资回报：公司将计提的内部利润部分投资其他公司，以期得到回报。

以上3项是完整的公司利润分配的手段，以提高公司回报率，同时满足股东利益的最大化。

4. 利润分配顺序

（1）提取法定盈余公积金。法定盈余公积金按照税后净利润的10%提取。法定盈余公积金已达注册资本的50%时可不再提取。提取的法定盈余公积金用于弥补以前年度亏损或转增资本金。但转增资本金后留存的法定盈余公积金不得低于注册资本的25%。

（2）提取法定公益金。根据公司法规定，法定公益金按税后利润的5%～10%提取。提取的公益金用于企业职工的集体福利设施。

（3）向投资人分配利润。企业以前年度未分配的利润，可以并入本年度分配。

（二）股利

1. 股利理论

20世纪60～70年代，学者们研究股利政策理论主要关注的是股利政策是否会影响股票价值，其中最具代表性的是一鸟在手理论、MM股利无关论和税差理论，这三种理论被称为传统股利政策理论。

（1）“一鸟在手”理论。“一鸟在手”理论源于谚语“双鸟在林不如一鸟在手”，该理论最具有代表性的著作是M. Gordon 1959年在《经济与统计评论》上发表的《股利、盈利和股票的价格》，他认为企业的留存收益再投资时会有很大的不确定性，并且投资风险随着时间的推移将不断扩大，因此投资者倾向于获得当期的而非未来的收入，即当期的现金股利。因为投资者一般为风险厌恶型，更倾向于当期较少的股利收入，而不是具有较大风险的未来较多的股利。在这种情况下，当公司提高其股利支付率时，就会降低不确定性，投资者可以要求较低的必要报酬率，公司股票价格上升；如果公司降低股利支付率或者延期支付，就会使投资者风险增大，投资者必然要求较高报酬率以补偿其承受的风险，公司的股票价格也会下降。

（2）MM理论。1961年，股利政策的理论先驱米勒（Miller，MH）和弗兰克·莫迪格利安尼（Modieliani，F）在其论文《股利政策，增长和公司价值》中提出了著名的“MM股利无关论”，即认为在一个无税收的完美市场上，股利政策和公司股价是无关的，公司的投资决策与股利决策彼此独立，公司价值仅仅依赖于公司资产的经营效率，股利分配政策的改变就仅是意味着公司的盈余如何在现金股利与资本利得之间进行分配。理性的投资者不会因为分配的比例或者形式而改变其对公司评价，因此公司的股价不会受到股利政策的影响。

（3）税差理论。Farrar和Selwyn于1967年首次对股利政策影响企业价值的问题作出了回答。他们采用局部均衡分析法，并假设投资者都希望试图达到税后收益最大化。他们认为，只要股息收入的个人所得税高于资本利得的个人所得税，股东将情愿公司不支付股息。他们认为资金留在公司里或用于回购股票时股东的收益更高，或者说，这种情况下股价将比股息支付时高；如果股息未支付，股东若需要现金，可随时出售其部分股票。从税赋角度考虑，公司不需要分配股利。如果要向股东支付现金，也应通过股票回购来解决。

（4）现代理论。进入20世纪70年代以来，信息经济学的兴起，使得古典经济学产生了重大的突破。信息经济学改进了过去对于企业的非人格化的假设，而代之以经济人效用最大化的假设。这一突破对股利分配政策研究产生了深刻的影响。财务理论学者改变了研究方向，并形成了现代股利政策的两大主流理论——股利政策的信号传递理论和股利政策的代理成本理论。

（5）信号传递理论。信号传递理论从放松MM理论的投资者和管理者拥有相同的信息假定出发，认为管理当局与企业外部投资者之间存在信息不对称。管理者占有更多关于企业前景方面的内部信息，股利是管理者向外界传递其掌握的内部信息的一种手段。如果他们预计到公司的发展前景良好，未来业绩将大幅度增长时就会通过增加股利的方式将这一信息及时告诉股东和潜在的投资者；相反，如果预计到公司的发展前景不太好，未来盈利将持续性不理想时，那么他们往往会维持甚至降低现有股利水平，这等于向股东和潜在投资者发出了不利的信号。因此，股利能够传递公司未来盈利能力的信息，这样导致股利对股票价格有一定的影响。当公司支付的股利水平上升时，公司的股价会上升；当公司支付的股利水平下降时，公司的股价也会下降。

（6）代理成本理论。股利代理成本理论是由Jensen and Meckling（1976）提出的，是在放松了MM理论的某些假设条件的基础上发展出来的，是现代股利理论研究中的主流观点，能较强解释股利存在和不同的股利支付模式。Jensen和Meckling指出："管理者和所有者之间的代理关系是一种契约关系，代理人追求自己的效用最大化。如果代理人与委托人具有不同的效用函数，就有理由相信他不会以委托人利益最大化为标准行事。委托人为了限制代理人的这类行为，可以设立适当的激励机制或者对其进行监督，而这两方面都要付出成本。"Jensen和Meekling称之为代理成本，并定义代理成本为激励成本、监督成本和剩余损失三者之和。

2. 股利支付方式

（1）现金股利：用现金支付股利，属于常见和主要的股利支付方式。

（2）财产股利：以现金以外的资产支付股利，主要是以公司所拥有的其他公司的有价证券（债券、股票等）作为股利支付给股东。

（3）负债股利：公司以负债支付股利，通常用应付票据或发行公司债券作为股利。

（4）股票股利：以增发股票的方式支付股利，我国实务中通常也称其为"红股"。

3. 股利支付程序

公司股利的发放必须遵守相关的要求，按照日程安排来进行。一般情况下，先由董事会提出分配预案，然后提交股东大会决议通过才能进行分配。股东大会决议通过分配预案后，要向股东宣布发放股利的方案，并确定股权登记日、除息日和股利发放日。

（1）股利宣告日。股利宣告日是公司董事会将股利支付方案予以公告的日期。

（2）股权登记日。股权登记日是能否取得股利的日期界限，即有权领取本期股利的股东资格登记截止日期。只有在此日之前持有公司股票的股东或在公司股东名册上有名的股东，才有权分享股利。

（3）除息日，又称除权日。除息日是指领取股利的权利与股票彼此分开的日期。在除权日之前，股利权从属于股票；除息日始股利权与股票权分离，新购入者无权分享股利。

（4）股利发放日。股利发放日是向股东实际发放股利的日期。在股利发放日公司通过资金清算系统或其他方式将股利支付给股东。

4. 股利政策

股利政策，是指公司股东大会或董事会对一切与股利有关的事项，所采取的较具原则性的做法，是关于公司是否发放股利、发放多少股利以及何时发放股利等方面的方针和策略，所涉及的主要是公司对其收益进行分配还是留存以用于再投资的策略问题。它有狭义和广义之分。从狭义方面来说的股利政策就是指探讨保留盈余和普通股股利支付的比例关系问题，即股利发放比率的确定。而广义的股利政策则包括：股利宣布日的确定、股利发放比例的确定、股利发放时的资金筹集等问题。

股利政策是企业对股利分配所采取的策略，它包括：是否发放股利、以何种形式支付股利、何时支付股利等内容。

在股利分配实务中，公司经常采用的股利政策有以下4种类型：剩余股利政策、稳定和稳定增长的股利政策、固定股利支付率和低正常股利加额外股利政策。

（1）剩余股利政策。是以首先满足公司资金需求为出发点的股利政策。根据这一政策，公司按如下步骤确定其股利分配额：①确定公司的最佳资本结构；②确定公司下一年度的资金需求量；③确定按照最佳资本结构，为满足资金需求所需增加的股东权益数额；④将公司税后利润首先满足公司下一年度的增加需求，剩余部分用来发放当年的现金股利。

（2）稳定股利额政策。以确定的现金股利分配额作为利润分配的首要目标优先予以考虑，一般不随资金需求的波动而波动。这一股利政策有以下两点好处。①稳定的股利额给股票市场和公司股东一个稳定的信息。②许多作为长期投资者的股东（包括个人投资者和机构投资者）希望公司股利能够成为其稳定的收入来源，便安排消费和其他各项支出，稳定股利额政策有利于公司吸引和稳定这部分投资者的投资。

采用稳定股利额政策，要求公司对未来的支付能力作出较好的判断。一般来说，公司确定的稳定股利额不应太高，要留有余地，以免形成公司无力支付的困境。

（3）固定股利率政策。政策公司每年按固定的比例从税后利润中支付现金股利。从企业支付能力的角度看，这是一种真正稳定的股利政策，这一政策将导致公司股利分配额的频繁变化，传递给外界一个公司不稳定的信息，所以很少有企业采用这一股利政策。

（4）正常股利加额外股利政策。这一政策，企业除每年按固定股利额向股东发放称为正常股利的现金股利外，还在企业盈利较高，资金较为充裕的年度向股东发放高于一般年度的正常股利额的现金股利，高出部分即为额外股利。

复习思考题

第七章复习思考题

教学案例选编

案例 7－1　乳业上市公司财务分析——以伊利、蒙牛、光明三家企业为例

翻转课堂教学活动

中色股份有限公司财务报表分析

课程思政设计与实践

企业财务管理
——融入家国情怀、远大抱负、追求卓越、使命担当、文化自信、创新精神、风险意识、法治意识

【思政育人目标】

1. 知识目标

①了解财务管理的概念、内容；②了解货币时间价值及计算，资本的融通（筹资）和经营中现金流量（营运资金）以及利润分配的管理；③掌握财务分析概述，偿债能力分析，营运能力分析，盈利能力分析，财务状况的综合分析；④掌握筹资管理，投资管理，营运资金管理；⑤掌握创业投资机构的运作模式、风险控制、价值评估等基本知识、理论。

2. 能力目标

①树立企业财务管理的全局观和风险观，培养企业财务管理风险意识与创新思维；

②学会并能够结合企业财务管理现状，进行偿债能力、营运能力、盈利能力和发展能力分析，财务状况的综合分析；③能够根据企业经营战略目标，规划合理的财务战略，支撑企业稳健成长；④能够设计合理的融资策略，满足企业融资需求；⑤能够基于审慎原则，对被投资单位进行价值评估，并进行投资决策。

3. 价值目标

①树立科学的财务管理思维观和人生价值观，培养学生的前瞻意识、创新精神和系统设计能力；②培养创新创业意识，在财务管理实践中实现家国情怀与个人抱负的志向；③培养诚实守信的财务人员职业道德和社会责任感等综合素质；④树立良好的团队合作能力、勇于进取变革、善于沟通交流等财务管理专业精神，培养学生诚信、独立客观公正的职业道德；⑤培养学生良好的社会责任感，培养学生树立中华民族优秀传统和时代精神的价值标准、行为规范。

【思政设计与融入点】

1. 设计思路

从以下三个途径来展现本课程的重要思政要素：一是中国革命红色文化的精神内涵；二是中国优秀传统文化所包含的组织管理思想；三是中国本土企业组织管理的成功实践中所体现出来的价值观和组织管理变革与创新思维。

2. 课程思政元素

结合财务管理课程的专业属性、内容特征和教学目标的要求，课程蕴含的思政元素主要体现在家国情怀、创新意识、创业精神、法治意识、风险意识、团队意识等方面。课程思政教学元素融入点设计如下：

（1）家国情怀。讲述谢霖先生在面临国外强权不公正的干扰之下，从维护国家主权和民族尊严的角度出发，建立起我国第一家会计事务所的故事；优秀企业家必须对国家、对民族怀有崇高使命感和强烈责任感，把企业发展同国家繁荣、民族兴盛、人民幸福紧密结合在一起，主动为国担当、为国分忧，正所谓“利于国者爱之，害于国者恶之”。在系统介绍我国企业发展现状与财务管理的基础上，引导学生认识中华民族伟大复兴的重要路径在于发展实业、在于广大企业的成长壮大。培养学生以天下为己任，以中华民族伟大复兴为己任的家国情怀，激励学生加强财务管理知识学习，以自己的专业能力成为一名优秀的企业家或财务工作者，助力企业的成长，助力中华民族伟大复兴。

（2）创新意识。“富有之谓大业，日新之谓盛德。”企业家创新活动是推动企业创新发展的关键。企业股权融资制度创新、债务融资制度创新等大量创业领域的财务制度创新实例，引导学生认识到大到一个国家的发展，小到一个企业的成长，制度创新都是极其重要的。激励学生学习、研究企业投融资管理方面的创新理论与方法，提升其创新意识与能力。

（3）创业精神。中华民族以吃苦耐劳艰苦创业著称于世，勤俭节约是中华民族创业精神的象征。以一些新浙商的创业历程为例，引导学生学习与理解“求真务实、诚信和谐、开放图强”的浙江精神与“敢为天下先”的浙商精神。启发学生意识到创业精神是支撑企业成长的重要因素，鼓励学生以舍我其谁、勇立潮头的创业精神，以自身的专业技能去投身于伟大的创业实践热潮之中。

（4）风险意识。“防范化解重大风险”十分重要，强调统筹发展和安全，增强忧患意识，做到居安思危。结合企业和创业投资行业高风险、高不确定性的特征，引导学生重视来自企业内外的经营风险和财务风险，并了解风险防范不及时或防范不当可能带来的严重后果，提高学生风险防范意识。

（5）法治意识。“诚者，天之道也；思诚者，人之道也。”人无信不立，企业和企业家更是如此。社会主义市场经济更是信用经济、法治经济。企业家与财务人员要同方方面面打交道，调动人、财、物等各种资源，没有诚信寸步难行。法治意识、契约精神、守约观念是现代经济活动的重要意识规范，也是信用经济、法治经济的重要要求。企业家和财务人员要做诚信守法的表率，带动全社会道德素质和文明程度提升。在企业投融资管理相关理论与方法的学习基础上，强调企业经营过程中的法治精神与社会责任意识。以近年来我国政府打击平台企业的垄断行为、财务造假行为等典型案例，引导学生意识到企业的成长不是一种野蛮的无序发展，更不能采用垄断、财务造假等违法行为获取，而应该在我国法律法规框架下，符合商业伦理，寻求健康稳健发展。

（6）团队意识。团队精神是大局意识、协作精神和服务精神的集中体现，核心是协同合作，反映的是个体利益和整体利益的统一，并进而保证组织的高效率运转。使学生意识到个人、个体企业的力量总是有限的，但集体的力量是无穷的。在企业投融资管理过程中，可以通过彼此的诚信合作，创造性地以集群融资的形式解决企业融资过程中的现实困难。

（7）成本意识。尽力降低成本，“造费节减”，有助于增强产品竞争能力。工业资本家刘鸿生提出，“只有降低成本，才能提高竞争能力，增加企业利润。每一名企业负责人，必须重视成本核算，分析企业盈亏原因”，并首先推行了一套完整的成本会计制度，作为加强管理的措施。

【课程思政教学方法和手段】

1. 课程思政教学方法

采用“理论—案例—情景—实践—故事”相结合的“TCSPT”五维教学方法，激发学生兴趣，调动学生学习的主动性和创造性，注重思维训练和实际财务综合分析技能的培养。坚持以立德树人为根本，把培养学生的财务管理思维与帮助学生树立积极的人生观价值观结合起来，把本课程所蕴含的思政元素有机融合到课程学习的每个重要环节。教学方法如下：

（1）理论教学法：传授基本理论知识，促进学生财务管理思维和财务分析技能的培养。通过超星平台 MOOC（慕课）学习，推进现代信息技术在课程思政教学中的应用，激发学生学习兴趣，引导学生深入思考。

（2）案例教学法：以解决企业财务管理发展过程中实际遇到的问题为目的，在课程中引入真实企业财务管理案例，通过理论学习、阅读案例、个人分析、小组讨论、全班交流、总结归纳、消化提升和案例实践调研八个环节，加强师生互动，实践训练，实现教学相长，知行合一。

（3）情景教学法：从商业的实际情景出发，在课堂上和课外实践中创设生动有趣的情景，让学生在情景中受到感染，点燃他们的求知之火，从而使学生思维活跃，积极思考和理解企业财务管理发展过程相关的基本知识。

（4）实践教学法：引入“行动学习”的理念，通过组织学生以团队方式参与真实企业财务管理和财务分析，提高学生对实际企业发展的切身体会和认识，培养学生的财务管理能力和财务分析能力。

(5) 讲故事：通过组织学生以团队方式参与中国知名企业财务管理和中国革命红色文化的调研，撰写企业财务管理案例，讲中国企业管理故事，自觉弘扬中华优秀传统文化、革命文化、社会主义先进文化，增进对中国传统文化和红色文化的了解，提高学生对实际企业发展的切身体会和认识，培养学生的财务管理能力和财务分析能力，教育引导学生传承中华文脉，富有中国心、饱含中国情、充满中国味。

2. 融入手段

翻转课堂教学，教师讲授，视频展示，案例分析，经典阅读，MOOC（慕课）学习，团队式学习。

【课程思政教学路径】

第一，以人物事迹进行爱国主义教育。在对财务管理课程进行基本介绍时，以人物事迹助力课程教学，重视财务管理领域正面人物的榜样作用。

第二，以"校园贷"为切入点进行理性消费观教育。在讲解资金时间价值时，以"校园贷"为例。举例某高校王同学因迷恋上某新款手机，从某借贷平台借款5000元，借款时对方要求"一周10个点"，该同学心中无明确还款额概念，一个月后王同学需还款多少？教师讲解复利终值计算原理后，要求学生独立思考计算该笔贷款终值。通过计算得知，在"校园贷"平台借款5000元，"一周10个点"，一个月后需偿还7320.5元，从数值上让学生直观又深刻理解"校园贷"的危害，树立理性消费，切勿盲目攀比的观念。

第三，以筹资管理进行诚信教育。在筹资管理章节中，企业常用的负债筹资方式是银行借款和发行企业债券。无论是哪种方式均对企业信用要求较高。债券发行前的一个重要程序便是企业信用评级，只有BBB级以上的债券才被视为可投资债券。企业信用状况不同，银行贷款利率和发行债券利率也有差别，这就从金融角度体现了信用的财务价值。

第四，以共享单车案例引发学生对营运资金管理的思考。在营运资金管理学习时，结合共享单车案例让学生深刻体会资金的运转过程。

【课程思政实践活动】

1. 课前5分钟经典阅读活动，学习习近平新时代中国特色社会主义思想，阅读《习近平谈治国理政》第四卷；

2. 课中进行《中色股份有限公司公司财务报表分析》案例分析研讨，以小组为单位开展翻转课堂教学活动；

3. 课后进行孔子理财思想经典阅读，调查了解"校园贷"平台，"校园贷"平台属于非正规渠道，高风险，圈套多，应时刻警醒并远离，不要让它影响学业，让父母和老师操心。访问超星平台，进行《现代企业管理》MOOC（慕课）学习：https://www.xueyinonline.com/detail/241026355；齐齐哈尔大学在线综合教育平台《管理综合案例》自主学习活动。

经典管理故事

一主三仆

古时有一大户人家，主人姓马，人人都叫他马老爷。

马老爷以前在镇上只是做点小买卖，后来生意越做越大，红红火火，赚了不少钱。马家前有大院，后有花园，还雇佣了不少仆人。马老爷对这些仆人奖惩都很分明，做得好会有所奖励；做得不好，就没有奖励，甚至还会被赶出家门。

有一天，马老爷决定出门远游，他想趁这个机会，来看看家里的仆人除了会干活之外，会不会赚钱，于是他给三个仆人每人一笔钱谋生。

3年后马老爷归来，甲仆说用主人给的钱经商赚了2倍，乙仆说用这些赚钱，放贷赚了1倍，丙仆说为防丢失将钱埋进了地里。

主人对甲、乙的做法都很满意，分别给他们钱，而对丙则收回了原来给的钱。

对于他们三人的谋生之道，主人对甲、乙两人称赞有加，对丙则是原银收回。这是理所当然的。作为一个企业，生存、发展和获利是永恒的主题。使财富增值是企业的最终目标。

如果把故事中的主人当作是企业的股东，而仆人是经营者的话，显然，甲和乙都明白主人给他们钱的目的不仅仅在于保值，还要增值。即不仅要生存，还要发展。

第八章

企业信息化管理

【章前导读】

选　择

有三个人要被关进监狱3年，监狱长允许他们每人提一个要求。美国人爱抽雪茄，要了三箱雪茄。法国人最浪漫，要一个美丽的女子相伴。而犹太人说，他要一部与外界沟通的电话。3年过后，第一个冲出来的是美国人，嘴里鼻孔里塞满了雪茄，大喊道："给我火，给我火！"原来他忘了要打火机了。接着出来的是法国人。只见他手里抱着一个小孩子，美丽女子手里牵着一个小孩子，肚子里还怀着第三个。最后出来的是犹太人，他紧紧握住监狱长的手说："这3年来我每天与外界联系，我的生意不但没有停顿，反而增长了200%，为了表示感谢，我送你一辆劳斯莱斯！"

这个故事告诉我们，什么样的选择决定什么样的生活。我们要选择接触最新的信息，了解最新的趋势，从而更好地创造自己的将来。

【教学内容精要】

【课程性质】

企业信息化管理是研究企业的信息管理、信息量和信息价值的计算、信息处理系统的结构、信息的流动过程、企业信息系统、企业信息资源的管理、企业信息系统建设的原则与战略规划、企业信息系统的开发、信息系统的安全保障与质量管理等内容的科学。

【发展趋势】

企业信息化管理更注重于企业的信息管理、信息的收集方法、信息存储的载体、信息维护以及企业信息系统的概念结构、功能结构和软硬件结构等企业信息管理的发展趋势研究，当前企业信息化管理的重点是企业 ERP 实施的情况及其作用。

【教学内容】

企业信息化管理基本理论、大数据管理与人工智能及应用，编写了 2 个真实企业的案例，包括企业信息化管理的信息的收集方法、信息存储的载体、信息维护以及企业信息系统的开发、信息系统的安全保障与质量管理，以及当前企业信息化管理重点的企业 ERP 实施问题。

【教学要求】

（1）根据思考与讨论题，在阅读案例和查阅文献资料的基础上，撰写管理案例课堂讨论书面报告。

（2）设计课堂讨论主题发言和自由发言的内容，认真参与管理案例教学课堂讨论，填写现代企业管理学课程翻转课堂讨论记录表。

第一节

企业信息化管理概述

在信息技术的影响下，越来越多的企业已经采取信息化策略，实现了高速成长，这为传统企业的发展和改革带来了重要启示。必须正视信息资源的战略性意义，深化信息技术的应用，走进信息世界的大门，感受信息资源的魅力。

一、信息及特征

（一）信息的含义

1. 信息的定义

信息（Information）是用文字、数字、符号、语言、图像等介质来表示事件、事物、现象等的内容、数量或特征，从而向人们（或系统）提供关于现实世界新的事实和知识，作为生产、建设、经营、管理、分析和决策的依据。

信息定义的几个观点：

定义一：信息是能够消除世界不确定性的东西。

定义二：信息是关于客观事实可通讯的知识。

定义三：信息是通信系统传输和处理的对象。

2. 研究的历史

（1）信息作为科学概念，首先是在信息论中得以专门研究的。

（2）哈特莱把“信息”理解为选择通信符号的方式。

（3）信息论作为一门严密的科学，主要应归功于贝尔实验室的申农（Shannon）。

（二）信息的特征及传播

1. 信息的特征

信息特征即信息的属性和功能。

（1）真实性。真实性是信息的中心价值，不符合事实的信息不仅没有价值，而且会导致决策的失误，造成经济损失。

（2）时效性。信息的时效是指从信息源发送信息，经过接收、加工、传递、利用的时间间隔及其效率。时间间隔越短，使用信息越及时，使用程度越高，时效性越强。

（3）不完全性。信息不完全性主要是指人们由于外在环境的复杂性和不确定性之中，所掌握的信息不可能无所不包。并且人们通过所掌握的信息也不可能预见一切。

（4）可再生性。信息资源的可再生性和数量的无限性体现在信息资源经过处理、传播、利用可以生产出新的信息或更多的信息。

（5）共享性。信息共享性是信息在一定的时空范围内可以被多个主体接收和利用。

（6）等级性。信息具有一定的等级性。信息的等级性主要取决于组织当中管理的等级性。一般来说，企业或者组织的管理级别从上至下依次分为战略级、战术级、作业级。相应的，不同级别所使用和产生的信息也分别称为战略信息、战术信息和作业信息。

2. 信息传播

信息传播是个人、组织和团体通过符号和媒介交流信息，向其他个人或团体传递信息、观念、态度等，以期发生相应变化的活动。

信息传播具有以下几个方面的特点：

（1）传播表现为传播者、传播渠道（媒介）、接收者等一系列传播要素之间的传播关系；

（2）传播过程是信息传递和信息接收的过程，也是传播者与接收者信息资源共享的过程；

（3）传播者与接收者、相关人群之间，由于信息的交流而相互影响、相互作用。

二、信息化和企业信息化

（一）信息化概念及分类

1. 信息化概念

信息化概念强调信息化建设是一个动态渐进的过程。信息化的工作内容主要是围绕对信息资源的开发与利用，信息化目标的达成也必须应借助先进的信息技术与设备。

信息化定义的几个观点：

定义一：信息化是指在信息技术的驱动下，由工业社会向信息社会和信息经济发展或演变的过程。

定义二：信息化是现代信息技术与社会诸领域及其各个层面相互作用的动态过程及其结果。

定义三：信息化是指信息技术在经济活动中广泛采用的过程。

2. 信息化分类

对于信息化，人们通常按照其服务的领域对其进行分类，其分类结果是：

产品信息化、企业信息化、产业信息化、国民经济信息化、社会生活信息化。

企业信息化是产业信息化和国民经济信息化的核心。具有十分重要的地位，是信息化的主体，也是当前信息化的工作重点。

（二）企业信息化

1. 企业信息化内涵

企业信息化就是企业利用现代信息技术，通过信息资源的深入开发和广泛利用，实现企业生产过程的自动化，管理方式的网络化、决策支持的智能化和商务运营的电子化、不断提高生产、经营、管理、决策的效率和水平，进而提高企业经济效益和企业竞争力的过程。信息化概念的内涵：

（1）信息技术的推行和应用是企业信息化工作的核心。企业的各项功能需要通过信息流来引导、控制物流和能源流，而企业物理状况要想映射成信息流，必须经过硬件基础设施、IT 技术、通讯技术、数据库技术、网络技术等载体。

（2）信息化工作的目标已经从早期的提高效率，逐步过渡到增加效益，进而能够提高企业的竞争力。例如通过数据分析挖掘出企业的新客户，通过市场预测来及时调整企业发展方向，降低风险，都是增加效益、提高竞争能力的表现。

（3）信息化工作与维护不仅仅是信息部门的独立工作，信息化建设应渗透在生产、制造、经营、管理等各方面。相当于企业的“神经系统”。

（4）信息化项目的推行与顺利实施，必须要结合先进管理思想。更准确地说，应该是融合和创新。

（5）企业信息化既是产品的信息化，流程的信息化，同时也是人的信息化。即企业需要拥有信息化理念的管理者和员工，需要信息化的组织思想，总而言之，企业信息化是人机相互结合的信息化。

2. 企业信息化类型

企业信息化从内容划分，可以分为 5 个方面：

（1）生产过程信息化：包括产品设计与开发的信息化；生产环节的信息化；生产过程的综合信息化。

（2）流通过程信息化：包括利用电子商务、EDI 信息系统、客户关系管理系统、供应链管理系统等来实现的信息化。

（3）管理信息化：主要包括管理手段和管理内容的信息化。

（4）组织结构信息化：主要是利用信息技术促使组织结构的网络化、协同化。

（5）生产要素信息化。有两层含义，一层含义是指信息这种要素在生产要素中的相对作用不断强化；另一层含义是指传统生产要素的信息化，包括劳动力、生产工具、劳动对象的信息化。

三、企业信息化管理

（一）企业信息化管理定义及其精髓

1. 企业信息化管理定义及其精髓

企业信息化管理（Enterprise Informatization Management，简称 EIM）：是指对企业信息实施过程进行的管理。企业信息化管理主要包含信息技术支持下的企业变革过程管理、企业运作管理以及对信息技术、信息资源、信息设备等信息化实施过程的管理。企业信息化管理的三方面的实现是不可分割的，它们互相支持、彼此补充，达到融合又相互制约。企业信息管理属于企业战略管理范畴，其对企业发展具有重要意义。

2. 企业信息化管理精髓

企业信息化管理的精髓是信息集成，其核心要素是数据平台的建设和数据的深度挖掘，通过信息管理系统把企业的设计、采购、生产、制造、财务、营销、经营、管理等各个环节集成起来，共享信息和资源，同时利用现代的技术手段来寻找自己的潜在客户，有效地支撑企业的决策系统，达到降低库存、提高生产效能和质量、快速应变的目的，增强企业的市场竞争力。

（二）企业信息化管理范畴及发展趋势

1. 企业信息化管理范畴

ERP、OA、CRM、BI、PLM、电子商务等等都已经成为企业在管理信息化过程中不可或缺的应用系统。其中，ERP 正在向高度整合的全程管理信息化迈进。决策层、战略层和战术层，相对应地，企业信息化管理系统包括战略管理、实施管理、运行和维护管理三个层面。战略管理是企业信息化管理的龙头，企业信息化建设必须服从于企业的总体规划和战略。战略管理层面主要包括信息技术如何与企业的中长期规划和发展战略相适应、相融合；信息技术如何有效地保障企业的可持续发展；如何利用信息技术规划企业业务流程、提升企业的竞争力。企业信息化的实施管理层面主要包括商业软件实施、软件开发、硬件部署等方面的内容，通过有效的管理保障软件开发项目、系统集成项目得以顺利的实施。运行和维护管理层面的重点是保障已经实施的项目发挥其应有的作用，保障各种系统能够正常、稳定、高效和安全运行。

2. 企业信息化管理发展趋势

信息带动管理的转变对企业成长有着全方位影响，它将彻底改变企业原有经营思想、经营方法、经营模式，通过业务模式创新、产品技术创新，或对各种资源加大投入，借助信息化提供强有力的方法和手段进行实现。

（1）变革管理。企业信息化实施必涉及企业管理模式、组织架构、业务流程、组织行为的改变等是一个复杂的组织与管理变革过程。在信息管理变革中，通过变革目标导向确保变革有一个具有方向性的、可以监测的、有领导的管理环境，为整个变革历程制定计划，形成有实效的项目小组以及有效管理项目进程。采用新的领导方式对信息技术支持下的企业变革过程的管理的核心价值进行宣传提高管理层领导工作的有效性。通过变革导向、领导方式、激励支持、全员参与 4 个方面的变革管理使员工逐步深入参与到信息管理变革中以尽快实现提高企业员工的工作绩效。

（2）运作管理。企业信息管理第二个方面是指信息技术支持下的企业运作管理，即用信息技术支持企业实现现代化管理，提高企业运作效率和效益，最终提高市场的竞争力。在采用信息技术支持企业运作时，可采用不同管理视角建立相应的信息系统，并以信息系统为基础支持业务的高效运作。实施信息技术支持下的企业运作管理的目的是着力构建企业战略信息系统。企业战略信息系统是指运用信息技术来支持企业竞争战略和企业计划，使企业获得竞争优势。典型的企业战略信息系统有企业资源计划系统、供应链管理系统、产品数据管理系统、制造执行系统、电子商务系统、现代集成制造系统等。现代集成制造系统是先进管理模式与自动化技术、信息技术、先进制造技术在企业的综合集成应用，是企业信息化管理的高级阶段。

（3）其他相应管理。企业信息化管理第三个方面是指对企业采用的信息技术建立的信息系统、获取到的信息资源，以及对企业信息化实施运作的过程进行计划、组织、控制、协调和指挥，以使企业在信息技术和信息资源上的投资能够收益最大化。信息技术管理包括有信息技术的规划；信息技术的选择；硬件平台、软件平台、网络；应用信息系统设计、开发、测试、实施过程的管理；信息系统的升级、维护、淘汰、运行性能、系统配置、IT 服务管理等。信息资源管理主要包括信息资源规划和信息资源的应用等。信息资源规划主要包括信息基础标准制定、单一信息源定义、信息视图整理、主题数据库设计、数据中心方案设计与信息模型设计等内容。信息资源应用主要包括基于数据中心的信息集中管理、应用软件开发、信息集成以及数据仓库建设、数据挖掘、决策支持和基于信息资源的知识管理、产业化等。企业信息化实施运作过程管理主要包含对信息化过程的计划、组织、控制、协调和指挥。

第二节

企业信息化管理及应用

在企业信息化日益普及的今天，计算机技术在国内外各行业的经营管理中得到了极其广泛的应用，企业信息管理是指信息技术支持下的企业运作管理，即用信息技术支持企业实现现代化管理，提高企业运作效率和效益，最终提高市场的竞争力。

一、企业资源计划系统

（一）ERP 系统及内容

1. ERP 系统

ERP 英文为 Enterprise Resource Planning，企业资源规划 ERP 是由美国 Gartner Group 咨询公司在 1993 年首先提出的，作为当今国际上一个最先进的企业管理模式，它在体现当今世界最先进的企业管理理论的同时，也提供了企业信息化集成的最佳解决方案。ERP 首先是一个软件，同时是一个管理工具。它是 IT 技术与管理思想的融合体，也就是先进的管理思想借助电脑，来达成企业的管理目标。ERP 在企业中的实施和应用，是一项综合了技术和管理的复杂的系统工程。

2. ERP 系统内容

ERP 系统主要包括三方面的内容：财务管理（会计核算、成本管理），生产控制（计划、制造管理）、物流管理（销售、采购、库存管理）。这三大系统本身就是集成体，它们互相之间有对应的接口，能够很好的整合在一起来对企业进行管理。

随着企业对人力资源管理工作的重视，对客户关系管理重要性的认识，已经有越来越多的 ERP 厂商开始将人力资源管理、客户关系管理等也纳入了 ERP 系统，作为其重要组成部分。

（二）ERP 系统的管理思想

1. 企业资源规划系统内涵

ERP（Enterprise Resource Planning）即企业资源规划系统，是指建立在信息技术基础上，以系统化的管理思想，为企业决策层及员工提供决策运行手段的管理平台。ERP系统集信息技术与先进的管理思想于一身，成为现代企业的先进运行模式，反映时代对企业合理调配资源，最大化地创造社会财富的要求，成为企业在信息时代生存、发展的基石。

2. ERP 系统的管理思想

在 ERP 系统中运用的先进的管理思想主要有以下几个方面：

（1）体现对整个供应链资源进行管理的思想。现代管理观念的重大转变是企业和其销售商、供应商、客户之间的关系，已不再是简单的业务往来的关系，而是利益共享的合作伙伴关系。这种合作伙伴关系组成了供应链。所以 ERP 的管理思想，也应跳出企业边界，真正实现“1 +1 >2”的目标。

（2）ERP 系统支持对混合型生产方式的管理。具体表现在两个方面：分别是精益生产和敏捷制造。同时结合并行工程，快速适应市场变化，重新构建新的供应链体系，用最短的时间，捕获市场需求，组织生产，提供多品种高质量的产品。

（3）ERP 系统对于计划职能的全面支持。这种支持既包括对主需求计划、主生产计划、能力需求计划、物料需求计划的支持，还包括对采购计划、生产计划、销售计划、财务预算和人力资源计划等等各类计划的支持。ERP 系统借助数据共享与信息集成，使得企业的计划体系一脉相承，保障了计划的科学性和正确性。ERP 系统还可以借助不断的信息反馈，利用预设的控制节点等措施实现对业务执行过程的事中控制，进而有效保障计划与管理的正确落实。

各软件商 ERP 系统的模块结构相差较大，在这里，我们撇开具体的 ERP 系统，如 SAP ERP、Oracle ERP、用友 ERP 等，从实际业务的角度简要说明 ERP 系统的基本功能模块，即 ERP 系统是如何支持实际业务的。

二、办公自动化系统

（一）OA 系统及发展历程

办公自动化（OA）是面向组织的日常运作和管理，员工及管理者使用频率最高的应用系统，自 1985 年国内召开第一次办公自动化规划会议以来，OA 在应用内容的深度与广度、IT 技术运用等方面都有了新的变化和发展，并成为组织不可缺的核心应用系统。

办公自动化简称 OA 系统，是将现代化办公和计算机网络功能，结合起来的一种新型的办公方式，是当前新技术革命中一个非常活跃和具有很强生命力的技术应用领域，是信息化社会的产物。通过网络，组织机构内部的人员可跨越时间、地点协同工作。通过 OA 系统所实施的交换式网络应用，使信息的传递更加快捷和方便，从而极大地扩展了办公手段，实现了办公的高效率。

通过 OA 系统，为企业构建的是一种新型的办公方式。突破了人们对于传统办公业务职能的理解。OA 系统是当前新技术革命中一个非常活跃和具有很强生命力的技术应用领域。其面向的用户群也同传统办公室文员有所区别。

OA 系统从产生到发展，主要经历了 4 个重要阶段。从文件型到智能型 OA 系统的发展，实际上也是信息技术对于办公领域服务的深化过程。从早期的单机版办公软件例如：OFFICE、WPS 的使用。将其称为“无纸化办公”；从最初的关注于个体，以文件、档案管理为核心的管理流程，逐渐过渡到通过 OA 系统提供的日常工作平台，整合组织的信息资源，进行“知识管理”，同时随着流程的变革，技术的创新，最终 OA 系统必将会脱胎换骨，全新的“智能型 OA”将成为发展方向，该阶段，OA 将更关注组织的决策效率，提供决策支持、知识挖掘、商业智能等服务。

（二）OA 系统技术平台及特点

1. OA 系统技术平台

随着 OA 应用内容的不断扩展，OA 技术也在不断发展，从过去的 BASIC + 文件系统到 VB + ACCESS、DELPHI + ORACLE、PHP + mysql、JAVA + mysql，基本形成了三大主流技术：

（1）. net + 关系型数据库（RDB）技术。基于 . net + RDB 的办公平台则以简单、灵活、易用的特点获得了广泛的市场。. net 是微软的企业级应用开发平台，优势是组件众多，可以搭建个性化的应用。但是由于需要比较专业的开发技术，并且系统的开放性较差，对微软以外的平台兼容性不好，以及版权的原因，所以在绝大多数企业看来并不适用，只有少数外企愿意使用这个技术。

（2）SUN 的 JAVA + RDB 技术。JAVA（J2EE 标准）以其开放性、与平台无关性引领着技术发展方向，并迅速在各类应用系统中得到广泛应用与推广，在 OA 领域市场领域不断扩大。

JAVA 技术的优势是跨平台、安全稳定、开放性好，尤其是开放性这个特点，使得 JAVA 顺应时代发展需求，成为 OA 软件开发商的宠儿，截至 2014 年，市场上主流的 OA 软件中，90% 以上采用 JAVA 技术。

市场是客观的，它会根据实际需要做出正确的选择，随着用户意识到软件开放性、拓展性、兼容性的重要性，JAVA 很快成为企业级管理软件开发的最主要工具。原本一些采用其他技术的厂商，也纷纷加入到 JAVA 阵营，没有及时转型的，则逐渐被市场淘汰了。

（3）IBM Lotus Domino 技术。Lotus 自 1989 年推出，以电子邮件、协同、非结构文档处理、安全机制见长。然而随着 OA 应用的内涵不断丰富，Domino 也暴露出一些明显的弱点，不妨将技术原理相同的 . net/JAVA 与 Domino 作一简单的比较（以 OA 应用为前提）：

. net/JAVA 更类似 3GL 工具，应用功能的实现需要更多的开发或集成，应用的成熟需要不断的进行功能沉淀与积累；而 Domino 更像 4GL 工具，提供了业界领先的协同工具、企业级文档处理、文档级安全控制机制、大量的应用模板，使其更擅长办公应用支撑，但面对大量结构化业务信息处理时则显得明显不足。

IBM 是 OA 软件的鼻祖，因此它的 Domino 技术也在十几年前被视为是 OA 软件的正统平台，其优势是安全性和稳定性极佳，底层架构很健壮。

但它有两个致命的缺陷，一是开放性很差，很难和其他管理系统进行数据整合；二是技术太复杂，实施、维护、二次开发都需要专业的技术人员来做，导致相关的成本非常高。这两个缺陷导致 Domino 技术很难适应中国企业的需求。

（4）Suo 基于 Saas 的 J2EE 服务。OA 将业务流程与审批流程真正的做到了根据需求而变化的流程自动化平台。擅长业务流程及审批流程，最注重与第三方 ERP 的集成工作，实现目标是将企业的审批流与业务流全部打通，最终形成报表体系，服务于决策。

2. OA 系统的特点

与企业中应用的其他信息系统相比，OA 系统具有的特点主要有 4 个方面：

（1）以强大的审批工作流为核心。从 OA 系统的技术开发平台发展过程来看，主要是运用了流转技术，实现对文件实体在网络上的传递，并通过定义接收者的先后顺序，实现审批流转路径的定制功能。

（2）专注于办公事务处理，与业务结合性不强。前文中介绍的 ERP 系统能够运用先进的管理思想，为企业提供强大的业务解决方案，与企业的业务管理结合性非常紧密，这也是 ERP 产品核心理念和价值所在。与之相比，OA 产品所体现出来的价值表现就并不在于"业务解决能力"上，而是对企业办公事务的处理，与业务的结合性不强。

（3）实施范围较为广泛，要控制得当。随着企业信息化建设的发展，信息系统实现业务管理方面的能力要求越来越受到重视，不少企业在实施 OA 系统的同时提出了很多具有企业业务特色的功能要求。而这些功能要求往往已经超越了传统的 OA 系统所能解决的范畴，造成了对 OA 系统在实施范围控制上的一个"模糊边界"。因此，如果不控制好这个范围的界定，极大可能造成项目的风险和失控。

（4）二次开发量较大。由于上述第三点的特点，必然会出现对原有 OA 产品进行二次开发，开发量需要根据提出的功能要求复杂程度而定。这个过程中也会牵涉到对所选择的 OA 产品技术架构上的问题，如果这个核心架构不能满足企业业务上的灵活要求，那么就意味着全新开发的可能性。

一个较为完善的 OA 系统的主要功能包括：公文管理、事务流程、知识中心、档案管理、个人办公、沟通管理等。

通过消息中心、手机短信、即时通讯等提高组织沟通效率。通过公文管理、流程管理等提高事务处理效率。通过知识中心、文件传阅来提升组织的学习能力。通过任务管理、工作计划、日志管理等模块来增加计划控制能力。通过新闻中心、通知公告、员工论坛等来辅助企业文化的建设。

三、客户关系管理系统

（一）CRM 系统及其特点

1. CRM 系统相关概念

客户关系管理（CRM）软件系统以最新的信息技术为手段，运用先进的管理思想，通过业务流程与组织上的深度变革，帮助企业最终实现"以客户为中心"的管理模式。

客户关系管理系统的内涵，应该从"客户""关系""管理"三个概念的内涵入手。

狭义的客户，指的是产品和服务的最终使用者或接受者。而广义的客户，不仅包括企业产品的终端用户，还包括企业的供应商、经销商等与企业经营相关的各类组织及个人。

所谓关系，是指两个人或两组人中的一方对另一方的行为方式以及感觉状态。因此，对于 CRM 系统，其管理对象既应包括接受产品或服务的消费者，有时也应包括与企业有关的供应商、分销商。其管理的内容，既应包括对于另一方的行为方式的管理，比如顾客的购物记录，也应包括对人们感觉状态的管理。

2. CRM 系统特点

客户关系管理系统（CRM）是以客户数据的管理为核心，利用信息科学技术，实现市场营销、销售、服务等活动自动化，并建立一个客户信息的收集、管理、分析、利用的系统，帮助企业实现以客户为中心的管理模式。客户关系管理既是一种管理理念，又是一种软件技术。

客户关系管理系统主要有高可控性的数据库、更高的安全性、数据实时更新等特点，提供日程管理、订单管理、发票管理、知识库管理等功能。

（二）CRM 系统基本功能模块

1. CRM 系统的构成

CRM 系统主要包含传统 CRM 系统和在线 CRM 系统。

CRM 为企业构建了一整套以客户为中心的有关客户、营销、销售、服务与支持信息的数据库，帮助企业了解管理渠道，建立和优化了前端业务流程，包括市场营销、销售、产品的服务与支持、呼叫中心等。该系统可以进行深层次分析和挖掘，从而发现最有价值的客户、新的市场和潜在的客户，创造业务良机。该系统可扩展、可连接的特性可以与企业的 SCM、ERP 系统无缝集成，实现实时的数据交换，增强企业与供应商、合作伙伴、客户间的关系，加快客户服务与支持响应速度，增强企业在电子商务时代的竞争优势。

2. CRM 系统的基本功能模块

一个完整 CRM 系统的基本功能模块，主要应包括销售管理模块、营销模块、客户服务模块和呼叫中心模块。通过这几大模块，体现其“以客户为中心”的核心理念。为所有能够接触到用户的各个节点的相关人员提供系统支持。

（1）销售管理模块。包括：商业机会与传递渠道管理；日程安排管理；客户账户管理；销售预测和额度管理；销售队伍及领域管理；商品信息及报价管理；费用及佣金管理等。

（2）营销模块。主要包括：市场活动管理，营销伙伴管理；工作进程管理；工作任务管理；分销管理；分销分析管理以及市场促销管理等。

（3）客户服务模块。主要包括：客户服务管理及客户关怀管理。

（4）呼叫中心模块。呼叫中心又叫作客服中心，呼叫中心模块使计算机网络和通信网络融为一体；分布式技术的引入使人工座席代表不必再集中于一个地方工作；自动语音应答设备的出现不仅在很大程度上替代了人工座席代表的工作，而且使呼叫中心能 24 小时不间断地运行，互联网和通信方式的革命更使呼叫中心不仅能处理电话，还能处理传真、电子函件、网站访问，甚至是网络电话和视频会议。因此，现在的呼叫中心已远远超出了过去定义的范围，成为以信息技术为核心，通过多种现代通信手段为客户提供交互式服务的服务系统。

（5）商业智能模块。商业智能是目前 CRM 系统的核心和未来的发展方向。通过数据仓库技术、数据挖掘技术、联机分析处理技术将企业内部、外部的数据提炼成信息，进行加工成为知识，支持管理者的决策。

四、电子商务

（一）电子商务概念及特征

1. 电子商务概念

电子商务可以从狭义和广义两个方面进行定义。狭义的电子商务是指利用网络环境进行的电子交易。而广义的电子商务除电子交易外，还包括利用网络环境进行的其他商务活动。比如：组建虚拟企业、进行商务决策等。

对于其概念，可以从以下几个方面来进行分析。一是应从“电子技术”和“商务”两个方面来切入。即通过电子技术来完成全新商务模式的变革。二是电子商务通过信息流来实现商流，带动物流。实现商品交易，服务交易。并形成了虚拟的市场交换场所。三是子商务系统涵盖交易的各个环节（交易前，交易中，交易后）。四是电子商务采用电子方式是形式，跨越时空，提高效率是主要目的。

从不同角度看到的电子商务分别是什么呢？从技术角度，电子商务是一种工具。从企业角度，电子商务是一种商业模式。从管理角度，电子商务主要用信息流带动商流。从社会角度，电子商务是一项全球范围内的系统工程。

2. 电子商务特征

电子商务和传统的商务活动相比，具有其特殊性。

首先，其具有普遍性。电子商务作为一种新型的交易方式，将生产企业、流通企业以及消费者和政府带入了一个网络经济、数字化交易的新天地。

其次，其具有方便性。在电子商务环境中，人们不再受地域的限制，客户能以非常简捷的方式完成过去较为繁杂的商务活动，如通过网络银行能够全天候地存取资金、查询信息等，同时使得企业对客户的服务质量可以大大提高。

此外，电子商务还具有整体性、安全性和协调性的重要特征。电子商务，将人工操作和电子信息处理集成为一个不可分割的整体。它要求网络能提供一种端到端的安全解决方案。它需要客户与公司内部、生产商、批发商、零售商间通过信息化手段，通力合作，协调运行。

（二）电子商务功能与交易模式

1. 电子商务功能

电子商务可提供网上交易和管理等全过程的服务，因此它具有广告宣传、咨询洽谈、网上订购、网上支付、电子账户、服务传递、意见征询、交易管理等各项功能。

（1）广告宣传。电子商务可凭借企业的 Web 服务器和客户的浏览，在 Internet 上发播各类商业信息。客户可借助网上的检索工具（Search）迅速地找到所需商品信息 M18，而商家可利用网上主页（Home Page）和电子邮件（E - mail）在全球范围内作广告宣传。与以往的各类广告相比，网上的广告成本最为低廉，而给顾客的信息量却最为丰富。

（2）咨询洽谈。电子商务可借助非实时的电子邮件（E - mail），新闻组（News Group）和实时的讨论组（Chat）来了解市场和商品信息、洽谈交易事务，如有进一步的需求，还可用网上的白板会议（Whiteboard Conference）来交流即时的图形信息。网上的咨询和洽谈能超越人们面对面洽谈的限制、提供多种方便的异地交谈形式。

（3）网上订购。电子商务可借助 Web 中的邮件交互传送实现网上的订购。网上的订购通常都是在产品介绍的页面上提供十分友好的订购提示信息和订购交互格式框。当客户填完订购单后，通常系统会回复确认信息单来保证订购信息的收悉。订购信息也可采用加密的方式使客户和商家的商业信息不会泄漏。

（4）网上支付。电子商务要成为一个完整的过程。网上支付是重要的环节。客户和商家之间可采用信用卡账号进行支付。在网上直接采用电子支付手段将可省略交易中很多人员的开销。网上支付将需要更为可靠的信息传输安全性控制以防止欺骗、窃听、冒用等非法行为。

（5）电子账户。网上支付必须有电子金融来支持，即银行或信用卡公司及保险公司等金融单位要为金融服务提供网上操作的服务。而电子账户管理是其基本的组成部分。

信用卡号或银行账号都是电子账户的一种标志。而其可信度需配以必要技术措施来保证。如数字证书、数字签名、加密等手段的应用提供了电子账户操作的安全性。

（6）服务传递。对于已付了款的客户应将其订购的货物尽快地传递到他们的手中。而有些货物在本地，有些货物在异地，电子邮件将能在网络中进行物流的调配。而最适合在网上直接传递的货物是信息产品。如软件、电子读物、信息服务等。它能直接从电子仓库中将货物发到用户端。

（7）意见征询。电子商务能十分方便地采用网页上的“选择”“填空”等格式文件来收集用户对销售服务的反馈意见。这样使企业的市场运营能形成一个封闭的回路。客户的反馈意见不仅能提高售后服务的水平，更使企业获得改进产品、发现市场的商业机会。

（8）交易管理。整个交易的管理将涉及人、财、物多个方面，企业和企业、企业和客户及企业内部等各方面的协调和管理。因此，交易管理是涉及商务活动全过程的管理。

2. 按照交易主体的不同，电子商务可以分为 5 种交易模式。

（1）B to B 交易模式。B to B 模式也称为企业对企业的电子商务交易模式。这一电子商务交易模式如今在企业原材料采购、物流供应链业务、国际贸易等方面广泛应用。比如：为中小企业交易提供交易平台的阿里巴巴、慧聪网、马可波罗网等，这些都是 B2B 的交易平台。

（2）B to C 交易模式。B to C 模式也称企业对用户（个人）的电子商务交易模式。这种模式已经成为企业市场营销的一种新的营销形式，现在已经有越来越多的个人接受和喜欢在线购物。例如同学们比较熟悉的淘宝网、当当、京东等都是 B to C 的例子。

（3）C to C 交易模式。C to C 模式也称个人对个人的电子商务交易模式。其特点是将电子商务平台看作是虚拟大市场，在网站上可以交易各类物品，大到计算机和彩电，小到邮票和电话卡。此外，很多同学都使用过的二手交易网站也是非常典型的 C to C 交易模式。

（4）B to G 模式和 C to G 模式。一个是指企业和政府之间的电子商务，另一个是个体公民和政府之间的电子商务。C to G 的表现形式多为个人纳税、社会福利保险的支付等通过网上来进行。

（5）O2O。O2O（Online To Offline）模式是将线下商务的机会与互联网结合在一起，让互联网成为线下交易的前台。如此线下服务就可以用线上来揽客，消费者可以用线上来挑选服务，成交和在线结算。

3. 电子商务系统的框架体系构成

完整的电子商务体系体现于全面的电子商务应用，而这需要有相应层面的基础设施和众多支撑条件构成的环境，这些环境要素从整体上可分为四个层次和两个支柱。四个层面的基础设施主要包括：网络基础层、多媒体内容与网络出版层、消息/信息发布与传输层以及一般业务服务层。两项支柱条件包括各种技术标准和国家宏观的政策、法律法规。

电子商务的发展，将会提供一个良好的交易管理的网络环境及多种多样的应用服务系统。这样，能保障电子商务获得更广泛的应用。

五、管理信息化软件与数智化

（一）管理信息化软件

1. 进销存软件

进销存软件是对企业生产经营中物料流、资金流进行条码全程跟踪管理，从接获订单合同开始，进入物料采购、入库、领用到产品完工入库、交货、回收货款、支付原材料款等，每一步都为您提供详尽准确的数据。有效辅助企业解决业务管理、分销管理、存货管理、营销计划的执行和监控、统计信息的收集等方面的业务问题。

2. 项目管理软件

项目管理是把企业管理中的财务控制、人才资源管理、风险控制、质量管理、信息技术管理（沟通管理）、采购管理等有效的进行整合，以达到高效、高质、低成本的完成企业内部各项工作或项目的目的。项目管理已成为继 MBA 之后的一种“黄金职业”。

3. 供应链管理软件

供应链管理（Supply Chain Management，SCM）在 1985 年由 Michael E. Porter 提出。供应链综合管理软件是基于协同供应链管理的思想，配合供应链中各实体的业务需求，使操作流程和信息系统紧密配合，做到各环节无缝链接，形成物流、信息流、单证流、商流和资金流五流合一的领先模式。实现整体供应链可视化，管理信息化，整体利益最大化，管理成本最小化，从而提高总体水平。

4. EXP 系统

EXP 是为知识密集型企业打造的，它建立在信息技术基础上，以系统化的管理思想，为企业决策层及员工提供战略、执行与评估的管理平台。

5. 移动企业信息化

在移动互联网发展过程中，移动企业信息化概念越来越热门，可以说是如火如荼的开展。其中杭州美迪研发的“巡店通”产品，更是在移动企业信息化细分领域取得不俗战绩和业界影响力。美迪巡店通产品，主要通过手机端的应用，实现业务员等企业员工在外出巡店的管理，如新品管理，出样管理，摊头管理，定位导航，巡店轨迹，计划日程等方面做到有效管理。

（二）"数字化"与数智化

1. "数字化"与"数智化"概念

"数字化"追根溯源，源于20世纪40年代的香农证明的采样定理，即用离散的序列可以代表连续的函数，形象地说，万事万物都可以纳入0和1的算筹，任何具象都可以抽象为数字而已，都可以进行"数字化"。

"数字化"与"数智化"是两个完全不同的概念，"数字化"是技术概念，而"数智化"属于数字技术的应用，两者虽有联系，但层面相去甚远。

认识到了"数字化"的道理，这只是第一步，但要想实现"数智化"，就需要各方面的技术进步，开发数字技术与应用数字技术，就需要人先行进步，在这一进步的过程中，就产生了"数智化"的概念。

这个定义有三层含义：一是"数字智慧化"，相当于云计算的"算法"，即在大数据中加入人的智慧，提高大数据的效用；二是"智慧数字化"，即运用数字技术，把人的智慧管理起来，相当于从"人工"到"智能"的提升，把人从繁杂的劳动中解脱出来；三是把这两个过程结合起来，构成人机的深度对话，使机器继承人的某些逻辑，实现深度学习，甚至能启智于人，即以智慧为纽带，人在机器中，机器在人中，形成人机一体的新生态。这是对"数智化"的原始认识。

2. 数智化的应用

随着数字技术的发展，应用程度的快速提高，"数智化"的概念也在不断地丰富与扩展。

（1）从数码相机、数字电视开始，数字技术与产品结合，使产品更聪明，这是最初的"数智化"形态（当时还没有这个概念）。

（2）将数字技术用于企业管理，提升企业的决策效率与质量，使企业更聪明，这是"数智化"的第二阶段。

（3）数据上云之后，不同来源的数据形成聚合，人机协同的领域日益扩展，人与环境的响应关系越来越密切，使城市更聪明，这是"数智化"的第三阶段。

（4）"数智化"的传统认识，最高阶段就是"智慧城市"与"万物互联"，但也有学者认为，"数智化"还有第四阶段，那就是人与人之间的"思频互联"，也就是把人的思维看成是"万物"的特殊组成部分，进行特殊的"互联"，把"数智化"继续推进到文化层面。

第三节

大数据与智能化管理及应用

在大数据时代，我们不必非得知道现象背后的原因，而是要让数据自己"发声"。相关关系的核心是量化两个数据值之间的数理关系。相关关系强是指当一个数据值增加时，另一个数据值很有可能也会随之增加。研究大数据与智能化管理具有十分重要的意义。

一、大数据技术及其应用

（一）大数据概念及特征

1. 大数据概念

维基百科给出这样的定义：大数据是指利用常用软件工具捕获、管理和处理数据所耗时间超过可容忍时间的数据集。实际上这个定义我们可以理解为："大数据是指运用一般技术难以管理的大量数据的集合"。

2. 大数据特征

大数据具有 5 个方面的特征：

（1）数量（容量）。据 IDC（国际数据公司）提供的数据。2010 年全球数字世界的规模首次达到 ZB 级别，相当于 1 万亿 GB；在 2005 年的基础上增长了 10 倍。这种爆炸式的增长，意味着到 2020 年，数字世界的规模将达到 40ZB，即 15 年增长了 300 倍。如果单就数量而言，40ZB 相当于地球上所有海滩上的沙粒数量的 57 倍。如果用蓝光光盘保存所有这些数据，这些光盘的重量将相当于 424 艘航空母舰的重量。随着技术的进步和人类信息活动的加剧，这个数值也会不断增长。这是对大数据巨大数量的最好的说明。

（2）种类。大数据和传统数据的另一个区别，是其种类的多样性。以企业为例，传统的数据主要为：能够存储在数据库当中的，规范的，格式化的，数字化的数据。例如，采购订单，销售报表，人事档案等。而现在，随着传感器、智能设备及社交协作技术的激增，企业中的数据也变得更加复杂。其中既包含来自网页、互联网日志文件、搜索引擎的数据，也包括来自社交媒体论坛，电子邮件等领域的数据。

（3）速度。数据产生和更新的频率也是衡量大数据的一个重要特征。就像之前我们介绍的数据量和数据种类发生了变化一样，生成和处理数据的速度也在发生变化。尤其是，之前的数据处理，主要是针对存储在数据库当中静态数据的处理，而现在，更多的是，要在数据不断变化的动态过程中，对其进行快速处理和分析。例如：遍布全国的便利店，在 24 小时内产生的 POS 机数据，电商网站中，由用户访问所产生的点击数据，高峰时达到每秒几十万条的微信数据等。每天都在产生着庞大的数据，需要我们运用更新的技术及时进行处理。

（4）真实性。这项特征实际上描述的是数据的质量。较为典型的应用是垃圾邮件，它给社交网络带来了严重的困扰。而据统计数据显示，网络垃圾占互联网所有内容的 20% 以上。因此，我们只有尽可能的筛选出真实性较高的数据，才能让对数据的管控和治理真正有意义。

（5）价值性。数据的价值是指数据对企业的有用程度。这项特征的体现，和前面介绍的数据的真实性有非常密切的联系。此外，价值也依赖于数据的处理时间、数据的存储情况、数据分析的科学性、数据传输的效率等各项因素。所以，大数据的价值是研究大数据理论，进行大数据实践的基础。

（二）大数据技术应用

1. 大数据时代需要进行思维的转变

（1）要突破传统以数据样本为基础的数据统计思维，而要分析与目标事物相关的所有数据。组织和个人将不再受到数据收集、记录等传统方法的限制，有条件去获取更为大量的数据。即，开启了“全数据样本”模式。

在大数据时代，在某个领域里获得完备的数据是可能的。比如在过去，把全国所有人的面孔收集全是一件不可想象的事情，但是今天这件事情完全能够做到。

（2）在接受数据纷繁复杂性的前提下，不再执着追求精确性。执迷于精确性是信息缺乏时代和模拟时代的产物。只有5%的数据是结构化且能适用于传统数据库的。如果不接受混乱，剩下95%的非结构化数据都无法被利用，只有接受不精确性，我们才能打开一扇从未涉足的世界的窗户。这里的“混乱”，包括格式的混乱、内容的混乱、类型的混乱等。

（3）不要再探求难以捉摸的因果关系，转而关注事物的相关关系。知道“是什么”就够了，没必要知道“为什么”。

大数据的应用领域也从传统的商业领域逐渐扩散到教育领域、公共服务领域、社交服务领域、智能交通服务领域、医疗服务等领域。

大数据技术对企业的帮助具体可以表现为以下几个方面：

（1）通过大数据技术进一步提高数据的透明度。

（2）基于大数据支持通过各种决策验证从而对竞争方式产生影响。

（3）大数据技术能够根据客户的需求精准地进行人群细分。

（4）大数据技术能进一步提高算法和机器分析的作用。通过自动调节减少损失，避免成本高昂的人工干预，最终增加产出。

（5）大数据催生了很多由信息驱动的新类型的数据公司。例如：大数据技术催生出了许多的专业化的数据技术公司、数据咨询公司以及数据分析公司。

2. 大数据的应用

激烈的商业世界正在迎来一场由数据驱动的大变革，它和以前人类经历的若干次产业革命最大的不同之处在于：它发生得悄无声息。沃尔玛利用天气预报来提前安排商场里的货架布置，约会网站利用用户的网页的访问习惯判断谁和谁会速配成功，谷歌发布的房屋价格搜索曲线图已经证明比政府机构发布的房屋价格指数更精确地反映房地产市场的冷暖。各行各业的先行者们已经从大数据中尝了甜头，而越来越多的后来者也都希望借助云计算和大数据去撬动原有的市场格局，开辟新的商业领域。大数据的应用领域也从传统的商业领域逐渐扩散到教育领域、公共服务领域、社交服务领域、智能交通服务领域、医疗服务领域等。

3. 大数据对企业的价值

（1）通过大数据技术进一步提高数据的透明度。

（2）基于大数据支持通过各种决策验证从而对竞争方式产生影响。

（3）大数据技术能够根据客户的需求精准地进行人群细分。

（4）大数据技术能进一步提高算法和机器分析的作用。通过自动调节减少损失，避免成本高昂的人工干预，最终增加产出。

（5）大数据催生了很多由信息驱动的新类型的数据公司。

二、人工智能及应用

（一）人工智能概念及类型

1. 人工智能概念

尼尔逊教授对人工智能下的定义：“人工智能是关于知识的学科——怎样表示知识以及怎样获得知识并使用知识的科学”。而另一个美国麻省理工学院的温斯顿教授认为：“人工智能就是研究如何使计算机去做过去只有人才能做的智能工作。”

人工智能是研究人类智能活动的规律，构造具有一定智能的人工系统，研究如何让计算机去完成以往需要人的智力才能胜任的工作，也就是研究如何应用计算机的软硬件来模拟人类某些智能行为的基本理论、方法和技术。

人工智能在计算机领域内，得到了愈加广泛的重视。并在机器人、经济政治决策、控制系统、仿真系统中得到应用。

著名的美国斯坦福大学人工智能研究中心尼尔逊教授对人工智能下了这样一个定义：“人工智能是关于知识的学科——怎样表示知识以及怎样获得知识并使用知识的科学。”而另一个美国麻省理工学院的温斯顿教授认为：“人工智能就是研究如何使计算机去做过去只有人才能做的智能工作。”这些说法反映了人工智能学科的基本思想和基本内容。即人工智能是研究人类智能活动的规律，构造具有一定智能的人工系统，研究如何让计算机去完成以往需要人的智力才能胜任的工作，也就是研究如何应用计算机的软硬件来模拟人类某些智能行为的基本理论、方法和技术。

2. 人工智能类型

人工智能可以分为3类：

（1）弱人工智能。是擅长于单个方面能力的人工智能。比如有战胜象棋世界冠军的人工智能，但是它只会下棋，你要问它怎样更好地在硬盘上储存数据，它就不知道怎么回答了。

（2）强人工智能。人类级别的人工智能。是指在各方面都能和人类比肩的人工智能，人类能干的脑力活它都能干。

（3）超人工智能。牛津哲学家，知名人工智能思想家 Nick Bostrom 把超级智能定义为“在几乎所有领域都比最聪明的人类大脑都聪明很多，包括科学创新、通识和社交技能”。

（二）人工智能技术应用

1. 智能化

智能化是指事物在网络、大数据、物联网和人工智能等技术的支持下，所具有的能动地满足人的各种需求的属性。比如无人驾驶汽车，就是一种智能化的事物，它将传感器物联网、移动互联网、大数据分析等技术融为一体，从而能动地满足人的出行需求。

智能化大数据的发展空间：

（1）所有的智能应用都是大数据应用。大数据是机器与机器对话的语言，只有机器与机器的高速对话才能产生如此规模的大数据。物联网、云平台、宽带网、移动终端等设施要发挥作用都要依赖机器与机器的对话。

（2）操作型大数据应用的智能化趋势。以提高执行效率为目标的大数据应用将向智能化发展，以互联网为基础的现代信息技术的大发展已经为服务的智能化创造力良好的条件，早期由于通信与网络能力的限制只能在一台设备上存储自动处理系统被称为自动化处理阶段。

2. 大数据技术和人工智能技术

（1）大数据是人工智能发展的基石。大数据具有规模大、种类多、产生速度快、处理能力要求高、时效性强、可靠性要求严格、价值大但密度较低等特点，为人工智能提供丰富的数据积累和训练资源。

（2）人工智能推进大数据应用深化。在计算能力指数级增长及高价值数据的驱动下，以人工智能为核心的智能化正不断延伸其技术应用广度和深度。在技术层面，大数据技术已经基本成熟，并且推动人工智能技术以惊人的速度进步；产业层面，智能安防、自动驾驶、医疗影像等都在加速落地。

3. 人工智能的影响

（1）人工智能对自然科学的影响。在需要使用计算机工具解决问题的学科，AI 带来的帮助不言而喻。更重要的是，AI 反过来有助于人类最终认识自身智能的形成。

（2）人工智能对经济的影响。专家系统更深入各行各业，带来巨大的宏观效益。AI 也促进了计算机工业网络工业的发展。但同时，也带来了劳务就业问题。由于 AI 在科技和工程中的应用，能够代替人类进行各种技术工作和脑力劳动，会造成社会结构的剧烈变化。

（3）人工智能对社会的影响。AI 也为人类文化生活提供了新的模式。现有的游戏将逐步发展为更高智能的交互式文化娱乐手段，今天，游戏中的人工智能应用已经深入到各大游戏制造商的开发中。

伴随着人工智能和智能机器人的发展，其研究可能涉及的敏感问题，需要针对可能产生的冲突及早预防，而不是等到问题矛盾到了不可解决的时候才去想办法化解。

复习思考题

第八章复习思考题

教学案例选编

案例 8－1　美的集团信息化发展建设

翻转课堂教学活动

沃尔玛公司信息化管理

课程思政设计与实践

企业信息化管理
——融入科技报国、家国情怀、使命担当、文化自信、创新精神、知行合一

【思政育人目标】

1. 知识目标

①了解企业信息化管理概念、类型；②掌握信息技术支持下的企业变革过程管理、企业运作管理以及对信息技术、信息资源、信息设备等信息化实施过程；③掌握信息集成，数据平台的建设和数据的深度挖掘，ERP、OA、CRM、BI、PLM、电子商务功能与交易模式；④大数据概念及其特征，“数字化”与数智化；⑤人工智能概念及类型，大数据技术和人工智能技术及应用。

2. 能力目标

①树立管理信息系统的全局观和系统观，培养信息管理与信息系统思维；②学会并能够结合企业管理信息系统建设现状，进行企业信息化管理设计；③掌握信息技术支持下的企业变革过程管理、企业运作管理以及对信息技术、信息资源、信息设备等信息化实施过程；④学会信息集成，数据平台的建设和数据的深度挖掘，掌握大数据管理及应用，智能化管理及应用。

3. 价值目标

①树立科学的信息管理与信息系统管理思维观和人生价值观，培养学生的前瞻意识、创新精神和系统设计能力；②培养学生的远大抱负、自强不息、追求卓越的奋斗精神；③引入国内外的信息管理与信息系统案例和大数据管理及人工智能案例开拓学生的视野，学生从这些案例中获取新鲜的知识，在“广”和“专”上做好文章，所谓“广”是指选取多个行业的案例应用，兼有国内与国外、企业与政府部门，让学生打开思路，所谓“专”是指在广泛介绍了多个行业应用之后，最后聚焦于学生所在的专业，让其从专业视角深入理解问题，理论联系实际，知行合一。

【思政设计与融入点】

1. 设计思路

从以下三个途径来展现本课程的重要思政要素：一是系统生命周期软件的生命周期包括分析、设计、开发和维护等多个阶段；大学生正处于人生最华彩的时期，不能虚度光阴，要积极向上，丰富知识和自己的阅历，为将来走上工作岗位，成为建设祖国的一

份子而努力；二是中国优秀传统文化所包含的信息管理与信息系统思想；三是中国本土企业管理信息系统的成功实践中所体现出来的价值观和信息管理创新思维。

2. 课程思政元素

管理信息系统要求企业管理者不仅要具备信息管理思维和信息系统思想，而且要有强烈使命感和责任担当精神。课程思政教学元素融入点设计如下：

（1）科技报国。健康码使疫情防控更加高效、精准，使学生真切体会到，利用信息技术构建信息系统为祖国服务，为人民服务，能够重构社会治理组织体系，推进社会治理现代化。通过案例分享，可以使用学生真切体会到，利用信息技术构建信息系统为祖国服务，为人民服务，能够重构社会治理组织体系，推进社会治理现代化。

（2）使命担当。分析12306的功能，12306订票是核心，订餐、寻人等扩展功能，体现人文情怀，通过这个案例分析，引导、培养学生具有使用信息技术进行管理模式、产品和服务创新的能力，从而肩负起科技报国的家国情怀和使命担当。

（3）文化自信。中国优秀的传统文化和中国革命红色文化中包含着许多丰富的系统管理思想。《孙子兵法》是我国古代著名军事学家孙武，于春秋末期所著。这部为世人称颂的兵书中体现了许多朴素的系统管理思想。都江堰工程是战国时期秦国太守李冰就任蜀郡太守时率领民众修建的驰名中外的水利工程，该项工程包括“鱼嘴”“飞沙堰”和“宝瓶口”三项主要工程，三项工程之间互相依赖，互相调节，互相制约，构成一座设计周密、布局合理的水利枢纽工程，具有灌溉、防洪和航运等多种功能和效益，在都江堰工程中实际上已经应用了系统工程的管理思想，成为系统工程的杰作之一。通过学习增进学生对中国传统文化的了解，增强民族自豪感。

（4）自主创新。自主创新是提升国家竞争力的有效途径，案例分析：华为公司自主创新，通过案例介绍和分享，引入自主创新提升中国竞争力的主题。中国式现代化的制度环境和优势，引导学生讲中国企业自主创新故事，坚定道路自信、理论自信、制度自信和文化自信。

（5）知行合一。早在遥远的古代，人们就试图用整体性的眼光解释世界，从事物的相互关联中认识世界，由此诞生出了古代的系统思想。中国传统中的“天人合一”观念、“阴阳五行”的宇宙模式等，就是当时朴素的系统观。引入“行动学习”和团队式学习的教学理念，让学生分组，每组选择一家真实的企业为分析对象，进行系统管理分析和管理信息系统设计的实战训练，锻炼学生的信息管理能力，体现知行合一。

【课程思政教学方法和手段】

1. 课程思政教学方法

采用“理论—案例—情景—实践—故事”相结合的“TCSPT”五维教学方法，激发学生兴趣，调动学生学习的主动性和创造性，注重思维训练和实际信息系统分析技能的培养。坚持以立德树人为根本，把培养学生的系统管理思维与帮助学生树立积极的人生观价值观结合起来，把本课程所蕴含的思政元素有机融合到课程学习的每个重要环节。教学方法如下：

（1）理论教学法：传授基本理论知识，促进学生系统管理思维和信息系统分析设计技能的培养。通过超星平台MOOC（慕课）学习，推进现代信息技术在课程思政教学中的应用，激发学生学习兴趣，引导学生深入思考。

（2）案例教学法：以解决企业信息管理发展过程中实际遇到的问题为目的，在课程中引入真实企业信息管理案例，通过理论学习、阅读案例、个人分析、小组讨论、全班交流、总结归纳、消化提升和案例实践调研8个环节，加强师生互动，实践训练，实现教学相长，知行合一。

（3）情景教学法：从企业的实际情景出发，在课堂上和课外实践中创设生动有趣的情景，让学生在情景中受到感染，点燃他们的求知之火，从而使学生思维活跃，积极思考和理解企业信息管理发展过程相关的基本知识。

（4）实践教学法：引入“行动学习”的理念，通过组织学生以团队方式参与真实企业信息管理的调研和信息系统设计，提高学生对实际企业发展的切身体会和认识，培养学生的信息管理能力和信息系统运用能力。

（5）讲故事：通过组织学生以团队方式参与中国系统管理思想的调研和信息管理与信息系统设计，撰写企业信息系统管理案例，讲中国企业管理故事，自觉弘扬中华优秀传统文化、革命文化、社会主义先进文化，增进对中国传统文化的了解，提高学生对实际企业发展的切身体会和认识，教育引导学生传承中华文脉，富有中国心、饱含中国情、充满中国味。

2. 融入手段

翻转课堂教学，教师讲授，视频展示，案例分析，经典阅读，MOOC（慕课）学习，团队式学习。

【课程思政教学路径】

第一，航天系统工程管理思想是中国航天事业的重要指导思想，是中国航天取得辉煌成就的重要保障；了解万里长城、都江堰工程、隋唐大运河等伟大工程，体现系统管理思想。

第二，应用系统演示：钉钉转向教育领域，特殊环境下“停课不停学”颠覆了传统的教学模式，并将持续推进线上线下融合式教学的常态化，是信息系统服务国家造福人民的典型案例。

第三，通过剑桥研究利用Facebook个人信息分析来影响美国大选的案例入手，引发学生对个人信息泄露和数据分析用途是否合乎伦理要求的思考。

第四，通过Cookie数据收集、APP权限和用途不对等案例说明大数据来源的伦理风险，讨论哪些是合法和非法的数据获取途径。通过美国政府用人工智能“把守国门”的极端审查计划遭科学家反对的案例，和欧盟API－PNR系统中的数据使用的相称性原则正面案例，从正反两方面说明政府在应用大数据时要注意目的的正当和方法的合理性问题。

【课程思政实践活动】

1. 课前5分钟经典阅读活动，进行习近平新时代中国特色社会主义思想学习和党的二十大报告，阅读《习近平谈治国理政》第四卷；

2. 课中进行《沃尔玛公司信息化管理》案例分析研讨，以小组为单位开展翻转课堂教学活动；

3. 课后进行《孙子兵法》经典阅读，观看CCTV2视频案例“数据时代：指尖上的商机”视频片，进行万里长城、都江堰工程、隋唐大运河等等案例分析、经典阅读；超星平台《现代企业管理》MOOC（慕课）学习：https：//www. xueyinonline. com/detail/241026355；齐齐哈尔大学在线综合教育平台《管理综合案例》自主学习活动。

经典管理故事

秀才赶考

有位秀才第三次进京赶考，住在一个经常住的店里。考试前两天他做了三个梦，第一个梦是梦到自己在墙上种白菜；第二个梦是下雨天，他戴了斗笠还打伞；第三个梦是梦到跟心爱的人躺在一起，但是背靠着背。

这三个梦似乎有些深意，秀才第二天就赶紧去找算命的解梦。算命的一听，连拍大腿说："你还是回家吧。你想想，高墙上种菜不是白费劲吗？戴斗笠打雨伞不是多此一举吗？跟心爱的人躺在一起却背靠背，不是没戏吗？"

秀才一听，心灰意冷，回店收拾包袱准备回家。店老板非常奇怪，问："不是明天才考试吗，今天你怎么就回乡了？"

秀才如此这般说了一番，店老板乐了："哟，我也会解梦的。我倒觉得，你这次一定要留下来。你想想，墙上种菜不是高种吗？戴斗笠打伞不是说明你这次有备无患吗？跟你心爱的人背靠背躺在一起，不是说明你翻身的时候到了吗？"

秀才一听，更有道理，于是精神振奋地参加考试，居然中了个探花。

第九章

企业形象管理

【章前导读】

高贵的千里马

有个农场主得到了一匹千里马，一时没有发挥它特长的机会，便把它当普通马一样使用、饲养。长期下去，千里马的特质在逐渐丧失。终于有一天，农场主发生意外，需要千里马送他到医院的时候，千里马却只会像拉磨的驴一样原地打转了。为此，农场主失去最佳的治疗时机。

对于这件事，农场主本身进行了深刻的反思，认为本身对千里马的冷落与关心不够是造成千里马沦落的主要原因，千里马是高贵的，不能像对待普通马那样对待它，于是农场主决定再养一匹千里马以弥补遗憾。

经过长时间的打探、寻找，农场主终于又买到了一匹千里马。看着千里马高贵、洒脱的样子，农场主开心极了，他下决心要细心饲养、照料它。首先，农场主请了最好的工匠制作了一副精美的马鞍，上面还镶嵌了宝石，马镫、马嚼都是用最好的黄铜打造的，笼头、缰绳也是最好的牛皮制作的。看着武装起来的千里马愈发威猛的形象，农场主感到非常满足、自豪。同时，农场主为千里马修建了豪华的马厩，从远方买来最好的草料。

在农场主的细心照料下，千里马看上去果然更加雄健、威猛了。农场主舍不得让千里马奔跑，更舍不得骑在它的身上，他要保存千里马的体力，以便关键时刻更好地发挥千里马的优势。于是，千里马每天待在豪华的马厩内享受着悠闲的生活。

终于，四年一度的赛马大会要在本地召开，农场主认为这是它的千里马最好的表现机会。他把马牵出来，细心地为它洗了一个澡，把每一根毛都梳理得顺顺当当，备上精致的马鞍，套上漂亮的笼头。本身也打扮得干净、利落，牵着千里马向赛场走去。干净、利落的主人，威猛、洒脱的千里马！他们走到哪里，哪里便发出一阵阵赞叹声，农场主非常得意！

比赛就要开始了，农场主爬上马背，驱马走到起跑点，马与他都高傲地昂着头，似乎冠军已经非他莫属了！

发令枪响，大家都开始驱马狂奔，可农场主的千里马却怎么也奔跑不起来。农场主急了，用手里的鞭子使劲地抽打。不打还好，一打，千里马干脆站在那里不动了。看着农场主气急败坏的样子，人群里传来阵阵哄笑！

农场主只知道千里马要精心饲养、精心照顾，却没想到它还需要驰骋的机会及有力的鞭策。由此联想到企业用人，好多企业千方百计高薪聘请能人、专家，却不给他们提供发挥的机会，也不给他们相应的鞭策，最终成为没有什么大用的摆设。

随风潜入夜，润物细无声。

——杜甫《春夜喜雨》

【教学内容精要】

【课程性质】

企业形象管理是一门系统地研究企业识别理论和实践操作的科学，学习企业文化建设与企业学习管理知识，它具有丰富的思想内涵和文化内涵，更具有系统、规范的实践操作程序与方法。

【发展趋势】

科学技术的发展突飞猛进，信息变革和网络经济使市场呈全球化趋势，企业间的竞争日趋激烈，由此企业文化、企业形象管理的理论与实践面临着挑战。为应对挑战，企业形象管理的理论研究工作者和从事企业形象管理的实践工作者都在努力地进行着探索，从而推动着企业文化建设、企业形象管理的创新。

【教学内容】

选编了企业文化建设与企业形象管理主干知识点和相关的教学案例，使学生在掌握理论概念的基础上了解具体的实践过程，验证知识点，并从企业实际情况出发思考对策方案，亲自动手、动口进行实践操作，进而提高沟通表达能力、理解分析能力、解决问题能力。企业文化包括企业文化功能及作用、企业文化的构成、企业文化的塑造；企业形象管理的内容包括：企业形象管理内涵、企业形象管理的必要性，导入 CIS 投资、实态调研、创意设计、成果实施、效果评估。

【教学要求】

（1）编写了教学案例，根据思考与讨论题，在阅读案例和查阅文献资料的基础上，撰写管理案例课堂讨论书面报告。

（2）设计课堂讨论主题发言和自由发言的内容，认真参与管理案例教学课堂讨论，填写现代企业管理学课程翻转课堂讨论记录表。

第一节

企业文化与跨文化管理

企业文化是企业的灵魂，是推动企业发展的不竭动力。它包含着非常丰富的内容，其核心是企业的精神和价值观。面对日益激烈的市场竞争环境，越来越多的企业认识到企业文化建设的重要性，企业文化是不断提高企业竞争力的关键，把创新贯彻到企业文化建设的各个层面，落实到企业形象管理的实践中。

一、企业文化内涵及意义

（一）企业文化的概念及特征

1. 企业文化的概念

何谓企业文化？众说纷纭，仁者见仁，智者见智。

（1）美国学者约翰·科特在《企业文化与经营业绩》中认为，企业文化是指一个企业中各个部门，至少是企业高层管理者们所共同拥有的那些企业价值观念和经营实践。

（2）特雷斯·迪尔和阿伦·肯尼迪在《企业文化——现代企业的精神支柱》中认为，企业文化包含价值观、英雄人物、习俗仪式、文化网络、企业环境5个因素。

（3）威廉·大内在《Z理论》中认为，一个公司的文化由其传统和风气构成。此外文化还包含一个公司的价值观，如进取性、守势、灵活性等。

（4）张德教授在《企业文化建设》中认为，企业文化是企业全体员工在长期的创业和发展过程中培育形成，并共同遵守的最高目标、价值标准、基本信念和行为规范，它是企业理念形态文化、物质形态文化和制度形态文化的复合体。

（5）魏杰教授在《企业文化塑造——企业生命常青藤》中认为，企业文化是企业信奉并付诸实践的价值理念，从形式上看是属于人的思想范畴的概念，从内容上看是反映企业行为的价值理念，从性质上看是属于付诸实践的价值理念，从属性上看是属于企业性质的价值理念，从作用上看是属于规范企业行为的价值理念。

企业文化有广义和狭义两种理解。从广义上讲，企业文化是指企业在创业和发展过程中形成的共同价值观、企业目标、行为准则、管理制度、外在形式等的总和。从狭义上讲，企业文化体现为人本治理理论的最高层次。特指企业组织在长期的经营活动中形成的并为企业全体成员自觉遵守和奉行的企业经营宗旨、价值观念和道德规范的总和。

企业文化是在一定的社会历史条件下，企业生产经营和管理活动中所创造的具有该企业特色的精神财富和物质形态。它包括文化观念、价值观念、企业精神、道德规范、行为准则、历史传统、企业制度、文化环境、企业产品等，价值观是企业文化的核心。

2. 企业文化的特征

（1）独特性。企业文化具有鲜明的个性和特色，具有相对独立性，每个企业都有其独特的文化淀积，这是由企业的生产经营管理特色、企业传统、企业目标、企业员工素质以及内外环境不同所决定的。

(2) 继承性。企业在一定的时空条件下产生、生存和发展，企业文化是历史的产物。企业文化的继承性体现在三个方面：一是继承优秀的民族文化精华。二是继承企业的文化传统。三是继承外来的企业文化实践和研究成果。

(3) 相融性。企业文化的相融性体现在它与企业环境的协调和适应性方面。企业文化反映了时代精神，它必然要与企业的经济环境、政治环境、文化环境以及社区环境相融合。

(4) 人本性。企业文化是一种以人为本的文化，最本质的内容，就是强调人的理想、道德、价值观、行为规范在企业管理中的核心作用，强调在企业管理中要理解人，尊重人，关心人。注重的全面发展，用愿景鼓舞人，用精神凝聚人，用机制激励人，用环境培育人。

(5) 整体性。企业文化是一个有机的统一整体，人的发展和企业的发展密不可分，引导企业职工把个人奋斗目标融于企业整体目标之中，追求企业的整体优势和整体意志的实现。

(6) 创新性。创新既是时代的呼唤，又是企业文化自身的内在要求。优秀的企业文化往往在继承中创新，随着企业环境和国内外市场的变化而改革发展，引导大家追求卓越，追求成效，追求创新。

(7) 个异性。企业文化理论强调把握企业的个性特征，强调按照企业自身的特点进行有效的管理。实际上，任何企业都有自己的特殊品质。从生产设备到经营品种，从生产工艺到经营规模，从规章制度到企业价值观，都各有各的特点。即使是生产同类产品的企业，也会有不同的文化设施、不同的行为规范和技术工艺流程，所以，每个企业的企业文化都具有其鲜明的个体性、殊异性特色。

(8) 规范性。企业文化是由企业内部全体成员所创造出来的，企业文化具有整合功能。这就要求企业内个人的思想行为——至少与企业利益密切相关的思想和行为应当符合企业的共同价值观，与企业文化认同一致。当企业员工的思想行为与企业文化发生矛盾时，应当服从企业整体文化的规范要求，在这一规范下，企业力图使个人利益与集体利益、个人目标与企业目标统一起来。

(9) 民族性。在世界文化体系中，由于民族区域生态环境不同，文化积累和传播不同，社会和经济生活不同，处于不同民族群体之中的人们，由于共同参与一种文化制度，共享一种文化制度，久而久之，形成了一个民族的人们共同的精神形态上的特点，如特定的民族心理、风俗习惯、宗教信仰、伦理道德、价值观念、行为方式、生活方式等，形成了自己独特的民族文化。

企业文化是在一定的条件下，企业生产经营和管理活动中所创造的具有该企业特色的精神财富和物质形态。它包括企业愿景、文化观念、价值观念、企业精神、道德规范、行为准则、历史传统、企业制度、文化环境、企业产品等。其中，价值观是企业文化的核心。

(二) 企业文化建设的意义

企业的主体是人，而企业活力的源泉在于劳动者的积极性、智慧和创造力，只有用企业文化这种群体意识来统一职工的思想行为，才能振奋起职工爱企业、爱集体、爱岗位的主人翁责任感和自豪感，从而增强企业的内聚力和外引力。企业文化建设的意义体现以下几个方面：

1. 企业文化建设是推进中国式现代化的需要

党的二十大报告指出：“中国式现代化是人口规模巨大的现代化；中国式现代化是全体人民共同富裕的现代化；中国式现代化是物质文明和精神文明相协调的现代化；中国式现代化是人与自然和谐共生的现代化；中国式现代化是走和平发展道路的现代化。”

构筑企业中国式现代化建设是与时俱进的客观必然，企业作为中国式现代化建设的重要阵地和力量，在中国式现代化建设中，应当更加自觉地把中国式现代化建设的要求体现出来，通过企业文化建设，营造人人学习、终身学习的氛围，努力使企业员工成为中国式现代化建设的模范实践者。

2. 企业文化建设是增强企业凝聚力的需要

企业文化能增强企业的向心力与凝聚力。一个企业要在竞争中站稳脚跟，要跻身于先进企业之林，需要全体职工同舟共济、团结奋斗。企业文化改变那种“各自为政”“以我为中心”，树立以企业为中心，从企业出发，建立共同的价值体系，职工产生强烈的集体意识和团队精神，没有凝聚力和团队精神，企业就不可能高效益发展，从而也就不会有企业中每个人的自我价值的实现。

3. 企业文化建设是规范企业群体行为的需要

企业文化是企业行为柔性规范，它对该企业全体成员的行为有种无形的群体压力，这种压力包括舆论的压力、理智的压力和情感的压力。一方面，它通过将企业共同价值观向企业成员个人价值观的内化，使企业在理念上确定一种内在的、自我控制的行为标准，借助其微妙的作用，以看不见的形式操纵着企业的经营管理活动，规范、指导、约束着企业成员行为。另一方面，受强有力企业文化影响和熏陶的企业成员，将对企业所承担的社会责任和企业的目标有透彻的领悟与深刻的理解，从而自觉地约束个人的行为，使自己的思想、感情行为与企业整体保持相同的取向。

4. 企业文化建设是铸造企业品牌信誉的需要

在当今企业经营活动中，品牌日益创造着巨大的价值。“品牌信誉”是一种国际管理界的主流导向，它是集文化管理、文化营销于一体的企业文化导向，它以“内外参与”为核心，引导企业从品牌文化到品牌信誉的转化，这种转化是通过理念、形象、组织和外部沟通一系列的方法和步骤，让社会通过接受企业服务而产生对品牌的忠诚，进而形成一种消费信誉。如果企业能够成功地将其理念和宗旨在社会中通过品牌进行传授，从而实现社会对该品牌的依赖，则这个企业就能立于不败之地。

5. 企业文化建设是塑造企业形象的需要

优秀的企业总是向社会展示自己良好的管理风格、经营状况及积极的精神风貌，从而塑造出良好的企业形象，以赢得社会的承认和信赖，这是企业的一笔无形资产。企业文化是企业形象展示的有效载体，是最直观、最明显的，起着先入为主的作用。所以，现代企业大多都很重视企业文化建设。

二、企业文化的内容与功能

（一）企业文化的构成与内容

1. 企业文化构成

企业文化通常由4个层次构成：

（1）处于外层的为物质文化，也称为企业的“硬文化”。包括厂容、厂貌、机械设备，产品造型、外观、质量等。

（2）处于表面层是行为文化，是指企业员工在企业经营、教育宣传、人际关系活动、文娱体育活动中产生的文化现象。从人员结构上划分，企业行为中又包括企业家的行为、企业模范人物的行为、企业员工的行为。

（3）中间层次的为制度文化，包括企业各项规章制度和纪律、体制等。

（4）处于核心层的为精神文化，也称为“企业软文化”。包括各种行为规范、价值观念、企业的群体意识、职工素质和优良传统等，精神文化是企业文化的核心，被称为企业精神。

2. 企业文化的内容

（1）经营哲学。经营哲学也称企业哲学，源于社会人文经济心理学的创新运用，是一个企业特有的从事生产经营和管理活动的方法论原则。它是指导企业行为的基础。一个企业在激烈的市场竞争环境中，面临着各种矛盾和多种选择，要求企业有一个科学的方法论来指导，有一套逻辑思维的程序来决定自己的行为，这就是经营哲学。

（2）价值观念。所谓价值观念，是人们基于某种功利性或道义性的追求而对人们（个人、组织）本身的存在、行为和行为结果进行评价的基本观点。企业的价值观，是指企业职工对企业存在的意义、经营目的、经营宗旨的价值评价和为之追求的整体化意识，是企业全体职工共同的价值准则。只有在共同的价值准则基础上才能产生企业正确的价值目标。有了正确的价值目标才会有奋力追求价值目标的行为，企业才有希望。

（3）企业精神。企业精神是指企业基于自身特定的性质、任务、宗旨、时代要求和发展方向，并经过精心培养而形成的企业成员群体的精神风貌。企业精神是企业文化的核心，在整个企业文化中起着支配的地位。企业精神以价值观念为基础，以价值目标为动力，对企业经营哲学、管理制度、道德风尚、团体意识和企业形象起着决定性的作用。可以说，企业精神是企业的灵魂。企业精神通常用一些既富于哲理，又简洁明快的语言予以表达，便于职工铭记在心，时刻用于激励自己；也便于对外宣传，容易在人们脑海里形成印象，从而在社会上形成个性鲜明的企业形象。如王府井百货大楼的“一团火”精神，就是用大楼人的光和热去照亮、温暖每一颗心，其实质就是奉献服务。

（4）企业道德。企业道德是指调整该企业与其他企业之间、企业与顾客之间、企业内部职工之间关系的行为规范的总和。它是从伦理关系的角度，以善与恶、公与私、荣与辱、诚实与虚伪等道德范畴为标准来评价和规范企业。中国老字号同仁堂药店之所以300多年长盛不衰，在于它把中华民族优秀的传统美德融于企业的生产经营过程之中，形成了具有行业特色的职业道德，即“济世养生、精益求精、童叟无欺、一视同仁”。

（5）团体意识。团体即组织，团体意识是指组织成员的集体观念。团体意识是企业内部凝聚力形成的重要心理因素。企业团体意识的形成使企业的每个职工把自己的工作和行为都看成是实现企业目标的一个组成部分，使他们对自己作为企业的成员而感到自豪，对企业的成就产生荣誉感，从而把企业看成是自己利益的共同体和归属。

（6）企业形象。企业形象是企业通过外部特征和经营实力表现出来的，被消费者和公众所认同的企业总体印象。由外部特征表现出来的企业的形象称表层形象，如招牌、门面、徽标、广告、商标、服饰、营业环境等，这些都给人以直观的感觉，容易形成印象；通过经营实力表现出来的形象称深层形象，它是企业内部要素的集中体现，如人员素质、生产经营能力、管理水平、资本实力、产品质量等。表层形象是以深层形象为基础，没有深层形象这个基础，表层形象就是虚假的，也不能长久地保持。流通企业由于主要是经营商品和提供服务，与顾客接触较多，所以表层形象显得格外重要，但这绝不是说深层形象可以放在次要的位置。

（7）企业制度。企业制度是在生产经营实践活动中所形成的，对人的行为带有强制性，并能保障一定权利的各种规定。从企业文化的层次结构看，企业制度属中间层次，它是精神文化的表现形式，是物质文化实现的保证。企业制度作为职工行为规范的模式，使个人的活动得以合理进行，内外人际关系得以协调，员工的共同利益受到保护，从而使企业有序地组织起来为实现企业目标而努力。

（8）文化结构。企业文化结构是指企业文化系统内各要素之间的时空顺序，主次地位与结合方式，企业文化结构就是企业文化的构成、形式、层次、内容、类型等的比例关系和位置关系。企业文化结构表明各个要素如何链接，形成企业文化的整体模式。即企业物质文化、企业行为文化、企业制度文化、企业精神文化形态（政治文化、生态文化、安全文化）。

（9）企业使命。所谓企业使命是指企业在社会经济发展中所应担当的角色和责任。是指企业的根本性质和存在的理由，说明企业的经营领域、经营思想，为企业目标的确立与战略的制定提供依据。企业使命要说明企业在全社会经济领域中所经营的活动范围和层次，具体的表述企业在社会经济活动中的身份或角色。它包括的内容为企业的经营哲学、企业的宗旨和企业的形象。

（二）企业文化的功能

1. 导向功能

所谓导向功能就是通过它对企业的领导者和职工起引导作用。企业文化的导向功能主要体现在以下两个方面：经营哲学和价值观念的指导和企业目标的指引。

（1）经营哲学和价值观念的指导。经营哲学决定了企业经营的思维方式和处理问题的法则，这些方式和法则指导经营者进行正确的决策，指导员工采用科学的方法从事生产经营活动。企业共同的价值观念规定了企业的价值取向，使员工对事物的评判形成共识，有着共同的价值目标，企业的领导和员工为着他们所认定的价值目标去行动。美国学者托马斯·彼得斯和小罗伯特·沃特曼在《追求卓越》一书中指出“我们研究的所有优秀公司都很清楚他们的主张是什么，并认真建立和形成了公司的价值准则。事实上，一个公司缺乏明确的价值准则或价值观念不正确，我们则怀疑它是否有可能获得经营上的成功。”

（2）企业目标的指引。企业目标代表着企业发展的方向，没有正确的目标就等于迷失了方向。卓越的企业文化会从实际出发，以科学的态度去制定企业的发展目标，这种目标一定具有可行性和科学性。企业员工就是在这一目标的指导下从事生产经营活动。

2. 约束功能

企业文化的约束功能主要是通过完善管理制度和道德规范来实现。

（1）管理制度的约束。企业制度是企业文化的内容之一，是企业内部的法规，企业的领导者和企业职工必须遵守和执行，从而形成约束力。

（2）道德规范的约束。道德规范从伦理关系的角度来约束企业领导者和职工的行为。如果人们违背了道德规范的要求，就会受到舆论的谴责，心理上会感到内疚。

3. 凝聚功能

美国学者凯兹·卡恩认为，在社会系统中，将个体凝聚起来的主要是一种心理力量，而非生物的力量。社会系统的基础，是人类的态度、知觉、信念、动机、习惯及期望等。

企业文化正是以大量微妙的方式来沟通企业内部人们的思想，使企业成员在统一的思想指导下，产生对企业目标、准则、观念的"认同感"和作为企业一员的"使命感"。同时，在企业氛围的作用下，使企业成员通过自身的感受，产生对本职工作的"自豪感"和对企业的"归属感"。"认同感""使命感""自豪感""归属感"的形成，将使职工在潜意识中形成一种对企业强烈的向心力。

4. 激励功能

所谓激励，就是通过外部刺激，使个体产生一种情绪高昂、发奋进取的效应。研究激励理论的学者发现，最主要的激励因素是被激励对象要觉得自己确实干得不错，至于用绝对标准去衡量他们是否真干得不错，那倒无关紧要。

5. 辐射功能

企业文化关系到企业的公众形象、公众态度、公众舆论和品牌美誉度。企业文化不仅在企业内部发挥作用，对企业员工产生影响，它也能通过传播媒体、公共关系活动等各种渠道对社会产生影响，向社会辐射。企业文化的传播对树立企业在公众中的形象有很大帮助，优秀的企业文化对社会文化的发展有很大的影响。

在一个"人人受到重视、个个受到尊重"价值观指导下的文化氛围中，每个成员所作出的贡献，都会得到领导的赞赏和集体的褒奖。结果是，在这种环境中，任何一个心理健全的成员都会感到满意，受到鼓舞，同时为了进一步发挥个人的才能而瞄准下一个目标，并以旺盛的斗志开始新的行动。这就是所谓"没有什么比成功更能导致成功的了。"

6. 调适功能

调适就是调整和适应。企业各部门之间、职工之间，由于各种原因难免会产生一些矛盾，解决这些矛盾需要各自进行自我调节；企业与环境、与顾客、与企业、与国家、与社会之间都会存在不协调、不适应之处，这也需要进行调整和适应。完美的企业形象就是进行这些调节的结果。调适功能实际也是企业能动作用的一种表现。

三、企业文化建设

（一）企业文化建设的措施和途径

企业文化是一种力量，对未来企业的兴衰起着关键的作用，“人心齐，泰山移”，有正确的、统一的企业理念、企业指南、企业镇海神针，企业才会兴旺发达。企业文化建设的具体措施和途径主要有：

1. 树立新时代的企业价值观，培育中国特色企业精神

价值观是企业文化的核心，信息时代需要企业形成新的价值观。树立新时代的企业价值观：一是以习近平新时代中国特色社会主义思想为指导，树立社会主义核心价值观，全员学习，全过程学习，不断吸取新知识、新信息、新理念、新技术，不断发展进取，永远保持最强竞争力；二是尊重知识和人才，尊重关爱他人，自信自尊自强，善于思考，敢于决策，抓住机遇，迅速果断；三是高标准、高目标，不断超越自己，超越对手。形成符合实际、独具特色、反映企业特色、反映富有挑战的理想与追求，又为广大员工接受的企业价值观。企业精神是企业文化建设的核心和基石，企业精神是长期精心培育而形成的。企业特色要追求时代特色，又符合企业实际，既体现共性，更要突出个性；不求其全，但求其特。企业的个性即企业的核心文化理念，它既有一个不变的企业核心目标，又有长远的战略眼光，即预见性。它是一个企业生存与发展的动力源泉。鲜明个性的中国特色企业精神，能使员工目标明确、行动统一，鞭策和鼓励自己积极奋进、勇攀高峰，对外能使社会加深对企业的了解及理解，增加对企业的信任度。

2. 树立“以人为本”管理理念，构建创新制度文化

企业文化建设中不仅要尊重人的价值和尊严、满足人的需要，更要充分调动每一个人的聪明才智，相互启发、相互作用。人们在一个宽松、和谐的环境中工作，才会轻松愉快，充分调动积极性与创造性，发挥自己的智慧和能力，使之不断发生新的突破，不断有创新的效果，取得更好的成绩。企业领导者如果“任人唯亲”而不是“任人唯贤”，也会压制人的积极性、创造性，形成不了统一的团队精神，为企业的利益而共同奋斗。制度创新是企业文化创新的基本保证。创新的观念、创新的行动、创新的精神都要以创新的制度来安排与落实。创新制度文化，是指企业在生产经营管理中所形成的与企业创新精神、企业创新价值观等意识形态相适应的企业制度、规章、条例、组织结构等等。创新制度文化应包括以下内容：创新组织体系设置、创新的管理制度、创新的激励制度、创新的考评制度等等。

3. 塑造企业品牌形象，打造企业的核心能力

企业品牌是企业的无形资产，是企业整体素质的表现。它通过多种方式，将企业宗旨、职工素质、产品质量、经营规模、服务特色以及企业标识等传播给社会公众。品牌不仅是商标，而是商标后面支撑这个企业品牌的核心能力和企业文化。没有企业的核心能力和企业文化，这个企业的品牌就是虚的。因此，树立企业品牌意识，实施企业品牌战略，是我国企业面向市场、适应市场、开拓市场的前提条件。

4. 构建企业文化移植模式，实践企业文化再造

企业文化是群体共同创造的。是一种主流文化适应环境的变异。企业文化经过群体的浇灌扎根于企业土壤里，最终结出果实。移植企业文化模式必须吸取其精华，经过全

方位、全过程、全视角的培育，使之在新环境中茁壮成长，结出丰硕果实。企业文化可移植模式可分为企业移植、个人移植、社会移植三种模式。企业文化由物质文化、精神文化、制度文化组成。企业文化移植的核心是精神文化的移植。从物质文化移植到制度文化移植再到精神文化移植的过程是一种从低到高，从快到慢的过程。企业文化再造就是要把物质文化、精神文化、制度文化三者相互交融植入到新环境中，通过企业、个人、社会的模块移植方式，形成新的价值观、文化风尚、道德标准和风俗习惯等，达到管理文化最优境界。

5. 培育企业员工集体主义、爱国主义和主人翁精神，讲好中国企业文化故事

中国企业管理中，强调集体的作用，包括个人利益服从集体利益，各项工作都要走群众路线，实行集体领导，由集体决策。我们应该讲好中国企业文化建设故事，在企业文化建设中不断培育企业员工集体主义、爱国主义和主人翁精神。

（二）企业文化创新与发展

1. 企业文化创新

面对日益深化、日益激烈的国内外市场竞争环境，越来越多的企业不仅从思想上认识到创新是企业文化建设的灵魂，是不断提高企业竞争力的关键。

企业文化创新是指为了使企业的发展与环境相匹配，根据本身的性质和特点形成体现企业共同价值观的企业文化，并不断创新和发展的活动过程。企业文化创新的实质在于企业文化建设中突破与企业经营管理实际脱节的僵化的文化理念和观点的束缚，实现向贯穿于全部创新过程的新型经营管理方式的转变。

2. 建立学习型组织

企业间竞争是人才的竞争，实际上应该是学习能力的竞争。如果说企业文化是核心竞争力，那么其中的关键是企业的学习能力。建立学习型组织和业务流程再造，是当今最前沿的管理理念。为了在知识经济条件下增强企业的竞争力，知识经济、知识资本成为企业成长的关键性资源，企业文化作为企业的核心竞争力的根基将受到前所未有的重视。成功的企业将是学习型组织，学习越来越成为企业生命力的源泉。企业要生存与发展，提高企业的核心竞争力，就必须强化知识管理，从根本上提高企业综合素质。

企业文化的创新与发展是一个大课题，需要有一个逐步探索，逐步深入的过程，要下很大的功夫，才能实现质的突破，才能在现代企业制度的环境下，实现真正意义上的企业文化创新与发展，这是时代的要求，是企业追求的永恒主题。

四、跨文化管理

（一）跨文化管理的核心

1. 跨文化管理内含

跨文化管理又称交叉文化管理，就是在跨国经营中，对不同种族、不同文化类型、不同文化发展阶段的子公司所在国的文化采取包容的管理方法，其目的在于如何在不同形态的文化氛围中设计出切实可行的组织结构和管理机制，在管理过程中寻找超越文化冲突的公司目标，以维系不同文化背景的员工共同的行为准则，从而最大限度地控制和利用企业的潜力与价值。

2. 文化冲突和威胁

在进行全球发展时，跨国公司由于加入了另一种文化的观念，势必会造成文化冲突。跨国公司跨文化冲突的特征有：

（1）非线性不同质的文化像不同的水域，几片或多片水域的冲突与交融，常常表现出错综复杂的状态，因而具有非线性特征。

（2）间接性文化冲突一般都在心理、情感、思想观念等精神领域中进行，其结果是人们在不知不觉中发生变化。但是这种变化需要通过较长的时间才表现出来。

（3）内在性文化是以思想观念为核心的，因此，文化的冲突往往表现在思想观念的冲突上。

（4）交融性。文化冲突与文化交融始终相伴而行。跨文化管理的任务在于从不同的文化中寻求共同的能体现各种文化精髓的东西，这样才能在各种文化环境中生存。

每种文化背后都有一组隐含的假设，生活于该文化下的人通常不会觉察这些假设的存在，因为这些信念几乎是与生俱来的根深蒂固埋藏于潜意识中。一旦这些信念受到挑战，人们便会感受到文化冲击，觉得是外来的侵犯，然而事实上真正让人感到震惊的是：他们将会发现不同的文化内涵通常只是一体两面，甚或是特定尺度的两种极端。

承认并理解差异的客观存在，克服狭隘主义的思想，重视他国语言、文化、经济、法律等的学习和了解。当跨国公司的管理人员到具有不同文化的东道国工作时，往往会遇到很多困难。反映了特有文化的语言、价值观念、思维形式等因素在跨文化管理中会形成障碍，产生矛盾，从而影响跨国经营战略的实施。理解文化差异是发展跨国文化管理能力的必要条件。

理解文化差异有两层含义：一是理解东道国文化如何影响当地员工的行为；二是理解母国文化如何影响公司派去的管理人员的行为。不同类型的文化差异可以采用不同的克服措施。因管理风格、方法或技能的不同而产生的冲突可以通过互相传授和学习来克服则比较容易改变；因生活习惯和方式不同而产生的冲突可以通过文化交流解决，但需较长的时间；人们基本价值观念的差异往往较难改变。只有把握不同类型的文化差异才能有针对性地提出解决文化冲突的办法。

（二）跨文化管理策略

全球化经营企业在进行跨文化管理时，应在充分了解本企业文化和国外文化的基础上，选择自己的跨文化管理模式，使不同的文化得以最佳结合，从而形成自己的核心竞争力。

1. 企业进行跨文化管理要树立正确的观念

（1）开展全球化经营的企业必须承认并理解各国之间文化差异的客观存在，要重视对他国语言、文化等的学习和了解。这是增强跨文化管理能力的必要条件。

理解文化差异有两层含义：一是理解东道国文化如何影响当地员工的行为；二是理解母国文化如何影响企业派去当地的管理人员的行为。对于不同类型的文化差异需要采用不同的措施去克服。

（2）要辩证地对待文化差异，在看到其不利一面的同时还应看到其有利的一面，并恰当、充分地利用不同文化所表现的差异，为企业的经营发展创造契机。只要能正确对待不同文化的矛盾和冲突，不仅不会使其成为企业经营的障碍，反而会使之成为企业发展的动力和创新的源泉。

（3）要充分认识到跨文化管理的关键是对人的管理，要实行全员的跨文化管理。一方面，跨文化管理的目的就是要使不同的文化进行融合，形成一种新型的文化，而这种新型的文化只有根植于企业所有成员之中，通过企业成员的思想、价值观、行为才能体现出来，才能真正实现跨文化管理的目的，否则跨文化管理将会流于形式。另一方面，在全球化经营企业中，母公司的企业文化可通过企业的产品、经营模式等转移到国外分公司，但更多的是通过熟悉企业文化的经营管理人员转移到国外分公司，因此全球化经营企业在跨文化管理中必须要强调对人的管理，既要让经营管理人员深刻理解母公司的企业文化，又要选择具有文化整合能力的经营管理人员到国外分公司担任跨文化管理的重要职责，同时还要加强对企业所有成员的文化管理，让新型文化真正在管理中发挥其重要作用，从而使全球化经营企业在与国外企业的竞争中处于优势地位。

2. 企业跨文化管理的策略

（1）本土化策略。即根据“思维全球化和行动当地化”的原则来进行跨文化的管理。全球化经营企业在国外需要雇用相当一部分当地员工，因为当地员工熟悉当地的风俗习惯、市场动态以及其政府的各项法规，并且与当地的消费者容易达成共识。雇用当地员工不仅可节省部分开支更可有利于其在当地拓展市场、站稳脚跟。

（2）文化相容策略。根据不同文化相容的程度可分为以下两种策略：

①文化的平行相容策略。这是文化相容的最高形式，习惯上称为“文化互补”。即在国外的子公司中不以母国的文化作为主体文化。这样母国文化和东道国文化之间虽然存在着巨大的文化差异，但却并不互相排斥，反而互为补充，同时运行于公司的操作中，可以充分发挥跨文化的优势。

②隐去两者主体文化的和平相容策略。即管理者在经营活动中刻意模糊文化差异，隐去两者文化中最容易导致冲突的主体文化，保存两者文化中比较平淡和微不足道的部分。使得不同文化背景的人均可在同一企业中和睦共处，即使发生意见分歧，也容易通过双方的努力得到妥协和协调。

（3）文化创新策略。即将母公司的企业文化与国外分公司当地的文化进行有效的整合，通过各种渠道促进不同的文化相互了解、适应、融合，从而在母公司文化和当地文化的基础之上构建一种新型的企业文化，以这种新型文化作为国外分公司的管理基础。这种新型文化既保留着母公司企业文化的特点，又与当地的文化环境相适应，既不同于母公司的企业文化，又不同于当地的文化，而是两种文化的有机结合。这样不仅使全球化经营企业能适应不同国家的文化环境，而且还能大大增强竞争优势。

（4）文化规避策略。当母国的文化与东道国的文化之间存在着巨大的不同，母国的文化虽然在整个公司的运作中占主体地位，可无法忽视或冷落东道国文化的存在的时候，由母公司派到子公司的管理人员，就应特别注意在双方文化的重大不同之处进行规避，不要在这些“敏感地带”造成彼此文化的冲突。特别在宗教势力强大的国家更要特别注意尊重当地的信仰。

（5）文化渗透策略。文化渗透是个需要长时间观察和培育的过程。跨国公司派往东道国工作的管理人员，基于其母国文化和东道国文化的巨大不同，并不试图在短时间内迫使当地员工服从母国的人力资源管理模式。而是凭借母国强大的经济实力所形成的文化优势，对于公司的当地员工进行逐步的文化渗透，使母国文化在不知不觉中深入人心，使东道国员工逐渐适应了这种母国文化并慢慢地成为该文化的执行者和维护者。

（6）借助第三方文化策略。跨国公司在其他的国家和地区进行全球化经营时，由于母国文化和东道国文化之间存在着巨大的不同，而跨国公司又无法在短时间内完全适应由这种巨大的“文化差异”而形成的完全不同于母国的东道国的经营环境。这时跨国公司所采用的管理策略通常是借助比较中性的，与母国的文化已达成一定程度共识的第三方文化对设在东道国的子公司进行控制管理。用这种策略可以避免母国文化与东道国文化发生直接的冲突。如欧洲的跨国公司想要在加拿大等美洲地区设立子公司，就可以先把子公司的海外总部设在思想和管理比较国际化的美国，然后通过在美国的总部对在美洲的所有子公司实行统一的管理。而美国的跨国公司想在南美洲设立子公司，就可以先把子公司的海外总部设在与国际思想和经济模式较为接近的巴西，然后通过巴西的子公司总部对南美洲其他的子公司实行统一的管理。这种借助第三国文化对母国管理人员所不了解的东道国子公司进行管理可以避免资金和时间的无谓浪费，使子公司在东道国的经营活动可以迅速有效地取得成果。

（7）占领式策略。占领式策略是一种比较偏激的跨文化管理策略，是全球营销企业在进行国外直接投资时，直接将母公司的企业文化强行注入国外的分公司，对国外分公司的当地文化进行消灭，国外分公司只保留母公司的企业文化。这种方式一般适用于强弱文化对比悬殊，并且当地消费者能对母公司的文化完全接受的情况下采用，但从实际情况来看，这种模式采用得非常少。

总之，全球化经营企业在进行跨文化管理时，应在充分了解本企业文化和国外文化的基础上，选择自己的跨文化管理模式，使不同的文化得以最佳结合，从而形成自己的核心竞争力。

第二节

企业形象管理与 CIS 战略

企业形象是企业自身的一项重要无形资产，因为它代表着企业的信誉、产品质量、人员素质、股票的涨跌等。塑造企业形象虽然不一定马上给企业带来经济效益，但它能创造良好的社会效益，获得社会的认同感、价值观，最终会收到由社会效益转化来的经济效益。

一、企业形象管理重要性及策划

（一）企业形象管理概念及内容

1. 企业形象管理概念

企业形象概念的诞生已有百年，在国际上，企业形象指的是社会公众对企业的整体感觉，包含企业精神和外在特征。作为一个企业，要想塑造好企业形象，就必须深刻认识到企业形象的相关概念，了解社会公众对企业形象的影响，这样才能起到督促的作用，制约企业管理者的相关行为，提高企业的公信力，刻画良好的企业形象。

企业形象管理是以内强素质、外树形象为目标，全面提升企业内在素质和外在表现，从而提高其市场综合表现的现代管理，是对企业内外各方面的全方位的管理。

2. 企业形象管理内容

企业形象管理的内容十分广泛，但主要涉及企业总体形象、全面质量管理、产品形象管理、环境形象管理、员工形象管理和社会形象管理。其中企业总体形象管理是企业形象管理的灵魂和灯塔，它是企业决策者根据企业长期发展战略。企业形象指社会公众和企业职工对企业整体的印象和评价。企业形象是可以通过公共关系活动来建立和调整的。企业形象的构成因素很多，具体可表现为：

（1）产品形象，指产品的质量、性能、价格以及设计、外形、名称、商标和包装等给人的整体印象。

（2）职工形象，指职工的服务态度、职业道德、进取精神以及装束、仪表等精神面貌给外界公众的整体印象。

（3）主观形象，指企业领导者想象中的外界公众对企业所持有的印象。

（4）自我期望形象，指企业内部成员，特别是企业领导希望外界对本企业所持的印象。

（5）实际形象，指外界对企业现状所持有的印象，是企业的真正形象。

（6）公共关系形象，指企业通过公共关系活动的努力，在公众中留下的对企业本身的印象。

（二）企业形象的重要性及策划

1. 形象的重要性

（1）企业形象管理定位，抢占市场先机。好的形象才能使你的企业得到更多关注，好的形象才能使你的企业得到更多机会，好的企业形象才能在竞争中立于不败之地。

（2）千里之行，始于足下，百年品牌，成于形象。21 世纪的竞争是企业形象和品牌的竞争。只有建立有竞争力的品牌才能取得“万古长青”的长久利益，而企业形象是建立企业品牌的基础和保证。

（3）员工的工作热情是企业提高效率的基本保证。通过企业培训为员工塑造统一而完美的职业形象，潜移默化的给员工灌输企业文化的内涵，增强员工的归属感、忠诚度、凝聚力。

（4）提升服务质量，赢得更多客户。完善的服务是现代企业核心竞争武器与形成差异化的重要手段，良好的服务是降低顾客流失率和赢得更多新客户的有效途径，提供良好的服务促进企业利润持续增长，提升服务质量，赢得更多客户。

2. 企业形象的三维标准

（1）知名度：枝干——企业形象的中介。主要是广告力度，属于第一层次：宣传力、亮相、传播、树立形象等。

（2）美誉度：花果——企业形象的目标。主要是顾客认可度，属于第二层次：事实力、产品影响、口碑、信誉等。

（3）文明度：根系——企业形象的基础。主要是基础坚固度，属于第三层次：基因力、文化、管理、组织等。

3. 企业形象策划

（1）企业形象策划的重要性。企业形象是社会公众对企业的整体感觉和认知，是企业参与市场竞争的基础，也是企业赢得最佳效益的根本动力。为了确保企业能够拥有良好的企业形象，企业形象策划是帮助企业建立良好形象的重要方式。在市场竞争中，企业需要依靠管理和产品或服务来建立企业形象。因此在策划中要着重做好高层的管理工作，制定正确的决策，在产品或服务方面要严格控制好产品质量，为客户提供优质的服务，这样才能赢得更多客户的信任，得到长久的发展。另外，良好的企业形象不仅能够提高市场竞争力，也能建立良好的企业文化，提高企业内部凝聚力。员工是构成企业的基础要素，高素质的员工才能提高企业的生产效率，为企业赢得更多的收益。否则，员工的心不齐，企业也无法很好的经营管理，这样将很难为企业带来收益。企业形象非常重要，企业要想得到更好的发展就必须树立良好的企业形象，提高员工的素质和服务质量，同时要提高管理的管理方法，这样才能为企业带来最佳的经济效益。

未来的企业竞争不仅仅是产品品质、品种之战，更重要的还是企业形象之战，因此，塑造企业形象便逐渐成为有长远眼光企业的长期战略。

（2）企业形象策划。企业形象策划是组织企业形象管理方法而产生的，如今已经演变为一种企业的文化战略。从本质上来看，形象策划是对企业自身的经营理念与文化活动的认知。

企业想要进行形象策划，就要导入 CIS 企业识别系统，这也是当代大型企业为了加强企业文化建设的一项重要战略。企业识别系统是由理念识别、行为识别与视觉识别组合而成的一套完整体系，分别对应企业文化建设的精神层、制度层与物质层，因此企业形象策划是通过统一的整体传达系统将企业文化外化为企业形象的过程。

二、CI 设计及 CI 系统的构成

（一）CI 设计

1. CI 设计概念

CI 是英文 Corporate Identity 的英文缩写，直译为“企业形象规范体系”。这是指一个企业为了获得社会的理解与信任，将其企业的宗旨和产品包含的文化内涵传达给公众，而建立自己的视觉体系形象系统。

CI 设计是现代企业走向整体化、形象化和系统管理的一种全新的概念。其定义是：将企业经营理念与精神文化，运用整体传达系统（特别是视觉传达系统），传达给企业内部与大众，并使其对企业产生一致的认同感或价值观，从而达到形成良好的企业形象和促销产品的设计系统。

2. CI 系统的构成

CI 系统是由理念识别（Mind Identity，简称 MI）、行为识别（Behaviour Identity，简称 BI）和视觉识别（Visual Identity，简称 VI）三方面所构成。

（1）理念识别（MI）。它是确立企业独具特色的经营理念，是企业生产经营过程中

设计、科研、生产、营销、服务、管理等经营理念的识别系统。是企业对当前和未来一个时期的经营目标、经营思想、营销方式和营销形态所作的总体规划和界定，主要包括：企业精神、企业价值观、企业信条、经营宗旨、经营方针、市场定位、产业构成、组织体制、社会责任和发展规划等。属于企业文化的意识形态范畴。

（2）行为识别（BI）。是企业实际经营理念与创造企业文化的准则，对企业运作方式所作的统一规划而形成的动态识别形态。它是以经营理念为基本出发点，对内是建立完善的组织制度、管理规范、职员教育、行为规范和福利制度；对外则是开拓市场调查、进行产品开发，通过社会公益文化活动、公共关系、营销活动等方式来传达企业理念，以获得社会公众对企业识别认同的形式。

（3）视觉识别（VI）。是以企业标志、标准字体、标准色彩为核心展开的完整、体系的视觉传达体系，是将企业理念、文化特质、服务内容、企业规范等抽象语意转换为具体符号的概念，塑造出独特的企业形象。视觉识别系统分为基本要素系统应用要素系统两方面。基本要素系统主要包括：企业名称、企业标志、标准字、标准色、象征图案、宣传口语、市场行销报告书等。应用系统主要包括：办公事务用品、生产设备、建筑环境、产品包装、广告媒体、交通工具、衣着制服、旗帜、招牌、标识牌、橱窗、陈列展示等。

视觉识别（VI）在CI系统中最具有传播力和感染力，最容易被社会大众所接受。

（二）CI设计发展历程

1. CI设计产生

企业形象识别系统（Corporate Identity System，简称CIS）理论的发源地一般认为是在美国。

2. 发展历程

20世纪50年代中期，美国IBM公司在其设计顾问：“通过一些设计来传达IBM的优点和特点，并使公司的设计在应用统一化”的倡导下，首先推行了CI设计。

20世纪60年代初美国一些大中型企业纷纷将能够完整树立和代表形象的具体要素视作一种企业经营战略，并希望它成为企业形象传播的有效手段。它包含了企业形象向各个领域渗透的整个宣传策略与措施，这种完整的规划与设计在经过相当长的一段时间后被人们广泛认知并正式冠以企业形象识别系统的名称。

20世纪70年代CI理论引入日本，少数有远见的企业先行导入CI，并逐渐产生了效果。

进入20世纪80年代，中国南方一些企业也开始CI尝试。广东太阳神集团被认为是中国最早导入CIS的企业，通过视觉元素的展现，较好的体现了企业经营理念和经营风格。

（三）CIS战略及功能

1. CIS战略

（1）CI战略。CI战略是在调研和分析基础上，通过策划和设计企业识别系统（CIS），来体现本公司区别于其他公司的标志和特征，塑造公司在社会公众心目中的特定位置和形象的战略。

（2）CIS战略的根本任务。在当前的市场竞争中，企业形象的塑造至关重要，它已成为推动企业发展的一种动力。这种动力的大小取决于企业理念识别 MI、活动识别 BI、视觉识别 VI 三个要素的高度一致。而实施 CIS 战略的目的就在于进一步加强这一动力，使企业通过完整的系统创意将企业的经营观念、企业的个性，通过动态和静态的传播方式，引起大家的注意，树立良好的形象，使广大消费者产生对企业及其产品的信赖和好感的心理效应，这就是 CIS 战略的根本任务。

2. CIS 战略的功能

综合 CIS 的 MI、BI、VI 三大系统的战略功能，企业导入 CIS，CIS 主要具有认识、管理、传播、应变、协调、教育 6 大功能。

（1）从认识功能上看，企业对外的形象、产品的外观都有统一的标准，在宣传上强化认知，在识别上特征鲜明，增强企业文化软实力，让企业以美好的品牌形象出现在消费者的视野中，增强消费的信心和对企业的忠诚度，从而进一步养成消费偏好，为企业发展带来持续增长力。

（2）从管理上来看，企业导入的 CIS 系统相当于企业制度、法规的作用，具有强制性色彩和一定的权威性，对员工的行为具有一定的约束力，从而在企业内部形成整体划一的口径，有利于加强管理，提高效率。

（3）从传播功能上来看，CIS 战略可以保证企业传播的统一性，避免杂乱无章，从而提高传播的经济效率，例如 VI 系统为企业各个部门对外宣传企业文化提供了一个规定的范式，可以应用在各个方面包括企业外部形象打造、活动宣传、媒体、报纸等途径，一方面更加直观的达到视觉效果，另一方面可以减少不必要的设计费用，节省成本。

（4）在操作上，企业可以编制视觉系统使用手册，规范使用标准和操作程序，进而提高宣传的频率和强度，保证宣传水平。从应变功能上来看，CIS 系统可以在瞬息万变的市场中保持一定的定力，让企业拥有以不变应万变的能力，从而提高品牌形象和消费者对企业的信赖度。

（5）从协调上看，CIS 战略可以将企业内部分散的机构、部门组合起来，形成合力，在市场竞争中发挥群体效应。

（6）从文化教育上来看，导入 CIS 战略能够建立企业文化价值观，推动企业文化建设，为企业提供强大的精神文化，增强员工的认可度、自豪感，并进一步约束自身的行为，自觉遵守 BI 系统的行为规范。同时，导入 CIS 系统可以增强企业自身的吸引力，形成强大的磁场，从而吸引人才，促进企业发展。

CIS 战略本身拥有一系列的功能，无论是企业经营管理、企业文化建设还是企业形象的打造都与 CIS 战略有着千丝万缕的联系，企业积极导入 CIS 系统并发挥其强大功能，可以提高综合实力和竞争力。

三、企业形象设计

（一）企业形象设计概述

企业形象设计就是指企业的经营理念、文化素质、经营方针、产品开发、商品流通等有关企业经营的所有因素。从信息这一观点出发，从文化、形象、传播的角度来进行筛选，找出企业具有的潜在力，找出他的存在价值及美的价值，加以整合，使他在信息社会环境中转换为有效的标识。

CI设计规划与实施导入是一种循序渐进的计划性作业，整个计划的进行与推展，综合国内外企业导入CI的经验。其作业流程大约可分为下列四个阶段：

（1）企业实态调查阶段。把握公司的现况、外界认知和设计现况，并从中确认企业实际给人的形象认知状况。

（2）形象概念确立阶段。以调查结果为基础，分析企业内部、外界认知、市场环境与各种设计系统的问题，来拟定公司的定位与应有形象的基本概念，作为CI设计规划的原则依据。

（3）设计作业展开阶段。根据企业的基本形象概念，转变成具体可见的信息符号。并经过精致作业与测试调查，确定完整并符合企业的识别系统。

（4）完成于导入阶段。重点在于排定导入实施项目的优先顺序、策划企业的广告活动以及筹组CI。

（二）塑造企业形象效果及注意事项

1. 塑造企业形象效果

企业形象是企业内在的各种文化信息所形成的凝聚力、创造力、吸引力和竞争力的综合体现。塑造良好的企业形象，可以给企业带来以下3方面效果：

（1）信任效果。一个深得社会公众认同和好感的企业，总是能顺利地推销它的产品和开展它的新工作，即使与其他企业做相同的事，销售相同的产品，也容易得到较高的评价。如果在转换经营机制的过程中，不断完善自我形象，增强形象力，提高销售力，有很多海外游者慕名而来。相反，如果一家企业形象不好，尽管其产品打折、优惠销售，也容易遭到社会公众的怀疑。

（2）缓和效果。一家形象良好的企业，当它于无意之中犯过错时，往往能比企业形象一般的企业得到社会公众更多的谅解，从而减轻社会舆论对企业的压力。

（3）竞争效果。消费者对于形象良好的企业及其产品总会优先考虑使用，因此，这类企业常常能击败竞争对手，夺得优胜。一般而言，有知名度、企业形象良好的企业总比没有知名度、没有良好形象的企业能销售更多的客房与其他产品。

2. 注意事项

企业形象是一种有价值的无形资产，是一种开发性的投资，要有投资效应。在导入企业形象系统之前，应注意以下几点：

（1）认真编制形象塑造规划，敢于投资。在企业形象规划中，要制定企业形象发展目标与具体实施步骤，编制规划前应找出企业实际形象与期望之间的差距，同时应注意规划的可建设性与可操作性。如果一开始就不敢投资，往后的工作自然就无法进，就会使企业形象建设受阻，或半途而废。

（2）企业形象塑造要坚持从实际出发。企业形象如何建设，应根据不同企业不同的条件、优势、基础和需要来考虑。企业形象建设应由一点入手，带动其余的方方面面，不能只顾一点，不问其余，否则极易使形象扭曲变形。

（3）企业形象塑造要有特色。差别性是企业形象塑造最基本的特征。在市场经济条件下，企业应追求富有个性化的企业形象。个性化的形象可方便消费者识别，给企业带来较稳定的客源和生机。

（4）企业塑造企业形象。企业要定期和不定期地对企业全体员工进行职业道德、思想素质、业务素质的培训与教育，要培养员工养成讲质量、讲信誉的风气，要培育员工爱岗敬业、忠于职守、和睦团结的精神。

复习思考题

第九章复习思考题

教学案例选编

案例9－1 如家酒店CIS战略

翻转课堂教学活动

古井贡酒股份有限公司导入CIS提升形象

课程思政设计与实践

企业形象管理与文化管理
——融入人生追求、文化自信、致敬英雄、创新精神、社会责任、为人民服务

【思政育人目标】

1. 知识目标

①掌握企业文化的基本内涵、构成要素、层次结构与形成发展过程；②知晓企业文化的理论演进过程与中国企业文化的典型特点，企业跨文化管理的策略；③企业形象概念及形象的重要性；④CI设计及CI系统的构成，CIS战略及功能；⑤塑造企业形象效果及注意事项。

2. 能力目标

①具备较强的企业文化管理分析能力，能对现实中的企业文化进行科学分析；②具备较强的管理实践能力，能策划开展一些核心的企业文化实践活动；③具备较强的学习创新能力，能综合运用多学科知识创新地解决企业文化建设问题；④具备较强的沟通协作能力，能就企业文化实践问题与业界开展有效对话；⑤学会 CI 设计及 CI 系统的构成，具备运用 CIS 战略及功能的技能；⑥学会企业跨文化管理的策略，掌握塑造企业形象及注意事项，达到塑造良好的企业形象的能力。

3. 价值目标

①树立科学的企业形象管理思维观和人生价值观，培养学生的前瞻意识、创新精神和 CI 设计能力；②培养学生的远大抱负、自强不息、追求卓越的奋斗精神，增进学生对中国国情和本土优秀企业形象管理的认识，树立文化自信和家国情怀；③强化社会主义核心价值观；④深入了解中国传统优秀文化，树立文化自信；⑤强化责任意识与职业道德。

【思政设计与融入点】

1. 设计思路

从以下三个途径来展现本课程的思政要素：一是中国革命红色文化的精神内涵；二是中国优秀传统文化所包含的企业文化管理与企业形象管理思想；三是中国本土企业形象管理的成功实践中所体现出来的价值观和企业文化管理变革与创新思维。

2. 课程思政元素

企业文化是企业的灵魂，优秀的企业文化是企业实现基业长青的重要保障。企业文化渗透在企业的各个角落，具有鲜明的价值特征。学习企业文化与企业形象管理，有助于学生树立崇高的人生追求、强化其以人为本和全心全意为人民服务的理念、激发其对英雄的敬意、促使其积极承担社会责任并努力做到知行合一。课程思政教学元素融入点设计如下：

（1）人生追求。价值观是企业文化最核心的要素。学习企业文化首先需要对价值观有一个基本的认识，这是学习企业文化的起点。价值观反映了个体对于对与错、好与坏、可取和不可取的看法，本质上体现了个体的人生追求。通过带领学生思考自身的人生追求是工具性的还是终极性的，不仅可以引导学生从工具性的人生追求转移到终极性的人生追求、将自身追求与国家发展需要相联系，同时也有助于学生明确将来自己想进入具有何种价值追求的企业。

（2）文化自信。民本思想在中华文化史上源远流长，代表着中华民族独特的精神标识。在几千年的中国思想传统中，民本是其中最耀眼的思想明珠，蕴含着丰富的优秀传统文化资源。民生实业股份有限公司 1926 年创办时就提出了“服务社会，便利人群，开发产业，富强国家”的宗旨。东亚毛呢纺织品有限公司则提出了更为系统完整的“东亚精神”。在公司大楼上悬挂着“己所不欲，勿施于人”“你愿人怎样待你，你就怎样待人”等大字，还编制了《东亚精神》一书、《东亚声》期刊及格言式的《东亚铭》。通过回顾企业文化的理论发展史，并穿插对中华优秀传统文化的介绍，可以促进学生的理念转变，增强文化自信。

（3）致敬英雄。英雄人物是企业文化的核心要素之一，其对企业员工的榜样效应是巨大的。从社会生活中的英雄人物切入，比如抗疫英雄、卫国戍边英雄等。通过介绍这些对社会和国家有重要贡献的英雄人物，让学生明白当前稳定和平的生活是来之不易的，对英雄人物应当尊敬。同时，通过引用解读习近平总书记关于人民英雄的一些观点，让学生更深刻地理解英雄人物对于国家发展的意义。

（4）社会责任。企业价值观主导着企业组织的行动逻辑。在讲解企业价值观时，通过着重强调企业需要承担的社会责任，例如相关企业的价值观及其企业社会责任实践，让学生明白当代的企业不仅是一个经济组织，而且也是一个社会组织，积极承担社会责任对于企业长远发展具有重要的意义。同时，在后续讲解中将社会责任的主体逐步过渡到个体身上，让学生明白企业社会责任的落实关键在于人，而积极承担社会责任也是每个公民的应尽之义。

（5）为人民服务。企业精神是植根于企业文化土壤盛放出来的璀璨之花，是企业为实现自身价值追求、在长期经营管理过程中形成的一种人格化的理念和风范。在讲解企业精神时，通过举例并剖析“一团火”精神，向学生传达精神背后的价值内核，即为人民服务。同时，通过简要回顾百年党史以及为人民服务的根本宗旨，增强学生对党的了解和认同。

（6）人类命运共同体。人类命运共同体思想是中国步入世界舞台中心的现实反映和责任担当。人类命运共同体思想的提出也昭示着“和”的价值理念，蕴含着“天人合一”宇宙观、“天下为公”政治观、“和而不同”社会观等重要价值观念。主张追求本国利益时兼顾他国合理关切，化争夺为共赢，可以更好地维护国家利益，它是中国在新的历史起点上扭转“国强必霸”逻辑的世界观表达，更是爱国主义的扩展和深化。

【课程思政教学方法和手段】

1. 课程思政教学方法

采用“理论—案例—情景—实践—故事”相结合的“TCSPT”五维教学方法，激发学生兴趣，调动学生学习的主动性和创造性，注重企业文化建设和企业形象设计技能的培养。坚持以立德树人为根本，把培养学生的文化管理、形象管理与帮助学生树立积极的人生观价值观结合起来，把本课程所蕴含的思政元素有机融合到课程学习的每个重要环节。教学方法如下：

（1）理论教学法：传授基本理论知识，促进学生企业文化建设和企业形象设计技能的培养。通过超星平台 MOOC（慕课）学习，推进现代信息技术在课程思政教学中的应用，激发学生学习兴趣，引导学生深入思考。

（2）案例教学法：以解决企业形象管理发展过程中实际遇到的问题为目的，在课程中引入真实企业形象管理案例，通过理论学习、阅读案例、个人分析、小组讨论、全班交流、总结归纳、消化提升和案例实践调研 8 个环节，加强师生互动，实践训练，实现教学相长，知行合一。

（3）情景教学法：从企业文化与企业形象管理的实际情景出发，在课堂上和课外实践中创设生动有趣的情景，让学生在情景中受到感染，点燃他们的求知之火，从而使学生思维活跃，积极思考和理解企业形象管理过程相关的基本知识。

（4）实践教学法：引入“行动学习”的理念，通过组织学生以团队方式参与真实企业形象管理的调研和企业文化建设工作，提高学生对实际企业发展的切身体会和认识，培养学生的形象管理能力和文化创新能力。

（5）讲故事：通过组织学生以团队方式参与中国知名企业形象管理和中国革命红色文化的调研，撰写企业形象管理案例，讲中国企业形象管理故事，自觉弘扬中华优秀传统文化、革命文化、社会主义先进文化，增进对中国传统文化和红色文化的了解，提高学生对实际企业发展的切身体会和认识，教育引导学生传承中华文脉，富有中国心、饱含中国情、充满中国味。

2. 融入手段

翻转课堂教学，教师讲授，视频展示，案例分析，经典阅读，MOOC（慕课）学习，团队式学习。

【课程思政教学路径】

第一，讲述改革开放40多年的企业文化建设成就，使学生了解我国改革开放40多年的企业文化建设成就，理解现代商业模式和企业形象管理的发展历程。

第二，进行中华优秀传统文化学习，如①关于服务意识方面，民族资本主义企业在激烈的市场竞争中取胜，不仅要注重产品质量，还要把"服务周到热情"作为经营活动中的最重要的准则。永安企业的资本家郭乐、郭泉总结出的"服务七方面"规定，在当时的商业界有很高的信誉；民生航运公司的卢作孚提出的"服务高于一切"的口号，深受客户和货主的欢迎，影响很大。②古井贡酒身体力行地践行着其"做真人、酿美酒、善其身、济天下"的企业价值观。

第三，从中华传统文化、民族情怀、国家大势、时代责任、国际视野等方面挖掘和提炼"思政元素"，并将日常交往礼仪中的尊重、平等、和平、友善等礼仪内涵和社会主义核心价值观相融合，优化礼仪课程教学内容，增强思政教育渗透力，丰富学生精神内涵，塑造学生形象气质。

【课程思政实践活动】

1. 课前5分钟经典阅读活动，进行习近平新时代中国特色社会主义思想及习近平总书记关于人民英雄重要论述的学习；播放励志歌曲《我相信》；

2. 课中进行《古井贡酒股份有限公司导入CIS提升形象》案例分析研讨，以小组为单位开展翻转课堂教学活动；期间开展抢答小游戏，教师罗列古代称谓中的敬辞"玉、高、尊、先、屈、台、令、垂、拜、谨、贤、俯、雅"等词语展开抢答小游戏，让学生了解中华传统的遣词之美，树立文化自信。

3. 课后进行新闻观察：观看《中国高铁"走出去"》视频，观看《黄大年》，观看由中宣部、国务院新闻办"纪录中国"传播工程重点立项，中央电视台科教频道倾力打造的《一带一路》全片共分6集，分别是《共同命运》《互通之路》《光明纽带》《财富通途》《金融互联》《筑梦丝路》专题片，超星平台《现代企业管理》MOOC（慕课）学习：https：//www. xueyinonline. com/detail/241026355；齐齐哈尔大学在线综合教育平台《管理综合案例》自主学习活动。

经典管理故事

雷尼尔效应

位于美国西雅图的华盛顿大学选择了一处地点，准备修建一座体育馆。消息一传开，立即遭到教授们的反对，因为校方选择的位置在校园的华盛顿湖畔，体育馆一旦落成，会挡住教职工从餐厅欣赏窗外美丽的湖光山色。于是校方顺从教授们的意见，取消了这项计划。

为什么学校如此尊重教授们的意见呢？因为与美国其他大学教授的平均工资相比，华盛顿大学教授的工资一般要低20%左右。教授们之所以愿意接受较低工资，完全是出于留恋西雅图的湖光山色：西雅图位于太平洋沿岸，大大小小的湖泊星罗棋布，天气晴朗时可以看到雪山——雷尼尔山；开车出去，还可以在较短时间到达圣海伦火山观光……为了美好的景色而放弃更高收入的机会，被美国大学界戏称"雷尼尔效应"。也就是说，华盛顿大学教授的工资80%是以货币形式支付的，20%是由美丽宜人的自然环境补偿。

第三篇

实 训 篇

开篇语

管理是一种语言，也是一种实践。管理是通过别人的劳动完成自己的愿望，管理是沟通，只有大家都懂得这种语言，才会有效地管理；管理又是一种实践，没有实践，就不能真正找出核心点，不能真正创造出核心竞争力。

（摘自：《世界经理人周刊》，程晓宇、李会宁）

如果说管理案例教学是一种管理实践的话，管理案例实践是实践基础上的再实践。管理案例实践教学过程就是在实践基础上的再实践教学过程，也是知识学习的内化和再提升的过程。

（摘自：《管理综合案例教程》，苗雨君、李亚民）

实训篇主要是课程实践教学，内容包括课程实践教学设计与实践。课程实践教学设计与实践主要是在基本理论和教学案例学习的基础上，针对一个教学案例内容设计实践教学环节课题，根据课题深入到企业进行实践。教学内容主要是由任课教师根据课堂教学讲授的基本理论和教学案例内容，设计课程实践教学环节实训教学项目，学生或实训团队选择实训教学项目，到实践企业进行实际调研和查阅资料，撰写调研报告，进行课程实践教学环节考核与总评。

第十章

管理案例实训教学

【章前导读】

实训，即“实习（践）”加“培训”；源自IT业的管理实践和技术实践；目前引入“营销管理”和“商务管理”专业。实训的最终目的是全面提高学生的职业素质，最终达到学生满意就业、企业满意用人的目的。

“实训＝素质＋技能＋经验”

成长在于理论之事的积累和实践。在企业实际工作中，要理论结合实践，只有将理论与实践有机地结合起来，才能少走弯路。理论知识源自实践的土壤，而不是理论研究者闭门造车的产物。没有实践的根基，只能筑起空中楼阁，最终成为空谈，其结果及其价值必然遭受怀疑。通过学习ERP沙盘模拟理论，与企业管理实践工作相结合，让理论指导实践，以实践来验证理论，才能行之有效。

管理案例实践教学是一项极为重要的教学活动，强化素质教育的今天，研究管理案例实践教学是十分必要的，具有重要的意义。

管理案例实训教学项目（课题）的实践主题实施具体设计10个实训主题，实训主题包括实训教学目的、实训内容及要求、实训组织方法与步骤、实训时间、实训成果与考核的具体内容。本章重点进行管理案例实训教学，完成实训教学的教学目标、开展素质拓展训练，培养学生综合素质和实践能力。

博学之，审问之，慎思之，明辨之，笃行之。

——《礼记·中庸》

第一节

管理案例实践训练教学

【引导案例】

飞雁团队的启示

世界上有三种团队。一是野牛团队。野牛个个身强力壮，但没有集体意识，各自为政，所以不是比它身体弱小的狼的对手。二是螃蟹团队。当一群螃蟹被抓到竹篓里后，其中有一只奋力往上爬，其他几只就拼命拉后腿，结果是谁也上不了。三是飞雁团队。大雁在飞行时都本能地呈“人”字型飞行，前面的大雁为后面的大雁创造有利的上升气流，结果整个团队的飞行效率提升了70%。

野牛团队的特点是分开都很强，但合起来就很弱。螃蟹团队的特点是我不好，你也别想好，结果是整个团队的绩效下降。没有经过提升和规划的团队大都属于这两种，只是程度有所不同而已。而要成为“飞雁团队”，则需要一番深刻的提升和转变。飞雁团队有以下几个特征。

1. 纪律严明，且自主自发。我们无论何时何地见到大雁飞行，永远都是整齐划一的“人”字型，从来没见过哪只大雁调皮捣蛋。这给我们这样的启示：

（1）大雁并没有制定严格的奖罚制度，也没有什么法律法规，但大家都能主动遵守纪律，这是因为本能，而本能的形成是一个漫长的过程，是一个行为被长期重复的产物。

（2）每只大雁都能主动遵守纪律，即便有那么一两只想开一下小差或偷一下懒，也会立即感觉到自己和团队的差距，从而主动归位。

2. 大雁的队伍中，没有英雄，大家都是英雄。大雁在飞行时，领头雁是最累的。当领头雁感觉太累时，便会退居二线，它后面的一只大雁便自动顶替，如此往复，让每只大雁都有机会当领头雁，整个队伍显得有活力。领头雁在飞行时，后面的大雁会整齐地发出叫声，以鼓励领头雁，这给我们这样的启示：

（1）一个团队要想前进，领头雁固然重要，下属的支持与鼓励也非常重要。

（2）没有永远的领头雁。作为领导，要保持和提高自己的核心竞争力。这核心一是技术能力，二是管理能力。

3. 在一个团队里总有强者和弱者。对于强者，我们要充分地发挥其优势；对于弱者，也不要轻易放弃，而是要尽力去帮助他、扶持他，使之尽快走到正确的轨道上，从而使弱者变强，强者更强。

管理案例实践训练教学作为一种创新型的管理案例教学方式，经过多年来的实践和探索，已经逐步形成一个较为成熟、相对完整的实施框架。

一、管理案例实践训练教学一般模式

一般来说，在整个管理案例实践训练教学过程中，必须遵循以下 5 个基本步骤，即组建管理案例实践训练团队、选择管理案例训练教学项目（课题）、实践调研与资料收集整理、管理案例编写、管理案例实践训练考核与总结，如图 10－1 所示。

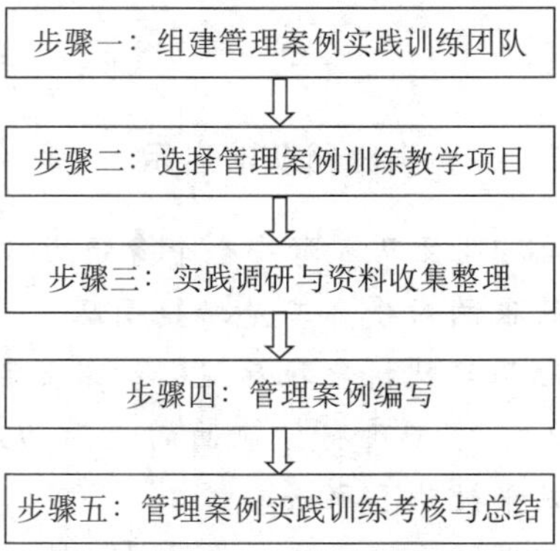

图 10－1　管理案例实践训练教学的一般模式示意图

（资料来源：苗雨君．管理案例实践教程．哈尔滨工程大学出版社．2009 年）

二、管理案例实践训练教学的教学内容

管理案例实践训练教学具有的极为广泛丰富的教学内容，管理案例实践训练教学这门课程，需要有自己的教学特点和教学方式方法，来保证教学目标的实现。管理案例实践训练教学的教学内容极为丰富，大致可以归纳为三个方面：一是管理案例分析的直接对象所涉及的内容；二是管理案例分析研究本身的方法、技巧所涉及的内容；三是管理案例的实践训练方法与内容等。

管理案例实践训练教学涉及的内容相当广泛，就一个企业而言，管理的有关组织和原理、企业的经营决策和经营计划、生产过程的管理以及科学技术管理和其他职能管理等多个方面都是案例反映的内容，甚至可以说企业的全部生产经营活动都能构成可供分析研究的管理案例。从管理案例教学本身所应讲究的技巧和方法来考察，管理案例实践训练教学所涉及的教学内容也是多方面的。管理案例实践训练教学研究是一个思维运行的过程，而且是一个创造性思维过程。管理案例实践训练教学成果的表述，不论是书面表述，还是口头表述，都是一种读、写、说、行（实践）的综合训练。从管理案例的实践来考察，管理案例实践训练教学设计主要是在案例教学的基础上，针对一个案例设计实践教学环节课题，根据课题深入到企业进行实际调研，即实践。教学内容主要是由任课教师根据课堂教学讲授的案例内容、设计实践教学环节教学目标、要求及实践训练内容，分组调研，学生到企事业单位进行实际调研和查阅资料，撰写调研报告，编写管理案例。在教学内容安排上主要是管理案例的实践教学，即针对企业战略管理、企业组织管理、市场营销、物流管理、生产与运作管理、人力资源管理、财务管理、企业信息化管理、企业形象管理、创业管理等 10 个单元内容进行实际实践。

三、管理案例实践训练教学步骤与方法

管理案例实践训练教学是按照一定的教学步骤与方法进行的，研究管理案例实践教学步骤与方法可以更好地指导管理案例实践教学活动，使管理案例实践训练教学达到教学目的要求，有利于学生实践能力培养目标的实现。管理案例实践训练教学的教学步骤与方法主要有以下几个方面：

1. 组建管理案例实践团队

在管理案例实践训练教学中，组建实践教学团队是十分必要的。管理案例实践训练团队建立的方式对它今后的成败具有很重要的影响。这种实践团队应在教师指导下，由学生自行酝酿、自愿组合，使其成为高度自治的学习集体。管理案例实践团队能否成功地发挥应有的作用，取决于下列四个条件。

（1）实践团队组建的及时性。这是指组建实践团队的时机问题。搞得好的实践团队一般是建立得较早的团队。实践团队组建早的好处包括：对成员的选择面相对较宽，成员之间可以相互认识和熟悉，从而提前对彼此的能力与态度有所了解，也可以促使学习活动较早起步；

（2）实践团队规模的适中性。实践教学团队的大小及规模以 5 ~7 人为宜，当然，5 ~7 人也并不是一个绝对数，在实践中超过 7 人，以致达到 8 人的也有。一个标准班级一般 30 人左右，5 ~7 人组建一个团队，一个班级可组建 5 ~6 个实践教学团队；

（3）实践团队成员自觉性与责任感。这是指成员们对实践团队的负责态度与纪律修养，尤指对预定的集体学习活动不迟到、不缺勤。否则，常有人不打招呼就任意缺席，管理案例实践训练团队的积极作用就不能充分发挥；

（4）实践团队互容性与互补性。如果成员间性格不相投、个性有对立、话不投机、互相抵触，就不会有良好的沟通，容易产生隔阂。当然，强调互容性并不是认为一团和气就好，不同观点之间的交锋也是必要的，关键是要保持平和、平等的态度。互补性系指相互间各有短长，需要互助互补。要防止以私交的好坏组建实践团队的现象，以为亲密无间，利于沟通，却往往忽略了互补性，学习没搞好，友谊也受影响。这也不是非要拒绝好友参加不可，而是要求根据课程性质和对个人特长的了解来组建实践团队。

在管理案例实践训练教学活动中，组建实践团队可以充分发挥团队精神。管理案例实践训练教学应倡导合作性学习，组建学习实践团队，以学习实践团队的形式，组织学生进行讨论和其他集体学习活动，通过团队内成员的相互启发补充、分工协作、鼓励支持、进行全面系统的分析，不但可以丰富管理案例教学的形式，而且可以提高管理案例教学的效果。组建学习实践团队应在教师的指导下，由学生自行酝酿、自愿组合、使其成为高度自治的学习集体。表 10 －1 给出了组建学习实践团队不同阶段的一些简单提示。

2. 确定管理案例实践训练教学项目或课题

在管理案例理论教学和教学案例教学的基础上，针对一个教学案例选择实践教学环节课题，根据课题深入到企业进行实际实践。确定管理案例实践训练的教学项目或课题就是从在实践教学内容的企业战略管理、企业组织管理、市场营销、物流管理、生产与运作管理、人力资源管理、财务管理、企业信息化管理、企业形象管理、创业管理 10

表 10-1　形成更好的学习实践团队的简单提示

序号	不同阶段	简单提示
1	团队开始前	期望学习和发现 与不认识的人形成团队 团队成员各不相同
2	团队开始时	形成好的第一印象 建立团队： ①团队成员自我介绍并相互认识 ②做一些自我展示的事情 ③建立相互的信任 ④树立团队目标 预先准备所需的有关团队进程的数据： ①利用计算机进行数据分析 ②检查讨论数据的意义
3	团队进行中	在工作中增强自我展示 给予好的反馈 成员默默地加入 解决问题： ①应用课程表述问题 ②在团队中解决问题，即使只是两人间的问题 ③不要因为你不喜欢某人而不和他一起合作 ④如果团队不能解决，向教师咨询 有规律地复习 经常变换领导风格
4	团队结束时	总结你从团队合作中学到的东西： ①分析发现影响团队效率的因素 ②向成员提供关于他们的行为或贡献的最终反馈 庆祝活动： ①举行一个聚会，可带来其他人参加 ②举行一次最终的见面会 ③团队解散

（资料来源：梅子惠．现代企业管理案例分析教程．武汉：武汉理工大学出版社，2006。）

个单元内容中进行选题，选择实践课题应由实践教学团队集体研究来确定，应根据实践教学团队成员的实际情况，在规定的管理案例实践训练教学周期内，选定能够完成的管理案例实践的项目或课题，按照管理案例实践训练的项目或课题选题要求和实践教学目标到选定的工商企业进行实践。

选择实践教学项目是进行管理案例实践训练教学的关键所在，要科学合理地进行管理案例实践训练教学时间项目（课题）的选择。在组建实践团队的基础上，由团队集体讨论研究进行管理案例实践教学项目（课题）的选择。表 10-2 的名称为“管理案例实践训练教学项目（课题）组建团队与选题情况表”，表内分 4 项：管理案例实践训练教学项目（课题）选题，管理案例实践教学项目（课题）团队组建，管理案例实践训练教学项目（课题）实施计划，备注等。其中，管理案例实践训练教学项目（课题）选题包括管理案例实践训练项目（课题）名称，管理案例实践训练教学项目（课题）教学目标与教学内容要求，管理案例实践训练教学项目（课题）所涉相关管理原理及参考文献等。

表 10－2　　管理案例实践训练教学项目（课题）组建团队与选题情况表

实践团队名称：　　　　　　　　　　　　　　　　　　　　班级：

管理案例实践训练选题	实践训练项目			
	实践训练项目教学目标			
	实践训练项目教学内容			
	实践训练项目所涉相关管理原理及参考文献			
实践训练团队组建	实践团队长		（填写清楚姓名、学号）	分工情况
	团队成员	1		
		2		
		3		
		4		
		5		
		6		
实践训练教学项目实施计划				
备注				

指导老师签字：　　　　　　　　　　　　　　　　　　日期：　　年　月　日

（资料来源：苗雨君．管理案例实践教程．哈尔滨工程大学出版社．2009 年）

在选择实践训练教学项目（课题）过程中，以团队为单位，在团队长的负责下组织选择实践教学项目（课题），填写管理案例实践训练教学项目（课题）组建团队与选题情况表，填写管理案例实践训练教学项目（课题）组建团队与选题情况表中的管理案例实践训练项目（课题）名称，管理案例实践训练教学项目（课题）教学目标与教学内容要求，管理案例实践训练教学项目（课题）所涉相关管理原理及参考文献，管理案例实践训练教学项目（课题）团队组建，管理案例实践训练教学项目（课题）实施计划，备注等内容，实际上是对管理案例实践教学项目（课题）的思考和进行管理案例实践训练教学项目实践的准备过程，也是对学生的培养和锻炼过程。填写后，经指导教师审核同意后，以实践团队为单位，按照实践训练教学项目（课题）的要求开展管理案例实践活动，保证管理案例实践训练教学项目（课题）的完成，达到管理案例实践训练教学的目的和效果。

3. 实践调研与资料收集整理过程

实践调研与资料收集整理过程是管理案例实践训练教学步骤中的重要阶段。这一阶段主要是实践调研与资料收集整理，拟编写案例资料的收集过程和操作步骤一般由下述内容组成。

（1）管理案例调研的准备阶段。此阶段重要任务是与被调查方建立合作与信任关系，确定拟收集的资料和信息，制定调查计划，确定调查方法等，主要做好4个方面的工作。第一，确定管理案例调研的资料、信息和问题。即要根据案例编写需要和调研企业的实际情况系统考虑：搜集何种资料信息，所收集资料信息的用途何在，确定拟调查访谈的问题和目录，考虑以何种技术收集资料。第二，与被调研企业或对象建立合作与信任关系。管理案例资料的调研工作是与调研企业的合作过程，双方能否建立互相信任的关系和奠定良好合作的基础，将关系到管理案例调研工作的成败。所以，资料搜集者须坦白说明意图，解释管理案例调查的意义与目的，求得对方的理解与合作。应当充分地考虑做好说服工作，尊重被调查单位，尽量取得他们的谅解、合作与支持，最好是双方共同参与调查工作，共同参与全部案例编写工作。第三，初步情况分析和试探性调研。为了增强调研的针对性，调研人可查阅有关的专业刊物资料、政府公布的资料和企业的相关资料，以便掌握足够的背景资料，使正式调查范围缩小，调研工作减轻。还可以在小范围内做一些试探性调查，如访问当事人、中间商、知名专家和征询用户意见等。第四，制订管理案例资料调查提纲或计划。管理案例调查计划主要是要确定编排好管理案例调查所需采集的资料和信息种类，规定调查方法和调查进度，编制调查经费预算，以及调查所需要的人力、物力等因素的匹配问题等。对象选好后，最好能将双方合作意愿变为书面文件形式，制定一个双方认可的原始调查提纲式的简略计划。计划中应定出调查的范围，调查的单位、人物及问题，调查的方法，并应有时间进度安排。

（2）管理案例调研的实施阶段。第一，从不同来源收集所需的管理案例资料。管理案例资料主要是从以下3个方面进行收集：①可从调研企业的外部获得，包括正式发表及未发表的文章、报告、消息等资料；②可从调研企业内部获得书面形式的资料，其中有一些很容易得到，另一些则是高度保密很难得到的；③可从调研企业内部获得非书面形式的资料和信息，对调查对象单位的产品、设备、市场、技术力量与领导班子、在行业与市场中的影响和地位、它的过去演进历史与目前的状况等各种背景情况做一初步摸底工作，做到掌握概况、心中基本有底。与管理案例编写有关的二手资料还可从行业组织、金融机构、国家机关、研究机构、咨询机构、高等院校、报刊、图书馆等处获得。与管理案例编写有关的一手资料也可从企业的用户、中间商、推销人员、协作单位、竞争对手、专家等处获得。

第二，使用适当方法或方法组合调查信息资料。单独或组合使用前述的各种调查方法来进行管理案例的资料信息采集。一般在采集二手资料时，常常使用查阅、购买、交换、委托收集等方式进行；采集管理案例编写相关的一手资料时，则多采用访谈、观察、问卷等方式方法。

第三，抽样和调查表设计。从拟调查案例总体中选择部分样本进行调查，并以样本特性推断总体特性的调查方法即谓之管理案例的抽样调查。需要根据前面确定的管理案例调查目标、对象、资料种类和方法，设计出合适的抽样方法和样本容量，并设计出合用的调查表格和问卷，才能合理地开展系统而具体的书面调查活动。

第四，实地调查，搜集相关信息资料。即按照既定计划和选定方式，实际开展调查研究，从调查企业和对象处获取和采集各种对管理案例编写有用的信息资料，特别要注意搜集与编写管理案例有关的事件情节、人物特点、管理活动、行为要求、工作条件与环境等方面的信息，还应适当收集组织图、工作流程图、工作说明、事件总结材料等背景信息。

（3）管理案例调研结果处理阶段。管理案例调研结果处理阶段主要做好两方面工作：一是调研资料的整理分析。首先，应审核和印证通过调查采集的信息资料，注意发现和纠正其中的误差和错误，做一番去伪存真的工作。其次，应对调研所得资料进行分类和制表加工，做一番去粗存精的工作，以便于查找和编写使用。二是与管理案例写作提纲衔接。整理后的调研资料与管理案例写作提纲衔接、编码、备用。

4. 管理案例实践训练成绩考核与总结

管理案例实践训练教学撰写的实践案例研究报告是实践团队集体工作的成果，体现对所学到的理论知识的运用水平。管理案例实践训练教学不仅是一个个人学习的过程，更重要的是，它还是一个集体学习的过程。为了反映管理案例实践教学集体学习的成果，必须采取一定的形式对管理案例实践训练教学集体学习的成果进行总结和成绩考核。管理案例实践训练教学集体学习的成果是全体师生共同努力的结果，也是集体智慧的结晶，因此，管理案例实践教学质量的高低取决于全体同学的参与程度和贡献水平。总之，管理案例实践训练教学不能离开集体，这就需要教师及时掌握和全面考察学生的学习情况，实施管理案例训练教学的考试制度改革。管理案例实践训练教学主要侧重学生全面素质和综合能力的考核，而不是局限于以分数衡量知识水平。

管理案例实践训练教学成绩考核主要考核实践表现情况、实践报告和管理案例撰写、实践团队答辩情况等方面。管理案例实践环节学生成绩考核主要采取答辩形式。任课教师或任课教师团队组织学生进行答辩考核，学生以团队为单位，考核实际调研报告和实践案例编写的情况，在答辩前，填写管理案例实践教学项目（课题）答辩与成绩考核情况表，见表 10 - 3。

管理案例学习成果考核的评分结构是：管理案例实践训练教学的实践表现情况占管理案例实践分数的 20%、实践报告和管理案例撰写占管理案例实践训练分数的 20%、实践团队答辩情况占管理案例实践分数的 60%，成绩可按百分制评定，也可按五级分制（优秀、良好、中等、及格、不及格）评定，然后按比例折算。课程任课教师团队对学生进行答辩考核，学生以实践教学团队为单位，对实践教学团队形成管理案例实践教学的综合报告和实践选题案例编写的实践案例进行成绩考核，除此之外，还要考核学生的实践出勤、到企事业单位实际调研情况、查阅资料、管理案例实践训练的情况、答辩情况及创新工作等情况，综合给出学生的成绩。

表 10－3　　管理案例实践训练教学项目（课题）答辩与成绩考核情况表

实践团队名称：　　　　　　　　　　　　　　　　　　　　　　　　班级：

实践训练项目	课题名称					
	实践训练项目实践情况描述					
实践训练团队组建			姓名及学号	实践情况	答辩情况	成绩
	团队长					
	团队成员	1				
		2				
		3				
		4				
		5				
		6				
案例编写情况						
答辩情况及评价						
备注						

答辩教师签字：　　　　　　　　　　　　　　　　　　　　　日期：　　年　月　日

（资料来源：苗雨君．管理案例实践教程．哈尔滨工程大学出版社，2009 年）

管理案例学习成果考核总成绩＝课堂理论教学成绩（10%）＋教学案例课堂讨论成绩（30%）＋管理案例实践训练（60%），见表 10－4 所示。

表 10－4　　管理综合案例课程考核成绩汇总表

班级（团队）：　　　　　　　　　　　　　　　　　　　　　　　　年　月　日

序号	姓名	学号	课堂理论教学成绩（10%）	教学案例课堂讨论成绩（30%）	管理案例实践训练（60%）	备注

班长（团队长）：　　　　　　　　　　　　　　　　　　　　　任课教师：

总结是管理案例实践教学的一个重要环节，要有教学时间的保证，不仅教师的总结要安排时间，学生的自我总结也应安排相应的时间。总结的目的，在于实现管理案例实践教学的良性循环，也即是说使得管理案例教学的层次不断提高。正是经过了总结，才使得每一轮次的管理案例教学在上一轮次管理案例教学的基础上在更高层次上进行。管理案例实践教学总结正是起到一种外力推动的作用，促使着每一轮管理案例实践教学都向更高层次发展，从而使得管理案例实践教学的参与者的能力不断获得提高。

复习思考题

1. 管理案例讨论课的路径选择如何进行？
2. 管理案例课堂讨论的展开与引导如何进行？
3. 管理案例课堂讨论的结尾有哪些技巧？
4. 管理案例课堂讨论的书面报告怎么写作？
5. 管理案例课堂讨论学习成果考核如何进行？
6. 简述管理案例实践训练教学一般模式
7. 管理案例实践训练教学的教学内容有哪些？
8. 管理案例实践训练教学步骤与方法有哪些？
9. 简述管理案例学习成果考核评分结构。
10. 简述学习成果体现学生综合素质考核内容。

第二节

管理案例实训教学项目

实训主题一　企业战略管理实训教学项目

实训项目

【实训教学目的】

企业战略管理实训教学项目，使学生学习掌握企业战略管理的基本理论，学习掌握企业战略管理的方法技能，学习掌握运用企业战略管理分析问题技能、综合行动计划技能，使学生在建立积极态度、培养成熟判断力、培养合作性学习和团队精神等方面得到培养和训练，提升学生综合素质和能力水平。

【实训内容及要求】

调查了解某企业的战略管理状况，结合企业战略管理的重点及难点内容有选择性地对某企业的战略管理进行调查实践研究，主要研究企业战略管理的战略使命、战略类型、战略制定、战略实施、战略评价等多方面战略管理内容，对企业战略管理的战略环境的发展、战略研究对象的变化、战略内容的发展、战略过程拓展及战略管理理论的基础进行深入研究等。要与企业战略管理教学案例紧密结合，选择大中型企业，对企业的战略管理状况进行实训教学研究，撰写实训报告。

【实训组织方法与步骤】

1. 组建实训团队，每个实训团队5～7人，由学生推荐团队长；

2. 拟定实训实施计划方案，选定实践企业，拟定具体实施计划，由实训团队集体研究确定；

3. 实训调研与资料收集，由团队长主持，实训团队集体到实践企业进行调研；

4. 资料的整理分析，对调研资料进行整理和分析；

5. 撰写实训报告，每个实训团队撰写一份实训报告；

6. 准备答辩考核，实训团队进行集体答辩。

【实训时间】

实训时间安排为4～6周。

【实训成果与考核】

1. 每个实训团队撰写的实训报告，评定成绩。

2. 每个人的发言提纲可作为一次作业，评定成绩；

3. 根据实训团队在实践中的表现评定成绩（可由实训团队长和实训指导教师负责评定）。

4. 提供的所调查企业的战略管理方面材料。

素质拓展

企业环境分析

【实训目标】

1. 培养分析外部环境的能力；

2. 培养分析内部环境的能力。

【实训内容与要求】

利用课余时间实地调查一家企业，或搜集一家企业的系统资料。例如：根据某公司的各种资料信息，策划一个营销专题活动。各模拟公司围绕着如何以本公司形象、宣传推销主导产品为主题分别策划一个营销专题活动，每个模拟公司起草一份计划书，可参照以下步骤进行：

（1）分析该公司所处的环境。这既包括企业的内部环境，也包括企业的外部环境；既要考虑企业的现实环境，也要考虑企业的未来环境。从而确定该公司主要产品的优势、劣势、机遇和威胁，为下一步确定模拟公司的营销专题活动可行性目标提供依据。

（2）制定目标。详细制定此次策划活动的目标，包括初期目标和最终目标。

（3）设计与抉择方案。为实现目标，要合理配置人、财、物等资源，选择正确的实施途径与方法，制定系统的计划方案。

（4）编制计划。要依据计划目标与所确定的最优方案，按照计划要素与工作要求，编制计划书。

(5) 计划的实施与反馈。计划付诸实施，管理的计划职能并未结束。为了保证计划的有效执行，要对计划进行跟踪反馈，及时检查计划执行情况，分析计划执行中存在的问题，并对计划执行结果进行总结。

【实训成果与检测】

1. 每个人都要提供一份企业外部环境和内部环境的简要报告。

2. 由教师对学生的两个报告评定分数。

3. 对模拟公司写出计划书交给教师审阅评估，此环节非常重要，学生所作计划书毫无新意或可行性极差，教师应要求学生重新制定。

管理游戏

青年游戏比赛

在一次中国、美国、日本三国青年游戏比赛中，各队出16名男队员，1名女队员，共设两个比赛项目。

第一个项目是走原木。各队16名男队员站在一根原木上，然后，要想办法让本队的女队员通过这根原木，从原木的一端走到另一端。以最快到者为胜，但是女队员和男队员都不允许从原木上掉下来。

美国队率先表演，他们的16名男队员整齐排列在原木上，那名女队员走原木，来到第一名男队员面前，她要通过这名男队员，两个人必须配合默契地抱在一起保持平衡，然后女队员再小心谨慎地转到第二个男队员，结果这些男队员就像传篮球一样，顺利地把女队员从原木的一端传到了另一端，惹得在场的观众哈哈大笑。

随后是日本队出场，他们的男队员整齐地站在原木上，然后躬着腰双手扶原木，把他们的脊梁对接成一条路，那名女队员爬上男队员的脊背，晃晃悠悠走到了另一端。日本队的表演，引来了观众们一片感叹之声。

最后出场的是中国队，男队员们两个人一组，面对面，手拉手，脚对脚站在原木上，身体则向两侧倾斜，把中间空当让出来，8对男队员在原木上组成了一条通道，那名女队员迅速从通道的一端跑到了另一端，中国队的出色表演，赢得了在场观众的热烈掌声。

第一项比赛结束，中国队以最快的速度赢得第一名，日本队第二，美国队第三。裁判给予中国队最佳技巧奖，给予日本队最佳协作奖，美国队则获得最佳娱乐奖。

第二个比赛项目是过河。树林中有一条齐腰深湍急的小河，男队员要想尽一切办法让女队员走过河去，比赛的规则是女队员的脚不能湿，也不能抬着女队员过河。工具是绳子、斧头、锯，还有像手臂长的短木板。

裁判的哨音一响，三国的队员迅速行动起来。日本队16名男队员一起跑下河，排成一队，把短木板反搭在他们的肩头，准备让女队员从男队员肩膀上的木板走过河去。

美国队拿起斧头和锯，要把河边一棵树锯倒，让女队员从独木桥上过河去。

中国队则派出两名队员，拿着绳子的一端，飞快游过河去，把绳子系在河两边的树上，架起空中绳索。

日本队女队员站在男队员的肩膀上，一步三晃，提心吊胆地向前迈进，女队员每走过一名男队员，这名男队员则抽身迅速走到前面排队，继续向对岸铺设这条用肩膀搭成的板桥。

中国队男队员把绳索系好之后，迅速在河里站成一排给女队员搭成人桥，女队员稳稳抓住绳索，从男队员的肩膀上顺利走到了河对岸。日本姑娘由于没有扶手保持平衡，两次从男队员的肩膀上掉下来坠入水中。美国小伙子手下锋利的斧头和锯很快就把树砍倒了，美国的姑娘轻松自如地从独木桥上过了河。

这项游戏竞赛，中国队获得了第一名，并获得最佳创新奖。

【讨论题】

1. 评价一下整个比赛情况，你有什么体会和感想？
2. 你有类似的经历吗？感觉如何？

实训主题二　企业组织管理实训教学项目

实训项目

【实训教学目的】

企业组织管理实训教学项目，使学生学习掌握企业组织管理与组织结构设计的基本理论，学习掌握企业组织管理与组织结构设计的方法技能，学习掌握运用企业组织管理分析问题技能、学习掌握公司组织结构的演变分析、组织结构合理化、组织结构的功能优化、组织文化建设的综合技能，使学生在创新精神和创新能力、培养成熟判断力、培养合作性学习和团队精神等方面得到培养和训练；增强对企业组织结构的感性认识；培养对企业组织结构分析的能力；提升学生组织管理方面的综合素质和能力水平。

【实训内容及要求】

主要是调查了解某企业的企业组织管理与组织结构设计状况。围绕企业组织管理与组织结构设计调查一个具体企业，研究企业的企业组织管理工作的历史沿革，组织战略和组织结构的关系，组织结构的设计从直线型、职能型、直线职能型组织结构、事业部制组织结构、矩阵式组织结构和委员会等形式组织结构的演变，组织结构合理化、组织结构的功能优化，组织变革，组织文化建设等的现状分析；公司组织结构性维度和管理性维度现状分析，提出该公司组织变革的思路（包括治理结构、组织结构、组织文化、运行机制的变革）。要与企业组织管理与组织结构设计教学案例结合，选择大中型企业，对企业组织管理与组织结构设计状况进行实践教学研究，撰写实践报告。

【实训组织方法与步骤】

1. 组建实训团队，每个实训团队 5～7 人，由学生推荐团队长；
2. 拟定实训实施计划方案，选定实践企业，拟定具体实施计划，由实训团队集体研究确定；
3. 实训调研与资料收集，由团队长主持，实训团队集体到实践企业进行调研；
4. 资料的整理分析，对调研资料进行整理和分析；
5. 撰写实训报告，每个实训团队撰写一份实训报告；
6. 准备答辩考核，实训团队进行集体答辩。

【实践训练时间】

实训时间安排为4～6周。

【实训成果与考核】

1. 每个实训团队撰写实训报告，评定成绩。

2. 每份实训报告应包含调查方式，调查的企业名称、经营范围、企业类型、企业法律形式，调查的组织结构形式等。

3. 根据实训团队在实践中的表现评定成绩（可由实训团队长和实训指导教师负责评定）。

4. 实训团队提交一份调查报告，对你所走访组织的结构进行分析。

5. 实训团队长对每个同学的表现进行评议，并分析成功与不足，或者实训团队内部互评综合得分。

6. 各实训团队派代表发言，各组分别对其他各组评分，并指出成功与不足。

素质拓展

组织结构设计——新新广告公司的组织结构

【实训项目】

新新广告公司是拥有300余名职工的大型广告公司，就广告业务来说，具体工作内容有：

（1）与老顾客建立固定联系，搜寻新顾客。

（2）对承揽的广告业务进行文字创作和艺术创作。

（3）对广告内容进行电视制作、电台制作、报纸制作、杂志制作或路牌制作以及其他制作。

（4）调查各种新闻媒体的性质、栏目、时间、版面、价格，决定整段时间、整段版面，整段购买还是分别购买，并与新闻媒体保持联系。

（5）帮助顾客设计陈列方式、包装样式或商品分配办法。

（6）帮助顾客调查市场、估计潜力、确定广告影响等。

【思考与讨论】

1. 请根据上述6个方面工作内容，给新新公司设计出两种组织结构模式，并用组织图表示。

2. 试分析每种结构模式的利弊，以提供给总经理选择。

管理游戏

齐眉棍/圈

【游戏方法】

1. 准备一根2～3米的轻质塑料棍（最好可伸缩）；

2. 让小组成员站成相对的两列或并排一列亦可，小组成员全部将双手举到自己的眉头的位置；

3. 将轻质塑料棍放在每个人的双手上，注意：必须保证每双手都接触到轻质塑料棍，并且手都在轻质塑料棍下面；

4. 要求小组成员将轻质塑料棍保持水平，小组成员的任务是：在保证每个人的手都在轻质塑料棍下面的情况下将轻质塑料棍完全水平地往下移动，一旦有人的手离开轻质塑料棍或轻质塑料棍没有水平往下移动，任务就算失败。

【游戏的启示】

1. 看似游戏很简单，但要成功完成非常不容易；

2. 如果一个人去完成这个任务是相当简单的一个事情，但是一个人做的工作由几个人来做，比一个人干时还要不容易完成，因为几个人之间将形成许多相互关系，制造出许多新工作，因此团队的力量不容忽视，可以引申出帕金森定律；

3. 如果小组中有任何一个人不同于组织的共同节奏，轻质塑料棍将无法保持水平。

实训主题三 人力资源管理实训教学项目

实训项目

【实训教学目的】

企业人力资源管理实训教学项目，使学生学习掌握企业人力资源管理的基本理论，学习掌握企业人力资源管理方法技能，学习掌握企业人力资源管理中的选人、用人、育人、留人的科学方法与技能，使学生在人力资源规划，工作分析与评价、人员招聘与甄选、人力资源培训与开发、人员测评与激励、薪酬管理和劳动关系等方面得到培养和训练；增强学生对企业人力资源管理的重要性认识；培养学生从事人力资源管理工作的能力；提升学生人力资源管理方面的综合素质和能力水平。

【实训内容及要求】

调查了解某企业的人力资源管理状况。人力资源管理课程主要包括人力资源管理基本理论，人力资源规划，工作分析与评价、人员招聘与甄选、人力资源培训与开发、人员测评与激励、薪酬管理和劳动关系等内容。要与企业人力资源管理教学案例紧密结合，着重对某企业的人力资源管理进行调查研究，内容涉及某企业的人力资源配置，工作分析绩效、报酬与激励以及劳动关系管理等内容；深入某企业调查人力资源的选聘、使用、培训的有关政策，企业在组织选人、用人、育人、留人的科学做法和实效；某企业激励有关的政策，如薪酬、考核及奖惩制度等，可以设计员工满意度调查表，对员工满意度进行调查，结合调查结果对该企业人才激励机制的状况进行评估，分析存在的问题并提出改进建议。由于人力资源的差异性，人力资源管理应本着实用性的角度，针对具体的工作与人员的个体差异性角度来进行研究。建议选择大中型企业，对企业的人力资源管理状况进行实践教学研究，撰写实训报告。

【实训组织方法与步骤】

1. 组建训练实践团队，每个实训团队 5 ~ 7 人，由学生推荐团队长；

2. 拟定实训实施计划方案，选定实践企业，拟定具体实施计划，由实训团队集体研究确定；

3. 实训调研与资料收集，由团队长主持，实训团队集体到实践企业进行调研；

4. 资料的整理分析，对调研资料进行整理和分析；

5. 撰写实训报告，每个实训团队撰写一份实训报告；

6. 准备答辩考核，实训团队进行集体答辩。

几点要求：

（1）调查以实训团队为单位进行，调查之前要明确调查目的，要有调查提纲。

（2）员工满意度调查表的设计要结合企业的实际情况要切实可行。

（3）对企业实际的调查数据一定要实事求是，要来源于企业实际，不能弄虚作假。

（4）最后要提交的内容包括调查提纲、满意度调查结果及总结报告。

【实训时间】

实训时间安排为 4 ~6 周。

【实训成果与考核】

1. 每个实训团队撰写实训报告，评定成绩。

2. 每个人的发言提纲可作为一次作业，评定成绩。

3. 根据实训团队在实践中的表现评定成绩（可由实训团队长和实训指导教师负责评定）。

4. 提供的所调查企业的人力资源管理方面材料。

5. 所设计的员工满意度调查表，对企业实际的调查数据的统计和分析材料。

素质拓展

人力资源部门的职责与作用

【实训项目】

访谈一家规模较大企业的人力资源部门，了解它在所属单位的工作职责，在该单位所起的作用，特别是其整个管理过程，包括人力资源管理的规划、员工的选聘解聘、采用的培训方式及薪酬制定和绩效评价等。

【实训目标】

1. 使学生结合实际，加深对人力资源管理的感性认识与理解。

2. 初步培养现代人力资源管理者素质的能力。

3. 初步认识当今人力资源发展的阶段和水平。

【实训内容与要求】

参观本课程实训基地企业，学生自愿组成小组，每组 6 ~8 人。在调查访问之前，每组需根据课程所学知识经过讨论制定调查访问的主题，并把具体步骤和主要问题计划好，具体可参考下列问题：企业中主要有哪些人力资源管理工作？如何招聘员工？如何培训员工？薪酬制定的标准是什么？如何进行绩效评价？

【实训成果与检测】

调查访问结束后，组织一次课堂讨论。各小组在讨论的基础上，每个同学把自己调查访问所得重要的信息如照片、文字材料、影音资料等制作成宣传册展出，之后交老师存档，教师根据各小组表现进行评估打分。

管理游戏

猎人与兔子

阅读下列资料，设想你就是猎人，你想怎样对待猎狗？

(1) 一条猎狗将兔子赶出了窝，一直追赶它，追了很久仍没有捉到。牧羊人看到此种情景，讥笑猎狗说："你们两个之间小的反而跑得快。"猎狗回答说："你不知道我们两个的跑是完全不同的！我仅仅为了一顿饭而跑，他却是为了性命而跑呀！"

(2) 这话被猎人听到了，猎人想：猎狗说的对啊，那我要想得到更多的猎物，得想个好法子：猎人又买来几条猎狗，凡是能够在打猎中捉到兔子的，就可以得到几根骨头，捉不到的就没有饭吃。这一招果然有用，猎狗们纷纷去努力追兔子，因为谁都不愿意看着别人有骨头吃，自己没的吃。就这样过了一段时间，问题又出现了，大兔子非常难捉到，小兔子好捉。但捉到大兔子得到的奖赏和捉到小兔子得到的骨头差不多，猎狗们善于观察发现了这个窍门，专门去捉小兔子。慢慢的，大家都发现了这个窍门。猎人对猎狗说：最近你们捉的兔子越来越小了，为什么！猎狗们说：反正没有什么大的区别，为什么费那么大的劲去捉那些大的呢？

接下来你怎么办？

(3) 猎人经过思考后，决定不将分得骨头的数量与是否捉到兔子挂钩，而是采用每过一段时间，就统计一次猎狗捉到兔子的总重量。按照重量来评价猎狗，决定一段时间内的待遇。于是猎狗们捉到兔子的数量和重量都增加了，猎人很开心。但是过了一段时间，猎人发现，猎狗们捉兔子的数量又少了，而且越有经验的猎狗，捉兔子的数量下降得就越多。于是猎人又去问猎狗。猎狗说"我们把最好的时间都奉献给了您，主人，但是我们随着时间的推移会老，当我们捉不到兔子的时候，您还会给我们骨头吃吗？"

接下来你还要怎么办？

(4) 猎人做了论功行赏的决定，分析与汇总了所有猎狗捉到兔子的数量与重量，规定如果捉到的兔子超过了一定的数量后，即使捉不到兔子，每顿饭也可以得到一定数量的骨头。猎狗们都很高兴，大家都努力去达到猎人规定的数量，一段时间过后，终于有一些猎狗达到了猎人规定的数量。这时，其中有一只猎狗说："我们这么努力，只得到几根骨头，而我们捉的猎物远远超过了这几根骨头。我们为什么不能给自己捉兔子呢？"于是，有些猎狗离开了猎人，自己捉兔子去了。

你该怎么办？

实训主题四　市场营销实训教学项目

实训项目

【实训教学目的】

企业市场营销管理实训教学项目，使学生学习掌握企业市场营销的基本理论和方法，学习掌握企业市场营销管理的方法与市场调研的技术技能，学习掌握企业市场营销过程中捕捉市场机遇、准确的市场定位、分析消费者的购买行为、制定市场营销组合策略的方法与技能，训练学生市场营销的环境因素分析、制定市场营销战略、确定目标市场、对市场进行细分、市场营销组合策略等的制定的能力，培养学生的创新能力和团队精神，提升学生市场营销与市场调研方面的综合素质和能力水平。

【实训内容及要求】

调查了解某企业的企业市场营销状况。围绕着市场营销的重点和难点，有选择性地就市场营销战略、市场竞争战略、营销组合策略、市场定位、市场信息、市场细分服务营销等内容，结合教学案例内容，对实践企业的市场营销的环境因素分析、制定市场营销战略、确定目标市场、对市场进行细分、市场营销组合策略等的制定以及捕捉市场机遇、准确的市场定位、分析消费者的购买行为、制定市场营销组合策略等重点内容进行实践教学研究，撰写实训报告。企业市场营销实训教学项目内容繁杂，可以灵活多样的选择不同行业的企业进行实践教学研究。

【实训组织方法与步骤】

1. 组建实训团队，每个实训团队5～7人，由学生推荐团队长；

2. 拟定实训实施计划方案，选定实践企业，拟定具体实施计划，由实训团队集体研究确定；

3. 实践调研与资料收集，由团队长主持，实训团队集体到实践企业进行调研；

4. 资料的整理分析，对调研资料进行整理和分析；

5. 撰写实训报告，每个实训团队撰写一份实训报告；

6. 准备答辩考核，实训团队进行集体答辩。

【实训时间】

实训时间安排为4～6周。

【实训成果与考核】

1. 每个实训团队撰写实训报告，评定成绩。

2. 每个人的发言提纲可作为一次作业，评定成绩。

3. 根据实训团队在实践中的表现评定成绩（可由实训团队长和实训指导教师负责评定）。

素质拓展

情景剧——如果我是经理

【实训目标】

培养了解人的心理需求，分析解决复杂管理问题的能力；培养运用激励与沟通理论，调动人的积极性的能力。

【实训形式】

1. 课堂演讲；
2. 网上搜集资料进行分析；
3. 由模拟公司组织小组讨论；
4. 每人写出发言提纲；
5. 以班级为单位组织讨论。

【实训要求】

1. 本次实训的主要内容是管理冲突的处理与人的激励，采用情景剧表演与分析的方式。
2. 根据本次实训目标，由学生在课下搜集、选择、编写和讨论预习剧本，并进行必要的排练。
3. 由“演员”按照选择的方案与剧本进行表演。
4. 由同学们对各成员的表演，特别是管理行为的合理性进行分析与评价。

【实训成果与考核】

1. 每组提交一份总结，对如何与陌生人沟通进行深入分析。
2. 组长对每个同学的表现进行评议，并分析成功与不足，或者小组内部互评综合得分。
3. 各组派代表发言，分别对其他各组评分，并指出成功与不足。

管理游戏

激发创造力的自由讨论

[游戏目的]

给与会人员一个机会参与创造性解决问题的讨论。

[所需材料]

在每张桌子上放一个回形针。

[游戏步骤]

研究表明，一些简单实用的练习可以激发创造力。然而，创造的火花经常被具有杀伤力的话熄灭，如“我们去年就这样试过了”“我们已经那样做过了”，以及其他一系列诸如此类的评论。

要使与会人员养成为自己的创造力开绿灯的习惯，可以使用下面这种自由讨论的方法。自由讨论的基本规则是：

（1）不允许使用批评性的评语；

（2）欢迎海阔天空式的自由讨论（即思路越开阔越好）；

（3）要的是数量，而不是质量；

（4）寻求观点的结合与深化。

按照这4条规则，把与会人员分成4～6人的小组进行讨论。给他们20秒的时间，请他们想出使用回形针的尽可能多的方法。每组指定一人负责统计，只需统计想出的方法数目，不一定要把方法本身也记录下来。1分钟以后，请各组长首先报告想出的方法数目，再请他们说出一些看起来极其“疯狂”、极其“不着边际”的想法。向与会人员指出，有时候这些貌似“愚蠢”的想法其实是行之有效的。

【思考与讨论】

1. 你对于自由讨论的方法有无保留意见？

2. 自由讨论对哪类问题最适用？

3. 你认为自由讨论这一方法还有哪些有待开发的应用方式？

实训主题五　企业生产运营管理实训教学项目

实训项目

【实训教学目的】

企业生产运营管理实训教学项目，使学生学习掌握企业生产运营管理的基本理论，学习掌握企业生产运营管理的方法技能，训练分析生产过程中问题的能力，增强对企业生产运营管理的感性认识，培养有效控制生产过程的初步能力，培养合作性学习和团队精神，提升学生企业生产运营管理方面的综合素质和能力水平。

【实训内容及要求】

调查了解某企业的企业生产运营管理状况，针对生产运营管理学的生产运作系统的设计和生产运作过程的设计、组织和控制等研究对象及生产运营管理的生产运营管理系统、生产运营战略、生产运营的系统设计、生产运营系统的运行与控制及生产运营系统的维护与改进等内容，选择某企业对企业的生产与运作管理进行实践教学研究，撰写实训报告。要与企业生产运营管理教学案例紧密结合，建议选择大中型制造业企业进行实践教学研究。

【实践训练组织方法与步骤】

1. 组建实训团队，每个实训团队5～7人，由学生推荐团队长；

2. 拟定实训实施计划方案，选定实践企业，拟定具体实施计划，由实训团队集体研究确定；

3. 实践调研与资料收集，由团队长主持，实训团队集体到实践企业进行调研；

4. 资料的整理分析，对调研资料进行整理和分析；

5. 撰写实训报告，每个实训团队撰写一份实训报告；

6. 准备答辩考核，实训团队进行集体答辩。

几点要求：

（1）建议在讲完企业生产运营管理教学案例之后安排此实训教学项目；

（2）此实训教学项目在课下准备，可安排1~2课时集中讨论；

（3）每个人认真阅读实训内容及要求，制定翔实的实施计划，并全面搜集有关资料；

（4）每人写出发言提纲，可以班级为单位组织讨论。

【实训时间】

实训时间安排为4~6周。

【实训成果与考核】

1. 每个实训团队撰写的实训报告，评定成绩。

2. 每个人的发言提纲可作为一次作业，评定成绩；

3. 根据实训团队在实践中的表现评定成绩（可由实训团队长和实践指导教师负责评定）。

4. 提供的所调查企业的企业生产运营管理方面材料。

5. 对企业生产运营管理实际的调查数据的统计和分析材料。

素质拓展

自我心理突破——跨越难堪

【实训目标】

1. 培养在众人面前敢于讲话的能力；

2. 克服心理障碍，增强自信和勇气；

3. 培养管理者的基本人际技能。

【实训形式】

1. 必须是在众多陌生人面前作宣讲或表演。

2. 既可以以小组为单位，每组6~10人，由学生推荐的组长主持；也可以全班集中进行，但每个人都必须当着陌生人公开宣讲。

3. 以自我推销、产品推销、"我心目中的管理者"演讲等为主题进行训练。

【实训要求】

1. 要明确目标与要求，所选行为既要有积极意义，又确实令自己难堪，并要当众进行。

2. 注重思想发动，可先组织研讨，让同学深切认识到心理训练的必要性。通过潜能开发等形式首先实现认识上的突破，使同学产生强烈的参与欲望。

3. 协助班级主持人或组长搞好策划和设计，训练一定要注重实效，切实可行。

4. 要指导学生认真实施，并注意能够实行有效考核。教师与主持者一定要注意现场氛围的营造，使每一个同学都能够产生强烈的参与、表现冲动，以克服畏惧、怯场心理，真正实现自我突破。

【实训成果与检测】

1. 每个人写出训练的简要报告，包括活动名称、时间、地点、主题、发言提纲、活动效果等。

2. 组长对每个同学的表现进行评议，并分析成功与不足，或者小组内部互评综合得分。

3. 各组派代表发言，分别对其他各组评分，并指出成功与不足。

管理游戏

如果我来做

概述：参与者两人一组，模拟一场服务竞赛。小组成员共同努力，寻找既能宣传企业，又能带给客户惊喜的点子。本游戏的目的在于激发参与者进行创造性思考，以寻求为客户服务的各种方法。同时，通过本游戏，还要参与者认识到客户与利润之间的联系。本游戏适用于所有服务人员，参与小组在6~8个游戏将能取得最佳的效果。

时间：15~20分钟。

有关虚拟企业内容的复印件一份。沿虚线剪开，这样你就有了几张小纸片，每张小纸片分别介绍一个虚拟企业。此外，还需要一顶帽子或一个碗来盛放纸片，以便让参与者从中随机抽取。

首先告诉参与者，他们将参加一次由社区企业协会主办的"创造性服务竞赛"。将参与者分成小组，每组2人，各组分别代表一个不同的虚拟企业。小组成员应该互相合作，设计出一个满足竞赛要求的点子。

这个竞赛的目标是找出一个点子，要求既能宣传企业，又能够更好地服务客户。在寻找点子时，鼓励参与者尽可能地发挥他们的创造力。竞赛不设预算限制，但点子必须"符合常理"，也必须紧密联系本企业。

现在让大家一起看下面的例子，来了解游戏应该怎样开展。

公司名称：千年银行

所属行业：银行

点子：对于每第2000名到银行开户的客户，无论是经常账户还是储蓄存款账户，我们都将给他（她）终身免手续费的优惠待遇。

现在开始分组，并让每组派出一名代表，从"帽子"里抽取一张小纸片，然后让各组为其抽取的虚拟企业设计点子，限时10分钟。10分钟后，要求各组依次大声念出他们所抽到的虚拟企业的简介，以及他们为其设计的点子。最后让大家投票，选出最佳的点子。

分发的复印材料：

1. 公司名称：生命游戏

所属行业：体育用品商店

点子：____

2. 公司名称：君往何处

所属行业：交通服务行业

点子：______

3. 公司名称：木材店

所属行业：木制品商店

点子：______

4. 公司名称：美女与野兽

所属行业：男女皆宜理发店

点子：______

5. 公司名称：给我电话

所属行业：移动电话服务公司

点子：______

6. 公司名称：第一页

所属行业：书店

点子：______

7. 公司名称：雏菊连锁店

所属行业：花店

点子：______

8. 公司名称：城市动物园

所属行业：国内最大的动物园之一

点子：______

实训主题六　企业财务管理实训教学项目

实训项目

【实训教学目的】

企业财务管理实训教学项目，使学生学习掌握企业财务管理的基本理论，学习掌握企业财务管理的方法技能，培养学生对财务活动进行分析的能力和水平。增强学生对财务管理和财务分析等基本知识的认识，培养财务管理的初步能力，使学生学会企业财务分析、筹资决策、投资决策、资本运营应收账款管理等方法和技能，培养学生分析问题、解决问题的能力，提升学生财务管理方面的综合素质和能力水平。

【实训内容及要求】

调查了解某企业财务管理状况。财务管理是企业组织财务活动处理与各方面财务管理的经济管理工作，财务管理及企业生产经营的各个方面，是以资金时间价值、风险价值理论为基础，对财务活动进行分析。要结合企业财务管理教学案例的内容，就企业财务管理和财务分析等基本知识及重点、难点的筹资决策、投资决策、收益和风险的衡量、信用政策的确定等主要内容，选择某企业，着重对某企业的企业财务管理进行调查研究，撰写实训报告。要与企业财务管理教学案例紧密结合，建议选择大中型企业进行实践教学研究。

【实训组织方法与步骤】

1. 组建训练实践团队，每个实训团队5~7人，由学生推荐团队长；

2. 拟定实训实施计划方案，选定实践企业，拟定具体实施计划，由实训团队集体研究确定；

3. 实践调研与资料收集，由团队长主持，实训团队集体到实践企业进行调研；

4. 资料的整理分析，对调研资料进行整理和分析；

5. 撰写实训报告，每个实训团队撰写一份实训报告；

6. 准备答辩考核，实训团队进行集体答辩。

组织实施建议：

（1）建议在讲完企业财务管理教学案例之后安排此实训教学项目；

（2）此实训教学项目在课下准备，可安排1~2课时集中讨论；

（3）每人写出发言提纲，以班级（实训团队）为单位组织讨论。

【实训时间】

实训时间安排为4~8周。

【实训成果与考核】

1. 每个实训团队撰写实训报告，评定成绩。

2. 每个人的发言提纲可作为一次作业，评定成绩；

3. 根据实训团队在实践中的表现评定成绩（可由实训团队长和实训指导教师负责评定）。

4. 提供的所调查企业的财务管理方面材料。

素质拓展

企业盈利水平分析

【实训目标】

在实践中理解收入、成本、利润等基本财务指标含义；学会利润计算方法，会简单评价企业经营绩效。

【实训形式】

每个人认真阅读分析案例，并搜集有关材料；中小企业实地调查与访问；网上搜集资料进行分析。

【实训要求】

1. 阅读并分析某企业经营情况表。

宏发公司是一家小型企业，创办初期效益较好，销售利润率可高达7.6%。后来大量投资（主要是贷款）、大力扩张，销售额上去了，利润水平却不理想。企业经营情况见表10-5。

2. 计算该企业主营业务利润、营业利润、利润总额、净利润，并填于上表横线上。

3. 计算该企业盈利水平，主要计算销售利润率、成本费用利润率、与上一年相比销售利润率增长百分比。

表 10-5　　　　宏发公司利润表

项　目	2023 年
一、主营业务收入	10379.46
减：主营业务成本	8432.54
主营业务税金及附加	51.92
二、主营业务利润	______
加：其他业务利润	15.46
减：营业费用	498.56
管理费用	330.85
财务费用	481.75
三、营业利润	______
加：投资收益	26.56
补贴收入	0.00
营业外收入	3.18
减：营业外支出	4.26
四、利润总额	______
减：所得税	209.86
五、净利润	______

4. 评价其经营绩效。

【成果与检测】

1. 每组提交一份调查报告，对管理者的分类和技能进行详细分析。

2. 每份报告应包含调查方式、调查的企业名称、控制类型、控制方法、控制效果等。

3. 组长对每个同学的表现进行评议，并分析成功与不足，或者小组内部互评综合得分。

4. 各组派代表发言，分别对其他各组评分，并指出优点与不足。

管理游戏

超级 3 人组

一个团队中的成员来自四面八方，他们有着不同的文化背景、丰富各异的个性，而且各有所长。但是他们亦不乏共同和共通之处。一个真正富有竞争力的团队正是恰到好处地融合了他们的同与异。

游戏目标：了解团队成员的异同点，思考如何充分发挥成员的才能

游戏时间：30～40 分钟

游戏人数：12～18 人，最好是 3 的整数（也可安排 4 人一组）

游戏教具：每人一张纸和一枚别针

游戏过程：

1. 游戏准备：让所有学员造句，句型：我是一位________________。

要求：完成10句完全不同的造句。将答案写在纸上，并用别针将纸固定于自己的衣服上。

2. 游戏开始：

（1）学员自由组合，3人一组。

游戏要求：小组成员所造句子的相同点要尽可能多。

游戏时间：3分钟。

游戏总结：其实人们之间的共同点要比我们看到的多。

（2）学员自由组合，3人一组。

游戏要求：小组成员所造句子的不同处尽可能多。

游戏时间：3分钟。

游戏总结：即使在差异最大的小组中还是存在某些共同点。

如果有小组其成员没有一句是相同的（虽然此种可能性很小），可邀请所有人集体讨论，一起总结出至少10点相似处。

（3）每个小组详细阐述他们的创业计划。最后大家投票选举最佳创业计划。

游戏总结：善于融合不同的智慧可以使整体在激烈的竞争中始终处于领先。

实训主题七　企业物流管理实训教学项目

实训项目

【实训教学目的】

企业物流管理实训教学项目，使学生学习掌握企业物流与供应链管理的基本理论，学习掌握企业物流与供应链管理的方法与技术，增强学生对企业内部的物流活动（诸如物资的采购、运输、配送、储备等）进行认识，学习掌握使物流功能达到最佳组合，在保证物流服务水平的前提下，实现物流成本的最低化的方法和技巧，培养学生物流管理的能力，提升学生企业物流管理方面的综合素质。

【实训内容及要求】

调查了解某企业的战略管理状况。围绕企业物流管理的活动（诸如物资的采购、运输、配送、储备等），通过使物流功能达到最佳组合，在保证物流服务水平的前提下，实现物流成本的最低化。物流与供应链管理内容包括：运输管理、储存管理、装卸搬运管理、包装管理、流通加工管理、配送管理、物流信息管理、客户服务管理和供应链管理等，选择某企业对企业的物流管理进行实践教学研究，撰写实训报告。要与企业物流与供应链管理教学案例紧密结合，建议选择大中型企业或物流企业进行实践教学研究。

【实训组织方法与步骤】

1. 组建实训团队，每个实训团队5～7人，由学生推荐团队长；

2. 拟定实训实施计划方案，选定实践企业，拟定具体实施计划，由实训团队集体研究确定；

3. 实践调研与资料收集，由团队长主持，实训团队集体到实践企业进行调研；

4. 资料的整理分析，对调研资料进行整理和分析；

5. 撰写实训报告，每个实训团队撰写一份实训报告；

6. 准备答辩考核，实训团队进行集体答辩。

组织实施建议：

（1）建议在讲完企业物流与供应链管理教学案例之后安排本教学项目；

（2）本教学项目在课后准备，可安排1~2课时集中讨论；

（3）每个人认真阅读本教学项目实训内容及要求，按照实训组织方法与步骤搜集有关资料；

（4）每人写出发言提纲，可以班级（实训团队）为单位组织讨论。

【实训时间】

实训时间安排为4~6周。

【实训成果与考核】

1. 每个实训团队撰写实训报告，评定成绩。

2. 每个人的发言提纲可作为一次作业，评定成绩；

3. 根据实训团队在实践中的表现评定成绩（可由实训团队长和实践指导教师负责评定）。

4. 提供的所调查企业的物流与供应链管理方面材料。

素质拓展

中小型企业的质量保证体系与库存管理办法

【实训项目】

走访一个中小型生产企业或超市，了解其质量保证体系或库存管理的具体办法。

【实训目的】

1. 通过对一个中小型生产企业或超市质量保证体系或库存管理具体办法的了解，使学生对建立企业管理控制系统有初步的整体认识。

2. 通过对质量保证体系或库存管理办法的进一步分析，使学生具备初步的控制技术和方法的运用能力。

【实训内容】

1. 要求学生了解质量保证体系的具体组织，或库存管理办法的具体运作过程。

2. 能运用相关控制技术和方法加以分析，并能找出具体的关键控制点。

【实训组织】

将全班学生分成两大组，分别走访一个中小型生产企业和超市。

【实训考核】

1. 要求每组学生写出一份关于质量保证体系或库存管理办法说明。

2. 要求每组学生写一份1000~1500字的实训报告。

管理游戏

禅宗的公案（一杯茶）

[游戏目的]

帮助学生开阔思路以接受新的知识，培养学生的创新素质。

[所需的材料]

茶杯、茶碟、咖啡（也可以是茶或水）、用来接溢出来的水的托盘。

步骤：

1. 在发言开始时，把下面这个故事讲给大家听。这是一段禅宗的公案，是一个流传了几个世纪之久的意味深长的人生故事。

日本高僧南院法师接待了一位来研究禅宗的大学教授。闲谈片刻后，南院法师随即上茶招待客人。他把客人的杯子斟满后，还继续往茶杯里倒茶。教授盯着溢出来的茶水，终于忍不住了，叫道："杯子太满了，再也装不进去茶了。"

南院法师说："你就像这杯茶一样，头脑里装满了自己的判断、见解和推测。如果你不倒空你的杯子，我怎么向你揭示禅的真谛呢？"

2. 不仅把故事叙述出来，还要把道具摆出来，然后请一位助手（另一位发言者或一位参与者）帮你演出。如果表演到位的话，这种意料之外的真实感会对参与者产生巨大影响。

【讨论题】

1. 这与你的发言有什么关系？
2. 谁有过与禅师类似的经历？谁有过与教授类似的经历？感受如何？
3. 在这些角色中突出体现了哪些基本观念？

实训主题八　企业信息化管理实训教学项目

实训项目

【实训教学目的】

企业信息化管理实践训练教学项目的实践，使学生学习掌握企业信息化管理的基本理论，学习掌握企业信息化管理的方法与实施技能，增强学生对企业的信息管理、信息量和信息价值的计算、信息处理系统的结构、信息的流动过程、企业信息系统、企业信息资源的管理、企业信息系统建设的原则与战略规划、企业信息系统的开发、信息系统的安全保障与质量管理的认识，培养企业信息化管理的能力和水平，提升学生创新能力和综合素质。

【实训内容及要求】

调查了解某企业的战略管理状况。围绕企业的信息管理、信息量和信息价值的计算、信息处理系统的结构、信息的流动过程、企业信息系统、企业信息资源的管理、企业信息系统建设的原则与战略规划、企业信息系统的开发、企业 ERP 实施的情况等内容深入企业进行调查，对企业ERP实施的评价。选择某企业对企业的企业信息化管理进行实践教学研究，撰写实训报告。要与企业信息化管理教学案例紧密结合，建议选择大中型企业（实施ERP）进行实践教学研究。

【实训组织方法与步骤】

1. 组建实训团队，每个实训团队5～7人，由学生推荐团队长；

2. 拟定实训实施计划方案，选定实践企业，拟定具体实施计划，由实训团队集体研究确定；

3. 实践调研与资料收集，由团队长主持，实训团队集体到实践企业进行调研；

4. 资料的整理分析，对调研资料进行整理和分析；

5. 撰写实训报告，每个实训团队撰写一份实训报告；

6. 准备答辩考核，实训团队进行集体答辩。

【实训时间】

实训时间安排为4～6周。

【实训成果与考核】

1. 每个实训团队撰写的实训报告，评定成绩。

2. 每个人的发言提纲可作为一次作业，评定成绩。

3. 根据实训团队在实践中的表现评定成绩（可由实训团队长和实训指导教师负责评定）。

4. 提供的所调查企业的信息化管理方面材料。

5. 对企业ERP实施的总体情况作出介绍和评价，并结合企业某管理部门（如生产、财务、采购、销售、库存等）深入分析ERP实施给该部门的业务带来哪些转变，产生的效益如何等方面材料。

素质拓展

西湖公司的控制方法

西湖公司是由李先生靠3000元创建起来的一家化妆品公司。公司开始时只经营指甲油，后来逐渐发展成为颇具规模的化妆品公司，资产已达6000万元。李先生于1984年发现自己患癌症之后，对公司的发展采取了两个重要措施：①制定了公司要向科学医疗卫生方面发展的目标；②高薪聘请雷先生接替自己的职位，担任董事长。

雷先生上任以后，采取了一系列措施，推进李先生为公司制定的进入医疗卫生行业的计划：在特殊医疗卫生业方面开辟一个新行业，同时开设一个凭处方配药的药店，并开辟上述两个新部门所需产品的货源、运输渠道。与此同时，他在全公司内建立了一个严格的控制系统：要求各部门制订出每月的预算报告，每个部门在每月初都要对本部门的问题提出切实的解决方案，每月定期举行一次由各部门经理和顾客参加的管理会议。要求各部门经理在会上提出自己本部门在当月的主要工作目标和经济来往数目。同时他特别注意资产回收率、销售边际及生产成本等经济动向。他也注意人事、财务收入和降低成本费用方面的问题。

由于实行了上述措施，该公司获得了巨大成功。到20世纪80年代末期，年销售量提高4%，到1990年销售额达到20亿元。但是在1992年出现了公司有史以来第一次收入下降趋势，商品滞销、价格下跌。主要原因：①化妆品市场的销售量已达到饱和状态；②该公司制造的高级香水，一直未能打开市场，销售情况没有预测的那样乐观；③国外公司对本国市场的占领；④公司在国际市场上出现了不少问题，如推销员的冒进及公司形象未能很好地树立。

雷先生也意识到公司存在的问题。准备采取有力措施，改变公司目前的处境，他计划要对国际市场方面进行总结和调整，并领导公司开始研制新产品。他相信用大量资金研制的医疗卫生工业品不久也可进入市场。

【思考与讨论】

1. 雷先生在西湖公司里采用了哪些控制方法？

2. 假设西湖公司原来没有严格的控制系统，雷先生在短期内推行这么多控制措施，其他管理人员会有什么反应？

3. 就西湖公司目前的状况而言，应怎样健全控制系统？

【实训目标】

增强对控制方法的感性认识；培养对实际工作进行有效控制的初步能力；培养对实际控制系统进行观察与分析的能力。

【实训形式】

每个人认真阅读分析案例，并搜集有关材料；中小企业实地调查与访问；网上搜集资料进行分析。

【实训要求】

1. 要求搜集和分析该企业管理者的分类，并分别分析高层、中层、基层管理者的技能要求有何不同，综合管理者、职能管理者的职位表现形式有何区别。

2. 建议分组进行，真正走访实地了解中小企业进行控制问题的具体分析。

3. 每组组长首先要搞好走访企业的调查与活动的策划，做好组内成员的分工。

【实训成果与检测】

1. 每组提交一份调查报告，对管理者的分类和技能进行详细分析。

2. 每份报告应包含调查方式、调查的企业名称、控制类型、控制方法、控制效果等。

3. 组长对每个同学的表现进行评议，并分析成功与不足，或者小组内部互评综合得分。

4. 各组派代表发言，分别对其他各组评分，并指出优点与不足。

管理游戏

穿网球鞋的外星人

[游戏目的]

参与者在游戏中口头教一位“外星人”穿短袜和网球鞋但是不允许进行示范。本游戏的目的是教会参与者清晰地发出指挥命令的能力。

[游戏时间]

15～20分钟。

[需要的材料]

一双短袜，一双球鞋（教师的尺码），其中一只网球鞋没系上鞋带，向每个学生分发的材料（或幻灯片）。

[游戏步骤]

1. 教师自己扮演外星人，走进教室，一只脚穿着袜子和系了鞋带的鞋，另一只脚则光着。将材料分发给大家（或放映幻灯片），然后坐下，将短袜、鞋带和网球鞋放在面前，等大家给予指导。

2. 教师的任务是帮助参与者认识到，他们做出的指令必须意思清晰。如果一个参与者说"将短袜放在脚上"，你就捡起短袜放在脚上。如果参与者说"捡起鞋带"，就从中间捡起鞋带，而不是从两头。如果参与者说："将鞋带穿进鞋上的孔"，就将鞋带的头部穿进任何一个孔，而不一定是第一个或者是将鞋带整个塞进孔里。

3. 如果几个参与者同时对你进行指导，或某个参与者变得过于情绪化，你可以停下来。如果参与者有对你说了或做了你愿意继续游戏的事，你可以继续配合他们进行游戏。

4. 限时10分钟，时间一到即停止活动，提出问题。如果时间允许，继续这个游戏，参与者在进行第二轮指导时就应有所改善。

【思考与讨论】

要求现场回答以下问题。

1. 你从指导他人中学会了什么

2. 这个游戏中，你会看到外星人有时听从你的指导，有时又不听从你的指导。那么你怎么让客户理解你的指导并加以实施？

3. 你怎样才能更好地指导你的客户？

实训主题九　企业形象管理实训教学项目

实训项目

【实训教学目的】

企业形象管理实训教学项目，使学生学习掌握企业形象管理的基本理论与方法，学习掌握企业形象管理，研究企业识别理论和实践操作的科学操作程序与方法，增强学生对企业形象管理内涵、导入CIS的必要性与时机选择、创意设计、成果实施、效果评估等内容的认识，使学生在掌握理论概念的基础上了解具体的实践过程，提高沟通表达能力、理解分析能力、解决问题能力，提升学生企业形象管理的综合素质和能力。

【实训内容及要求】

调查了解企业形象管理状况。以某企业为研究对象，针对企业形象管理内涵、导入CIS的必要性与时机选择、创意设计、成果实施、效果评估等内容，对企业形象管理进行评述。要结合企业形象管理教学案例的内容及企业形象管理实施的体现在工作伦理、管理伦理、精神化管理、借助企业形象与企业精神等方面的发展趋势，选择某知名品牌企业的企业形象管理进行实践教学研究，撰写实训报告。

【实训组织方法与步骤】

1. 组建实训团队，每个实训团队5～7人，由学生推荐团队长；

2. 拟定实训实施计划方案，选定实践企业，拟定具体实施计划，由实训团队集体研究确定；

3. 实践调研与资料收集，由团队长主持，实训团队集体到实践企业进行调研；

4. 资料的整理分析，对调研资料进行整理和分析；

5. 撰写实训报告，每个实训团队撰写一份实训报告；

6. 准备答辩考核，实训团队进行集体答辩。

【实训时间】

实训时间安排为4～6周。

【实训成果与考核】

1. 每个实训团队撰写实训报告，评定成绩。

2. 每个人的发言提纲可作为一次作业，评定成绩；

3. 根据实训团队在实践中的表现评定成绩（可由实训团队长和实训指导教师负责评定）。

4. 提供的所调查企业形象管理方面材料。

素质拓展

模拟公司的组织文化建设

【实训项目】

模拟公司的企业文化建设。

【实训目标】

培养学生初步分析与建设企业文化的能力。

【实训内容】

1. 把班级学生分成小组，每个小组7～10人，要求每组成立一家模拟公司；

2. 每个小组结合自己本公司的实际，明确应树立哪些先进的管理理念；

3. 对本公司的文化建设提出各种设想，并制定建设方案；

4. 在课堂上组织一次小组之间的交流，每个公司推荐一名成员谈公司的文化建设方案。

【实训要求】

1. 每个公司提交一份本公司的文化建设方案；

2. 由教师对各公司所交材料与交流中的表现进行评估打分，也可以由教师和学生共同评价。

管理游戏

价值观大拍卖

［活动目标］

协助学生澄清自己的价值观；协助学生了解自己的个性对行动力的影响。

［活动程序］

1. 活动前教师先制作“价值观项目表”（见附录），并将这些项目另书写于墙报纸上。

2. 教师发给每位学生一张“价值观项目表”及一张A4影印纸。

（1）教师请学生将A4影印纸做成总金额为10000元的纸钞，面额为5000元、2000元、1000元及500元（亦可为其他面值，只是单位越小，所花时间越多），张数不限，但总金额须为10000元。

（2）请学生预想：若10000元代表人的一生所有时间及精力，他会花多少钱来买“价值观项目表”的那些项目？教师可给予5分钟，让学生于“价值观项目表”上进行估算。

3. 教师的身份转成银行，担任拍卖的工作（拍卖工作亦可让学生轮流担任）。

（1）教师说明拍卖规则（如可不可向银行借款、或可不可以将买到的“物品”转卖等）。

（2）进行拍卖。

4. 心得分享与讨论：

（1）拍卖完毕可让学生分组讨论，或于班级里分享自己在此活动中的心得。

（2）教师说明价值观对个人的发展与人际关系有极大的影响。因此，认清自己的价值观，可增强自己对人、事的辨别与决策能力。而此活动亦可看到个人是属于敏锐果断、眼明手快或是优柔寡断、犹疑不决的个性。

教师带领讨论方向：

1. 你是否买到自己认为最重要的价值观项目？

①如果是，买到时的心情如何？②如果不是，则因何故没有买到？没有买到的心情如何？③你最想买的项目是什么？其背后隐含的价值观为何？为什么它对你而言那么重要？

2. 有些人都没有买到，为什么？

3. 参与拍卖活动时，你的心态为何？

①你所买的项目是否都是自己喜欢的？还是在赌气或不得已的情况下买的？②在拍卖的过程中，你的心情是紧张的？兴奋的？……

附录

价值观项目	优先级	预估价格	成交价格
1. 使世上的人对待他人正如个人所希望的方式； 2. 有100万元给世界上需要的人； 3. 有机会成为你所希望的那一科最好的学生； 4. 有1年可以尽量做个人爱做的事； 5. 有1年做全世界最聪明的人； 6. 有1粒使人说实话的药丸； 7. 有机会完全自主； 8. 有一屋子的钱； 9. 有机会当总统； 10. 被班上每个人喜爱； 11. 在世界上最美的地方有座房子； 12. 有机会成为世界上最吸引人的人； 13. 有机会健康地活100岁； 14. 有颗药丸可以解决你担心的问题； 15. 有座藏有你喜爱的书的图书馆。			

实训主题十　企业创业管理实训教学项目

实训项目

【实训教学目的】

创业管理实训教学项目，使学生学习掌握创业管理的基本理论和做法，增强学生对创业管理的重要性认识，使学生的创业意识和创业能力等方面得到培养和训练，培养学生的成熟判断力，提升学生综合素质和能力水平。

【实训内容及要求】

调查了解创业管理状况。主要围绕创业理念、创业技巧和创业管理等内容，了解如何开展创业管理、走创业成功之路的？创业管理、创业技巧和创业成功之路需要哪些方面的知识？依据调研所得的资料，说明创业管理、创业技巧和创业成功的重要性等进行实践教学研究，撰写实训报告。

【实训组织方法与步骤】

1. 组建实训团队，每个实训团队5~7人，由学生推荐团队长；

2. 拟定实训实施计划方案，选定实践企业，拟定具体实施计划，由实训团队集体研究确定；

3. 实践调研与资料收集，由团队长主持，实训团队集体到实践企业进行调研；

4. 资料的整理分析，对调研资料进行整理和分析；

5. 撰写实训报告，每个实训团队撰写一份实训报告；

6. 准备答辩考核，实训团队进行集体答辩。

【实训时间】

实训时间安排为4~8周。

【实训成果与考核】

1. 每个实训团队撰写实训报告，评定成绩。

2. 每个人的发言提纲可作为一次作业，评定成绩；

3. 根据实训团队在实践中的表现评定成绩（可由实训团队长和实训指导教师负责评定）。

4. 提供的所调查创业管理方面材料。

5. 提供创业管理、创业技巧和创业成功之路等方面材料。

素质拓展

策划与交流

【实训目标】

培养学生的创意思维；培养学生运筹与决策能力；培养学生对决策方案的分析评价能力。

【实训内容与要求】

1. 将全班分成A、B两组，并相对而坐，围成圆圈。

2. 教师每10分钟发放一个题目（也可以抽签）。教师公布题目后，负责制定计划的一组用抢答的方式确定制定计划者，经过5～10分钟准备后提出一个简要的创意或计划构想。也可在课前先确定题目，以使同学有更充分的准备时间。

3. 第一节由A组对指定题目进行策划，提出计划要点或构想；B组成员对该计划构想进行分析评论，指出其合理之处与存在的问题；制定一方的成员可对计划构想做进一步补充和解释说明。第二节课A、B两组轮换角色。

4. 每一个计划的题目进行10～15分钟，总共利用大约两节课时间。

【实训要领】

1. 每位学生都要有较高的参与欲望，并对相关知识有较好的掌握。

2. 选择的题目一定是同学们所熟悉的，或能搜集到相关资料的，以使同学们能够顺利构思与运筹。

3. 同学在构思运筹的过程中，一方面要按照目标→环境分析→决策方案（包括行动内容、形式、时间、地点与资源配备等）的基本结构进行运筹，另一方面要通过创造性思维，形成创意，有较高质量的决策，注意有一个清晰的思路。

4. 教师要激励学生发言，学生也要主动锻炼自己的表达能力。

5. 负责评价的同学要依据计划构思的要领，积极地进行分析评价。

6. 策划与交流可由轮值模拟公司主持。

【实训成果与考核】

1. 每个提出计划构想的学生都要编写一个简要的发言提纲，可计为一次作业成绩。

2. 由主持训练的轮值公司负责评定成绩。主要参考标准为：

（1）对于通过竞争负责策划的学生，记1分，策划较为突出者记2分。

（2）分析评价方态度积极，观点正确，记1分，表现突出、反驳有力的记2分。

（3）其他参与发言的，一般记1分，突出的记2分。如果计划好，评价也好的记3分。

管理游戏

自我创新的“头脑风暴”

[游戏目的]

使参与者有机会参加到创造性地解决问题的练习中来。

[游戏介绍]

头脑风暴这一讨论方法就是一个可以让参加者习惯于开启创造性思维之门的例子，集思广益的讨论的基本原则是：

（1）不允许有批评性意见。

（2）欢迎随心所欲地思考（即越疯狂的想法越好）。

（3）要求的是数量而不是质量。

（4）寻求各种观点的结合和提高。

了解了这4个基本原则后，将参加者分成4～6人的小组。1分钟内他们的任务是想到使用回形针的尽可能多的方法。每组派一个人专门记录想法的数量，但不一定要记录这些想法的内容。1分钟后，让每组汇报他们提出的想法的数量，然后举个例子说明一些看似“疯狂”或“极端”的主意。提醒他们有时这些“愚蠢”的想法很有可能变成行之有效的想法。

【讨论题】

1. 你对这个方法有什么保留意见？
2. 头脑风暴法适用于哪些问题？
3. 你认为集思广益在工作中有哪些可能的用途？

【总结与评估】

研究表明可以用简单实用的练习来培养创造力，然而创新思维的火花往往被一些致命性的说法所熄灭，如：“我们去年已经试过这种方法了”“我们一直是那么做的”以及大量类似的评论。

参考文献

1. 杨善林主编．企业管理学（第四版）．北京：高等教育出版社，2020

2. ［美］加雷思·琼斯，珍妮弗·乔治著．郑风田，赵淑芳译．当代管理学（第6版）．北京：人民邮电出版社，2016

3. 王方华主编．现代企业管理（第二版）．上海：复旦大学出版社，2007

4. ［美］斯蒂芬·P. 罗宾斯著．黄卫伟等译．管理学（第四版）．北京：中国人民大学出版社，1997

5. ［美］加里·戴斯勒著．吕延杰，赵欣艳译．管理学精要（第二版）．北京：中国人民大学出版社，2004

6. ［美］R. W 格里芬著．刘伟译．管理学（第九版）．北京：中国市场出版社，2010

7. 王素梅主编．现代企业管理．北京：机械工业出版社，2014

8. 苗雨君，李亚民主编．管理综合案例教程．北京：高等教育出版社，2016

9. ［美］彼得·德鲁克著．王永贵译．管理：使命、责任、实务．北京：机械工业出版社，2015

10. 张建华，冯瑞主编．现代企业管理学．北京：中国经济出版社，2012

11. ［美］德鲁克著，朱雁斌译．21世纪的管理挑战．北京：机械工业出版社，2018

12. 伍爱，黄丽著．现代企业管理学（第三版）．广州：暨南大学出版社，2009

13. 单凤儒著．管理学基础实训教程（第七版）．北京：高等教育出版社，2021

14. ［美］彼得·德鲁克著．许是祥译．卓有成效的管理者．北京：机械工业出版社，2019

15. ［美］彼得·德鲁克著．齐若兰译．管理的实践．北京：机械工业出版社，2009

16. ［美］理查德·L. 达夫特著．李维安等译．组织理论与设计精要．北京：机械工业出版社，1999

17. 肖祥伟．企业管理理论与实务．广州：中山大学出版社，2007

18. ［美］丹尼尔·A. 雷思著．孔令济译．管理思想的演变．北京：中国社会科学出版社，1997

19. 苗雨君主编．管理学——原理·方法·实践·案例（第三版）．北京：清华大学出版社，2017

20. 苗雨君主编．管理学——原理·方法·实践·案例．北京：经济科学出版社，2021

21. 苗雨君，李亚民主编．现代企业管理学．北京：中国财政经济出版社，2021

22. 李正卫，陈衍泰主编．管理学类课程思政案例选编．北京：经济科学出版社，2021

附表

现代企业管理学课程翻转课堂讨论记录表

班级：　　　　　　　　　组别：　　　　　　　　　姓名：　　　　　　　年　　月　　日

翻转课堂活动名称	
课堂讨论题	
课堂讨论发言内容	

续表

课堂讨论记录			
教师点评记录			
备注			
综合评语		成绩	

任课教师：　　　　　　　　　　年　　月　　日

现代企业管理学课程翻转课堂讨论记录表

班级： 组别： 姓名： 年 月 日

翻转课堂活动名称	
课堂讨论题	
课堂讨论发言内容	

续表

课堂讨论记录			
教师点评记录			
备注			
综合评语		成绩	

任课教师：　　　　　　　　　　　　　　　　　　　　　　　　　　年　　月　　日

现代企业管理学课程翻转课堂讨论记录表

班级：　　　　　　　　　　组别：　　　　　　　　　　姓名：　　　　　　年　　月　　日

翻转课堂活动名称	
课堂讨论题	
课堂讨论发言内容	

续表

<table>
<tr><td>课堂讨论记录</td><td colspan="3"></td></tr>
<tr><td>教师点评记录</td><td colspan="3"></td></tr>
<tr><td>备注</td><td colspan="3"></td></tr>
<tr><td>综合评语</td><td></td><td>成绩</td><td></td></tr>
</table>

任课教师：　　　　　　　　　　　　　　　　　　年　　月　　日

现代企业管理学课程翻转课堂讨论记录表

班级：　　　　　　　　　　组别：　　　　　　　　　　姓名：　　　　　　　年　　月　　日

翻转课堂活动名称	
课堂讨论题	
课堂讨论发言内容	

续表

课堂讨论记录			
教师点评记录			
备注			
综合评语		成绩	

任课教师：　　　　　　　　　　　　　　　　　　　　年　　月　　日

现代企业管理学课程翻转课堂讨论记录表

班级：　　　　　　　　组别：　　　　　　　　姓名：　　　　　　年　　月　　日

翻转课堂活动名称	
课堂讨论题	
课堂讨论发言内容	

续表

课堂讨论记录			
教师点评记录			
备注			
综合评语		成绩	

任课教师：　　　　　　　　　　　　　　　　　　年　　月　　日

现代企业管理学课程翻转课堂讨论记录表

班级：　　　　　　　　　　　组别：　　　　　　　　　　　姓名：　　　　　　　年　　月　　日

翻转课堂活动名称	
课堂讨论题	
课堂讨论发言内容	

续表

课堂讨论记录			
教师点评记录			
备注			
综合评语		成绩	

任课教师：　　　　　　　　　　　　　　　　　年　　月　　日

现代企业管理学课程翻转课堂讨论记录表

班级：　　　　　　　　　组别：　　　　　　　　　姓名：　　　　　　　　年　　月　　日

翻转课堂活动名称	
课堂讨论题	
课堂讨论发言内容	

续表

课堂讨论记录			
教师点评记录			
备注			
综合评语		成绩	

任课教师：　　　　　　　　　　　　　　　　　　　　　　年　　月　　日

现代企业管理学课程翻转课堂讨论记录表

班级：　　　　　　组别：　　　　　　姓名：　　　　　　年　　月　　日

翻转课堂活动名称	
课堂讨论题	
课堂讨论发言内容	

续表

课堂讨论记录			
教师点评记录			
备注			
综合评语		成绩	

任课教师：　　　　　　　　　　　　　　　　年　　月　　日

现代企业管理学课程翻转课堂讨论记录表

班级： 组别： 姓名： 年 月 日

翻转课堂活动名称	
课堂讨论题	
课堂讨论发言内容	

续表

课堂讨论记录			
教师点评记录			
备注			
综合评语		成绩	

任课教师：　　　　年　　月　　日